Accounting and Financial Management
Textbook Series

韩传模 / 总主编

会计与财务管理系列教材

审 计 学

沈 征 主编

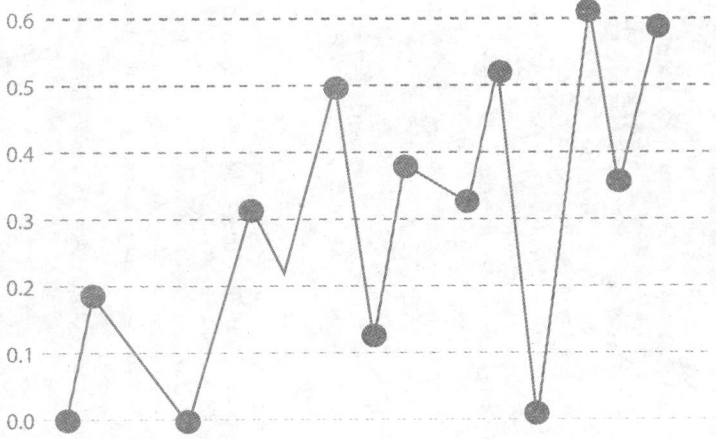

厦门大学出版社
XIAMEN UNIVERSITY PRESS
国家一级出版社
全国百佳图书出版单位

前 言

众所周知,审计有着悠久的历史,在历经几千年的发展历程之后,审计理论得以不断深化,审计的内涵得到了全面的扩展,审计的技术与方法日益进步,审计人员的专业胜任能力得到了巨大的提升,审计职业的社会声誉得到了普遍的认可。

进入 21 世纪以来,席卷全球的金融危机和日益严重的财务舞弊将审计这一职业推上了风口浪尖,在强大的社会公众压力和以《萨班斯-奥克斯利法案》为代表的监管要求下,审计界进行了深刻的反思并对审计进行整体重构,如今,审计以崭新的面貌重新回归社会经济发展的大舞台,得到了广泛的信任和赞许。

我国当前正处于大力发展社会主义市场经济的大背景下,伴随着资本市场监管力度的不断加大和国际经济交流的全面拓展,我国审计事业也进入了一个前所未有的崭新发展时期。

审计工作的重要性得到了社会更加广泛的认可,审计职业也成为越来越多大学毕业生向往和积极投身的热门职业。审计职业界对经过系统的审计专业知识、技能教育和培训的审计专业人才的需求十分巨大,其他与审计相关的职业也存在了解和学习审计学知识的广泛需求。本书正是为了适应当前审计职业界和社会对最新的审计职业发展和审计专业知识与技能的强烈渴求而编写的。本书主要适合于高等院校会计与财务管理类专业本科生审计学课程教学使用。为突出本书的实用教学型教材的定位,本书在编写过程中始终坚持在传授学生审计专业知识的同时,提高学生对审计知识的实际应用能力,并尽量考虑与注册会计师、审计师、注册内部审计师等资格考试进行衔接的基本原则。

审计学是高等院校会计学、审计学专业的重要专业课程,也是工商管理学和应用经济学等相关专业的重要课程之一,其前导课程包括会计学原理、财务会计学、财务管理学、经济法学以及其他相关的财经类课程。

本书在编写过程中,力求注重审计理论与实践的相互结合。在明确与审计相关的各个重要概念和理论基础的前提下,着重分析影响审计活动的各项环境因素,重点论述审计过程中的各项具体技术与方法,并抓住各业务循环的不同特点,分别详细讲解内部控制、具体业务和期末余额的审计程序,力求使读者能够在阅读本书后迅速掌握审计的实际操作技能。与此同时,本书在编写过程中还紧密结合审计职业的最新规范和审计技术的最新发展,在讲解审计程序的具体流程时突出了风险导向审计的思路和要求,不仅设置专门的章节详细讲解风险导向审计框架下针对重大错报风险的识别、评估和应对的具体流程,而且也在所有的章节中始终贯彻风险导向审计的思想和做法。

为了更好地体现本书注重审计实务操作能力培养的特点,书中结合章节内容编写了一些典型的、较具代表性的审计案例,并在每章的开始部分设置了引导案例。编者认为,对这些审计案例的学习将十分有助于读者对审计具体环境的了解和审计实务操作能力的提高。同时,编者也对书中的每章内容有针对性地设计了思考题和练习题,希望能够帮助读者更好地掌握和检验从本书中所学的知识和技能。

　　编者衷心地希望,通过学习本书,读者能够熟悉审计的环境,掌握审计的基本概念、基本技术和方法,并逐步具备良好的审计专业判断能力。

　　本书适合普通高等院校会计、审计专业和其他财经类专业本专科学生,以及会计、审计专业和其他财经类专业成人教育、在职教育和自学者使用,也适合相关专业实务工作者学习参考。

　　本书由天津财经大学商学院会计学系教授沈征博士担任主编,沈征负责编写本书的第一、三、四、五、六、八、九、十、十二、十四、十五、十七、十八章,顾芸负责编写本书的第二、七、十一、十三、十六章,沈征负责对本书进行了总纂。本书的编写和出版得到了天津财经大学商学院会计学系和厦门大学出版社的大力支持,在此表示诚挚的谢意。

　　限于编者的水平和时间所限,本书难免存在一些不足之处,为此也请各位同行和读者多提宝贵意见。当前,审计学科的发展方兴未艾,需要我们学习和研究的领域还有很多,编者将继续在这条道路上努力前行,立志将自己的毕生精力都奉献给审计学的教育事业。

沈征

2014 年 6 月于天津财经大学

目 录

第一章　总论……………………………………………………………… 1
　第一节　审计的产生和发展…………………………………………… 2
　第二节　审计的本质和概念…………………………………………… 8
　第三节　审计的分类…………………………………………………… 9
第二章　审计组织与审计人员…………………………………………… 13
　第一节　审计组织……………………………………………………… 13
　第二节　审计人员……………………………………………………… 18
第三章　审计职业道德…………………………………………………… 21
　第一节　审计职业道德的概念和意义………………………………… 21
　第二节　国家审计人员的职业道德…………………………………… 22
　第三节　注册会计师的职业道德……………………………………… 24
　第四节　内部审计人员的职业道德…………………………………… 29
第四章　审计法律责任…………………………………………………… 35
　第一节　审计人员法律责任的特殊性………………………………… 35
　第二节　国家审计人员的法律责任…………………………………… 36
　第三节　注册会计师的法律责任……………………………………… 37
　第四节　内部审计人员的法律责任…………………………………… 48
　第五节　防范审计法律责任风险的对策……………………………… 50
第五章　审计准则与质量控制准则……………………………………… 54
　第一节　审计准则概述………………………………………………… 55
　第二节　国家审计准则………………………………………………… 60
　第三节　注册会计师执业准则………………………………………… 61
　第四节　内部审计准则………………………………………………… 65
　第五节　质量控制准则………………………………………………… 68
第六章　审计目标………………………………………………………… 74
　第一节　审计目标的历史演进………………………………………… 75
　第二节　审计目标的内容……………………………………………… 76
第七章　审计证据和审计工作底稿……………………………………… 82
　第一节　审计证据……………………………………………………… 82

第二节　审计工作底稿 …………………………………………………… 89
第八章　重要性与审计风险 …………………………………………………… 97
  第一节　审计重要性 ……………………………………………………… 98
  第二节　审计风险 ……………………………………………………… 102
第九章　了解被审计单位及其环境并评估重大错报风险 …………………… 112
  第一节　了解被审计单位及其环境的必要性 ………………………… 113
  第二节　风险评估程序 ………………………………………………… 115
  第三节　了解被审计单位及其环境 …………………………………… 117
  第四节　了解被审计单位的内部控制 ………………………………… 124
  第五节　评估重大错报风险 …………………………………………… 134
第十章　针对评估的重大错报风险实施的程序 ……………………………… 144
  第一节　针对财务报表层次重大错报风险的总体应对措施 ………… 145
  第二节　针对认定层次重大错报风险的进一步审计程序 …………… 147
  第三节　控制测试 ……………………………………………………… 151
  第四节　实质性程序 …………………………………………………… 155
第十一章　销售与收款循环审计 ……………………………………………… 159
  第一节　销售与收款循环的会计系统 ………………………………… 160
  第二节　销售与收款循环的内部控制及其测试 ……………………… 163
  第三节　销售与收款循环中交易的实质性程序 ……………………… 166
  第四节　营业收入期末余额的实质性程序 …………………………… 167
  第五节　应收账款期末余额的实质性程序 …………………………… 171
  第六节　坏账准备期末余额的实质性程序 …………………………… 176
第十二章　购货与付款循环审计 ……………………………………………… 181
  第一节　购货与付款循环的会计系统 ………………………………… 182
  第二节　固定资产的会计系统 ………………………………………… 183
  第三节　购货与付款循环的内部控制及其测试 ……………………… 184
  第四节　固定资产的内部控制及其测试 ……………………………… 185
  第五节　购货与付款循环中交易的实质性程序 ……………………… 186
  第六节　应付账款期末余额的实质性程序 …………………………… 187
  第七节　固定资产和累计折旧期末余额的实质性程序 ……………… 188
第十三章　生产循环审计 ……………………………………………………… 197
  第一节　生产循环的会计系统 ………………………………………… 197
  第二节　生产循环的内部控制及其测试 ……………………………… 200
  第三节　存货期末余额的实质性程序 ………………………………… 202
  第四节　应付职工薪酬期末余额的实质性程序 ……………………… 209
  第五节　营业成本期末余额的实质性程序 …………………………… 210
第十四章　筹资与投资循环审计 ……………………………………………… 215
  第一节　筹资与投资循环的会计系统 ………………………………… 216

第二节	筹资与投资循环的内部控制及其测试	218
第三节	借款期末余额的实质性程序	220
第四节	所有者权益期末余额的实质性程序	223
第五节	投资期末余额的实质性程序	228

第十五章 货币资金审计 ………240
- 第一节 货币资金与业务循环的关系 ………241
- 第二节 货币资金的内部控制及其测试 ………242
- 第三节 现金期末余额的实质性程序 ………246
- 第四节 银行存款期末余额的实质性程序 ………247

第十六章 审计报告 ………252
- 第一节 审计报告的内容与作用 ………253
- 第二节 国家审计报告 ………254
- 第三节 注册会计师审计报告 ………257
- 第四节 内部审计报告 ………266

第十七章 审计抽样 ………272
- 第一节 审计抽样概述 ………273
- 第二节 统计抽样方法 ………282
- 第三节 判断抽样法 ………289

第十八章 舞弊的审计 ………296
- 第一节 舞弊的含义与类型 ………297
- 第二节 舞弊存在的条件与舞弊风险因素 ………298
- 第三节 被审计单位治理层、管理层和审计人员对舞弊的责任 ………301
- 第四节 识别和评估舞弊导致的重大错报风险 ………304
- 第五节 应对舞弊导致的重大错报风险 ………309
- 第六节 就有关舞弊的事项与管理层、治理层和监管机构的沟通 ………313

参考文献 ………318

第一章

总 论

学习目的：通过本章学习，掌握审计产生和发展的社会基础；熟悉审计的本质和概念；熟悉审计的分类；了解国家审计、注册会计师审计和内部审计产生和发展的过程。

引导案例：

南海公司事件

注册会计师审计虽然起源于意大利，但其真正作为一个职业在社会上确立下来则是在英国实现的。工业革命开始后的18世纪下半叶，资本主义的生产力得到了迅速发展，生产的社会化程度大大提高，企业的所有权与经营权进一步分离。在这样的大背景下，导致注册会计师审计最终形成的"催产剂"是发生在1721年的"南海公司事件"。南海公司的业务范围是在南美经营奴隶贸易和捕鲸业务，但在公司董事中并无一人精于此道，公司发起人的真正目的就是利用人们急于投资发财的欲望骗取钱财。1720年，南海公司承诺接收全部国债，并允许客户以分期付款的方式来购买公司的新股票，使得投资者接踵而至。由于购买踊跃，股票供不应求，该公司的股票行情急剧上扬。同年4月，该公司新发行的300英镑面值的股票价格在一个月内便上升了近一倍，三个月后便涨到了1 000英镑以上。由于股票价格持续上涨，其股价就像一个越吹越大的泡沫，被戏称为"南海泡沫"。此时，该公司的经营状况其实已经到达了濒临破产的边缘。眼见陷阱已经布好，公司的操纵者便决定脱身，他们抛出了全部的股票。当公众了解到公司的真相以后，南海公司的股票价格便一泻千里，市场笼罩在一片恐慌之中，成千上万的股民惨遭重创甚至倾家荡产。英国议会迫于压力，宣布对南海公司进行审计，并聘请了当时有名的伦敦会计学校的教师查尔斯·斯耐尔（Charles Snell）先生执行审查。之后，斯耐尔以"会计师"的名义出具了"查账报告书"。斯耐尔被认为是世界上第一位注册会计师，其所出具的"查账报告书"也被认为是由注册会计师出具的第一份审计报告。

第一节　审计的产生和发展

一、审计产生和发展的社会基础

审计具有悠久的历史,它不是从来就有的,也不是永远存在的,它是人类社会发展到一定阶段所必然出现的社会活动,有其产生和发展的特有社会基础。

(一)审计产生和发展的历史背景

审计是商品经济发展到一定阶段的产物,其产生的直接原因是财产所有权和经营权的分离。在原始社会,由于生产资料和生活资料的极度匮乏,人们过着衣不蔽体、食不果腹的生活。在原始共产主义的状况下,大家共同占有极为有限的生活资料,没有剩余产品,根本谈不到财产的所有权归属问题,因此审计在这种状态下是不可能出现的。到原始社会末期,随着生产力的提高,生产的社会财富日益增多,剩余的产品逐渐集中在少数人手中,私人财产的概念开始登上人类历史舞台,财产的所有者像保护眼睛一样时刻关注着他们的财产,孜孜以求地谋划着如何维护并不断扩大他们的财产规模。

但是,随着人类社会的进步,生产力的高度发达,经济现象的纷繁复杂,财产的所有者逐渐认识到必须选择懂经营会管理的专业人才来代其经营管理财产,在这种情况下就出现了财产的所有权和经营权的分离,与之相伴随的就是委托代理关系的出现。财产所有者时刻关注着财产的保值增值情况,他们既信任经营管理者,又怀疑经营管理者,希望了解其委派或委托的代理人员是否忠于职守,是否尽职尽责地从事管理和经营,所提出的会计报告有无虚假,其本人有无徇私舞弊的行为;与此同时,经营管理者也希望向财产所有者说明自身受托责任的完成情况。在这种情况下,财产所有者就需要经营管理者之外的人来证明经营管理者受托责任的履行情况,而经营管理者同样需要独立于其经营管理工作之外的人来证实自己的工作,此时独立于财产所有者和经营管理者之外的独立第三人便应运而生,扮演这个角色的就是审计人员。

综上所述,审计产生的历史背景是财产所有权和经营管理权的分离,它是在财产所有者和经营管理者的共同要求下产生的,只要存在财产所有权和经营管理权的分离,审计就必然存在和发展。

(二)审计关系

在分析审计产生和发展的历史背景的同时,我们还应注意到审计产生和发展的客观基础,即审计关系。所谓审计关系,是指审计活动中所涉及的审计主体、审计客体和审计授权或委托人之间的经济责任关系。审计主体是指审计行为的执行者,即审计机构和审计人员,为第一关系人。审计客体是指审计行为的接受者,即被审计资产的代管或经营者。资产代管或经营者处于被审计地位,为第二关系人。审计授权或委托人是指依法授权或委托审计主体行使审计职责的单位或人员。财产的所有者不直接参与审计,为第三关系人。

二、国家审计的产生和发展

(一)我国国家审计的产生和发展

我国的国家审计起源甚早。据《周礼》记载,西周时期就出现了带有审计性质的财政经济监察工作。当时,在中央政权设置的官职中设置了"宰夫"一职,负责审查"财用之出入",并拥有"考其出入,而定刑赏"的职权。"宰夫"的职位虽然不高,但其所从事的工作具有审计的性质,是我国国家审计的萌芽。

其后,秦、汉两代都曾采用"上计制度",以审查监督财物收支有无错弊,并借以评价有关官吏之政绩。但在秦汉官制中尚无专司审计职责的官员,也无专职审计机构。

隋唐时期在刑部之下设"比部",建立了比较独立的能司审计之职的机构。特别是在唐代,由于经济发达,政治稳定,审计地位提高,对中央和地方的财物收支实行定期的审计监督,国家审计得到了明显的发展。

宋代设立了审计司,是我国审计机构定名之始,代表了审计这个名词的正式出现。

元、明、清三代未设专门的审计机构。明初,比部虽一度恢复,但不久即被取消,直至清末未再设置。在这三个朝代,国家审计陷于中衰时期。

辛亥革命后,北洋政府在1914年设立审计院,颁布《审计法》。1928年,南京国民政府设立审计院,后改为审计部隶属监察院。国民政府的审计法虽几经修改,但由于当时的政治腐败、贪污横行,使审计制度徒具形式,并没有发挥应有的经济监督作用。

第二次国内革命战争时期,在中国共产党领导下的革命根据地,继1932年成立中央苏维埃国家审计委员会以后,1934年中华苏维埃共和国中央政府颁布了《审计条例》,明确规定了中华苏维埃共和国审计机关的职权、审计程序、审计规则等。这是中央苏区第一部完整的审计法律文献。之后,在山东、陕甘宁、晋绥等革命根据地也建立了审计机构,颁布了审计法规,实施了审计监督工作。革命根据地的审计制度,在战争年代对节约财政支出、保障战争供给、维护革命纪律、树立廉洁作风,起到了较好的作用。

中华人民共和国成立后,直至1983年之前的较长一段时期内,均未设置独立的专职审计机构。对国家财政经济的监督均由财政、银行、税务等部门通过其业务的执行分别在一定范围内进行。

1978年中国共产党第十一届三中全会以来,全国工作重点转入以经济建设为中心的轨道,实行经济体制改革,国民经济蓬勃发展。1982年第五届全国人民代表大会第五次会议上通过的《中华人民共和国宪法》对实行审计监督制度做出了明确的规定。据此,1983年9月15日,国务院正式成立了审计署,地方各级政府的审计机关也相继成立,随后一系列审计法规也先后出台,如1994年8月31日正式颁布的《中华人民共和国审计法》,1996年审计署发布的《中华人民共和国国家审计基本准则》,1997年10月21日国务院发布的《中华人民共和国审计法实施条例》。在组织机构和立法逐步健全完善后,审计工作得以迅速发展,我国国家审计机关在维护国家财经法纪、促进增收节支、搞好廉政建设、加强宏观调控等方面发挥着日益重要的作用。

2006年2月28日,修订后的《中华人民共和国审计法》正式颁布,并自2006年6月1日起施行。新修订的审计法,对于进一步加强我国审计监督、推动审计事业科学发展具有重大意义。2010年2月2日,修订后的《中华人民共和国审计法实施条例》颁布,并自2010年5月1日起施行。2010年9月1日,修订后的《中华人民共和国国家审计准则》颁布,并自2011年1月1日起施行。新的实施条例和审计准则进一步细化了审计流程,统一了审计标准,规范了审计行为,把依法审计贯穿到审计工作的全过程,并落实到每个审计机关及审计人员的行动上。

(二)西方国家国家审计的产生和发展

西方国家的国家审计产生于古埃及、古希腊和古罗马。

在古埃及的官厅中,财计方面的官员除了国库存长官、出纳官、记录官之外,还有一种官吏,即监督官。由于"埃及帝国是靠记录得以巩固的",因此法老十分关心记录官记账正确与否。为了检查账簿记录及其他国家机构的职权是否正确行使,法老便设立了监督官,其中以记录监督官和谷物仓库监督官的地位尤为重要。记录监督官负责审查记录官和其他各类官吏编制的会计账簿和收支计算书,如果发现差错或舞弊行为,轻者处以笞刑或罚款,重者处以断肢或死刑。谷物仓库监督官的主要任务是监督谷物税的征收,保证有足够的谷物供宫廷使用,每年须向君主提供一次收成报告书。监督官的这种监督职能被认为是审计的早期源流。

公元前5世纪后,在古希腊的众多城邦中,雅典城邦政治制度的民主化达到了人类历史上前所未有的高度,而与之相伴随的官吏经济责任审计制度也成为一项独具特色的民主制度,当时的审计官是罗基斯塔埃和埃马苏诺衣。所有官员在卸任时,均必须接受罗基斯塔埃对其报送的账簿记录的审查。埃马苏诺衣的主要职责是严格审查各官员报送的财产目录、证据文书、会计账簿,并编写审计意见,报告给罗基斯塔埃。

在古罗马,监督官是财计方面的重要官吏,公元前443年,设置监督官,其主要职责是全权负责国家的财政管理,并进行人口普查、财产登记、行政监察和税收稽核等工作。

三、注册会计师审计的产生和发展

(一)中国注册会计师审计的产生和发展

在民国时期,伴随民族资本主义的发展,注册会计师审计开始在我国得到了发展。1918年9月,北洋政府农商部颁布了我国第一部注册会计师法规《会计师暂行章程》,并批准谢霖先生为中国第一位注册会计师。与此同时,谢霖创办了中国第一家会计师事务所正则会计师事务所,与后来潘序伦先生创办的立信会计师事务所、徐永祚先生创办的徐永祚会计师事务所、奚玉书先生创办的公信会计师事务所并称旧中国四大会计师事务所。1925年,中国第一个注册会计师职业团体上海会计师公会成立,1933年全国会计师公会成立,至1947年底,中国已拥有注册会计师2 619人。

新中国成立初期,我国国民经济中存在着多种经济成分,为恢复国民经济和实现对资本主义工商业的社会主义改造,注册会计师行业在新中国成立后存在了一段时间,并发挥了积极作用。1951年10月,中央人民政府政务院财政经济委员会印发了《核定会计师管理规则》,对会计师的资格、执业范围、执业要求、收费以及职业责任等问题做出了原则性的规定。随着对资本主义工商业的社会主义改造的完成,我国进入高度集中的计划经济体制,财产所有权与经营管理权二权合一,注册会计师行业的社会基础已经丧失,因此之后将近30年间,我国注册会计师行业退出了历史舞台。

1978年十一届三中全会以后,随着我国对外开放、对内搞活经济建设方针的实施,推动了社会主义计划商品经济的进程,为注册会计师制度的重建创造了条件。1979年7月,全国人大八届二次会议通过了《中华人民共和国中外合资经营企业法》,允许外国公司、企业和其他经济组织或个人与中方合营者共同举办合营企业。而随着外国投资者对华投资与日俱增,相应的会计和审计问题也日益为大家重视,根据国际惯例,这些业务应当由独立的注册会计师来执行,为此,财政部于1980年12月发布《关于成立会计顾问处的暂行规定》,对会计顾问处(即会计师事务所)的性质、业务范围、组织机构、业务委托人、注册会计师的任职条件、独立性、职业道德、业务收费等作了原则性的规定。这份文件是我国恢复注册会计师制度的第一份文件,标志着我国中断了近30年之久的注册会计师制度开始复苏和起步。

1981年1月1日,恢复注册会计师制度后的第一家会计师事务所上海会计师事务所成立,主要承办中外合资经营企业的查账和验资业务。1988年11月15日中国注册会计师协会成立,标志着我国注册会计师行业由政府财政部门直接管理,转向政府财政部门通过注册会计师协会实行间接管理。1994年1月1日《中华人民共和国注册会计师法》实施,注册会计师行业在法制化轨道上进一步走向成熟。1994年10月初,中国注册会计师协会第一届独立审计准则组成立,开始着手注册会计师审计准则的具体起草工作。1995年12月25日,财政部正式颁布第一批《中国注册会计师独立审计准则》,包括《中国注册会计师独立审计准则序言》、《独立审计基本准则》和7个《独立审计具体准则》及1个《独立审计实务公告》(验资)。它们的颁布是我国注册会计师事业发展史上的一座重要的里程碑,结束了自1918年中国注册会计师制度诞生以来没有审计准则的历史。2007年1月1日,中国注册会计师协会重新拟定的《中国注册会计师执业准则》开始施行,替代了原来的《独立审计准则》。

(二)西方国家注册会计师审计的产生和发展

1581年,一批具有良好会计知识、专门从事查账和公证工作的专业人员,在威尼斯创立了威尼斯会计协会,成为世界上第一个会计职业团体。1721年,英国的"南海公司事件"成为注册会计师审计产生的催产剂。对南海公司进行审计的斯耐尔先生成为世界上第一位注册会计师。斯耐尔先生以"会计师"的名义提出了"查账报告书",从而宣告了注册会计师的诞生。1853年,世界上第一个注册会计师的专业团体苏格兰爱丁堡会计师协会成立,标志着注册会计师职业的诞生。

自1844年至20世纪初是英国式详细审计时代,企业主希望有外部独立的会计师来检查他们所雇佣的管理人员是否忠诚、是否存在舞弊行为。1844年英国颁布了《公司法》,规定股份公司的账目必须经董事以外的人员进行审计,极大地促进了独立审计的发展。这一时代的特点是:注册会计师审计由任意审计转为法定审计;审计的目的是查错防弊、保护企业资产的安全和完整;审计的方法是对会计账目进行逐笔审计;审计报告使用人主要为企业股东等。

案例 1-1

《您与哈尔先生账目的一览表》

许多审计史学家认为,美国最早的注册会计师审计业务出现于1748年,这笔业务是这样的:本杰明·富兰克林将他在富兰克林·哈尔出版公司中的股份卖给了大卫·哈尔,价值18 000英镑。根据双方协议,哈尔分18年、每年向富兰克林支付1 000英镑,同时注销富兰克林作为合伙人的资格。原有的合伙关系解除后,富兰克林委托詹姆斯·帕克代表自己同哈尔结算。帕克对原合伙企业的设备、财产、原材料作了估价,并向富兰克林提出了名为《您与哈尔先生账目的一览表》。由此可见,在18世纪中叶,美国已经出现了从事注册会计师审计工作的人员,至19世纪中叶以前,审计的主要业务为会计代理,进入19世纪70年代后,审计的业务范围扩大到了审计业务,特别是到19世纪末英国特许会计师的到来,为美国注册会计师审计事业的发展注入了新的活力。

20世纪初到20世纪30年代初是美国式资产负债表审计时代,此时,全球经济发展的重心由欧洲转向美国,注册会计师审计发展的中心也随之由英国转向美国。由于金融资本对产业资本的渗透,企业规模的扩大,企业对银行的依赖性越来越强,银行也越来越需要了解企业财务状况和偿债能力方面的信息。这一时代的特点是:审计对象由会计账目扩大到资产负债表;审计的主要目的是,通过对资产负债表数据的审查,判断企业信用状况;审计方法从详细审计初步转向抽样审计;审计报告使用人除企业股东外,更突出了债权人。

20世纪30—40年代,资本主义世界经历了历史上最严重的经济危机,从客观上促使企业利益相关者从只关心企业财务状况转变到更加关心企业盈利水平。审计对象转为以资产负债表和收益表为中心的全部财务报表及相关财务资料;审计的主要目的是对财务报表发表审计意见,以确定财务报表的可信性,查错防弊转为次要目的;审计的范围已扩大到测试相关的内部控制,并广泛采用抽样审计;审计报告使用人扩大到股东、债权人、证券交易机构、税务、金融机构及潜在投资者;审计准则开始拟订,审计工作向标准化、规范化过渡;注册会计师资格考试制度广泛推行,注册会计师专业素质普遍提高。

20世纪40年代以后至今,审计行业竞争日益激烈,会计师事务所之间合并加剧,先后产生了"八大"国际会计师事务所,后又合并为"六大"。时至今日已合并为"四大",它们是普华永道、安永、毕马威和德勤。抽样审计方法得到广泛采用;制度基础审计和风险导向审计得到推广;计算机辅助审计技术也得到日益普及;注册会计师业务已扩大到代理纳税、会计服务、管理咨询等领域。

四、内部审计的产生和发展

(一)中国内部审计的产生和发展

审计署创立初期,根据经济体制改革和勤俭建国方针的需要,在开展国家审计的同时,把开展内部审计提上了议事日程,组织了专门的班子探讨内部审计的理论,并对部门和企事业单位内部审计机构的组建以及内部审计的实施进行调查研究,总结经验,进行指导。

从1983年起在国务院各部委和国营大中型企业中陆续建立了内部审计机构，实施内部审计监督。1985年8月，国务院颁布了《关于审计工作的暂行规定》，明确指出国务院和县级以上地方各级人民政府各部门、大中型企事业组织，应当建立内部审计监督制度，使内部审计有了较快的发展。到1985年底，全国共建立了10 000个内部审计机构，1986年底已发展到了33 000多个。

为了进一步总结内部审计的经验，1987年3月底，审计署在北京怀柔召开了第一次全国内部审计工作会议，会后还成立了中国内部审计学会。同年4月，国务院办公厅转发了审计署《关于加强内部审计工作的报告》，进一步明确了内部审计工作的必要性和重要性。此后，为指导全国内部审计工作，审计署成立了内部审计指导处，后又改为审计体系指导司，中国内部审计又有了新的发展。1998年，中国内部审计学会更名为中国内部审计协会。2003年2月10日，经审计署审计长会议通过新的《审计署关于内部审计工作的规定》，并于2003年5月1日起施行。与此同时，自2000年至2005年，中国内部审计协会先后制定和颁布了《内部审计基本准则》、《内部审计人员职业道德规范》和20个具体准则以及2个实务指南，使我国内部审计规范化建设取得了阶段性成果。目前，我国已形成了包括由地区、部门和企事业单位组成的较为完整的内部审计体系。

2013年4月，中国内部审计协会对内部审计准则进行了全面修订，并于8月发布了《中国内部审计准则》，自2014年1月1日起施行。新修订的内部审计准则由内部审计基本准则、内部审计人员职业道德规范和20个内部审计具体准则组成。新修订的内部审计准则必将促进内部审计的规范化和职业化建设，提高内部审计质量，防范审计风险，推动内部审计事业的健康发展。据不完全统计，截止到2012年，我国已有5万多个内部审计机构，专兼职内部审计人员近20万人。

(二)西方国家内部审计的产生和发展

西方国家的内部审计同样可以追溯到古代和中世纪。由于经济组织对内部经济监督的需要，庄园审计、宫廷审计、行会审计、寺院审计应运而生。以英国为例，其内部审计的历史要追溯到11—12世纪，在那时就存在行会，每个行会一年要召开1~4次总会，议事内容包括选举产生理事和审计人员。理事会是行会的执行机关，它必须在召开总会之时将行会账户提交出来供审计人员审查。审计人员审查的重点是作为受托人的理事在处理经济业务方面的诚实性。

20世纪前后，资本主义经济的发展使生产和资本高度集中，托拉斯式的大型企业大量出现，企业内部只能采取分级、分散管理体制，这就导致了大型企业内部要设立专门的机构和人员，由最高管理当局授权，对其所属分支机构的经营业绩进行独立的内部监督，近代内部审计由此而产生。

20世纪40年代，第二次世界大战以后，资本主义经济得到了空前的发展，竞争更趋激烈，企业为了在竞争中求生存、求发展，十分重视加强内部经济监督，实行事前预防性控制，现代内部审计随着内部控制的加强而得以迅速发展。以英国为例，其现代内部审计就是在20世纪40年代以后发展起来的，1948年在英国伦敦成立了国际内部审计师协会分会，即英国内部审计师协会。该协会的成立大大促进了英国内部审计的发展。

美国内部审计的发展过程更可称为内部审计发展的代表。以维克多·Z.布林克于

1941年发表的博士论文为先导,美国内部审计行业迎来了历史性突破。布林克指出内部审计应该作为公司管理层的服务者,而不是作为外部审计的助手。而在1940年之前的美国,其内部审计还只被当作外部会计公司的一个助手。伴随这篇具有划时代意义的论文,美国内部审计协会于1941年下半年正式成立,之后更发展成为国际内部审计师协会。协会于1942年出版了由布林克编著的《内部审计》一书,该书是世界历史上第一部全面、系统论述内部审计方面的专著。

1978年,国际内部审计协会正式颁布了《内部审计专业实务标准》,即《内部审计准则》的雏形,该准则被认为是全世界第一个由该审计领域的非营利机构制定的行业准则。2009年,国际内部审计师协会发布了《国际内部审计专业实务框架》,阐释了专业实务框架的内容及其对全球内部审计职业的重要性,为全球范围内的内部审计人员及有关各方提供了统一的、权威的内部审计专业标准体系。国际内部审计师协会对《国际内部审计专业实务框架》的最近一次修订是在2012年10月,修订后的准则自2013年1月1日开始实施。它是整合国际内部审计师协会发布的权威性指南的概念框架,并由强制性的指南和强力推荐的指南两部分构成。该框架已经成为具有国际权威性的、代表世界各国内部审计先进经验的、具有普遍指导意义的内部审计准则体系。

第二节 审计的本质和概念

一、审计的本质

本质是指某一事物区别于其他事物的根本属性。审计的本质是一项具有独立性的经济监督活动。独立性是审计区别于其他经济监督的一个根本属性。

审计的本质具有两方面的含义:一方面审计是一种经济监督活动,这是审计的基本职能;另一方面审计具有独立性,独立性是审计监督最本质的特征,是区别于其他经济监督的关键所在。审计与其他专业性经济监督活动相比较,主要具有以下几方面的基本特征:

(一)独立性

独立性是审计的本质特征,也是保证审计工作顺利进行的必要条件。国内外审计实践表明,审计在组织上、人员上、工作上、经费上均应具有独立性。

(二)权威性

权威性是保证有效行使审计职权的必要条件。审计的权威性取决于审计的独立性,它离不开审计组织的独立地位与审计人员的独立执业。

(三)公正性

审计的公正性反映了审计工作的基本要求,从某种意义上说,没有公正性,也就不存在权威性。审计人员只有同时保持独立性、公正性,才能取信于审计授权或委托者以及社会公众,才能真正树立审计权威的形象。

二、审计的概念

关于审计的定义,国内外审计界有不同的观点。我国审计学界对审计的定义也曾有多种表述。1989年3月,中国审计学会在贵州省安顺市召开的审计基本理论讨论会上经反复研讨,将我国审计定义为:审计是由专职机构和人员,依法对被审计单位的财政、财务收支及其有关经济活动的真实性、合法性、效益性进行审查,评价经济责任,用以维护财经法纪,改善经营管理,提高经济效益,促进宏观调控的独立性经济监督活动。1995年,在郭振乾审计长的倡导下,经过我国审计界人士的广泛讨论,形成了一个基本能反映审计特征并与国际接轨的较为简明的审计定义:"审计是独立检查会计账目,监督财政财务收支真实、合法、效益的行为。"

在西方最具有代表性的审计概念,出自美国会计学会颁布的《基本审计概念公告》,即:"审计是为了查明关于经济行为及经济现象的结论和所制定的标准之间的一致性程度,而将与这种结论有关的证据进行客观收集、评定,并将结果传达给有利害关系的应用者的有组织的过程。"这个定义包括六个要素:(1)系统过程,说明审计是有组织的行为并且遵循一定的逻辑顺序;(2)客观性,是指获得信息方式的质量要求,也是对从事审计人员的质量要求;(3)收集和评价证据,是指可以支持声明的鉴证材料;(4)关于经济行为和事件的声明,是对审计主体的解释,也就是需要证实或证伪的命题;(5)与既定标准的符合程度,意味着审计人员的目标是要确定声明与标准之间的符合程度;(6)传达结果,就是将审计结果传达给有关方面。

第三节 审计的分类

一、审计的基本分类

(一)按照审计主体进行的分类

1. 国家审计

国家审计是指由国家审计机关所组织和实施的审计。我国审计署及其派出机构和地方各级人民政府审计厅(局)所组织和实施的审计均属于国家审计。我国国家审计机关代表政府实行审计监督,依法独立行使审计监督权。国家审计的对象是国有资本占控股地位或主导地位的企业和金融机构、使用财政资金的事业组织、政府投资和以政府投资为主的建设项目、国家专项基金等,主要针对公共资金的收支、运用情况进行审查。审计目标是财政财务收支及相关经济活动的真实性、合法性和效益性。国家审计具有法定性和强制性特点。

2. 注册会计师审计

注册会计师审计是指由注册会计师所进行的独立审计。注册会计师审计的对象是所有营利或非营利企业的财务报表,审计目标是财务报表的合法性和公允性。《中国注册会计师审计准则第1011号——财务报表审计的目标和一般原则》将注册会计师审计定义为:"财务报表审计的目标是注册会计师通过执行审计工作,对财务报表的下列方面发表审计意见:(1)财务报表是否按照适用的会计准则和相关会计制度的规定编制;(2)财务报表是否在所有重大方面公允反映被审计单位的财务状况、经营成果和现金流量。"

3. 内部审计

内部审计是指由部门或单位内部专设的审计机构和专职审计人员，对本系统内或本单位内的经济活动所实施的审计。2013年8月，中国内部审计协会在新颁布的《中国内部审计准则》中将内部审计定义为："内部审计是一种独立、客观的确认和咨询活动，它通过运用系统、规范的方法，审查和评价组织的业务活动、内部控制和风险管理的适当性和有效性，以促进组织完善治理、增加价值和实现目标。"

内部审计是基于组织经营管理的需要产生和发展起来的，作为组织治理机制的组成部分，内部审计的目标是与组织目标的实现紧密相关的，内部审计的成果要满足组织的需要，其工作的出发点和落脚点是受组织董事会或最高管理层的委托，通过向组织提供确认和咨询服务，加强组织内部控制、防范组织经营和管理风险、完善组织治理，为实现组织目标提供帮助。

(二) 按照审计客体进行的分类

1. 财政财务审计

财政财务审计是指对被审计单位的财政、财务收支活动和会计资料是否真实、合法所进行的审计。财政财务审计的主要内容是财政、财务收支活动，目的是审查财政、财务收支活动是否遵守财经方针政策、财经法令法规和企业会计准则和会计制度，借以纠正错误，防止弊端。

2. 经济效益审计

经济效益审计是指以审查和评价被审计单位实现经济效益的程度和途径为内容，以提高经济效益为目的所实施的审计。经济效益审计的主要对象是生产经营活动和财政经济活动所能取得的经济效果或效率，它通过对企业生产经营成果、基本建设效果和行政事业单位资金使用效果的审查，评价经济效益的高低和经营情况的好坏，并进一步发掘提高经济效益的潜力和途径。

二、审计的其他分类

除按上述分类标准将审计进行分类外，还有其他一些分类标准，如按照审计方法的变迁，可以将审计分为账项基础审计、制度基础审计和风险导向审计；按照实施审计所涉及的范围，可以将审计分为全部审计、局部审计和专项审计；按照被审计经济业务发生的时间，可以将审计分为事前审计、事中审计和事后审计；按照审计是否定期实施，可以将审计分为定期审计和不定期审计；按照执行审计的地点，可以将审计分为就地审计和报送审计；按照审计是否事先通知被审计单位，可以将审计分为预告审计和突击审计。

本章小结

本章主要阐述审计产生和发展的社会基础，回顾中西方国家的国家审计、注册会计师审计以及内部审计产生和发展的历史过程，明确审计关系；进而论述审计的本质和概念；最后说明审计的分类。

思考题

1. 审计产生和发展的社会基础是什么?
2. 如何理解审计关系?
3. 我国的国家审计、注册会计师审计和内部审计是如何发展演变的?
4. 西方国家的国家审计、注册会计师审计和内部审计是如何发展演变的?
5. 审计的本质是什么? 如何理解审计监督与其他经济监督的区别?
6. 审计的概念应当如何界定?
7. 按照不同的依据,可以对审计进行哪些分类?

练习题

一、单项选择题

1. 下列关于注册会计师审计发展进程的陈述中,恰当的是(   )。
   A. 在注册会计师审计的起源阶段,审计范围为资产负债表
   B. 在注册会计师审计的形成阶段,审计范围为利润表
   C. 在注册会计师审计的发展阶段,审计范围为财务报表
   D. 在注册会计师审计的完善阶段,审计范围扩大到内部控制

2. 下列情形中,注册会计师审计与国家审计基本相似的是(   )。
   A. 对内部审计工作的利用   B. 审计准则
   C. 审计目标   D. 审计取证权限

3. 注册会计师与国家审计部门如果对同一审计事项进行审计,最终形成的审计结论可能存在差异,导致这种差异的下列各项原因中最主要的是(   )。
   A. 审计方式不同   B. 审计的性质不同
   C. 审计的独立性不同   D. 审计的依据不同

二、多项选择题

1. 注册会计师进行年度财务报表审计时,应对被审计单位的内部审计进行了解,并可以利用内部审计的工作成果,其原因在于(   )。
   A. 内部审计是注册会计师审计的基础
   B. 内部审计是被审计单位内部控制的重要组成部分
   C. 内部审计和注册会计师审计在工作上具有一定程度的一致性
   D. 利用内部审计工作成果可以提高注册会计师的工作效率

2. 下列有关财务报表审计的陈述中,恰当的是(   )。
   A. 财务报表审计的目的在于发现被审计单位财务报表中存在的错误和舞弊
   B. 财务报表审计的目的在于确定被审计单位财务报表是否与既定会计准则相符
   C. 财务报表审计中的"既定标准"就是既定的会计准则
   D. 财务报表审计中的"既定标准"就是既定的审计准则

3. 下列有关注册会计师审计的陈述中,恰当的是(　　)。
   A. 注册会计师审计是一种有偿服务
   B. 注册会计师审计的独立性体现为既独立于被审计单位又独立于审计报告人的双向独立
   C. 注册会计师审计在执行审计过程中必须利用被审计单位内部审计的工作成果
   D. 注册会计师审计是注册会计师个人接受委托对被审计单位财务报表进行的审计

第二章

审计组织与审计人员

学习目的： 通过本章学习，了解审计组织体系的构成，了解世界各国国家审计机关的设置模式，掌握我国国家审计机关设置的特点及其职责和权限；了解会计师事务所的组织形式和组织结构；了解内部审计机构的设置及其职责和权限；了解审计人员的资格考试及专业胜任能力的要求。

引导案例：

安然公司案与《萨班斯-奥克斯利法案》

2001年底，曾在世界500强中排位第七、连续六年被《福布斯》杂志誉为"最具创新精神"的全球第一大能源公司——安然公司突然申请破产，顿时其股价从最高时的每股90美元跌至不足1美元，股票总市值从最高时的700亿美元跌至不足2亿美元。这件美国有史以来的最大破产案，造成美国、欧洲及亚洲的债权银行损失50多亿美元，使持有安然股票的共同基金及退休金者损失数十亿美元。作为世界五大会计师事务所之一的安达信因未揭露出安然公司财务报表存在的错误和舞弊问题而招致各界指责，安达信的信誉、"五大"的信用备受各界质疑，可以说安然破产案引发了一场严重的审计信用危机。

在社会各界的压力下，美国国会于2002年7月30日通过了《萨班斯-奥克斯利法案》。该法案加强了对上市公司和注册会计师行业的监管，要求美国证券交易委员会专门成立公众公司会计监督委员会，负责行使对注册会计师行业的监管职能。

第一节 审计组织

一、审计组织体系的构成

审计组织是指为了实现一定的审计目标而设置的专门机构和配备的专职人员，并且这些机构和人员都被赋予了相应的职责和权限。审计组织体系是由众多审计组织相互联系、相互制约所构成的一个整体。

纵观我国和世界各国的审计组织体系,均是由国家审计机关、内部审计机构和会计师事务所三种类型的组织机构所构成。国家审计机关、内部审计机构和会计师事务所三者各自具有不同的职责,承担着不同的任务,它们分工协作,共同承担整个社会的审计任务,构成整个社会的审计监督网络。

二、国家审计机关的设置及职责和权限

(一)国家审计机关的设置

国家审计机关的设置应当适应各国政治体制和经济基础的需求。目前,世界各国国家审计机关的设置主要有立法型、司法型、行政型和独立型四种模式。

1.立法模式

立法模式的特点是,国家审计机关隶属于立法机构,直接对议会负责并向议会报告审计结果。这是一种比较普遍的模式,许多发达国家和发展中国家,如美国、英国、加拿大、澳大利亚、奥地利、挪威和马来西亚,都是采用这一模式来设置国家审计机关的。立法型审计机关地位高、独立性强,不受行政当局的控制和干预。

2.司法模式

司法模式的特点是,国家审计机关隶属于司法系列,国家审计拥有司法权,审计官员享有司法地位。司法型的国家审计制度最早起源于法国,目前多为西欧和南美洲以及非洲一些国家所采用。审计法院是法国的最高国家审计机关,独立于行政部门和立法部门,向议会负责并报告工作。法国国家审计的司法化,使其独立性和权限均得到进一步加强。

3.行政模式

行政模式的特点是,审计机关隶属于政府行政部门,是政府的内设机构之一。实行行政型审计制度的国家,主要有中国及东欧的一些国家。

我国国家审计机关是根据《中华人民共和国宪法》和《中华人民共和国审计法》的规定设置的。国家审计机关分设中央和地方两级组织。审计署在国务院总理领导下,主管全国的审计工作,履行审计法和国务院规定的职责。地方各级审计机关在本级人民政府行政首长和上一级审计机关的领导下,负责本行政区域的审计工作,履行法律、法规和本级人民政府规定的职责。省、自治区人民政府设有派出机关的,派出机关的审计机关对派出机关和省、自治区人民政府审计机关负责并报告工作,审计业务以省、自治区人民政府审计机关领导为主。

4.独立模式

独立模式的特点是,国家审计机关单独设置,不隶属于任何部门,形成国家政权体系的一个分支。实行独立型审计制度最具代表性的国家当推日本。日本的会计检查院是日本最高国家审计机关,它是一个独立于国会、内阁和司法部门的经济监督机构。相对于其他模式下的国家审计机关而言,会计检查院的地位更超脱,独立性更强,权威性更大。

案例 2-1

审计署公布 2010 年度 15 家央企审计结果

2012年6月,审计署发布了中国电子科技集团公司、中国石油天然气集团公司、中国石油化工集团公司、中国电信集团公司、中国电子信息产业集团有限公司、中国第一汽车集团公司、中国第二重型机械集团公司、中国东方电气集团有限公司、鞍钢集团公司、宝钢集团有限公司、武汉钢铁(集团)公司、招商局集团有限公司、中国中煤能源集团有限公司、中国农业发展集团总公司、国家开发投资公司等15家中央企业2010年度财务收支等审计结果公告。

审计署企业审计司负责人在答记者问时表示,这次审计的重点主要有五个方面:一是检查企业贯彻落实中央关于宏观调控、调整经济结构、节能减排等方面政策措施情况;二是揭示和反映国有资产运营过程中的突出矛盾和潜在风险,维护国有资产安全;三是查处重大违法违规问题和案件线索,促进反腐倡廉建设;四是检查企业资产、负债、损益的真实、合法、效益情况,促进规范管理,提高经济效益;五是检查企业内控制度的完善和执行情况,促进提高管理水平。从审计署公布的审计评价意见看,中央企业的改革发展取得了很大成绩,经营管理水平不断提高,但在审计中也发现一些值得关注的问题。国资委将以此次审计报告发布为契机,督促相关企业认真落实审计整改意见,深入剖析原因,加强风险管控,堵塞管理漏洞,规范管理行为;各中央企业也要紧密结合当前正在开展的"管理提升活动",夯实基础管理,建立长效机制。

(二)我国国家审计机关的职责和权限

1.我国国家审计机关的职责

(1)审计机关对本级各部门(含直属单位)和下级政府预算的执行情况和决算以及其他财政收支情况,进行审计监督。

(2)审计署在国务院总理领导下,对中央预算执行情况和其他财政收支情况进行审计监督,向国务院总理提出审计结果报告。地方各级审计机关分别在省长、自治区主席、市长、州长、县长、区长和上一级审计机关的领导下,对本级预算执行情况和其他财政收支情况进行审计监督,向本级人民政府和上一级审计机关提出审计结果报告。

(3)审计署对中央银行的财务收支,进行审计监督。审计机关对国有金融机构的资产、负债、损益,进行审计监督。

(4)审计机关对国家的事业组织和使用财政资金的其他事业组织的财务收支,进行审计监督。

(5)审计机关对国有企业的资产、负债、损益,进行审计监督。

(6)对国有资本占控股地位或者主导地位的企业、金融机构的审计监督,由国务院规定。

(7)审计机关对政府投资和以政府投资为主的建设项目的预算执行情况和决算,进行审计监督。

(8)审计机关对政府部门管理的和其他单位受政府委托管理的社会保障基金、社会捐赠资金以及其他有关基金、资金的财务收支,进行审计监督。

(9)审计机关对国际组织和外国政府援助、贷款项目的财务收支,进行审计监督。

(10)审计机关按照国家有关规定,对国家机关和依法属于审计机关审计监督对象的其他单位的主要负责人,在任职期间对本地区、本部门或者本单位的财政收支、财务收支以及有关经济活动应负经济责任的履行情况,进行审计监督。

(11)除审计法规定的审计事项外,审计机关对其他法律、行政法规的规定应当由审计机关进行审计的事项,依照本法和有关法律、行政法规的规定进行审计监督。

(12)审计机关有权对与国家财政收支有关的特定事项,向有关地方、部门、单位进行专项审计调查,并向本级人民政府和上一级审计机关报告审计调查结果。

(13)依法属于审计机关审计监督对象的单位,应当按照国家有关规定建立健全内部审计制度;其内部审计工作应当接受审计机关的业务指导和监督。

2. 我国国家审计机关的权限

(1)审计机关有权要求被审计单位按照审计机关的规定提供预算或者财务收支计划、预算执行情况、决算、财务会计报告,运用电子计算机储存、处理的财政收支、财务收支电子数据和必要的电子计算机技术文档,在金融机构开立账户的情况,社会审计机构出具的审计报告,以及其他与财政收支或者财务收支有关的资料,被审计单位不得拒绝、拖延、谎报。

(2)审计机关进行审计时,有权检查被审计单位的会计凭证、会计账簿、财务会计报告和运用电子计算机管理财政收支、财务收支电子数据的系统,以及其他与财政收支、财务收支有关的资料和资产,被审计单位不得拒绝。

(3)审计机关进行审计时,有权就审计事项的有关问题向有关单位和个人进行调查,并取得有关证明材料。有关单位和个人应当支持、协助审计机关工作,如实向审计机关反映情况,提供有关证明材料。审计机关经县级以上人民国家审计机关负责人批准,有权查询被审计单位在金融机构的账户。审计机关有证据证明被审计单位以个人名义存储公款的,经县级以上人民国家审计机关主要负责人批准,有权查询被审计单位以个人名义在金融机构的存款。

(4)审计机关进行审计时,被审计单位不得转移、隐匿、篡改、毁弃会计凭证、会计账簿、财务会计报告以及其他与财政收支或者财务收支有关的资料,不得转移、隐匿所持有的违反国家规定取得的资产。审计机关对被审计单位违反前款规定的行为,有权予以制止;必要时,经县级以上人民国家审计机关负责人批准,有权封存有关资料和违反国家规定取得的资产;对其中在金融机构的有关存款需要予以冻结的,应当向人民法院提出申请。审计机关对被审计单位正在进行的违反国家规定的财政收支、财务收支行为,有权予以制止;制止无效的,经县级以上人民国家审计机关负责人批准,通知财政部门和有关主管部门暂停拨付与违反国家规定的财政收支、财务收支行为直接有关的款项,已经拨付的,暂停使用。

(5)审计机关认为被审计单位所执行的上级主管部门有关财政收支、财务收支的规定与法律、行政法规相抵触的,应当建议有关主管部门纠正;有关主管部门不予纠正的,审计机关应当提请有权处理的机关依法处理。

(6)审计机关可以向政府有关部门通报或者向社会公布审计结果。

三、会计师事务所的组织形式和组织结构

(一)会计师事务所的组织形式

就世界范围来看,会计师事务所主要有独资、普通合伙、有限责任公司和有限责任合伙四种组织形式。

1. 独资会计师事务所

独资会计师事务所是由具有注册会计师资格的个人独立开业,并对事务所的债务承担无限责任;事务所的规模较小,人员较少;服务对象多为小型企业。这种组织形式的优点是对执业人员的需求不多,容易设立,执业灵活,能够在代理记账、代理纳税等方面很好地满足小型企业对注册会计师服务的需求。缺点是无力承担大型业务,缺乏发展后劲。

2. 普通合伙制会计师事务所

普通合伙制会计师事务所是由2名或2名以上的注册会计师合伙组成;合伙人既可以分享利润也要承担相应的或协议所规定的损失,而且合伙人要对事务所的债务承担无限连带清偿责任,不受出资额限制;每一个合伙人在执行业务中都具有企业法定代理人资格。这种组织形式的优点是在风险牵制和共同利益的驱动下,有利于促使会计师事务所提高执业质量,扩大业务规模,提高规避风险的能力。缺点是难以在短期内迅速建成一个跨地区、跨国界的大型会计师事务所。

3. 有限责任公司制会计师事务所

有限责任公司制会计师事务所是由注册会计师认购会计师事务所股份,并以其所认购的股份对会计师事务所承担有限责任。同时,事务所以其全部资产对其债务承担有限责任。这种组织形式的优点是可以通过公司制形式迅速聚集一批注册会计师,建立大型会计师事务所,承办大型业务。缺点是降低了风险责任对注册会计师执业行为的高度制约,弱化了注册会计师的个人责任。

4. 有限责任合伙制会计师事务所

有限责任合伙制会计师事务所是事务所以其全部资产对其债务承担有限责任,同时限制了合伙人的个人连带责任,即有过失的合伙人要对其个人执业行为承担无限责任,而无过失的合伙人对于其他合伙人的过失或不当执业行为不承担责任。这种组织形式既融入了普通合伙制和有限责任公司制会计师事务所的优点,同时又摒弃了其不足,顺应了经济发展对注册会计师行业的要求,已经成为当今注册会计师职业界组织形式发展的一大趋势。

(二)会计师事务所的组织结构

会计师事务所的组织结构因规模不同而有很大差别,大型事务所可以是国际性的跨国组织,设置较多部门和分支机构,中小型的事务所则相对简单。以一个合伙型会计师事务所为例,其人员构成通常包括合伙人、经理或督导、高级审计师或主审和助理人员。会计师事务所采取这样的组织结构既有利于提升从业人员的胜任能力,也有利于保证所提供服务的质量。

四、内部审计机构的设置及职责和权限

(一)内部审计机构的设置

根据《审计署关于内部审计工作的规定》,国家机关、金融机构、企业事业组织、社会团体以及其他单位,应当按照国家有关规定建立健全内部审计制度。凡法律、行政法规明确规定设立内部审计机构的单位,均必须设立独立的内部审计机构。若法律、行政法规没有明确规定设立内部审计机构的单位,可以根据需要设立内部审计机构,配备内部审计人员。

(二)内部审计机构的职责

1. 对本单位及所属单位(含占控股地位或者主导地位的单位,下同)的财政收支、财务收支及其有关的经济活动进行审计。
2. 对本单位及所属单位预算内、预算外资金的管理和使用情况进行审计。
3. 对本单位内设机构及所属单位领导人员的任期经济责任进行审计。
4. 对本单位及所属单位固定资产投资项目进行审计。
5. 对本单位及所属单位内部控制制度的健全性和有效性以及风险管理进行审计。
6. 对本单位及所属单位经济管理和效益情况进行审计。
7. 法律、法规规定和本单位主要负责人或者权力机构要求办理的其他审计事项。

(三)内部审计机构的权限

1. 要求被审计单位按时报送生产、经营、财务收支计划、预算执行情况、决算、财务报表和其他有关文件、资料。
2. 参加本单位的有关会议,召开与审计事项有关的会议。
3. 参与研究制定有关的规章制度,提出内部审计规章制度,由单位审定公布后施行。
4. 检查有关生产、经营和财务活动的资料、文件和现场勘察实物。
5. 检查有关的计算机系统及其电子数据和资料。
6. 对与审计事项有关的问题向有关单位和个人进行调查,并取得证明材料。
7. 对正在进行的严重违法违规、严重损失浪费的行为,做出临时制止决定。
8. 对可能转移、隐匿、篡改、毁损会计凭证、会计账簿、财务报表以及与经济活动有关的资料,经本单位主要负责人或者权力机构批准,有权予以暂时封存。
9. 提出纠正、处理违法违规行为的意见以及改进经济管理、提高经济效益的建议。
10. 对违法违规和造成损失浪费的单位和人员,给予通报批评或者提出追究责任的建议。

第二节 审计人员

审计人员是指在国家审计机关、内部审计机构和会计师事务所中从事审计工作的人员,包括国家审计人员、内部审计人员和注册会计师。

一、国家审计人员

国家审计人员是指在中央审计机关、地方审计机关和派出审计机构中从事审计工作的人员。我国国家审计人员的审计专业技术职称分为高级审计师、审计师和助理审计师三种，并对其实行全国统一考试制度。审计专业技术资格考试原则上每年举行一次，由审计署、人事部审计专业技术资格考试办公室负责组织实施和日常管理，具体考务工作由审计署考试中心负责。初、中级资格的考试科目均分为两科：审计专业相关知识，包括宏观经济学基础、企业财务管理、企业财务会计、法律；审计理论与实务，包括审计理论与方法、企业财务审计。高级审计师资格的考试科目也分为两科：经济理论与宏观经济政策，包括社会主义市场经济、金融、财政、财务会计和财务管理；审计理论与审计案例分析，包括审计理论、审计技术和方法。在同一次考试中取得双科成绩合格者，由人事部门颁发相应的审计专业技术资格证书。

二、注册会计师

注册会计师是指在会计师事务所中依法接受委托专职从事审计和会计咨询、会计服务等业务的执业人员。我国已经建立了严格的注册会计师执业资格审查和考试制度，考试通常于每年9月第二或第三个周末举行。考试科目自2009年开始采用"6＋1"模式，即在原考试制度5个科目（会计、审计、财务成本管理、经济法、税法）的基础上，进行分拆、补充和整合，将考试科目设置为两个阶段。第一阶段：设会计、审计、财务成本管理、公司战略与风险管理、经济法、税法6科。第二阶段：设综合1科，考试科目为综合测试。全科成绩合格者，可领取全国考试委员会颁发的全科合格证书，在具有2年以上在会计师事务所从事审计业务的经历之后即可申请成为注册会计师协会执业会员。

三、内部审计人员

内部审计人员是指在部门、单位内部审计机构中从事审计工作的人员，以及在部门、单位内部设置的专职从事审计工作的人员。注册内部审计师不仅是国际内部审计领域专家的标志，也是目前国际审计界唯一公认的职业资格。注册内部审计师考试每年在40多个国家和地区的200多个考点同时举行，考试时间定为每年11月份第三周的周六和周日。考试共设内部审计在治理、风险和控制中的作用；实施内部审计业务；经营分析和信息技术；经营管理技术等4门课程。4门课程全部通过者，由国际内部审计师协会评审委员会颁发注册内部审计师证书。

本章小结

本章主要阐述审计组织体系的构成，说明国家审计机关的设置模式及职责和权限，会计师事务所的组织形式和组织结构，内部审计机构的设置及职责和权限，论述国家审计人员、注册会计师和内部审计人员的资格认证及应具备的专业胜任能力。

思考题

1. 简述审计组织体系的构成。
2. 国家审计机关的设置分为哪几种模式?
3. 我国国家审计机关是怎样设置的?它有哪些职责和权限?
4. 会计师事务所的性质是什么?
5. 会计师事务所的组织形式有哪些?各自的优缺点有哪些?
6. 会计师事务所的组织结构是怎样的?为什么会计师事务所会形成这样的组织结构?
7. 内部审计机构的职责和权限有哪些?

练习题

一、单项选择题

1. 国家审计相对于注册会计师审计来说,其最主要的特点是(   )。
   A. 独立性   B. 委托性   C. 有偿性   D. 强制性
2. 我国国家审计机关的设置模式属于(   )。
   A. 立法型   B. 行政型   C. 司法型   D. 独立型
3. 下列各项中,超出国家审计机关权限的是(   )。
   A. 要求被审计单位提供财务报表
   B. 要求被审计单位提供在金融机构开立账户的情况
   C. 制止被审计单位正在进行的违反国家规定的财务收支行为
   D. 废止被审计单位主管部门制定的与国家法律相抵触的财政财务收支规定

二、多项选择题

1. 设置审计机构时,应当遵循的原则有(   )。
   A. 独立性   B. 强制性   C. 权威性   D. 系统性
2. 下列有关会计师事务所的描述中,恰当的有(   )。
   A. 独资会计师事务所由注册会计师个人承担无限责任
   B. 有限责任会计师事务所以其全部资产承担无限连带责任
   C. 普通合伙会计师事务所的合伙人以各自的财产对事务所的债务承担无限连带责任
   D. 有限责任合伙会计师事务所的无过失合伙人对于其他合伙人的过失不承担无限责任,除非该合伙人参与了过失或不当执业行为
3. 根据《中华人民共和国审计法》和《中华人民共和国审计法实施条例》的规定,各级地方审计机关对本级预算执行情况进行审计后,应当将审计结果报告提交给(   )。
   A. 本级人民政府   B. 本级人大
   C. 本级人大常委会   D. 上一级审计机关

第三章

审计职业道德

学习目的： 通过本章学习，了解审计职业道德的概念以及加强审计职业道德规范的重要性，熟悉国家审计、注册会计师审计和内部审计职业道德规范的基本原则和重要内容。

引导案例：

莲里·沃克在会计师事务所的工作遭遇

这是一个发生在会计师事务所中并不起眼的真实小事，却深刻地反映了美国注册会计师行业对职业道德的重视程度。学业优秀的大学生莲里·沃克被当时"六大"之一的某会计师事务所聘用。她工作勤奋、踏实能干，但由于在是否参加了注册会计师考试这件小事上对她的上司撒了谎，结果丢掉了饭碗，美国注册会计师行业对从业人员个人品质的苛求可见一斑。因此，作为一名注册会计师，不仅要有精湛的审计专业知识，更应该具有高尚的职业道德，而这些道德品质的形成是从平时为人处事中逐步培养起来的；同时，作为一名注册会计师，不仅要有良好的职业道德、精湛的专业技术，还需有灵活变通的社交能力，而这一切都必须在遵守诚实原则的基础上加以发挥，离开诚实，注册会计师将一无是处。

第一节 审计职业道德的概念和意义

一、加强审计职业道德规范的重要性

在社会主义市场经济条件下，会计信息质量非常重要，它直接影响着国家宏观经济决策的正确性和社会资源配置的有效性，审计行业是保证会计信息质量的重要一环，也是社会信用链中的一环。如果审计行业没有诚信，就失去了存在的理由。诚信是审计行业的立身之本。审计人员诚信的重要体现就是遵循职业道德规范。目前，在我国注册会计师审计工作中，存在不少违背职业道德规范的现象，比如会计师事务所竞相压价、不顾质量恶性竞争，为保收益不计后果接下家，面对干预和压力不能保持应有的独立性和谨慎原则

而违心出具不实审计报告等,都需要通过强化职业道德约束加以解决和规范。

二、审计职业道德的概念

审计职业道德规范是审计人员在审计工作过程中形成的,具有审计职业特征的道德准则和行为规范。审计职业道德规范的核心内容,就是与独立性、客观公正以及与此密切相关的认真负责、清正廉洁的工作作风和诚实谨慎的职业态度。审计职业道德是审计管理规范体系的重要组成部分,是所有审计人员坚持依法独立审计、保证审计职业水平的重要因素。保持应有的职业谨慎,严格遵守职业道德规范,是审计人员树立良好形象、保持良好信誉的重要措施,也是充分发挥审计职能的必要条件。

案例 3-1

社会的关注

两个会计专业学生,琼和米格正在为他们最终的大学会计考试苦读。

"米格,假如他们问我们会计师职业是否可以大胆地说出财务报表中的缺陷,我们将如何回答?"

"比如什么呢,琼?我们知道他们不会说明雇员的价值或者通货膨胀的影响,或者许多交易的经济实质或市场价值,这是你的意思吗?"

"不,我的意思是积极地支持能让我们的世界变成,对于我们所有的人都能更好地揭示。比如,如果我们能够让公司开始揭示其对社会的影响,特别是对我们环境的影响,就会促使他们在下一年建立目标,并完成得更好。我们知道有许多外部因素,像污染成本都没有包括在财务报表中,但是我们可以大胆地要求补充揭示。"

"琼,如果你喜欢,你可以走得比较超前。但是我必须继续坚持会计师的传统角色,即编制和审计财务报表。它只允许我们这样的范围,不是吗?"

"是的,但是医生是不是在控制对健康关注的评论,律师是不是也在控制对支配我们未来的法律的建立呢?而为什么我们要回避大胆地说出我们已经知道,会对我们的未来产生巨大影响的问题呢?"

第二节 国家审计人员的职业道德

一、最高审计机关国际组织职业道德规范

最高审计机关国际组织职业道德规范,是最高审计机关国际组织审计准则委员会,在1998年乌拉圭蒙得维的亚第十六届年会上通过并发布的。该规范在最高审计机关国际组织内部,关于道德概念的协调方面取得了重大的进展。由于考虑到各国在文化、语言、法律和社会体系方面的差异,该规范只列示了适用于各国具体环境的道德的基本假设,各

国可以将该规范,作为建立适合于自己国家的国家审计职业道德规范的基本框架。

最高审计机关国际组织职业道德规范,直接针对最高审计机关的审计人员、领导人员,以及以最高审计机关名义工作的执行官员和所有人员的审计工作。但该规范并不会影响最高审计机关的组织结构。由于各国在文化、语言和法律与社会体制上的差异,各国最高审计机关有责任建立适合于自己国家的职业道德规范,最高审计机关国际组织职业道德规范为此提供了道德的基本概念。各国最高审计机关有责任保证其全体审计人员遵循职业道德规范中包含的价值和基本原则。

二、我国国家审计职业道德规范

国家审计人员职业道德是指审计机关审计人员的职业品德、职业纪律、职业胜任能力和职业责任,具体要求包括:

1. 审计人员应当依照法律规定的职责、权限和程序,进行审计工作,并遵守国家审计准则。

2. 审计人员办理审计事项,应当客观公正、实事求是、合理谨慎、职业胜任、保守秘密、廉洁奉公、恪尽职守。

3. 审计人员在执行职务时,应当保持应有的独立性,不受其他行政机关、社会团体和个人的干涉。

4. 审计人员办理审计事项,与被审计单位或者审计事项有直接利害关系的,应当按照有关规定回避。

5. 审计人员在执行职务时,应当忠诚老实,不得隐瞒或者曲解事实。

6. 审计人员在执行职务特别是做出审计评价、提出处理处罚意见时,应当做到依法办事,实事求是,客观公正,不得偏袒任何一方。

7. 审计人员应当合理运用审计知识、技能和经验,保持职业谨慎,不得对没有证据支持的、未经核清事实的、法律依据不当的和超越审计职责范围的事项发表审计意见。

8. 审计人员应当具有符合规定的学历,通过岗位任职资格考试,具备与从事的审计工作相适应的专业知识、职业技能和工作经验,并保持和提高职业胜任能力。不得从事不能胜任的业务。

9. 审计人员应当遵守审计机关的继续教育和培训制度,参加审计机关举办或者认可的继续教育、岗位培训活动,学习会计、审计、法律、经济等方面的新知识,掌握与从事工作相适应的计算机、外语等技能。

10. 审计人员参加继续教育、岗位培训,应当达到审计机关规定的时间和质量要求。

11. 审计人员对其执行职务时知悉的国家秘密和被审计单位的商业秘密,负有保密的义务。在执行职务中取得的资料和审计工作记录,未经批准不得对外提供和披露,不得用于与审计工作无关的目的。

12. 审计人员应当遵守国家的法律、法规和规章以及审计工作纪律和廉政纪律。

13. 审计人员应当认真履行职责,维护国家审计的权威,不得有损害审计机关形象的行为。审计人员应当维护国家利益和被审计单位的合法权益。

14. 审计人员违反职业道德,由所在审计机关根据有关规定给予批评教育、行政处分或者纪律处分。

第三节 注册会计师的职业道德

一、国际会计师联合会职业道德规范

国际会计师联合会职业道德规范为各国注册会计师组织制定自己的职业道德准则提供了范例。它提出了客观性、正直和职业胜任能力的概念,强调了所有注册会计师如何为满足对公众的责任而完成高水准的工作。国际会计师联合会职业道德规范适用于所有的注册会计师,包括那些在公共服务部门、制造业和商业、政府和教育部门的注册会计师。

国际会计师联合会职业道德规范共分为三个部分:第一部分适用于所有职业会计师,除非有特殊说明。第二部分仅适用于执行公共业务的会计师。第三部分则适用于受雇于制造业、商业、政府或教育部门的职业会计师,适当时也可适用于执行公共业务的会计师。

二、美国注册公共会计师协会职业道德规范

在美国,注册公共会计师审计行为的规范化程度较高,美国注册公共会计师协会专门设立了职业道德部,负责职业道德规范的制定和发布。美国注册公共会计师协会职业道德规范是由下列四个部分组成的:

1. 职业道德基本原则

职业道德部提出的基本原则代表了道德行为的理想标准,是制定具体道德规范的基础,因此是非强制的。

2. 具体行为守则

具体行为守则是职业道德规范的核心内容,它确定了可以接受的职业道德行为的最低标准,因此每条准则都是强制性必须执行的。

3. 行为守则的解释

该部分规定了行为守则的范围和适用性,由职业道德部负责对具体行为守则做出解释。该部分虽然不是强制性的道德标准,但要求注册会计师必须说明任何背离该"行为守则解释"的合理理由。

4. 道德裁决

该部分是由从业人员和其他对职业道德有兴趣的人士就职业道德守则提出的问题和职业道德部对这些问题的解答汇编而成的,它说明了"具体行为守则"和"行为守则的解释"在具体情况和案件中的应用。因此该部分也不是强制性的道德标准,但要求注册会计师必须说明任何背离该"行为守则解释"的合理理由。

三、我国注册会计师职业道德规范基本原则和概念框架

(一)我国注册会计师职业道德规范的框架结构

《职业道德守则》包括五个组成部分,即《中国注册会计师职业道德守则第1号——职

业道德基本原则》、《中国注册会计师职业道德守则第2号——职业道德概念框架》、《中国注册会计师职业道德守则第3号——提供专业服务的具体要求》、《中国注册会计师职业道德守则第4号——审计和审阅业务对独立性的要求》和《中国注册会计师职业道德守则第5号——其他鉴证业务对独立性的要求》。

《职业道德守则》主要有以下特点：一是全面规范了注册会计师的职业道德行为。《职业道德守则》涵盖了注册会计师业务承接、收费报价、专业服务工作的开展等所有环节可能遇到的与保持职业道德相关的情形，分别提出了明确的要求。二是突出强调了注册会计师行业的社会责任。《职业道德守则》特别强调注册会计师的独立性问题，对注册会计师如何保持独立性、如何处理与审计客户的利益冲突，切实做到独立、客观、公正执业，给予了详尽指导和要求，并对涉及公众利益的审计项目（比如上市公司审计），向注册会计师提出了更高的职业道德要求。三是为注册会计师解决职业道德遇到的问题提供了方法指导。《职业道德守则》就如何识别对职业道德产生不利影响的情形，如何评价各种情形对职业道德的影响和危害程度，以及如何采取有效的防范措施解决这些不利影响等，给予了具体的方法指导。四是实现了与国际会计师职业道德守则的全面趋同。《职业道德守则》涵盖了国际会计师职业道德守则对注册会计师的所有要求和内容，是我国继审计准则国际趋同后，在职业道德准则方面实现趋同的重大行动，体现了我国对国际准则持续全面趋同的主张和承诺。

此外，为了规范非执业会员从事专业服务时的职业道德行为，促使其更好地履行相应的社会责任，维护公众利益，中国注册会计师协会还同时发布了《中国注册会计师协会非执业会员职业道德守则》。该守则从职业道德基本原则、职业道德概念框架、潜在冲突、信息的编制和报告等方面做出了规定。把行业非执业会员纳入职业道德建设的规范体系，是本次职业道德守则制定的一大突破。目前，中注协7万多非执业会员分布在政府部门、事业单位、企业、院校等各个领域。

（二）我国注册会计师职业道德规范基本原则

注册会计师应当遵守职业道德守则，履行相应的社会责任，维护公众利益。为此，注册会计师应当保持诚信、客观和公正原则，在执行审计和审阅业务以及其他鉴证业务时保持独立性，应当获取和保持专业胜任能力，保持应有的关注，勤勉尽责，履行保密义务，对职业活动中获知的涉密信息保密，维护职业声誉，树立良好的职业形象。

1. 诚信

注册会计师应当在所有的职业活动中，保持正直，诚实守信。注册会计师如果认为业务报告、申报资料或其他信息存在下列问题，则不得与这些有问题的信息发生牵连：(1)含有严重虚假或误导性的陈述；(2)含有缺少充分依据的陈述或信息；(3)存在遗漏或含糊其词的信息。注册会计师如果注意到已与有问题的信息发生牵连，应当采取措施消除牵连。

2. 独立性

注册会计师执行审计和审阅业务以及其他鉴证业务时，应当从实质和形式上保持独立性，不得因任何利害关系影响其客观性。会计师事务所在承办审计和审阅业务以及其他鉴证业务时，应当从整体层面和具体业务层面采取措施，以保持会计师事务所和项目组的独立性。

3. 客观和公正

注册会计师应当公正处事、实事求是，不得由于偏见、利益冲突或他人的不当影响而损害自己的职业判断。如果存在导致职业判断出现偏差，或对职业判断产生不当影响的情形，注册会计师不得提供相关专业服务。

4. 专业胜任能力和应有的关注

注册会计师应当通过教育、培训和执业实践获取和保持专业胜任能力。注册会计师应当持续了解并掌握当前法律、技术和实务的发展变化，将专业知识和技能始终保持在应有的水平，确保为客户提供具有专业水准的服务。在应用专业知识和技能时，注册会计师应当合理运用职业判断。注册会计师应当保持应有的关注，遵守执业准则和职业道德规范的要求，勤勉尽责，认真、全面、及时地完成工作任务。注册会计师应当采取适当措施，确保在其领导下工作的人员得到适当的培训和督导。注册会计师在必要时应当使客户以及业务报告的其他使用者了解专业服务的固有局限性。

5. 保密

注册会计师应当对职业活动中获知的涉密信息保密，不得有下列行为：(1)未经客户授权或法律法规允许，向会计师事务所以外的第三方披露其所获知的涉密信息；(2)利用所获知的涉密信息为自己或第三方谋取利益。

注册会计师应当对拟接受的客户或拟受雇的工作单位向其披露的涉密信息保密，应当对所在会计师事务所的涉密信息保密。注册会计师在社会交往中应当履行保密义务，警惕无意中泄密的可能性，特别是警惕无意中向近亲属或关系密切的人员泄密的可能性。注册会计师应当采取措施，确保下级员工以及提供建议和帮助的人员履行保密义务。

在终止与客户的关系后，注册会计师应当对以前职业活动中获知的涉密信息保密。如果获得新客户，注册会计师可以利用以前的经验，但不得利用或披露以前职业活动中获知的涉密信息。

在下列情形下，注册会计师可以披露涉密信息：(1)法律法规允许披露，并取得客户的授权；(2)根据法律法规的要求，为法律诉讼、仲裁准备文件或提供证据，以及向监管机构报告所发现的违法行为；(3)法律法规允许的情况下，在法律诉讼、仲裁中维护自己的合法权益；(4)接受注册会计师协会或监管机构的执业质量检查，答复其询问和调查；(5)法律法规、执业准则和职业道德规范规定的其他情形。

在决定是否披露涉密信息时，注册会计师应当考虑下列因素：(1)客户同意披露的涉密信息，是否为法律法规所禁止；(2)如果客户同意披露涉密信息，是否会损害利害关系人的利益；(3)是否已了解和证实所有相关信息；(4)信息披露的方式和对象；(5)可能承担的法律责任和后果。

6. 良好职业行为

注册会计师应当遵守相关法律法规，避免发生任何损害职业声誉的行为。注册会计师在向公众传递信息以及推介自己和工作时，应当客观、真实、得体，不得损害职业形象。

注册会计师应当诚实、实事求是，不得有下列行为：(1)夸大宣传提供的服务、拥有的资质或获得的经验；(2)贬低或无根据地比较其他注册会计师的工作。

(三)职业道德概念框架

1.职业道德概念框架的内涵

职业道德概念框架是指解决职业道德问题的思路和方法,用以指导注册会计师:(1)识别对职业道德基本原则的不利影响;(2)评价不利影响的严重程度;(3)必要时采取防范措施消除不利影响或将其降低至可接受的水平。

在运用职业道德概念框架时,注册会计师应当运用职业判断。如果发现存在可能违反职业道德基本原则的情形,注册会计师应当评价其对职业道德基本原则的不利影响。在评价不利影响的严重程度时,注册会计师应当从性质和数量两个方面予以考虑。如果认为对职业道德基本原则的不利影响超出可接受的水平,注册会计师应当确定是否能够采取防范措施消除不利影响或将其降低至可接受的水平。

2.对遵循职业道德基本原则产生不利影响的因素

注册会计师对职业道德基本原则的遵循可能受到多种因素的不利影响。不利影响的性质和严重程度因注册会计师提供服务类型的不同而不同。可能对职业道德基本原则产生不利影响的因素包括自身利益、自我评价、过度推介、密切关系和外在压力。

自身利益导致不利影响的情形主要包括:

(1)鉴证业务项目组成员在鉴证客户中拥有直接经济利益;

(2)会计师事务所的收入过分依赖某一客户;

(3)鉴证业务项目组成员与鉴证客户存在重要且密切的商业关系;

(4)会计师事务所担心可能失去某一重要客户;

(5)鉴证业务项目组成员正在与鉴证客户协商受雇于该客户;

(6)会计师事务所与客户就鉴证业务达成或有收费的协议;

(7)注册会计师在评价所在会计师事务所以往提供的专业服务时,发现了重大错误。

自我评价导致不利影响的情形主要包括:

(1)会计师事务所在对客户提供财务系统的设计或操作服务后,又对系统的运行有效性出具鉴证报告;

(2)会计师事务所为客户编制原始数据,这些数据构成鉴证业务的对象;

(3)鉴证业务项目组成员担任或最近曾经担任客户的董事或高级管理人员;

(4)鉴证业务项目组成员目前或最近曾受雇于客户,并且所处职位能够对鉴证对象施加重大影响;

(5)会计师事务所为鉴证客户提供直接影响鉴证对象信息的其他服务。

过度推介导致不利影响的情形主要包括:

(1)会计师事务所推介审计客户的股份;

(2)在审计客户与第三方发生诉讼或纠纷时,注册会计师担任该客户的辩护人。

密切关系导致不利影响的情形主要包括:

(1)项目组成员的近亲属担任客户的董事或高级管理人员;

(2)项目组成员的近亲属是客户的员工,其所处职位能够对业务对象施加重大影响;

(3)客户的董事、高级管理人员或所处职位能够对业务对象施加重大影响的员工,最近曾担任会计师事务所的项目合伙人;

(4)注册会计师接受客户的礼品或款待;

(5)会计师事务所的合伙人或高级员工与鉴证客户存在长期业务关系。

外在压力导致不利影响的情形主要包括:

(1)会计师事务所受到客户解除业务关系的威胁;

(2)审计客户表示,如果会计师事务所不同意对某项交易的会计处理,则不再委托其承办拟议中的非鉴证业务;

(3)客户威胁将起诉会计师事务所;

(4)会计师事务所受到降低收费的影响而不恰当地缩小工作范围;

(5)由于客户员工对所讨论的事项更具有专长,注册会计师面临服从其判断的压力;

(6)会计师事务所合伙人告知注册会计师,除非同意审计客户不恰当的会计处理,否则将影响晋升。

3. 应对不利影响的防范措施

注册会计师应当运用判断,确定如何应对超出可接受水平的不利影响,包括采取防范措施消除不利影响或将其降低至可接受的水平,或者终止业务约定或拒绝接受业务委托。

在运用判断时,注册会计师应当考虑:一个理性且掌握充分信息的第三方,在权衡注册会计师当时可获得的所有具体事实和情况后,是否很可能认为这些防范措施能够消除不利影响或将其降低至可接受的水平,以使职业道德基本原则不受损害。

应对不利影响的防范措施包括两类:一类是法律法规和职业规范规定的防范措施;另一类是在具体工作中采取的防范措施。

法律法规和职业规范规定的防范措施主要包括:(1)取得注册会计师资格必需的教育、培训和经验要求;(2)持续的职业发展要求;(3)公司治理方面的规定;(4)执业准则和职业道德规范的要求;(5)监管机构或注册会计师协会的监控和惩戒程序;(6)由依法授权的第三方对注册会计师编制的业务报告、申报资料或其他信息进行外部复核。

在具体工作中,应对不利影响的防范措施包括会计师事务所层面的防范措施和具体业务层面的防范措施。

会计师事务所层面的防范措施主要包括:(1)领导层强调遵循职业道德基本原则的重要性以及鉴证业务项目组成员应当维护公众利益。(2)制定有关政策和程序,实施项目质量控制,监督业务质量;识别对职业道德基本原则的不利影响,评价不利影响的严重程度,采取防范措施消除不利影响或将其降低至可接受的水平,保证遵循职业道德基本原则;识别会计师事务所或项目组成员与客户之间的利益或关系;监控对某一客户收费的依赖程度。(3)向鉴证客户提供非鉴证服务时,指派鉴证业务项目组以外的其他合伙人和项目组,并确保鉴证业务项目组和非鉴证业务项目组分别向各自的业务主管报告工作。(4)制定有关政策和程序,防止项目组以外的人员对业务结果施加不当影响。(5)及时向所有合伙人和专业人员传达会计师事务所的政策和程序及其变化情况,并就这些政策和程序进行适当的培训。(6)指定高级管理人员负责监督质量控制系统是否有效运行。(7)向合伙人和专业人员提供鉴证客户及其关联实体的名单,并要求合伙人和专业人员与之保持独立。(8)制定有关政策和程序,鼓励员工就遵循职业道德基本原则方面的问题与领导层沟通。(9)建立惩戒机制,保障相关政策和程序得到遵守。

具体业务层面的防范措施主要包括：(1)对已执行的非鉴证业务，由未参与该业务的注册会计师进行复核，或在必要时提供建议；(2)对已执行的鉴证业务，由鉴证业务项目组以外的注册会计师进行复核，或在必要时提供建议；(3)向客户审计委员会、监管机构或注册会计师协会咨询；(4)与客户治理层讨论有关的职业道德问题；(5)向客户治理层说明提供服务的性质和收费的范围；(6)由其他会计师事务所执行或重新执行部分业务；(7)轮换鉴证业务项目组合伙人和高级员工。

第四节　内部审计人员的职业道德

一、国际内部审计职业道德规范

2002年1月1日，国际内部审计师协会新修订的国际内部审计实务标准开始实施，国际内部审计职业道德规范是其中的重要组成部分。国际内部审计师协会指出制定职业道德规范的目的在于促进内部审计职业领域内的道德文化的发展。规范共分为四个部分：

(一)简介

职业道德规范的建立对于内部审计职业必要而又适用，它是建立在风险管理、控制和治理目标保证内的信用。协会的职业道德规范延展了内部审计的定义，包括两个基本部分：(1)与内部审计职业和实务相关的原则；(2)描述内部审计师预期行为规范的行为规则，这些规则有助于将这些原则运用于实践中，目的在于指导内部审计师的道德行为。

(二)适用性与执行

职业道德规范既适用于提供内部审计服务的个人，也适用于提供内部审计服务的团体。

对于协会会员、国际内部审计师协会职业资格的接受者或参加者，对职业道德规范的违背将根据协会的规章和行政指南予以评价和管理。在行为规则中没有提及的特殊行为，不妨碍其无法接受或丧失信誉，因此，会员、资格所有者或参加者对于有纪律的行为具有责任。

(三)原则

内部审计师应使用和信守以下原则：

1. 诚信。内部审计师的诚信确立信用，从而为信任其判断提供基础。

2. 客观。内部审计师在收集、评价和沟通有关被检查活动或过程的信息时，要显示出最高限度的职业客观性。在做出判断时，内部审计师不受其个人喜好或他人的不适当影响，对所有相关环境做出公正的评价。

3. 保密。内部审计师尊重所获取的信息的价值和所有权，没有适当授权不得披露信息，除非是在有法律或职业义务的情况下。

4. 胜任。内部审计师在执行内部审计业务时能够使用所需要的知识、技能和经验。

(四)行为规则

1. 诚信

内部审计师:(1)应当诚实、勤恳并负责地开展工作;(2)应当遵守法律,按照法律及职业要求进行披露;(3)不得蓄意参与非法活动,或参加有损于内部审计职业或其所在组织的行为;(4)应当遵守并协助实现组织的法律和道德目标。

2. 客观

内部审计师:(1)不应参与可能损害或被认为会损害其公正评价的活动或关系,包括参与与组织利益相冲突的活动和关系;(2)不能接受可能损害或被认为会损害其职业判断的任何物品;(3)应当揭露已知的,如果不予披露、可能会歪曲检查工作报告的所有重大事实。

3. 保密

内部审计师:(1)应当谨慎利用和保护履行职责过程中获取的信息;(2)不应当利用信息牟取私利,或者以任何有悖法律规定或有损组织法律和道德目标的方式使用信息。

4. 胜任

内部审计师:(1)应当只从事与其所具备的知识、技能和经验相适应的服务活动;(2)应当依据《内部审计专业实务标准》开展审计服务;(3)应当持续提高专业能力和服务的效果、质量。

二、我国内部审计职业道德规范

中国内部审计师协会于2013年8月发布了《中国内部审计准则第1201号——内部审计人员职业道德规范》,具体内容主要包括:

1. 对职业道德的概念界定

中国内部审计职业道德规范指出内部审计人员职业道德是内部审计人员在开展内部审计工作中应当具有的职业品德、应当遵守的职业纪律和应当承担的职业责任的总称。内部审计人员从事内部审计活动时,应当遵守中国内部审计人员职业道德规范,认真履行职责,不得损害国家利益、组织利益和内部审计职业声誉。内部审计人员违反职业道德规范要求的,组织应当批评教育,也可以视情节给予一定的处分。

2. 职业道德基本原则

中国内部审计职业道德规范提出的基本道德原则包括诚信正直、客观、专业胜任能力和保密。

3. 诚信正直

内部审计人员在实施内部审计业务时,应当诚实、守信,不应有下列行为:(1)歪曲事实;(2)隐瞒审计发现的问题;(3)进行缺少证据支持的判断;(4)做误导性的或者含糊的陈述。

内部审计人员在实施内部审计业务时,应当廉洁、正直,不应有下列行为:(1)利用职权谋取私利;(2)屈从于外部压力,违反原则。

4. 客观性

内部审计人员实施内部审计业务时,应当实事求是,不得由于偏见、利益冲突而影响职业判断。

内部审计人员实施内部审计业务前,应当采取下列步骤对客观性进行评估:(1)识别可能影响客观性的因素;(2)评估可能影响客观性因素的严重程度;(3)向审计项目负责人或者内部审计机构负责人报告客观性受损可能造成的影响。

内部审计人员应当识别下列可能影响客观性的因素:(1)审计本人曾经参与过的业务活动;(2)与被审计单位存在直接利益关系;(3)与被审计单位存在长期合作关系;(4)与被审计单位管理层有密切的私人关系;(5)遭受来自组织内部和外部的压力;(6)内部审计范围受到限制;(7)其他。

内部审计机构负责人应当采取下列措施保障内部审计的客观性:(1)提高内部审计人员的职业道德水准;(2)选派适当的内部审计人员参加审计项目,并进行适当分工;(3)采用工作轮换的方式安排审计项目及审计组;(4)建立适当、有效的激励机制;(5)制定并实施系统、有效的内部审计质量控制制度、程序和方法;(6)当内部审计人员的客观性受到严重影响,且无法采取适当措施降低影响时,停止实施有关业务,并及时向董事会或者最高管理层报告。

5. 专业胜任能力

内部审计人员应当具备下列履行职责所需的专业知识、职业技能和实践经验:(1)审计、会计、财务、税务、经济、金融、统计、管理、内部控制、风险管理、法律和信息技术等专业知识,以及与组织业务活动相关的专业知识;(2)语言文字表达、问题分析、审计技术应用、人际沟通、组织管理等职业技能;(3)必要的实践经验及相关职业经历。

内部审计人员应当通过后续教育和职业实践等途径,了解、学习和掌握相关法律法规、专业知识、技术方法和审计实务的发展变化,保持和提升专业胜任能力。内部审计人员实施内部审计业务时,应当保持职业谨慎,合理运用职业判断。

6. 保密

内部审计人员应当对实施内部审计业务所获取的信息保密,非因有效授权、法律规定或其他合法事由不得披露。内部审计人员在社会交往中,应当履行保密义务,警惕非故意泄密的可能性。内部审计人员不得利用其在实施内部审计业务时获取的信息牟取不正当利益,或者以有悖于法律法规、组织规定及职业道德的方式使用信息。

本章小结

本章主要阐述审计职业道德的概念和意义,并分别分析国家审计、注册会计师审计和内部审计职业道德的基本原则和主要内容。

思考题

1. 职业道德和职业道德规范的含义是什么?
2. 加强审计职业道德规范的重要性体现在哪些方面?
3. 最高审计机关国际组织职业道德规范的主要内容有哪些?

4. 我国《审计机关审计人员职业道德准则》的基本要求有哪些？
5. 国际会计师联合会职业道德规范的主要内容有哪些？
6. 美国注册公共会计师协会职业道德规范的主要内容有哪些？
7. 我国《中国注册会计师职业道德基本准则》的主要内容有哪些？
8. 独立性的基本含义是什么？有哪些影响注册会计师独立性的具体情形？
9. 国际内部审计师协会职业道德规范的主要内容有哪些？
10. 我国《内部审计人员职业道德规范》的主要内容有哪些？

练习题

一、单项选择题

1. 注册会计师在社会交往中需要遵守保密原则，可能不属于泄密对象的是（　　）。
   A. 注册会计师的母亲　　　　　　B. 客户的董事
   C. 注册会计师的弟弟　　　　　　D. 注册会计师的同学
2. 不应作为会计师事务所确定收费的依据是（　　）。
   A. 专业服务所需的知识和技能
   B. 审计报告的类型
   C. 各级别专业人员提供服务所需的时间
   D. 提供专业服务所需承担的责任
3. 会计师事务所承接了某上市公司的年度财务报表审计业务，在确定降低对独立性不利影响的防范措施时，可能无效的业务层面的防范措施是（　　）。
   A. 向客户的独立董事进行咨询
   B. 向客户的治理层披露业务性质
   C. 与客户财务总监讨论职业道德问题
   D. 轮换项目组合伙人

二、多项选择题

1. 属于自身利益威胁的是（　　）。
   A. 鉴证业务项目组成员正在与鉴证客户协商受雇于该客户
   B. 会计师事务所担心可能失去某一重要客户
   C. 会计师事务所受到降低收费的影响而不恰当地缩小工作范围
   D. 客户威胁将起诉会计师事务所
2. 注册会计师如果在客户中拥有经济利益，提供下列业务时其独立性会受到威胁的包括（　　）。
   A. 年度财务报表审计业务　　　　B. 半年报财务报表审阅业务
   C. 会计服务　　　　　　　　　　D. 税务服务
3. 注册会计师必须保持诚信原则，不得与之发生牵连的情形包括（　　）。
   A. 含有严重虚假或误导性的陈述　B. 含有缺乏充分依据的陈述或信息
   C. 存在遗漏或含糊其词的信息　　D. 根据职业判断得出的结论

三、业务题

1. 判断 ABC 会计师事务所在承接审计业务过程中的下列行为是否违反注册会计师职业道德守则的相关要求。

（1）ABC 会计事务所在与 W 公司洽谈 2010 年度财务报表审计业务时，通过与前任注册会计师和当地相同规模的其他会计师事务所进行比较，以拥有审计全国绝大多数上市公司的丰富经验向 W 公司保证在审计中能够遵循审计准则，审计质量不会受到影响。

（2）X 公司和 Y 公司是同行业的重要竞争对手，ABC 会计师事务所已经承接了 X 公司 2010 年度财务报表的审计业务，目前正在与 Y 公司洽谈 2010 年度财务报表的审计业务。

（3）ABC 会计师事务所在与 Z 公司洽谈 2010 年度财务报表审计业务时，询问 Z 公司去年的审计收费情况，并承诺可以明显低于去年审计收费完成业务。

（4）ABC 会计师事务所注册会计师 D 的朋友提出可以为其接受审计客户，事务所承诺向其支付审计业务收费 30% 的佣金。

2. 某报纸刊登了一家会计师事务所的开业启事，其中部分内容如下："本所是在国家工商行政管理局登记的全国第一家中外合作会计师事务所，值此开业之际，向多年来与我所合作并给予支持的国内外各界朋友致以深切的谢意，并愿继续为各界人士提供会计、审计、企业咨询、税务等方面世界一流的专业服务。"

请问：这则开业启事是否有悖于《中国注册会计师职业道德基本准则》的要求？请说明理由。

3. 审计人员李某在对 B 公司年度财务报表审计时，发现一张装修发票上的金额与原合同规定金额有出入，发票比合同金额少了 5 万元。B 公司接到发票后未曾发现与合同有误，并将款项付讫。以后，执行该装修业务的 D 公司亦未继续来讨账。

请问：假定今后 D 公司也聘请李某审计其年度财务报表，李某能否利用他掌握的 B 公司的审计资料，建议 D 公司去 B 公司催讨这一差额款项？

4. X 会计师事务所（以下简称 X 事务所）为具有执行证券、期货业务许可证的事务所。Y 会计师事务所（以下简称 Y 事务所）一年前由挂靠 A 上市公司（以下简称 A 公司）控股股东 E 公司的一家事务所改制设立，不具有证券、期货业务许可证，其法定代表人两年前担任 E 公司财务部总经理。Y 事务所在改制时与 E 公司签署了相关协议，协议内容包括：E 公司的年度会计报表审计业务由 Y 事务所承办；Y 事务所在 3 年内无偿使用 E 公司提供的办公场所，3 年后按市场价格租用；E 公司暂不收回其享有 Y 事务所的净资产 800 万元，但 Y 事务所应按照银行同期贷款利率支付资金占用费。

X 事务所和 Y 事务所于 2000 年 10 月签订了一份《长期业务合作协议》，并已按协议约定履行相关条款。该协议中有如下条款：

（1）X 事务所与 Y 事务所建立长期业务合作关系，双方可分别以对方名义招揽、承接业务。相互介绍业务成功后，承接方应向介绍方支付该项业务净收入 20% 的介绍费。

（2）Y 事务所设法将 A 公司及同受 E 公司控制的其他两家上市公司的年度会计报表审计业务转让给 X 事务所，X 事务所负责将其在 Y 事务所所在地的所有客户的年度会计报表审计业务让给 Y 事务所。

(3)由于Y事务所没有能力对E公司编制的合并会计报表实施审计，X事务所应委派1名合伙人无偿对参与审计的人员进行合并会计报表业务的专项培训，并予以相关技术指导。

(4)X事务所在进行日常业务培训时，应通知Y事务所参加。

(5)Y事务所的3名具有执行证券、期货业务资格的注册会计师由X事务所申请许可证，仍应在Y事务所工作。

(6)已将审计业务变更至X事务所的A公司，在3年内由Y事务所负责审计，由X事务所负责相关复核，并以X事务所名义出具审计报告，审计收费X事务所占30%，Y事务所占70%，Y事务所不再收取业务介绍费。

要求：请根据上述资料，简要回答Y事务所与E公司签署的相关协议，以及Y事务所与X事务所签订的《长期业务合作协议》的内容违反了《中国注册会计师职业道德基本准则》的哪些规定，并说明理由。

第四章 审计法律责任

学习目的： 通过本章学习，了解审计职业法律责任的特殊性，熟悉中西方国家不同法律体系下审计法律责任的具体表现形式及其渊源，掌握审计职业防范法律责任风险的主要措施。

引导案例：

原野公司案

在深圳经济特区会计师事务所（简称"特区所"）对原野公司一案中，由于会计师事务所出具虚假报告造成严重后果而被责令撤销，并处以没收财产，吊销有关注册会计师资格的处罚，该案是我国20世纪80年代发生的追究注册会计师行政责任的著名案例。

原野公司自成立到上市2年时间内就出现初始投资不实、频繁变动股东、虚增资本、对公司资产进行两次大幅度的调账升值，并对升值部分进行不合理分配以及在资产评估中虚列资产项目等严重问题。原野公司上市之后，又通过虚增销售收入、隐匿管理费用、炒卖本公司股票等手段，使公司1989年至1991年报表虚增利润2.22亿元。1989年至1991年报表呈现累计盈利为7 742.5万元，而该期间的实际累计亏损却高达14 457.5万元。

特区所自原野公司成立以来，一直担任该公司主要查账和验资工作，在5年时间内先后为公司出具了71份查账和验资报告。在出具审计和验资报告的过程中，特区所主要存在三个方面的重大过失：第一，原野公司自成立到上市的2年时间内，特区所在先后三次主要的验资报告中对存在的投资不实、分配不合理、虚列资产项目等未作任何披露和提出任何异议，而全部予以确认；第二，特区所对原野下属的"原丰"、"原野时装"、"福华"，均存在严重虚假报告问题；第三，对于1989年到1991年连续3年原野公司年度会计报表的审计报告严重不实。

第一节 审计人员法律责任的特殊性

审计人员与其他专业人员一样，如果在履行审计职责期间未尽其专业责任，也需受到法律的、职业组织的或其他的制裁。所不同的是，多数其他专业人员仅对直接关系人负责，而审计人员不仅要对这些直接关系人负责，还需对依靠不准确的被审计信息而蒙受巨大损失的其他非直接关系人承担责任。同时，由于审计人员在实施具体审计工作之前往往很难确知这些非直接关系人的身份和他们将依赖审计结果做出何种经济决策，所以审计人员面临的法律责任一般大于其他专业人员，由此带来的潜在损失也是在实施审计时很难预见的。

第二节 国家审计人员的法律责任

审计法是调整审计关系的法律规范，审计关系是一种经济监督关系，存在于审计主体、审计客体和审计授权人之间。审计法是审计工作的基本法律依据，它以法律的形式确定了审计工作的地位、任务和作用，规定了审计工作的基本准则。

为强调政府审计在国民经济监督体系中的重要地位，世界范围内很多国家都颁布了审计法。1901年，澳大利亚联邦议会就通过《审计法》，该法是一项关于公共资金的收支、公共账目的审计，以及公共财产的保护和赔偿的法律。1918年，奥地利通过了《政府审计法》，规范了最高审计院的权力，1948年的《审计院法》又进一步明确了最高审计院的职责。1921年，美国颁布了《预算会计法》，根据该法在国会之下设立了独立的政府审计机构，即总审计署。1947年，日本颁布了《会计检查院法》，改革和强化了会计检查院的法律地位、组织结构和职权范围。1955年，肯尼亚颁布了《国库审计法》，对主计审计长公署的职责和权限进行了规定。1961年，坦桑尼亚颁布了《财政和审计法》，为坦桑尼亚建立现代政府审计制度奠定了基础。1977年，加拿大议会通过了《审计长法》，授予审计长更广泛的权力。1983年，英国议会通过了《国家审计法》，并依据该法设立了国家审计署。其他国家则是在国家宪法中确立了国家审计的地位，并对其进行了相应的规范，诸如德国、希腊、印度、意大利、韩国、荷兰、菲律宾。

一、《中华人民共和国审计法》概述

按照我国现行宪法的规定，国务院和县级以上地方各级人民政府设立审计机关，实行审计监督制度。为了将宪法关于审计监督的规定具体化，使审计工作逐步走上法制化、规范化的轨道，国务院先后于1985年和1988年发布了《国务院关于审计工作的暂行规定》和《中华人民共和国审计条例》。为进一步完善审计监督制度，1994年8月31日第八届全国人民代表大会常务委员会第九次会议通过了《中华人民共和国审计法》，并于1995年1月1日起正式实施。

伴随着我国政治、经济形势的新发展和新变化，为了健全科学的宏观管理体制，需要强化和完善审计监督。2006年2月28日第十届全国人大常委会第二十次会议修订通过了《中华人民共和国审计法》，于2006年6月1日起施行。新修订的审计法，健全了审计监督机制，完善了审计监督职责，加强了审计监督手段，规范了审计监督行为，对于进一步加强审计监督、推动审计事业科学发展具有重大的意义。为了进一步推动审计法的贯彻

落实,完善我国审计监督制度,加强和规范审计工作,2010年2月2日国务院第一百次常务会议修订通过了《中华人民共和国审计法实施条例》,自2010年5月1日起施行。修订后的《中华人民共和国审计法》共分七章,即总则、审计机关和审计人员、审计机关职责、审计机关权限、审计程序、法律责任和附则,共54条。

二、《中华人民共和国审计法》对国家审计人员法律责任的具体规定

《中华人民共和国审计法》(以下简称《审计法》)是全国人大常委会按照立法程序审查通过的重要法律。它作为调整和规范审计监督活动的基本法,集中体现和反映了全国人民对中国审计监督制度的根本要求。《审计法》专设"法律责任"一章,对法律责任问题做出了规定。《审计法》所规定的审计法律责任,是指在国家审计监督活动中发生的有关法律责任。它具有以下特点:

1.它是国家审计法律责任,不包括注册会计师和内部审计的法律责任,是在国家审计监督过程中发生的与审计机关履行审计监督职能密切相关的法律责任;

2.它是因实施审计监督产生的相关当事人的法律责任,相关当事人是法律责任的主体,包括被审计单位及其有关的直接责任人和国家审计人员;

3.它是以行政责任为主的法律责任,也包括相应的刑事责任,但不包括民事责任。

《审计法》不仅赋予国家审计机关对违法行为的处理权、处罚权,加重了执法力度,而且对国家审计人员的法律责任也做出了明确的规定。国家审计人员是具体执行审计监督职责的国家专门工作人员,应当有高度的责任感,廉洁自律,客观公正。《审计法》第6条对此有明确要求:"审计机关和审计人员办理审计事项,应当客观公正,实事求是,廉洁奉公,保守秘密。"如果审计人员违反职业道德和法律规定,滥用职权、徇私舞弊、玩忽职守,造成不良后果甚至危害社会的,就要承担相应的法律责任。《审计法》对国家审计人员法律责任的具体规定集中体现在第54条中:"审计人员滥用职权、徇私舞弊、玩忽职守或者泄露所知悉的国家秘密、商业秘密的,依法给予处分;构成犯罪的,依法追究刑事责任。"新修订的《审计法实施条例》第55条还规定:"审计人员违法、违纪取得的财物,依法予以追缴、没收或者责令退赔。"

第三节 注册会计师的法律责任

一、注册会计师面临法律环境的变化

(一)西方"诉讼爆炸"形成的原因

自20世纪60年代中期以来,西方控告注册会计师的诉讼案剧增,以致造成"诉讼爆炸"的局面,其中注册会计师败诉的案例越来越多,赔偿金额也越来越大,"诉讼爆炸"形成的原因虽然是多方面的,但归纳起来主要有以下几个方面:

1.财务报表使用者对注册会计师职业责任和法律责任的理解越来越呈现夸大的趋势。

2. 证券交易管理机构保护投资人的意识呈现逐渐增强的趋势。

3. 越来越多的因素导致了审计业务和会计业务的复杂性,诸如经营规模的扩大、经营的国际化发展、经营业务的复杂性。

4. "深口袋"现象的存在,导致越来越多遭受经济损失的财务报表使用者,将要求赔偿的目标指向了会计师事务所,因为他们十分清楚地知道,从财务报表编制者那里一般是很难获得任何经济赔偿的,而会计师事务所一般都投保了高额的职业保险,因此他们为获得实际的经济赔偿,而不论造成其经济损失的真正责任人是谁。

5. 在不少控告会计师事务所的大型案例中,法庭都判注册会计师败诉,这助长了很多律师在或有基础上收取律师费用而为控告注册会计师的一方提供法律服务,当诉讼成功时,他们可以获得高额律师费用,而诉讼即使失败,他们也不会损失很多。

6. 许多会计师事务所为不影响其社会声誉,往往愿意与控方在私下里解决问题,这反而助长了控方将其告上法庭的决心。

7. 法庭对于理解和解释具有较高专业性和技术性的会计和审计问题存在一定的困难。

(二)我国经济与法律环境的变化

在我国,随着社会主义市场经济体制的逐步建立,各种法律法规的相继出台,注册会计师职业界所面临的经济和法律环境发生了很大的变化,一旦由于注册会计师的失职为财务报表使用者造成经济损失时,直接关系人就很可能诉诸法庭。在短短几年中所发生的全国闻名的"三大案件"无不说明了我国注册会计师职业界所面临经济和法律环境的巨大变化。

案例 4-1

我国20世纪80年代发生的"三大案件"

在原野公司案中,深圳特区所在审查原野公司改组、上市、公布年报的过程中不仅未对其虚假行为提出任何异议,甚至帮助其通过有关部门的审查,注册会计师的失职给社会造成了巨大的经济损失,最终遭到撤销事务所和主要责任人吊销注册会计师资格等严厉处罚;原野公司案尘埃尚未落定,北京中诚会计师事务所又因长城公司非法集资案而重蹈覆辙,主要责任人第一次受到法律的严厉制裁,成为"阶下囚",事务所内部控制制度的薄弱再一次暴露无遗;之后又发生了性质更严重的海南新华会计师事务所,为中水国际投资公司出具虚假验资报告的案件,新华所竟然为中水公司的1 000美元存款证明出具了1 000万美元的验资报告,致使涉及100亿美元信用证诈骗案的发生,事务所被取消,主要责任人也受到应有的法律惩罚。

案例 4-2

中国的安然事件——银广夏事件

2001年,银广夏(银川)实业股份有限公司通过伪造购销合同、伪造出口报关单、虚开增值税专用发票、伪造免税文件和伪造金融票据等手段,虚构主营业务收入,虚构巨额利润,而深圳中天勤会计师事务所及其签字注册会计师违反法律法规和职业道德,为银广夏公司出具严重失实的无保留意见的审计报告。公司自1998年至2001年期间累计虚增利润77 156.70万元,其中:1998年虚增1 776.10万元,由于主要控股子公司天津广夏1998年及之前年度的财务资料丢失,利润真实性无法确定;1999年虚增17 781.86万元,实际亏损5 003.20万元;2000年虚增56 704.74万元,实际亏损14 940.10万元;2001年1—6月虚增894万元,实际亏损2 557.10万元。由于上述问题严重损害了广大投资者的合法权益和证券市场公开、公平、公正的原则,为此,财政部对该案所涉及的会计师事务所和注册会计师依法进行了处罚:吊销签字注册会计师刘加荣、徐林文的注册会计师资格;吊销中天勤会计师事务所的执业资格,并会同证监会吊销其证券、期货等相关业务许可证,同时追究中天勤会计师事务所负责人的责任。

综合分析我国注册会计师诉讼案增加的原因主要体现在以下几个方面:

1.由于注册会计师自身职业道德素质低下,为了片面追求创收而一味迎合被审计单位的不合法要求。

2.由于注册会计师自身的业务素质偏低,较低的实务操作水平和不规范的实务操作程序不能适应现代企业经营活动的复杂性和多样性的需要,更难以处理电算化管理环境下的会计信息。

3.被审计单位提供虚假的会计资料,实施审计或验资的注册会计师无法识别这些资料的真伪,导致出具报告的不真实。

4.注册会计师还经常受到行政干预,指令其出具不真实的审计或验资报告。

5.会计师事务所的内部控制不健全,管理松散混乱,工作底稿严重缺失,直接影响了审计和验资的质量。

6.社会公众对审计和验资作用的期望与注册会计师实际工作能力和应承担责任之间存在巨大差距。

7.法院对审计和验资案件使用非理性连带无限责任的判例原则,在找不到有关的法律依据来判定被告的过失时,则只要原告的确受到损失,法院从平衡社会稳定机制的原则出发,往往从不同角度来判定每个被告均应平均承担赔偿原告的全部损失,而其唯一的理由是这些被告具有经济赔偿能力。

我国注册会计师职业界所面临的日益变化的经济和法律环境,无不促使注册会计师职业界关注法律责任问题,并寻求必要的措施,以提高审计质量,明确审计责任,逐步建立起一种以法律调节为背景的社会监督机制。

(三)我国注册会计师法律责任的具体形式

目前在我国,注册会计师如果因工作上的过失或故意欺诈,造成对有关各方利益的损害时,可能导致承担三种法律责任,即:行政责任、民事责任和刑事责任。行政责任是在违反注册会计师行业的管理规范时,应当受到相关政府部门给予的处罚,包括警告、暂停执业、没收违法所得、罚款、撤销等;民事责任则是在侵犯其他主体经济利益后应当进行赔偿的责任,主要是指赔偿受害人损失;刑事责任是造成对社会经济的严重危害后应当受到刑罚制裁的义务,要按照有关法律程序判处一定的徒刑。三种责任是完全不同的,但三者之间并不是相互排斥的。例如,在注册会计师违反规定而受到刑事和民事制裁时,也可能同时受到财政部门给予的处罚。再比如,注册会计师在触犯刑律遭到刑事起诉时,也可能因侵犯民事主体经济利益而同时遭到附带的民事诉讼。

二、注册会计师法律责任的成因

如果不是注册会计师方面的原因给委托人或第三者造成损失,注册会计师是不需要承担法律责任的。但是,如果注册会计师存在违约、过失和欺诈等行为,则其必须对因此受到经济损失的委托人或第三者承担相应的法律责任。

(一)违约

注册会计师与委托人之间签订了审计业务约定书,业务约定书具有合同的性质,如果注册会计师未能按照约定书规定而给委托人造成经济损失的话,注册会计师就应负违约责任。

(二)过失

注册会计师在审计和其他非审计服务中都必须保持合理的职业谨慎,即严格按照审计规范的要求执业。如果注册会计师缺乏合理的职业谨慎则会造成过失,当过失给委托人或第三者造成经济损失时,则必须承担过失责任。

按照注册会计师过失程度的不同,可以将过失分为普通过失和重大过失。普通过失是指注册会计师没有完全遵循审计规范的要求,而重大过失则是指根本没有遵循审计规范或根本没有按照审计规范的基本要求执行业务。注册会计师的过失程度不同,对不同群体需要承担的责任也是不同的,因此区分过失程度对于认定注册会计师的责任是十分重要的。

(三)欺诈

欺诈又称舞弊,是指注册会计师为达到欺骗、坑害或误导他人的目的,明知委托单位的会计报表存在重大错报,却加以虚假陈述,出具不符合实际情况的审计报告的一种故意的错误行为。因此,是否存在不良动机是区分欺诈和过失的关键特征。

三、中国注册会计师的法律责任

随着改革开放的不断深化,我国注册会计师审计事业已越来越成为市场经济体制发展中不可缺少的重要组成部分。注册会计师审计越发展,其法律责任问题也就越突出。在我国,判断注册会计师法律责任的成文法主要有《中华人民共和国注册会计师法》、《中华人民共和国证券法》、《中华人民共和国公司法》等。此外,我国民法、刑法中对公民行为准则的普遍适用性,也是判断注册会计师法律责任的法律依据。

(一)《注册会计师法》对注册会计师法律责任的规定

为了发挥注册会计师在社会经济活动中的鉴证和服务作用,加强对注册会计师的管理,维护社会公共利益和投资者的合法权益,促进社会主义市场经济的健康发展,1993年10月31日,第八届全国人民代表大会常务委员会第四次会议通过了《中华人民共和国注册会计师法》,并于1994年1月1日起正式实施。

1. 对注册会计师业务范围的规定

《注册会计师法》第14条和第15条规定了注册会计师的业务范围。第14条规定:"注册会计师承办下列审计业务:①审查企业会计报表,出具审计报告;②验证企业资本,出具验资报告;③办理企业合并、分立、清算事宜中的审计业务,出具有关的报告;④法律、行政法规规定的其他审计业务。"第15条规定:"注册会计师可以承办会计咨询、会计服务业务。"第16条规定:"会计师事务所对本所注册会计师依照前款规定承办的业务,承担民事责任。"

2. 对注册会计师职业规则和违法行为的规定

《注册会计师法》第20条、第21条和第22条规定了注册会计师的职业规则和违法行为。

(1) 应当拒绝出具有关报告的规定

第20条规定:"注册会计师执行审计业务,遇有下列情形之一的,应当拒绝出具有关报告:委托人示意其作不实或者不当证明的;委托人故意不提供有关会计资料和文件的;因委托人有其他不合理要求,致使注册会计师出具的报告不能对财务会计的重要事项做出正确表述的。"

(2) 出具审计报告时的禁止行为

第21条规定:"注册会计师执行审计业务,必须按照执行准则、规则确定的工作程序出具报告。注册会计师执行审计业务出具报告时,不得有下列行为:明知委托人对重要事项的财务会计处理与国家有关规定相抵触,而不予指明;明知委托人的财务会计处理会直接损害报告使用人或者其他利害关系人的利益,而予以隐瞒或者作不实的报告;明知委托人的财务会计处理会导致报告使用人或者其他利害关系人产生重大误解,而不予指明;明知委托人的会计报表的重要事项有其他不实的内容,也不予指明。对委托人有前款所列行为,注册会计师按照执业准则、规则应当知道的,适用前款规定。"

(3) 注册会计师的禁止行为

第22条规定:"注册会计师不得有下列行为:在执行审计业务期间,在法律、行政法规规定不得买卖被审计单位的股票、债券或者不得购买被审计单位或者个人的其他财产的期限内,买卖被审计单位的股票、债券或者购买被审计单位或者个人所拥有其他财产;索取、收受委托合同约定以外的酬金或者其他财物,或者利用执行业务之便,谋取其他不正当的利益;接受委托催收债款;允许他人以本人名义执行业务;同时在两个或者两个以上的会计师事务所执行业务;对其能力进行广告宣传以招揽业务;违反法律、行政法规的其他行为。"

3. 对注册会计师违法行为处罚的规定

《注册会计师法》第39条和第42条对注册会计师违反本法的行为明确规定了处罚方式。第39条规定:"会计师事务所违反本法第二十条、第二十一条规定的,由省级以上人民政府财政部门给予警告,没收违法所得,可以并处违法所得一倍以上五倍以下的罚款;情节严重的,并可以由省级以上人民政府财政部门暂停其经营业务或者予以撤销。注册会计师违反本法第二十条、第二十一条规定的,由省级以上人民政府财政部门给予警告;情节严重的,可以由省级以上人民政府财政部门暂停其执行业务或者吊销注册会计师证书。会计师事务所、注册会计师违反本法第二十条、第二十一条的规定,故意出具虚假的审计报告、验资报告,构成犯罪的,依法追究刑事责任。"第42条规定:"会计师事务所违反本法规定,给委托人、其他利害关系人造成损失的,应当依法承担赔偿责任。"

(二)《证券法》对注册会计师法律责任的规定

我国证券市场在改革中应运而生,证券法的制定,确定了我国证券市场活动的基本规则,有利于保护投资人的合法权益,防范和化解金融风险,保障证券市场的健康发展。修订后的证券法更加强调维护投资者的权益,进一步规范了有关虚假陈述、操纵市场、欺诈客户等行为的民事责任,用以威慑违法行为的发生和受损时的救济。证券法明确指出,证券市场相关信息的公开和及时披露是证券市场稳定发展的基石,只有实施信息披露,证券市场各参与者才能够利用公开披露的信息进行合理的决策,从而使证券价格反映信息的本质,因此信息披露是确保建立公平、公正、公开证券市场的根本前提。然而,信息披露的有效实施从根本上取决于披露信息的质量。披露信息的质量不仅取决于信息采集、整理的标准化,更重要的是取决于信息质量的验证。因此,注册会计师审计就成为证券市场上唯一从事验证工作的职业,并有责任提供信息披露的验证方法和检查程序。证券法对证券市场中这一特殊重要的职业及其从业人员的法律责任进行了严格的规范,对于充分发挥注册会计师审计在证券市场中的重要作用是十分必要和及时的。

2005年10月27日修订通过,并于2006年1月1日开始执行的新证券法对注册会计师法律责任的规定集中体现在第十一章"法律责任"中。其中第193条规定:"发行人、上市公司或者其他信息披露义务人未按照规定披露,或者所披露的信息有虚假记载、误导性陈述或者重大遗漏的,由证券监督管理机构责令改正,给予警告,处以三十万元以上六十万元以下的罚款。对直接负责的主管人员和其他直接责任人员给予警告,并处以三万元以上三十万元以下的罚款。发行人、上市公司或者其他信息披露义务人未按照规定报送有关报告,或者报送的报告有虚假记载、误导性陈述或者重大遗漏的,由证券监督管理机构责令改正,处以三十万元以上六十万元以下的罚款。对直接负责的主管人员和其他直接责任人员给予警告,并处以三万元以上三十万元以下的罚款。"

(三)《公司法》对注册会计师法律责任的规定

1993年颁布的《公司法》在规范公司的组织和行为,保护公司、股东和债权人的合法权益,维护社会经济秩序,促进社会主义市场经济的发展等方面起到了至关重要的作用。2005年10月27日修订通过,并于2006年1月1日开始执行的新公司法对注册会计师法律责任的规定集中体现在第十二章"法律责任"中。第208条规定:"承担资产评估、验资或者验证的机构提供虚假材料的,由公司登记机关没收违法所得,处以违法所得一倍以上五倍以下的罚款,并可以由有关主管部门依法责令该机构停业、吊销直接责任人员的资格证书,吊销营业执照。承担资产评估、验资或者验证的机构因过失提供有重大遗漏的报告的,由公司登记机关责令改正,情节较严重的,处以所得收入一倍以上五倍以下的罚款,并可以由有关主管部门依法责令该机构停业、吊销直接责任人员的资格证书,吊销营业执照。承担资产评估、验资或者验证的机构因出具的评估结果、验资或者验证证明不实,给公司债权人造成损失的,除能够证明自己没有过错外,在其评估或者证明不实的金额范围内承担赔偿责任。"

(四)《民法通则》对注册会计师法律责任的规定

《民法通则》是我国调整公民之间、法人之间、公民和法人之间的财产关系和人身关系的一部法律。在这部法律中,虽然没有对某一具体职业的民事活动的权利和责任进行阐述,但它概括了一切民事活动所应遵守的一般原则,因而也是判断注册会计师法律责任的依据。与注册会计师直接相关的民事责任是违约责任,即注册会计师接受委托执行审计业务而未有效地履行协议的,应承担法律责任、继续履约或赔偿经济损失。

(五)《刑法》对注册会计师法律责任的规定

《刑法》是对刑事犯罪行为做出处罚和制裁的法律。注册会计师在提供审计服务中,舞弊行为属故意犯罪行为,因为它是故意提供虚假报告或故意隐瞒事实真相;而过失,无论是一般过失,还是严重过失,尽管程度上有区别,但从性质上讲都属过失犯罪行为。故意犯罪和过失犯罪的处罚是不同的,但是注册会计师的违法行为一旦构成犯罪的,都要承担刑事责任。

《刑法》第229条规定:"承担资产评估、验资、会计、审计、法律服务等职责的中介组织的人员故意提供虚假证明文件,情节严重的,处五年以下有期徒刑或者拘役,并处罚金。前款规定的人员,索取他人财物或者非法收受他人财物,犯前款罪的,处五年以上十年以下有期徒刑,并处罚金。第一款规定的人员,严重不负责任,出具的证明文件有重大失实,造成严重后果的,处三年以下有期徒刑或者拘役,并处或单处罚金。"

(六)相关司法解释

虽然上述法律法规对注册会计师和会计师事务所的法律责任已经进行了较为全面的规范,但是在现有的成文法尚不能规范所有的审计责任时,尝试使用判例作为合理的补充是有效的解决方式。1996年4月4日,最高人民法院发布法函〔1996〕56号《关于会计师事务所为企业出具虚假验资证明如何处理的函》,对出具验资证明的会计师事务所应对委托人、其他利害关系人承担民事责任做出规定,并引发了"验资诉讼风潮",也预示着判例对我国审计法律体系影响的开始。其后,又陆续发布了5个关于会计师事务所民事责任的司法解释,为人民法院正确审理涉及会计师事务所民事责任案件提供了重要法律适用依据。特别是2007年6月11日发布的《最高人民法院关于审理涉及会计师事务所在审计业务活动中民事侵权赔偿案件的若干规定》(以下简称《司法解释》),是在梳理最高人民法院以往发布的5个司法解释的基础上,经过充分讨论和反复论证,将审判实践中出现的新情况、新问题做出符合法律精神并切合实际的规定,具有里程碑式的意义。

1.《司法解释》的主要内容

《司法解释》根据法律规定的精神,立足于既要保护投资者合法权益,又要为注册会计师行业提供健康的发展空间,针对会计师事务所民事侵权赔偿责任做出若干重要规定。《司法解释》共13条,主要规定了以下内容:

(1)会计师事务所侵权责任产生的事由;

(2)利害关系人的范围;

(3)诉讼当事人的列置;

(4)执业准则的法律地位;
(5)归责原则即举证分配;
(6)会计师事务所的连带责任和补充责任;
(7)认定会计师事务所过失责任的情形和过失认定的标准;
(8)会计师事务所免除和减轻赔偿责任的事由;
(9)会计师事务所侵权赔偿顺位和赔偿责任范围。

2. 事务所侵权责任产生的事由

《司法解释》第1条规定:"利害关系人以会计师事务所在从事《注册会计师法》第十四条规定的审计业务活动中出具不实报告并致其遭受损失为由,向人民法院提取民事侵权赔偿诉讼的,人民法院应当依法受理。"《注册会计师法》第14条规定的四类审计业务包括:(1)企业会计报表审计;(2)企业验资;(3)企业合并、分立以及清算中的审计业务;(4)法律、行政法规规定的其他审计业务。

《司法解释》第2条对"不实报告"进行了界定:"会计师事务所违反法律法规、中国注册会计师协会依法拟定并经国务院财政部门批准后施行的执业准则和规则以及诚信公允的原则,出具的具有虚假记载、误导性陈述或者重大遗漏的审计业务报告,应认定为不实报告。"

3. 利害关系人的范围

《司法解释》规定:"因合理信赖或者使用会计师事务所出具的不实报告,与被审计单位进行交易或者从事与被审计单位的股票、债券等有关的交易活动而遭受损失的自然人、法人或者其他组织,应认定为注册会计师法规定的利害关系人。"

《司法解释》关于利害关系人范围的界定实际上是依侵权行为法的逻辑,贯彻了民法的公平原则,在被审计单位—事务所—被审计单位之间公平分配因被审计单位经营失败或舞弊、事务所审计失败而导致的利害关系人损失。事务所应当对一切合理依赖或使用其出具的不实审计报告而受到损失的利害关系人承担赔偿责任,与利害关系人发生交易的审计单位应当承担第一位责任,事务所应对其过错及其过错程度承担相应的赔偿责任,在利害关系人存在过错时,应当减轻事务所的赔偿责任。

4. 诉讼当事人的列置

《司法解释》规定:"利害关系人未对被审计单位提起诉讼而直接对会计师事务所提起诉讼的,人民法院应当告知其对会计师事务所和被审计单位一并提起诉讼;利害关系人拒不起诉被审计单位的,人民法院应当通知被审计单位作为共同被告参加诉讼。

利害关系人对会计师事务所的分支机构提起诉讼的,人民法院可以将该会计师事务所列为共同被告参加诉讼。

利害关系人提出被审计单位的出资人虚假出资或出资不实、抽逃出资,且事后未补足的,人民法院可以将该出资人列为第三人参加诉讼。"

上述规定涉及了三个民事主体两类诉讼当事人,三个民事主体是指被审计单位、分支机构所属事务所以及被审计单位出资人;两类诉讼当事人是指前述三个民事主体在事务所侵权赔偿案件中应被分别列为共同被告或第三人。

5. 执业准则的法律地位

《司法解释》明确将执业准则纳入法律程序范畴,将事务所是否遵循了执业准则的要求作为判断其有无故意和过失的重要依据。

6.归责原则和举证责任分配

	地位	一般类别	司法解释
归责原则	民事责任制度的核心	过错责任原则	过错责任归责原则 过错推定原则
		无过错责任原则	
举证责任分配原则	证明制度的核心	谁主张谁举证原则 举证责任倒置原则	举证责任倒置原则

《司法解释》规定:"会计师事务所因在审计业务活动中对外出具不实报告给利害关系人造成损失的,应当承担侵权赔偿责任,但其能够证明自己没有过错的除外。"也就是说事务所只有存在过错时才承担侵权赔偿责任,无过错不承担责任,这就是过错责任归责原则中过错推定原则。

但是,事务所是否存在过错需要由事务所自己来提出证明,即采用了举证责任倒置原则。《司法解释》规定:"会计师事务所在证明自己没有过错时,可以向人民法院提交与该案件相关的执业准则、规则以及审计工作底稿等。"同时,《司法解释》在确定事务所侵权赔偿责任时,除非事务所能够证明原告利害关系人的损失是由于审计报告以外的其他因素引起,否则就可以推定不实报告与损失的因果关系存在。

会计师事务所侵权民事责任的归责原则和举证责任分配原则问题是《司法解释》中的两个关键问题。其中,归责原则主要解决会计师事务所的过错认定问题,举证责任分配原则主要解决会计师事务所的过错和不实报告与损害之间的因果关系是否存在的证明问题。

7.事务所的连带责任和补充责任

《司法解释》规定:"事务所在故意情况下,应当与被审计单位承担连带赔偿责任,事务所在过失情况下,根据过失大小承担补充责任。"

《司法解释》规定:"注册会计师在审计业务活动中存在下列情形之一,出具不实报告给利害关系人造成损失的,应当认定会计师事务所与被审计单位承担连带责任:

(1)与被审计单位恶意串通;

(2)明知被审计单位对重要事项的财务会计处理与国家有关规定相抵触,而不予指明;

(3)明知被审计单位的财务会计处理会直接损害利害关系人的利益,而予以隐瞒或作不实报告;

(4)明知被审计单位的财务会计处理会导致利害关系人产生重大误解,而不予指明;

(5)明知被审计单位的财务报表的重要事项有不实内容,而不予指明;

(6)被审计单位示意作不实报告,而不予拒绝。

对被审计单位有前款第二至五项所列行为,注册会计师按照执业准则、规则应当知道的,人民法院应认定其明知。"

8.事务所过失责任和过失认定标准

《司法解释》规定:"会计师事务所在审计业务活动中因过失出具不实报告,并给利害关系人造成损失的,人民法院应当根据其过失大小确定其赔偿责任。"

《司法解释》规定:注册会计师在审计过程中未保持必要的职业谨慎,存在下列情形之一,并导致报告不实的,人民法院应当认定会计师事务所存在过失:

(1)违反注册会计师法律第二十条第二、三项的规定;

(2)负责审计的注册会计师以低于行业一般成员应具备的专业水准执业;

(3)制订的审计计划存在明显疏漏;

(4)未依据执业准则、规则执行必要的审计程序;

(5)在发现可能存在错误和舞弊的迹象时,未能追加必要的审计程序予以证实或者排除;

(6)未能合理地运用执业准则和规则所要求的重要性原则;

(7)未根据审计的要求采用必要的调查方法获取充分的审计证据;

(8)明知对总体结论有重大影响的特定审计对象缺少判断能力,未能寻求专家意见而直接形成审计结论;

(9)错误判断和评价审计证据;

(10)其他违反执业准则、规则确定的工作程序的行为。

9.事务所免除和减轻责任的事由

(1)事务所民事侵权责任的法律构成要件

对于会计师事务所侵权责任的法律构成要件,《司法解释》也采纳了"四要件说",即必须满足四个构成要件才能确定民事侵权责任。如果不能满足四个构成要件,侵权责任主体就可以提出抗辩,要求免责或者减责。

一般民事侵权责任	会计师事务所民事侵权责任
行为人违法	存在不实报告
行为人主观过错	注册会计师的过失
实际损失的发生	利害关系人遭受了损失
过错与损失之间的因果关系	会计师事务所的过失与损害事实之间的因果关系

(2)事务所免责的情形

《司法解释》规定会计师事务所能够证明存在下列情形之一的,不承担民事责任:

免责类型	免责情形
因没有过错而免责	(1)已经遵守执业准则、规则确定的工作程序并保持必要的职业谨慎,但仍未能发现被审计单位的会计资料错误
	(2)审计业务所必须依赖的金融机构等单位提供虚假或者不实的证明文件,会计师事务所在保持必要的职业谨慎下仍未能发现虚假或者不实
	(3)已对被审计单位的舞弊迹象提出警告并在审计报告中予以指明
因没有因果关系而免责	(4)已经遵照验资程序进行审核并出具报告,但被审验单位在注册登记之后抽逃资金
	(5)为登记时未出资或者未足额出资的出资人出具不实报告,但出资人在登记后已补足出资

《司法解释》在会计师事务所侵权责任认定方面采取过错推定归责原则和举证责任倒置证明责任分配模式,意味着会计师事务所并非在任何时候都承担责任。根据《司法解释》的规定,在会计师事务所可以提出抗辩,并能够证明抗辩事由成立的情况下,可以不承担民事赔偿责任。

(3)事务所减责的情形

《司法解释》规定:"利害关系人明知会计师事务所出具的报告为不实报告而仍然使用的,人民法院应当酌情减轻会计师事务所的赔偿责任。"

实际上,利害关系人明知报告不实仍然使用报告并受到损失的,其损失与不实报告之间可以说是不存在直接因果关系,但是考虑事务所因过错出具不实报告,如果完全不承担责任会有失公正,将上述情形确定为减责事由正是对公平分配损失原则的执行。

(4)其他抗辩事由

除了上述具体减责和免责情形,事务所还可以通过主张欠缺侵权责任构成要件等作为抗辩事由。例如,事务所可以提出自己无过错、没有出具不实报告、没有发生实际损失等。事务所还可以提出其他事实或法律法规可以抗辩的事由,例如、利害关系人的赔偿请求权已超过诉讼时效期限等。

(5)不能免责的情形

《司法解释》规定:"会计师事务所在报告中注明'本报告仅供年检使用'、'本报告仅供工商登记使用'等类似内容的,不能作为免责的事由。"事务所出具的各种报告其用途应为法律法规所规定,事务所无权限定审计报告的用途,事务所在报告中注明的免责条款属于不合理免责条款,不能成为免责的理由。

10. 事务所侵权赔偿顺位和赔偿责任范围

(1)事务所侵权赔偿顺位

①事务所与被审计单位之间的责任顺位

从因果关系的角度看,被审计单位的违约或欺诈行为是导致报告使用人损失的直接原因,不实审计报告只是间接原因。基于这种直接原因与间接原因的区分,对于报告使用人的损失,应当由被审计单位承担第一顺位的责任,事务所承担在后顺位的责任。因此,《司法解释》规定应先由被审计单位赔偿利害关系人的损失。

②被审计单位与其瑕疵出资股东之间的责任顺位

被审计单位的出资人虚假出资、不实出资或者抽逃出资,事后未弥补,且依法强制执行被审计单位财产后仍不足以赔偿损失的,出资人应在虚假出资、不实出资或者抽逃出资数额范围内向利害关系人承担补充赔偿责任。

③事务所与被审计单位瑕疵出资股东之间的责任顺位

对被审计单位、出资人的财产依法强制执行后仍不足以赔偿损失的,由会计师事务所在其不实审计金额范围内承担相应的赔偿责任。

(2)事务所侵权赔偿责任范围

在确定事务所侵权赔偿责任范围方面,《司法解释》区分了故意和过失两种情况。事务所因故意出具不实报告而承担连带责任时,没有最高赔偿额的限定,事务所应当承担的赔偿数额由具体案件中利害关系人的损失数额和其他责任主体赔偿能力决定。事务所因过失出具不实报告而承担补充赔偿责任时,根据《司法解释》的规定,无论利害关系人是一个还是多个,无论多个利害关系人是在一个诉讼案件中还是多个诉讼案件中,事务所就其所出具的不实报告承担赔偿责任的最高限额为该审计报告中的不实审计金额。

不实审计金额是指事务所审计报告中的不实证明金额部分,而不是审计报告的全部证明金额。不实的审计金额部分通常认为是某一个利害关系人的最大利益损失,事务所承担最高赔偿额不应超过该最大信赖损失。

《司法解释》规定:"会计师事务所与其分支机构作为共同被告的,会计师事务所对其分支机构的责任承担连带赔偿责任。"

11. 事务所未经审判被擅自追加为被执行人的问题

我国民事法律规定,只有与民事赔偿责任主体具有特定的身份上或者财产上的关系,或者有法律特别规定,才可以在未经审判的情况下被追加为被执行人。为保护事务所的合法权益,《司法解释》规定:"本司法解释所涉会计师事务所侵权赔偿纠纷未经审判,人民法院不得将会计师事务所追加为被执行人。"

综上所述,我国的法律、法规对注册会计师的法律责任已经有了直接或间接的阐述,虽然这些规定还需进一步具体化,但毕竟为我国注册会计师职业明确其法律责任提供了法律依据。

第四节 内部审计人员的法律责任

一、内部审计人员法律责任概述

由于内部审计是设立在组织内部的机构,内部审计人员也是组织直接雇佣的员工。内部审计的特殊性并没有使内部审计人员面临与国家审计人员和注册会计师一样的法律环境。但是,随着内部审计职业化发展步伐的日益加快,内部审计人员的法律责任也开始引起审计职业界的关注。

1992年,以色列议会通过了《内部审计法》,使以色列成为世界上第一个具有全面的内部审计法律条文的国家。内部审计法的制定和颁布成为以色列内部审计发展史上的重要里程碑。根据以色列内部审计法,每一个公共机构或组织都有责任委任一名内部审计师,并进行内部审计。内部审计法还规定了内部审计师的资格。在公共机构内,内部审计法授权内部审计师一定要审查:(1)公共机构是否遵守效率、经济、效果和道德标准;(2)公共机构是否遵守有约束力的规章制度;(3)公共机构如何管理其资产与债务,包括其簿记程序、保护财产和控股与投资基金;(4)公共机构的决定是否按照恰当的程序做出;(5)如果按照国家主计长法该公共机构是一个"监察机构"的话,由国家主计长指出的缺点是否得到克服。该法还规定内部审计师必须按照公认专业标准进行审计。

以色列内部审计法还规定了国营公司的内部审计师应根据有关机构的审计委员会的提议由董事会委任。如果董事会没有根据审计委员会的提议决定终止内部审计师的责任,又没有他本人的同意,他不应被暂令停职,也不应终止其责任。国营公司的内部审计师应该审查公司活动的合规性。国营公司的内部审计师有权要求和接受任何履行其职责必不可少的文件或信息。审计委员会可根据董事会的要求限制内部审计师接触有关包含商业秘密的文件或信息。

二、我国内部审计人员法律责任

《审计法》第29条规定："依法属于审计机关审计监督对象的单位,应当按照国家有关规定建立健全内部审计制度;其内部审计工作应当接受审计机关的业务指导和监督。"为此,审计署审计长会议于2003年2月10日发布了《审计署关于内部审计工作的规定》(简称《规定》),规定了内部审计机构的设置原则、工作内容、权利义务和法律责任。

《规定》对内部审计机构的设置提出了具体要求:(1)国家机关、金融机构、企业事业组织、社会团体以及其他单位,应当按照国家有关规定建立健全内部审计制度;(2)法律、行政法规规定设立内部审计机构的单位,必须设立独立的内部审计机构;(3)法律、行政法规没有明确规定设立内部审计机构的单位,可以根据需要设立内部审计机构,配备内部审计人员。有内部审计工作需要且不具有设立独立的内部审计机构条件和人员编制的国家机关,可以授权本单位内设机构履行内部审计职责。设立内部审计机构的单位,可以根据需要设立审计委员会,配备总审计师。

内部审计机构在本单位主要负责人或者权力机构的领导下开展工作。内部审计人员实行岗位资格和后续教育制度,本单位应当予以支持和保障。单位主要负责人或者权力机构应当保护内部审计人员依法履行职责,任何单位和个人不得打击报复。内部审计机构履行职责所必需的经费,应当列入财务预算,由本单位予以保证。内部审计机构按照本单位主要负责人或者权力机构的要求,履行必要的职责。内部审计机构每年应当向本单位主要负责人或者权力机构提出内部审计工作报告。

单位主要负责人或者权力机构在管理权限范围内,授予内部审计机构必要的处理、处罚权。内部审计机构对本单位有关部门及所属单位严格遵守财经法规、经济效益显著、贡献突出的集体和个人,可以向单位主要负责人或者权力机构提出表扬和奖励的建议。内部审计机构应当遵守内部审计准则、规定,按照单位主要负责人或者权力机构的要求实施审计。内部审计机构应当不断提高内部审计业务质量,并依法接受审计机关对内部审计业务质量的检查和评估。内部审计人员办理审计事项,应当严格遵守内部审计职业规范,忠于职守,做到独立、客观、公正、保密。

被审计单位不配合内部审计工作、拒绝审计或者提供资料、提供虚假资料、拒不执行审计结论或者报复陷害内部审计人员的,单位主要负责人或者权力机构应当及时予以处理;构成犯罪的,移交司法机关追究刑事责任。对认真履行职责、忠于职守、坚持原则、做出显著成绩的内部审计人员,由所在单位给予精神或者物质奖励。对滥用职权、徇私舞弊、玩忽职守、泄露秘密的内部审计人员,由所在单位依照有关规定予以处理;构成犯罪的,移交司法机关追究刑事责任。

第五节　防范审计法律责任风险的对策

任何一种职业,其应承担的职业责任与其社会地位是有着直接联系的。对于审计人员来说,只有其愿意承担职业责任并对因未能履行其职业责任而引起的后果负责时,其社会地位和职业能力才会被认可。因此,审计职业界面对日益变化的经济和法律环境,面对日益高涨的法律责任风险,不仅不能退缩或消极对待,反而应该采取积极的态度,勇于承担责任,并积极寻求科学和有效的措施,减轻自己所面临的法律责任风险,尽量避免法律诉讼的发生。防范审计法律责任风险的对策可以概括为以下几点。

一、明确被审计单位和审计人员的责任

会计与审计是密不可分的,社会上往往有将会计与审计工作、会计与审计人员相混淆的情况发生,这是不能正确理解会计人员和审计人员各自责任的一种表现。实际上,会计和审计的产生基础是完全不同的,会计和审计工作也是性质完全不同的两项工作,因此,会计人员和审计人员各自所负责任也是不尽相同的。会计人员应按照一定的标准记录、分类、整理、汇总和报告财务信息使用者所要求的各种财务信息,因此他们应对其报告的财务信息负责。比如,由会计人员编制的财务报表中如果存在错报,就应由会计人员负责。而审计人员负责审查财务信息的处理和报告是否符合既定准则,是否真实地反映了被审计单位与财务相关的各种情况,因此对财务报表中存在的错报审计人员不负责任。如果审计人员未按审计准则工作,而导致本应发现的错报未被发现,审计人员则应负相应的责任。可见,只有明确会计人员与审计人员双方的责任,才能使遭受经济损失者选择真正的起诉对象。

二、严格遵循职业道德规范和执业准则

审计人员在工作中要首先保持独立性,要正直、客观,并具备胜任工作的能力;同时在执业过程中必须遵循有关的执业准则、规则和法律。因为审计人员在审计过程中应遵循合理谨慎的原则,而审计准则所规定合理的职业谨慎的含义就是遵循执业准则进行审计,因此只要切实遵照这些规则进行审计,就可以避免法律诉讼案的发生,即便一旦受到牵连,也可以据此抗诉。另外,除了在审计中严格遵守执业准则外,审计人员还必须密切关注被审计单位的管理层是否存在不良动机,在编制报表过程中有无舞弊行为,特别是对财务上陷入困境的被审计单位要加倍小心,因为这种舞弊行为往往是管理层集体所为,所以审计人员即使完全按职业准则审计,也有可能未发现存在的舞弊行为,因此在执业时要特别留意。

三、所有的审计业务必须采用经双方同意和签字的业务约定书

业务约定书是明确审计人员与被审计单位责任的法律依据,应列明双方的责任,提供业务的范围、要求条件等,文字叙述应尽可能清楚,以便事后发生纠纷时作为明确双方责

任的书面凭证。

四、聘请熟悉和精通法律的法律顾问

审计人员应经常同法律顾问探讨所有可能存在的法律问题,一旦审计工作中出现有关的迹象,应及时同法律顾问进行商洽并采取对策。

五、深入了解被审计单位的情况

审计人员在接受委托时必须首先了解被审计单位的基本情况,才能更好地设计审计程序,高质量地完成审计任务。

六、为审计人员提供充分的职业培训和职业咨询

审计人员应定期接受职业培训,才能始终胜任自己的工作。审计组织应组织相应的讨论会和讲座等,并建立高效的咨询部门,为在实际工作中遇到技术问题的审计人员提供及时的协助。

七、建立对审计工作的有效监督和检查

审计组织应特别注意其社会声誉,应建立切实有效的质量控制体系,保证审计工作的质量,而不是单纯求进度、求数量,导致审计工作质量的下降。

本章小结

本章主要阐述审计职业法律责任的特殊性,分析国家审计人员、注册会计师和内部审计人员法律责任的主要渊源和表现形式,以及防范法律责任风险的主要措施。

思考题

1. 审计人员法律责任的特殊性主要体现在哪些方面?
2. 西方国家出现"诉讼爆炸"的主要原因有哪些?
3. 《中华人民共和国审计法》对国家审计人员法律责任有哪些具体规定?
4. 造成注册会计师法律责任的主要原因有哪些?
5. 如何区分过失和欺诈、普通过失和重大过失?
6. 在我国判断注册会计师法律责任的成文法主要有哪些,具体规定有哪些?
7. 防范审计人员法律责任风险的对策主要有哪些?

练习题

一、单项选择题

1. 下列对审计失败和审计风险主要区别的陈述中正确的是(　　)。

A. 注册会计师是否遵循了审计准则的要求
B. 注册会计师是否出具了错误的审计意见
C. 注册会计师是否事先了解财务报表中存在的重大错报
D. 注册会计师是否发现了财务报表中存在的重大错报

2. 注册会计师对被审计单位财务报表进行审计的过程中出现的下列情况,属于审计失败的是(　　)。

A. 虽然注册会计师对被审计单位的存货所有权实施了询问、检查、函证及监盘等审计程序,但仍未能发现被审计单位将代销的存货入账而高估存货的重大错报
B. 虽然注册会计师对被审计单位的应付账款实施了从总账到明细账,再从明细账到凭证的追查程序,但仍未能发现被审计单位漏记应付账款的重大错报
C. 被审计单位不同意注册会计师向其律师函证一项未决诉讼事项,导致注册会计师无法确定被审计单位对该项未决诉讼的会计处理是否正确
D. 被审计单位与其开户银行串通作假,导致注册会计师没有发现被审计单位银行存款余额严重高估的重大错报

3. 注册会计师在下列情形中,不会承担连带责任的是(　　)。

A. 明知被审计单位对重要事项的财务会计处理与国家有关规定相抵触,而不予指明
B. 明知被审计单位的财务会计处理,会直接损害报告使用人或者其他利害关系人的利益,而不予指明
C. 明知被审计单位的财务会计处理,会导致报告使用人或者其他利害关系人产生重大误解,而不予指明
D. 明知被审计单位计划收购一家公司,而不予指明

二、多项选择题

1. 下列情形中,属于经营失败的包括(　　)。

A. 由于被审计单位的业务系统非常复杂,注册会计师无法查明财务报表中是否存在重大错报
B. 被审计单位一个主管财务的副总,利用职务之便贪污工程款,致使建筑商以拖欠工程款为由将被审计单位告上法庭
C. 被审计单位管理层决策失误,购入大量滞销存货造成巨大损失
D. 被审计单位所处行业竞争激烈,致使净利润大幅下滑

2. 下列情形中,属于审计风险的包括(　　)。

A. 尽管注册会计师实施了所有的常规审计程序和不可预见的审计程序,但是仍未发现被审计单位管理层精心策划的舞弊
B. 注册会计师虽然注意到被审计单位存在巨额逾期银行贷款,但是仍未预测到被审计单位在审计报告公布后3个月内宣告破产
C. 注册会计师虽然对销售发票存根、发货凭证进行了审查,也对应收账款进行了函证,但未识别出被审计单位与其关联方签订的是假合同
D. 注册会计师采用分析程序发现被审计单位的毛利率与行业平均毛利率和以前

年度毛利率基本持平,注册会计师因此决定缩减对营业成本的实质性测试

3. 根据《司法解释》,人民法院应当认定会计师事务所存在过失的情形包括( )。

　　A. 未能合理运用审计准则所要求的审计程序
　　B. 未能寻求专家意见对特定审计对象直接形成审计结论
　　C. 未能按照审计准则进行重要性评估
　　D. 未能按照审计准则进行风险评估

三、业务题

1. D注册会计师负责对上市公司丁公司20×3年度财务报表进行审计。20×3年,丁公司管理层通过与银行串通编造虚假的银行进账单和银行对账单,虚构了一笔大额营业收入。D注册会计师实施了向银行函证等必要审计程序后,认为丁公司20×3年度财务报告不存在重大错报,出具了无保留意见审计报告。

在丁公司20×3年度已审计财务报告表公布后,股民甲购入了丁公司股票。随后,丁公司财务舞弊案件曝光,并受到证券监管部门的处罚,其股票价格大幅下跌。为此,股民甲向法院起诉D注册会计师,要求其赔偿损失。D注册会计师以其与股民甲未构成合约关系为由,要求免于承担民事责任。

要求:

(1)为了支持诉讼请求,股民甲应当向法院提出哪些理由?
(2)指出D注册会计师提出的免责理由是否正确,并简要说明理由。
(3)在哪些情形下,D注册会计师可以免于承担民事责任?

2. XYZ公司经营批零业务,由于进货太多一时造成资金周转困难,拟向银行申请流动资金贷款1 000万元。由于银行方面要求XYZ公司提供最近一年经审计之后的财务报表,因此XYZ公司就聘请L注册会计师事务所对其最近一年的财务报表进行审计,并申明审计的目的是向银行证明公司具有良好的财务状况,从而获得银行的贷款。整个审计过程中审计人员没有严格按照审计准则的要求实施审计,致使XYZ公司存货价值高估和部分存货因质量问题长期积压的问题没有被发现,最后出具了一份无保留意见的审计报告。银行根据XYZ公司呈送的经L注册会计师事务所审计之后的财务报表向其提供了500万元的贷款。XYZ公司又向ABC公司拆借了200万元,ABC公司也是因为信赖了由L注册会计师事务所审计之后的财务报表才将款项借给XYZ公司临时周转的。几个月后,XYZ公司终因存货报废积压,无力偿还债务而宣告破产。提供贷款的银行和提供借款的ABC公司向L注册会计师事务所提出指控,他们认为正是因为信赖了事务所出具的令人误解的财务报表,才造成了他们巨大的经济损失,要求其进行赔偿。

请你分析会计师事务所是否要对银行和业务约定书中未指明的ABC公司承担法律责任,并说明理由。

第五章

审计准则与质量控制准则

学习目的： 通过本章学习，了解审计准则的含义和作用，了解国家审计准则的主要内容，了解我国注册会计师执业准则的建设情况，熟悉执业准则国际趋同的必要性、可行性和主要成果，掌握鉴证业务的含义和种类、保证程度以及基本要素，了解内部审计准则的主要内容，熟悉审计质量控制的含义、重要性及措施。

引导案例：

麦克森·罗宾斯公司案

1938年初，长期贷款给麦克森·罗宾斯药材公司的朱利安·汤普森公司，在审核罗宾斯药材公司财务报表时发现两个疑点：其一，罗宾斯药材公司中的制药原料部门原是个盈利率较高的部门，但该部门一反常态地没有现金积累，而且流动资金亦未见增加，相反，该部门还不得不依靠公司管理者重新调集资金来进行再投资以维持生产。其二，公司董事会曾开会决议，要求公司减少存货金额，但到1938年底，公司存货反而增加100万美元。

1938年，美国纽约州的麦克森·罗宾斯药材公司突然宣布倒闭，纽约证券交易委员会相继组织有关人员进行调查发现，罗宾斯药材公司是属股票公开上市的公司之一，公司确实到证券交易所进行了注册登记，且在经营的10余年中，每年都聘请了美国著名的普华会计师事务所对该公司的财务报表进行审定。在查看这些审计人员出具的审计报告中，审计人员每年都对该公司的财务状况及经营成果发表了"正确、适当"等无保留的审计意见。调查人员对该公司1937年的财务状况与经营成果进行了重新审核，1937年12月31日的合并资产负债表有总资产8 700万美元，但其中的1 907.5万美元的资产是虚构的，包括存货虚构1 000万美元，应收账款和销售收入各虚构900万美元，银行存款虚构7.5万美元；在1937年年度合并损益表中，虚假的销售收入和毛利分别达到1 820万美元和180万美元。同时调查人员对该公司经理的背景作了进一步调查，公司经理菲利普·科斯特及其同伙穆西卡等人，都是犯有前科的诈骗犯，他们都使用假名混入公司并爬上公司管理层，将亲信安插在掌管公司钱财的重要岗位上，相互勾结，使他们的诈骗活动持续很久没能被人发现。

根据调查结果，罗宾斯药材公司的实际财务状况早已"资不抵债"，而首当其冲受损失者是汤普森公司,因为它是罗宾斯药材公司的最大债权人。为此,汤普森公司指控普华会计师事务所,汤普森公司认为其所以给罗宾斯公司贷款,是因为依赖了会计师事务所出具的审计报告。因此,他们要求普华会计师事务所赔偿他们的全部损失。在听证台上,普华会计师事务所拒绝了汤普森公司的赔偿要求,会计师事务所认为,他们执行的审计遵循了美国注册会计师协会在1936年颁布的《财务报表检查》中所规定的各项规则。药材公司的欺骗是由于经理部门共同串通合谋所致,审计人员对此不负任何责任。最后,在证券交易委员会的调解下,普华会计师事务所以退回历年来收取的审计费用共50万美元,作为对汤普森公司债权损失的赔偿。

该案例直接导致证券交易委员会颁布了新的审计程序规则,在规则中,证券交易委员会要求,今后审计人员在审核应收账款时,如应收账款在流动资产中占有较大比例,除了在企业内部要核对有关证据外,还需进一步发函询问以从外部取得可靠合理的证据。在评价存货时,除了验看有关账单外,还要进行实物盘查,除此之外还要求审计人员对企业的内部控制制度进行评价,并强调审计人员对公共利益人员负责。与此同时,美国的注册会计师协会所属的审计程序特别委员会,于1939年5月颁布了《审计程序的扩展》,对审计程序作了修改,使它成为公认的审计准则。

总之,麦克森·罗宾斯公司案不但加速了美国公认审计准则的发展,同时,还为建立起现代美国审计的基本模式,即在评价被审计单位内部控制基础上的抽样审计奠定了基础。为此,麦克森·罗宾斯公司案一直成为美国审计理论研究中一个经久不衰的热门话题。

第一节 审计准则概述

审计准则一词,最早出现于1941年美国证券交易管理委员会制定的财务报表规则S—X中。它是对审计主体的要求,也就是对审计机构和审计人员自身素质及其工作质量的要求。自1947年美国注册公共会计师协会的审计程序委员会发表了世界上第一部审计准则《审计准则试行方案——公认的重要性和范围》起至今,世界上大多数国家都在国家审计、注册会计师审计和内部审计领域制定了一系列准则,对审计工作质量的改善和提高起到了积极的促进作用。

一、审计准则的含义

审计准则是审计工作应遵循的规范和尺度,是评价审计工作质量的权威性规则。审计准则的制定、公布与实施,奠定了保证审计质量、指导审计行为、评价工作业绩的基础,对于保护公众利益、取得公众信任、巩固审计职业地位、改善审计信息沟通,发挥了重要的作用。

二、审计准则的产生与发展

(一)审计准则产生的背景

1913年,美国修订了宪法,授权联邦政府对企业和个人征收所得税,这一修订不仅提高了会计工作的地位,而且增强了对审计工作的迫切要求。然而,由于没有统一的公认会计原则,各企业可以随意处理各种新出现的业务,使之有很大的机会篡改会计账目。针对这一情况,政府的有关部门和投资银行开始要求和呼吁申请贷款企业的报表应按既定标准接受审查。

如果说没有统一的公认会计原则会使各企业可以自行选择会计方法以致造成各企业报表之间缺乏可比性的话,那么,没有统一的审计准则,则使得审计人员没有任何可以作为工作指南的标准以供参考,在特定环境下只能根据其经验进行主观判断。于是,几乎是在探求公认会计原则的同时,民间审计职业开始致力于公认审计准则的开发。从1917年美国会计师协会制定的第一个关于审计范围的权威性公告《统一会计》开始,到1947年美国审计程序委员会颁布的第一部审计准则《审计准则试行方案—公认的重要性和范围》的问世,审计准则的开发取得了突飞猛进的发展。

综上所述,审计准则的产生是迎合对其两个方面的要求:一是来源于审计职业界内部为审计人员提供工作标准和指南,规范审计人员资格条件和工作方式的要求。审计职业界本身需要一套完善的审计准则,以便对审计人员的任务和职责提供可信性。二是来源于审计职业界外部为审计服务使用者提供审计工作质量评价依据的要求,这有助于增强人们对审计和审计报告的正确理解。在这两方面的强烈要求下,审计准则得以产生,并逐步发展成熟与完善。

(二)审计准则的演进

综观审计准则在世界范围内的演进过程,大体上遵循了两条主线:一是审计准则从美国私营部门向美国公营部门和内部审计部门发展。注册会计师审计领域首先制定了自己的准则,国家审计机关和内部审计机构在制定审计准则时都参考了注册会计师审计准则,注册会计师审计准则的内容构成了国家审计准则和内部审计准则的主要框架。二是审计准则从美国向世界各国发展。美国是审计准则的先行者,美国在审计准则建设方面进行了大量的工作,为其他国家制定本国的审计准则提供了非常丰富的经验,国际审计准则和许多国家的审计准则都是在大量参考美国审计准则的基础上制定的。审计准则的演进过程大致经历了以下几个阶段:

1.形成阶段

1917年美国会计师协会制定了第一个关于审计范围的权威性公告,题为《统一会计》,标志着审计准则的演进进入了产生阶段。1918年《统一会计》被更名为《编制资产负债表的公认方法》,旨在促进资产负债表编制方法和资产负债表审计的标准化。1929年出版的《财务报表的验证》确立了资产负债表审计的程序。1934年在对该文件进行修订的基础上,出版了修订版的《公司账目审计》。1936年美国注册公共会计师协会与纽约证券交易所合作完善了报告准则,并对《公司账目审计》进行了修订,公布了《独立注册会计师对财务报表的检查》。从1917年到1936年间5个小册子的制定和颁布,说明了在审计范围和审计程序的探索方面已取得了较大的进展,但就审计准则而言,还未形成完整的审计准则体系。

2. 初步成形阶段

早期审计准则的最大缺陷体现在对存货盘点和应收账款函证的审计程序未作明确规定,1938年麦克森·罗宾斯公司倒闭事件的发生正是这一缺陷的必然结果。民间审计职业界很快对此做出了积极的反应,1938年成立了审计程序特别委员会,不久又提出了《审计程序的扩展》,对存货检查、应收账款检查,独立审计师委托和审计报告编写做出了具体的、实质性的完善。麦克森·罗宾斯公司案件之后,为响应美国证券交易管理委员会强化监督的各项规则,美国注册公共会计师协会通过审计程序委员会发表了一系列的审计程序说明,就一些特殊审计问题表明了协会的看法。同时该委员会认为,在各种各样的审计程序中存在普遍的原则,将这些普通的原则提炼出来就应是审计准则。

1947年审计程序委员会发表了题为《审计准则试行方案——公认的重要性和范围》的专题报告,指出审计准则就是衡量审计行为质量的尺度,就是在进行审计程序时应达到的目标。该报告将审计准则分为审计人员准则和审计行为与报告准则两部分,并提出了9项公认审计准则。1954年对该报告进行了部分修订,发表了《公认审计准则——其重要性和范围》,其中增设了第十条审计准则。《审计准则试行方案》的颁布,标志着世界上第一部审计准则的初步成形,具有划时代的历史意义。

在发表10项公认审计准则的同时,审计程序委员会还一直致力于对10项准则的解释和说明,从1939年到1972年间,该委员会共发表《审计程序说明》54辑。1972年该委员会更名为审计准则执行委员会,发表了《审计准则说明书》第一辑。1978年该委员会正式更名为审计准则委员会,一直致力于审计准则说明书的制定。从1972年到1990年间共发表《审计准则说明书》63辑。这些审计准则说明书与10项公认审计准则一起被合称为公认审计准则。

3. 发展完善阶段

在民间审计准则初步成形的同时,国家审计机关和内部审计机构也开始逐渐认识到制定统一的审计准则的重要性,他们纷纷效仿民间审计准则的框架和内容,结合自身的工作性质和特点,制定了自己的审计准则,不仅适应了各自的工作需要,也使民间审计准则的内容得以扩展。

在国家审计领域,制定统一审计准则不仅有助于提高审计工作质量,而且可以改进各级政府部门的财务管理工作。正是认识到这一点,美国审计总署从1970年起,就着手努力开发国家审计准则。1972年,审计总署出版了《政府机构、计划项目、活动和职能的审计准则》,即著名的《黄皮书》。作为世界上第一部国家审计准则,它主要针对国家审计,并适应国家审计由单纯的财务审计向绩效审计转化的趋势,分别确立了财务审计和绩效审计的准则。《黄皮书》经过多次修订,不仅成为美国国家审计工作的基本指南,也为其他各国制定国家审计准则提供了范本。

在内部审计领域,内部审计师为提高工作的质量和效率,也希望制定统一的审计准则,以评价和衡量内部审计机构的工作,并阐明内部审计的工作性质。为适应这一需求,美国内部审计师协会从1946年开始,就着手实施一项内部审计人员职责说明的计划,并于1947年发表了《内部审计师职责说明》,成为世界上第一个内部审计师职责说明。在此基础上,内部审计准则经过多次的修订和完善,逐步开始适应现代内部审计职业发展的要求。独立审计准则、国家审计准则和内部审计准则的相继出现和不断完善,标志着审计准则体系的逐步成形和日臻成熟,审计准则在现代审计中的地位越来越重要,其作用也是其他任何事物无法取代的。

4. 全球扩张阶段

美国是审计准则研究和开发的先驱,此后世界上很多国家都结合本国的具体情况分别制定和颁布了自己的审计准则,其中一些国家的审计准则体系也已渐趋成形。然而,由于各国的具体情况千差万别,审计准则间存在着很大的差异。而且随着世界经济的全球化发展,这种差异越来越严重地影响着国家审计活动的开展,因而建立国际审计准则的要求也越来越强烈。1977年国际会计师联合会成立,其下设的国际审计实务委员会负责发展和发布关于公认审计实务的准则和审计报告内容、形式的准则。到目前为止,该委员会已陆续颁布了50多项国际审计准则和一系列相关业务的国际审计准则及其审计的国际公告。国际审计准则的建立和健全,对国家审计准则和内部审计准则的国际化发展具有深远的影响。

从1947年开始,最高审计机关国际组织的成立已进入了酝酿和筹备阶段,到1968年该组织正式宣告成立。1984年该组织成立了审计准则委员会,并于1989年通过了最高审计机关国际组织审计准则。该准则突出了国家审计独具的特点,并适应了国家审计向绩效审计发展的趋势。

1941年在美国成立了内部审计师协会,协会的发展十分迅速,到1944年已发展成为国际化的内部审计师协会。1974年协会建立了职业准则和责任委员会,负责制定内部审计准则,并于1977年完成了《内部审计实务准则》。经过不断的修改,1978年协会正式发表了内部审计准则,并从1983年开始发表了一系列的《内部审计实务准则说明》,为内部审计师的工作提供了指南。

国际审计准则体系的成形,促进了审计准则的国际统一,不仅有助于已建立准则的国家修订和完善已有的准则,也可以为正在建立准则和尚未建立准则的国家提供范本。

(三)当代审计准则的新发展

国际审计准则可以说是在国际协调过程中产生和形成的一套国际公认的审计准则,是审计准则协调过程的产物。但是,国际审计准则体系的初步成形并不意味着审计准则的国际协调已经完成,实际上这种协调过程只不过是刚刚开始。在审计准则的国际协调过程中仍然存在着大量的难点问题急待解决。例如,各国具体审计环境、审计准则差异的协调,与国际会计准则和各国会计准则的协调,国际审计准则制定的技术问题等。

值得高兴的是,并非只有国际审计组织才关心和致力于审计准则的国际协调,事实上其他许多国际组织也为此做出了很多贡献。多年来一直在公营部门财务管理活动中发挥重要作用的联合国,对国家审计事务也十分关注。除了组织举行一系列的相关专题讨论会外,还于1977年出版了《发展中国家政府审计手册》,其中对国家审计准则进行了较为详细的论述。近年来,证券管理者国际组织也开始致力于国际审计准则的发展,围绕国际审计准则做了大量的工作,其中心是制定各国证券管理当局在政策制定中必须参考的原则、方针和最低标准,以及谋求证券管理的国际协调和管理当局的国际协调活动。

总之,随着经济的国际化发展,审计准则的国际协调已成为必然趋势,而随着越来越多的国际组织和国家对这一问题的日益关注和努力,审计准则的国际协调必定能取得可喜的进展。

三、审计准则的作用

审计准则作为对审计人员及其专业行为的基本规范要求,制定、颁布审计准则,公开、明确基本规范要求,是充分、有效地发挥审计作用的必要条件和重要保证。

(一)审计准则是衡量审计质量的尺度

审计是一种特殊的专业服务,具有无形、同步、易逝等特点,服务质量的高低,取决于每一个被审计单位的感受。因而,很难对具体审计结果进行直接质量测定。对审计质量的统一社会评价,主要依靠对审计人员和审计过程中的专业行为评价,审计准则提供了这种评价的尺度。没有对审计质量的评价,就不会有高质量的审计服务。

(二)审计准则是确定和解脱审计责任的依据

从某种意义上讲,审计发挥着提供合理保证的作用,保证信息的可靠性,保护委托人的利益。相应的,审计对这种保证承担着责任,包括职业责任与法律责任。审计准则规定了审计职业责任的最低要求,审计人员若违背了审计准则,不仅说明未能切实履行应尽的职责,而且应对其所造成的后果承担必要的法律责任。从积极意义上讲,审计准则又是保护审计人员的手段,避免滥用法律损害审计人员利益的行为。

(三)审计准则是审计组织与社会进行沟通的中介

审计行为是一种专业行为,十分复杂,普通的公众很难真正理解其中的技术细节。借助于审计准则,社会可以了解审计工作的基本内容和审计质量的基本水准;通过让公众参与审计准则的制定,审计职业界可以了解社会对审计的需求及其变化。审计组织与社会的这种沟通,可以促进审计更好地满足社会和服务对象的需要。

(四)审计准则是完善内部管理的基础

审计组织要不断加强、完善内部管理,改善审计的质量与效率,必须以科学、合理、明确的审计准则为基础。审计准则是审计人员行为的指南,是评价审计人员业绩的标准,是进行审计职业教育的根据。以审计准则为依据制定出各种内部管理制度,才能保证审计规范化的先进性和合理性。

另外,审计准则的颁布也为解决审计争议提供了仲裁标准;审计准则还为审计教育明确了方向,为审计专业教育和职业继续教育确定了努力目标。综上所述,审计准则的作用已远远超出了审计业务工作的范围,客观上起到了促进整个审计事业发展的作用。审计准则也在很大程度上反映了审计职业的专业水平,审计准则的建立和完善成为审计事业发展的强大推动力。

第二节 国家审计准则

在国家审计领域内,审计准则问题始终得到了高度重视,自 1972 年美国审计总署颁布了世界上第一个国家审计准则至今,很多国家的国家审计部门都制定了自己的准则。这些准则基本上是以民间审计准则为范本的,但也突出了国家审计在地位、作用、工作性质、工作范围等方面存在的差异,适应了对审计主体的特殊要求。

一、最高审计机关国际组织审计准则

最高审计机关国际组织审计准则是最高审计机关国际组织制定的国家审计准则,由该组织下设的审计准则委员会制定。该委员会成立于 1984 年 5 月,自成立以来一直致力于国家审计准则的制定。该准则在 1989 年柏林召开的国际组织第十三届大会上通过,并在 1992 年华盛顿大会上得到了修订。1998 年,最高审计机关国际组织在乌拉圭首都蒙得维的亚召开了国际组织的第十六届大会,会议确定利马宣言仍然是制定国家审计准则的主要基础,会议还决定重新组织审计准则委员会和审计准则的框架结构,以利于其对未来各种变化和更新的要求,因此最高审计机关国际组织在汉城召开的第十七届大会上批准和颁布了新的国家审计准则。

新颁布的最高审计机关国际组织审计准则是依据《利马宣言》、《东京宣言》、最高审计机关国际组织在各届大会上通过的声明和报告,以及联合国专家小组会议就发展中国家的公共会计和审计问题提出的报告而拟定的,并征求了广泛的意见之后形成的。国际组织制定该准则的目的在于,为确定审计人员进行审计时所必须遵循的程序和做法提供一个框架。该准则由国家审计基本要求、国家审计一般准则、国家审计现场工作准则和国家审计报告准则四部分组成。

二、我国国家审计准则

为了适应发展社会主义市场经济的需要,实现国家审计工作规范化,明确审计责任,保证审计质量,我国最高国家审计机关审计署自 1989 年起就开始着手我国国家审计准则的制定工作,先后颁布了《中国国家审计准则序言》、《中华人民共和国家审计基本准则》和多项具体准则。2010 年 7 月 8 日经审计长会议审议通过,刘家义审计长于 2010 年 9 月 1 日签署审计署第 8 号令公布了新的国家审计准则,自 2011 年 1 月 1 日起施行。与修订前的审计准则体系由一个审计基本准则、若干单项通用审计准则和专业审计准则、若干审计指南三层次组成不同,修订后的国家审计准则参照了美国等国审计机关的做法,制定了单一的国家审计准则,并在审计准则之下开发若干审计指南或者审计手册。这种体系结构可以克服制定多个单项审计准则容易出现的体系庞杂、单项准则间内在关系不够清晰、内容重复交叉多等缺陷。修订后的国家审计准则共分七章 200 条,包括总则、审计机关和审计人员、审计计划、审计实施、审计报告、审计业务质量控制与责任和附则。

（一）总则

"总则"一章规定了审计准则的制定依据、适用范围、审计机关与被审计单位的责任划分、审计目标、审计业务分类及审计业务流程等。

（二）审计机关和审计人员

"审计机关和审计人员"一章规定了审计机关及其审计人员执行审计业务的基本条件和要求、基本审计职业道德原则、审计独立性、职业胜任能力、与被审计单位的职业关系等。

（三）审计计划

"审计计划"一章规定了年度审计项目计划的主要内容和编制程序，审计工作方案的主要内容和编制要求，对年度审计项目计划执行情况及执行结果的跟踪、检查和统计等。

（四）审计实施

"审计实施"一章分四节。第一节"审计实施方案"规定了审计实施方案的编制程序和主要内容等。第二节"审计证据"规定了审计证据的含义，审计证据适当性和充分性的质量要求，获取审计证据的模式、方法和要求，利用专家意见和其他机构工作结果的要求等。第三节"审计记录"规定了做出审计记录、编制审计工作底稿的事项范围、目标和质量要求，审计工作底稿的分类和内容，审计工作底稿的复核，审计工作底稿的利用等。第四节"重大违法行为检查"规定了重大违法行为的特征，检查重大违法行为的特殊程序和应对措施等。

（五）审计报告

"审计报告"一章分五节。第一节"审计报告的形式和内容"规定了审计报告、专项审计调查报告的基本要素和主要内容，经济责任审计报告的特殊要素和内容，审计决定书、审计移送处理书的主要内容等。第二节"审计报告的编审"规定了审计报告等文书的起草、征求意见、复核、审理、审定、签发等编审环节的要求，专项审计调查中发现重大违法违规问题的处置方式等。第三节"专项报告与综合报告"规定了编写审计专项报告、信息简报、综合报告、经济责任审计结果报告、本级预算执行和其他财政收支情况审计结果报告和审计工作报告等基本要求。第四节"审计结果公布"规定了审计机关公布审计结果的信息范围、质量要求和审核批准程序等。第五节"审计结果跟踪检查"规定了跟踪检查的事项，检查的时间、方式，检查结果的报告和处理措施等。

（六）审计质量控制与责任

"审计质量控制与责任"一章规定了建立审计质量控制制度的目标，审计质量控制要素，针对"质量责任"要素确定的各级质量控制环节的职责和责任，审计档案的质量控制责任及归档材料的内容，针对"质量监控"要素建立的审计业务质量检查、年度业务考核和优秀审计项目评选制度等。

第三节 注册会计师执业准则

一、我国注册会计师执业准则的建设情况

中国注册会计师协会自1988年成立以来，为了提高注册会计师业务水平和工作的规

范程度,一直致力于审计准则的研究和制定。从最初的执业规则到审计准则,再到现在的执业准则,我国注册会计师执业准则的建设已经经历了三个阶段。

(一)制定执业规则阶段(1991—1993年)

中国注册会计师协会成立之后,非常重视执业规则的建设。从1991年到1993年,先后发布了《注册会计师检查验证会计报表规则(试行)》等7个执业规则。这些执业规则对我国注册会计师行业走向正规化、法制化和专业化起到了积极作用。但是,在执业规则建设的初期,执业规则还主要是为满足职业界对技术规范的急需而颁布实施的,不可避免地呈现出零散、不完整、缺乏体系等特点。

(二)建立准则体系阶段(1994—2003年)

1993年10月31日,第八届全国人民代表大会常务委员会第四次会议通过了《中国注册会计师法》,规定中国注册会计师协会依法拟定执业准则、规则,报国务院财政部门批准后施行。这在我国注册会计师执业准则建设进程中具有重要的意义,随后中国注册会计师协会设立了独立审计准则组,成员由注册会计师协会、会计师事务所、科研院校等方面的专家组成。从1994年5月开始筹备进行中国独立审计准则的研究制定,10月组织起草小组正式开展工作,1995年1月发布了第一批《独立审计准则》的征求意见稿,经财政部批准,从1996年1月1日开始正式实施。从此,我国独立审计准则的建设终于取得了重大的突破,在此之后又有六批独立审计准则陆续颁布并实施,使我国的独立审计准则体系的建设初步成形。我国的独立审计准则体系由三个层次组成,包括独立审计基本准则、独立审计具体准则与独立审计实务公告和执业规范指南,它适用于注册会计师执行独立审计业务的全过程。其中第一、二层次的准则属于法定要求,只要注册会计师执行审计业务、对外出具审计报告都要遵照执行;第三层次的准则则不具有强制性。

(三)完善和提高阶段

随着审计准则体系的基本建立,注册会计师执业准则的建设转向完善体系和提高质量并重的发展阶段。自2004年以来,根据审计环境的变化、国际审计准则的最新发展和注册会计师执业的需要,中国注册会计师协会开始有计划、有步骤地修订已颁布的准则。为了完善我国注册会计师执业准则体系,加速实现与国际标准的趋同,中国注册会计师协会拟定了22项新准则,并对26项已有准则进行了必要的修订和完善,于2006年2月15日由财政部发布,自2007年1月1日起在所有会计师事务所施行。由48项准则构成的注册会计师执业准则的发布,标志着我国已建立起一套适用于社会主义市场经济发展要求,顺应国际趋同大势的注册会计师执业准则体系。

二、我国注册会计师执业准则国际趋同的成果

(一)执业准则体系的结构调整

从国际审计与鉴证准则理事会公告覆盖的业务类型看,注册会计师从事的业务包括:(1)历史财务信息的审计和审阅业务;(2)除历史财务信息的审计和审阅以外的其他鉴证业务;(3)相关服务业务。根据我国实际情况和国际趋同的需要,我们将原有的"中国注册会计师独立审计准则体系"改进为"中国注册会计师执业准则体系",以适应注册会计师业务多元化的需要。执业准则体系涵盖了注册会计师所有的执业领域,包括审计准则、审阅

准则和其他鉴证业务准则,以及相关服务准则,此外,还包括用于保证各类业务质量的会计师事务所质量控制准则。其中审计准则是执业准则体系的核心内容,也是我们国际趋同努力的重点所在。中国注册会计师职业规范体系的结构如图 5-1 所示。

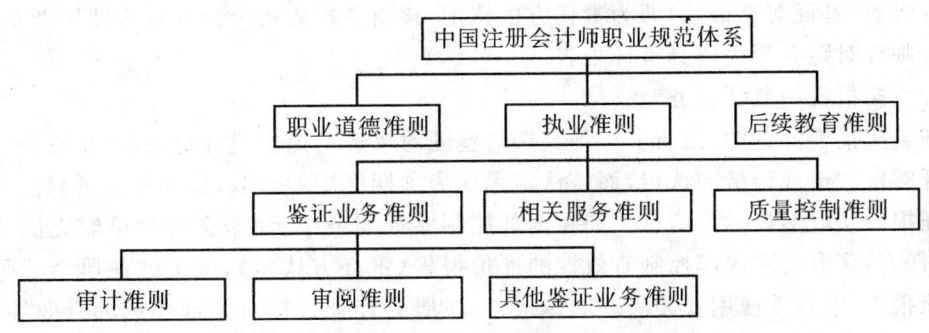

图 5-1　中国注册会计师职业规范体系的结构

(二)执业准则体系的内容

1. 鉴证业务准则

审计准则、审阅准则和其他鉴证业务准则统称为鉴证业务准则,由鉴证业务基本准则统领。审计准则是用来规范注册会计师执行历史财务信息的审计业务,要求注册会计师综合使用审计方法,对财务报表获取合理程度的保证;审阅业务准则是用来规范注册会计师执行历史财务信息的审阅业务,要求注册会计师主要使用询问和分析程序,对财务报表获取有限程度的保证;其他鉴证业务准则是用来规范注册会计师执行除历史财务信息审计和审阅以外的非历史财务信息的鉴证业务。

2. 相关服务准则

相关服务准则是用来规范注册会计师代编财务报表、执行商定程序、管理咨询、税务咨询和其他服务。由于业务性质属于代理、咨询服务,注册会计师不提供任何程度的保证。

3. 质量控制准则

质量控制准则是用来规范会计师事务所及其人员对财务信息审计和审阅、其他鉴证业务以及相关服务的质量控制,是对会计师事务所及其人员提出的质量控制政策和程序的要求。

三、中国注册会计师鉴证业务基本准则

鉴证业务基本准则是为了规范注册会计师执行鉴证业务,明确鉴证业务的目标和要素,确定审计准则、审阅准则、其他鉴证业务准则适用的鉴证业务类型而制定的。

(一)鉴证业务的含义

鉴证业务是指注册会计师对鉴证对象信息提出结论,以增强除责任方之外的预期使用者对鉴证对象信息信任程度的业务。

(二)鉴证业务的类型

1. 基于责任方认定的鉴证业务

在基于责任方认定的业务中,责任方对鉴证对象进行评价或计量,鉴证对象信息以责任方认定的形式为预期使用者获取。如在财务报表审计中,被审计单位管理层(责任方)对财务状况、经营成果和现金流量(鉴证对象)进行确认、计量和列报(评价或计量)而形成的财务报表(鉴证对象信息)即为责任方的认定,该财务报表可为预期报表使用者获取,注册会计师针对财务报表出具审计报告。

2. 直接报告的鉴证业务

在直接报告业务中,注册会计师直接对鉴证对象进行评价或计量,或者从责任方获取对鉴证对象评价或计量的认定,而该认定无法为预期使用者获取,预期使用者只能通过阅读鉴证报告获取鉴证对象信息。如在内部控制鉴证业务中,注册会计师可能无法从管理层(责任方)获取其对内部控制有效性的评价报告(责任方认定),或虽然注册会计师能够获取该报告,但预期使用者无法获取该报告,注册会计师直接对内部控制的有效性(鉴证对象)进行评价并出具鉴证报告,预期使用者只能通过阅读该鉴证报告获得内部控制有效性的信息(鉴证对象信息)。

3. 基于责任方认定的业务和直接报告业务的区别

(1) 预期使用者获取鉴证对象信息的方式不同

在基于责任方认定的业务中,预期使用者可以直接获取鉴证对象信息(责任方认定),而不一定要通过阅读鉴证报告。在直接报告业务中,可能不存在责任方认定,即便存在,该认定也无法为预期使用者所获取。预期使用者只能通过阅读鉴证报告获取有关的鉴证对象信息。

(2) 注册会计师提出结论的对象不同

在基于责任方认定的业务中,注册会计师提出结论的对象可能是责任方认定,也可能是鉴证对象。此类业务的逻辑顺序是:首先,责任方按照标准对鉴证对象进行评价和计量,形成责任方认定;其次,注册会计师根据适当的标准对鉴证对象再次进行评价和计量,并将结果与责任方认定进行比较;最后,注册会计师针对责任方认定提出鉴证结论,或直接针对鉴证对象提出结论。在直接报告业务中,无论责任方认定是否存在,也不论注册会计师是否能够获取该认定,注册会计师在鉴证业务报告中都将直接对鉴证对象提出结论。

(3) 责任方的责任不同

在基于责任方认定的业务中,由于责任方已经将既定标准应用于鉴证对象,形成了鉴证对象信息,即责任方认定。因此,责任方应当对鉴证对象信息负责。责任方可能同时也要对鉴证对象负责。例如,在财务报表审计中,被审计单位管理层既要对财务报表(鉴证对象信息)负责,也要对财务状况、经营成果和现金流量(鉴证对象)负责。在直接报告业务中,无论注册会计师是否获取了责任方认定,鉴证报告中都不体现责任方认定,责任方仅需要对鉴证对象负责。

(4) 鉴证报告的内容和格式不同

在基于责任方认定的业务中,鉴证报告的引言段通常会提供责任方的相关信息,进而说明其所执行的鉴证程序并提出鉴证结论。在直接报告业务中,注册会计师直接说明鉴证对象、执行的鉴证程序并提出鉴证结论。

(三)鉴证业务的保证程度

1.合理保证

合理保证的鉴证业务的目标是注册会计师将鉴证业务风险降至该业务环境下可接受的低水平,以此作为以积极方式提出结论的基础。如在历史财务信息审计中,要求注册会计师将审计风险降至可接受的低水平,对审计后的历史财务信息提供高水平保证,即合理保证,在审计报告中对历史财务信息采用积极方式提出结论。这种业务属于合理保证的鉴证业务。

2.有限保证

有限保证的鉴证业务的目标是注册会计师将鉴证业务风险降至该业务环境下可接受的水平,以此作为以消极方式提出结论的基础。如在历史财务信息审阅中,要求注册会计师将审阅风险降至该业务环境下可接受的水平,即高于历史财务信息审计中可接受的低水平,对审阅后的历史财务信息提供低于高水平的保证,即有限保证,在审阅报告中对历史财务信息采用消极方式提出结论。这种业务属于有限保证的鉴证业务。

(四)鉴证业务的三方关系

鉴证业务涉及的三方关系人包括注册会计师、责任方和预期使用者。责任方与预期使用者可能是同一方,也可能不是同一方。责任方可能是鉴证业务的委托人,也可能不是委托人。鉴证业务中三方关系人的关系可以理解为注册会计师对由责任方负责的鉴证对象信息提出鉴证结论,以增强除责任方之外的预期使用者对鉴证对象信息的信任程度。

第四节 内部审计准则

一、国际内部审计师协会内部审计准则

国际内部审计师协会的前身美国内部审计师协会于1941年在美国成立,1947年协会就颁布了《内部审计职责说明书》,1978年又颁布了《内部审计实务标准》,经过多年的不断修订和完善,该实务标准已经成为具有国际权威性的、代表世界各国内部审计先进经验的具有普遍指导意义的内部审计准则体系。

(一)国际内部审计专业实务框架的结构和内容

国际内部审计师协会对《国际内部审计专业实务框架》的最近一次修订是在2012年10月,修订后的准则自2013年1月1日开始实施。它是整合国际内部审计师协会发布的权威性指南的概念框架,并由强制性的指南和强力推荐的指南两部分构成。遵循强制性指南建立的原则对于内部审计专业实务而言是必需的,也是重要的,强制性指南是依据既定的"应有的勤勉过程"形成的,包括向社会公众广泛的意见征求。强制性指南包括三个组成部分:内部审计的概念界定、职业道德规范和国际内部审计专业实务标准。强力推荐的指南是通过正式的批准程序取得国际内部审计师协会认可的。它具体说明了在实务中对内部审计的概念界定、职业道德规范和国际内部审计专业实务标准的具体执行。强力推荐的指南包括立场公告、实务公告和实务指南三个部分。

(二)2012年修订的《国际内部审计专业实务框架》的主要变化

2012年,国际内部审计师协会对《国际内部审计专业实务框架》中的《国际内部审计专业实务标准》进行修订的主要目的包括:(1)确保标准能够以最及时、最相关的方式体现职业的最新发展;(2)确保达到《国际内部审计专业实务框架》对标准进行至少3年一次的审核的要求;(3)确保对《国际内部审计专业实务框架》的持续改进成为其持续发展的关键组成部分。

2012年,国际内部审计师协会对《国际内部审计专业实务框架》的修订主要体现在以下几个方面:

1. 进一步澄清遵循准则的责任

为了进一步澄清遵循准则的责任,协会在标准的引言中增加了下列措辞:"标准适用于内部审计师个人和内部审计活动。所有的内部审计师都有责任遵循与个人的客观性、专业胜任能力和应有的职业审慎相关的标准。另外,内部审计师也负有遵循与他们的工作责任的履行相关的责任。首席审计官负有遵循准则的完全的责任。"

2. 增加了对质量保证和改进的重视

修订后的准则增加了对质量保证和改进的重视,主要体现在:强调主动的内部质量评估和改进方法,全面包含了外部质量标准的精神和措辞,建立了允许质量工作的执行和成果报送的实务,通过在审计报告中包括对遵循性的声明以支持外部质量评估从而改善内部审计等。

3. 澄清首席审计官就不能接受的风险进行沟通的职责

修订后的标准将第2600号标准改成了《就风险的接受进行沟通》,规定如果首席审计官得出管理层已经接受了对于组织而言不能接受的风险的结论,他必须与高级管理层进行讨论。如果首席审计官确定事情仍然没有得到解决,首席审计官必须将此事项与董事会进行沟通。对于管理层已经接受的风险的识别可以通过确认或咨询项目、作为以前项目的结果对管理层采取行动的监督过程或者其他的方式注意到。但是,首席审计官并不负责解决风险。

4. 明确对审计计划进行及时的调整的要求

标准要求首席审计官必须建立一个风险导向的计划以确定内部审计活动的当务之急,并与组织目标保持一致。为了明确对审计计划进行及时调整的要求,修订后的标准进一步强调在没有框架的情况下,首席审计官应当在考虑了高级管理层和董事会提供的信息之后运用他或她的判断。在必要的情况下,首席审计官必须复核和调整计划以应对组织业务、风险、经营、方案、系统,以及控制的变化。

5. 强调对战略目标的风险覆盖

为了强调对战略目标的风险覆盖,修订后的标准将组织战略目标的实现情况纳入内部审计活动对与组织治理、经营和信息系统相关的控制的充分性和有效性进行评价的内容之中,并置于评价内容的首位。具体的措施还包括内部审计对关键战略倡议的参与并占有一席之地,对组织关键战略风险进行应对,以及服务于信息技术开发团队等。

6. 对部分专业术语进行了全新的界定

将委员会重新界定为:"负有指导和/或监督组织活动和管理的最高治理层。通常包括一个独立的董事团队(诸如董事会、监督委员会,或者理事会)。如果这样的团队并不存在,委员会也可以是组织的领导。委员会也可以是审计委员会,如果治理层将某些职责委托给审计委员会的话。"

将项目意见界定为:"与项目的目标和范围所包含的那些方面相关的,对单个内部审计项目结果的评价、结论和/或其他说明。"

将总体意见界定为:"由首席审计官提供的用以在委员会层面应对组织的治理、风险管理和控制过程的对结果的总体评价、结论或其他说明。"

二、中国内部审计准则

中国内部审计协会自2000年开始着手制定中国内部审计准则,首批准则已于2003年6月正式施行,随后又陆续发布了几批审计准则。2013年4月协会对内部审计准则进行了全面的修订,并于8月发布了《中国内部审计准则》,自2014年1月1日起施行。中国内部审计准则由内部审计基本准则、内部审计人员职业道德规范和20个内部审计具体准则组成。

(一)中国内部审计基本准则

修订后的内部审计基本准则包括一般准则、作业准则、报告准则和内部管理准则。一般原则对内部审计机构和人员的基本资格条件和工作方式进行了规范,是内部审计人员合理确定审计目标、设计审计程序和形成审计结论的前提保证。作业准则是内部审计准则的核心,从如何根据审计目标了解被审计单位以充分识别和评估审计风险开始,到对评估的审计风险实施应对措施,即为既定的审计目标选择适当的审计证据,设计适当的审计程序,配置适当的审计测试,再到内部审计技术方法的具体运用和审计计划方案的具体实施,实现了对整个审计证据收集过程的技术性规范。报告准则的规范重点在内部审计的结论上,规范了内部审计结论的表现形式,包括内部审计报告的编写要求和内容,也规范了内部审计人员在形成审计结论过程中的具体要求。内部管理准则是对内部审计机构构建内部管理制度和质量控制体系的具体规范,其目的也在于确保内部审计目标的更好实现。

(二)中国内部审计具体准则

针对原有具体准则中存在的内容交叉、重复,个别准则不适应内部审计最新发展等问题,此次修订对准则体系结构进行了调整,对部分准则的内容进行了整合,并根据实际情况取消了部分准则。

此次修订将内部审计具体准则分为作业类、业务类和管理类三大类。作业类准则涵盖了内部审计程序和技术方法方面的准则,具体包括审计计划、审计通知书、审计证据、审计工作底稿、结果沟通、审计报告、后续审计、审计抽样、分析程序等9个具体准则;业务类准则包括内部控制审计、绩效审计、信息系统审计、对舞弊行为进行检查与报告等4个具体准则;管理类准则包括内部审计机构的管理、与董事会或者最高管理层的关系、内部审计与外部审计的协调、利用外部专家服务、人际关系、内部审计质量控制、评价外部审计工作质量等7个具体准则。

在上述分类的基础上,此次修订对准则体系采用了4位数编码进行编号。4位数中,千位数代表准则的层次,百位数代表准则在某一层次中的类别,十位数和个位数代表某具体准则在该类中的排序。新的编号方式借鉴国际内部审计准则的经验,体现准则体系的系统性和准则之间的逻辑关系,为准则未来发展预留了空间。内部审计基本准则和内部审计人员职业道德规范作为准则体系的第一层次,编码为1000。其中内部审计基本准则为第1101号,内部审计人员职业道德规范为第1201号。具体准则作为准则体系的第二层次,编码为2000。其中,内部审计作业类准则编号为2100,属于这一类别的9个具体准则编码分别为第2101号至第2109号;内部审计业务类准则编号为2200,属于这一类别的4个具体准则编码分别为第2201号至第2204号;内部审计管理类准则编号为2300,属于这一类别的7个具体准则编码分别为第2301号至第2307号。实务指南作为准则体系的第三层次,编码是3000。第3101号为审计报告指南,第3201号至第3204号分别为建设项目审计指南、物资采购审计指南、高校内部审计指南和企业内部经济责任审计指南。

第五节 质量控制准则

一、审计质量的含义

审计质量是指审计组织从事各项工作的优劣程度,具体来讲,可包括审计工作质量和审计项目质量。

审计工作质量是广义的审计质量,指所有审计工作的总体质量,即各审计组织内部工作的有效程度,它包括审计法规制度和审计标准的制定,审计计划的实施,审计人员的选聘、培训、分工,审计档案管理等工作的合理、有效性等。

审计项目质量是狭义的审计质量,指具体审计项目的选项、立项、准备、实施、报告、建议等一系列环节的工作效率以及达到审计目的的程度。它包括审计计划的可行性,审计证据的证明力,审计意见的公正性、准确性等。

所有的审计工作必须协调一致,才能最后完成审计任务,达到审计目的。审计项目质量的提高有赖于健全的法规制度,合理的人员配置、职责分工以及配备专门技能的人员等。因此,审计项目质量是建立在审计工作质量基础之上的。

案例 5-1

长城公司非法集资案

长城公司非法集资案是我国涉及注册会计师被卷入刑事责任的首例案件。北京市长城机电产业公司是一家所谓的民营高科技企业,该公司利用其科研成果,以签订"技术开发合同"的形式进行非法集资活动,金额高达10亿元。这一大规模、大范围的集资活动并未得到国家金融管理机构的批准。1993年,广大的投资者对公司的集资行为产生怀疑,要求长城公司退回投资款。此时长城公司找到北京中诚会计师事务所,要求为其出具验资报告。

1993年3月,郭彦杰在主持中诚会计师事务所二所工作期间,北京市长城机电科技产业公司副总裁王同祥等人委托该所对其公司1993年3月底的资产情况进行评估。郭彦杰即向当时在外地的中诚二所所长王荣九请示,王荣九在电话中明确表示:"长城公司不可靠,不要接受该公司委托的业务。"郭彦杰拒不执行王荣九的指示,擅自决定派人到长城公司进行业务活动。3月26日,刘晰彬受郭彦杰委派,带领王槊和该所注册会计师翟峰瑞到长城公司进行查账验资业务。王槊在审验该公司固定资产和银行存款等项目中,违反中国注册会计师协会制定的《注册会计师核查验证报表规则》第22条有关对固定资产"进行实地检查"的规定,对该公司提供的虚列的购入18 700余万元电机账证未认真审核查验,就确定为固定资产;在没有清点库存大额现金和向银行函证的情况下,仅凭该公司提供的账证和1992年12月银行对账单,即对银行存款加以确认。刘晰彬违反《注册会计师验资规则(试行)》第18条"注册会计师应当于完成预定的工作计划和工作程序后,认真研究所取得的资料和证据,形成验资结论,编制验资报告"的规定和《注册会计师查账验证工作底稿规则(试行)》所规定的程序,在未查验批准文件,未向投资者函证的情况下,即将应属该公司负债额的非法集资款2亿余元,以及未经合法程序核实的固定资产确定为该公司权益;在核对银行存款等项目中,未审核任何资料便予以确认。当日18时许,刘晰彬未与王槊、翟峰瑞研究、审阅查验的情况和资料,便以该公司编制的资金平衡表各项数额为依据,起草了查账报告。同时,刘晰彬按照长城公司总裁沈太福的要求,将查账报告改为"审验报告",并将结论意见中"对于所有者权益的最后认定,请贵公司提供给有关机关确定"等重要内容删除。27日上午,刘晰彬将报告底稿交给郭彦杰。郭彦杰违反《注册会计师查账验证工作底稿规则(试行)》关于会计师事务所业务负责人审核后出具报告的规定,未对报告底稿履行审查复核的职责,即同意并违反常规为长城公司出具了100份报告书。

中诚所在未进行任何审验工作的情况下就为长城公司出具了虚假的验资报告,为其非法集资提供了便利条件,对向长城公司索退集资款的投资者起到了搪塞、欺骗的作用,给国家的金融管理带来了不好的影响,造成了极为严重的后果。除了审计署、财政部和证监会对中诚会计师事务所做出的行政处罚之外,法院审理后裁决对承办长城公司审验业务的3名注册会计师判处有期徒刑,鉴于其年龄偏大监外执行。

在本案例中,北京中诚会计师事务所被撤销,注册会计师的严重过失是造成这一后果的主要原因,但是事务所内部管理混乱,没有严格的质量控制制度也是不容忽视的重要问题。中诚会计师事务所总部对二分所没有任何监控,在二分所为长城公司出具报告后很长时间,总部甚至还不知道发生的事情。二分所内部也没有建立工作底稿的层层复核制度、重大问题的集体会商制度、报告签发前的审核制度等,致使业务质量丧失最基本的监控,最终自食恶果。由此可见,建立和完善质量控制制度对于会计师事务所的健康发展是至关重要的。

二、审计质量控制的含义

审计组织为使其所承担的审计工作能够按照审计的基本原则进行,保证审计工作质量,就必须对审计工作的质量进行控制。审计质量控制就是由审计组织和审计人员运用审计质量标准,对各项审计工作,或具体审计项目的全过程的质量进行自我约束的一项活动,借以提高审计工作水平以及审计工作的效益和效率,它包括计划、制约、检查、分析和反馈等一系列的管理活动。

审计质量控制是审计组织和审计人员对自身的活动进行的控制,它不同于法律和其他组织对审计的制约与控制。审计质量控制行为是由审计组织和审计人员进行的,是全体审计组织和审计人员都必须参与的自律行为。因此,审计质量控制的主体只能是专门的审计组织和人员,而不能是其他组织和人员。

审计质量控制的客体是审计组织和人员,进行审计质量控制的对象,应包括审计的全过程,从计划到实施,到最终表达意见,签发审计报告的全部工作;还应包括审计组织内部的各项管理,如审计工作底稿的归档管理,审计人员聘用、培训、晋升管理等。其重点是对审计的整个过程、审计人员素质和工作技能的控制。审计质量控制的客体比审计质量的范围要窄一些,因为审计质量控制是审计职业自身对自身的控制,因此,那些由其他外部因素影响的审计质量则不是审计质量控制的客体。

审计质量控制的依据是审计工作的质量标准,是由审计质量控制组织根据职业自身具体情况,适应自身自律需要而建立的一种标准。它既不同于审计准则,也不同于审计法规,是一套比较先进的、科学的审计质量控制标准。

三、审计质量控制的重要性

审计质量是审计工作的生命,它涉及审计的各项工作,贯穿于每个审计项目的全过程。审计质量的重要性是由审计在社会经济生活中的重要作用所决定的。只有提高工作质量,才能充分发挥其在市场经济运行机制中的作用,同时也才能提高其职业地位和声誉,使审计职业自身能得到不断完善与发展。

(一)强化审计质量控制是提高审计工作质量的保证

无论是国家审计机关,还是会计师事务所或内部审计机构,其工作的首要任务就是确保审计的工作质量,这是由审计的职业责任所决定的。审计质量控制的直接目的是增强审计工作的可靠性、准确性、合理性、效益和效率性,更好地达到审计目的,通过对各控制环节的有效管理,达到审计工作质量的全面提高。审计质量控制是保证和提高审计工作质量的有效手段。

(二)强化审计质量控制是审计工作适应社会主义市场经济发展的要求

随着经济发展和改革开放的深化,特别是党的十四大将社会主义市场经济体制确定为经济体制改革的目标后,社会对审计工作的要求越来越高,审计工作将面临更多、更新的挑战,因此审计组织的各项管理工作和审计人员的各项素质都必须跟上形势的要求。而只有加强审计质量控制,才能强化审计工作的内部制约机制,适应社会主义市场经济对审计职业的要求。

(三)强化审计质量控制是审计促进宏观调控的有效途径

审计质量的高低优劣,绝不只是对审计机关本身和被审计单位发生影响,它还将对国民经济的宏观调控、管理和决策产生影响。如果审计机关在工作中能够重视对审计质量的控制,确保审计质量,并将审计中发现的一些重大的带倾向性的问题,及时向国家宏观调控部门反映、建议,就能充分发挥审计在宏观经济调控中的监督作用,为加强宏观控制和促进市场机制的正常运转服务。

(四)强化审计质量控制是降低审计风险、避免法律诉讼的有效手段

审计风险来源于审计工作的方方面面,包括审计人员的素质、审计计划的制定和实施、审计作业过程,以及审计意见的表达等。因此,只有对各方面的审计工作进行有效的质量控制,才能有助于提高综合处置审计风险问题的能力,尽量使审计风险减少到最低限度,保证审计工作的质量和水平,促进各项审计计划目标的顺利实现。面对复杂的、不断变化中的法律和经济环境,审计职业界自身应当采取积极的行动,而审计质量控制是避免法律诉讼的有效手段。因为只有审计人员在工作中尽量减少发生错误的可能性,才能最终有利于为自己辩护。

(五)强化审计质量控制是我国审计事业与国际惯例接轨的要求

国际审计实务委员会在颁发的国际审计准则中明确指出:审计机构为使其所承担的一切审计工作能够按照审计的基本原则进行,就必须对审计工作的质量进行控制。最高审计机关国际组织在第十二届大会上也把审计质量作为重要议题之一,指出"质量保证是从事审计工作的组织应坚持的职责"。这充分说明,强化审计质量控制不只是我国审计工作发展的必然要求,也是世界审计发展的共同趋势,因此,我们只有强化审计质量控制才能适应这一发展趋势,才更有利于我国审计事业与国际惯例的接轨。

四、审计质量控制措施

审计质量控制措施是指为实现审计目标,规范审计行为而建立的一系列规章制度和相应的技术方法等,它是对审计实施过程的一种行为控制。采用的一般方法主要是事中控制,即在作业过程中随时检查发现问题,随时采取措施制止和纠正。在事中控制的同时也结合采用一些事后检查和事前计划等方法。具体的控制措施包括对人员素质的控制、对审计作业过程的控制,审计工作底稿的分级复核制度等。

本章小结

本章重点阐述审计准则的含义和作用,回顾审计准则产生和发展的过程,分析国家审计、注册会计师审计和内部审计准则的建设情况和主要内容,说明质量控制的含义、重要性和具体控制措施。

思考题

1. 审计准则的含义和作用是什么?
2. 我国注册会计师执业准则的建设经历了哪几个阶段?目前在国际趋同方面已经取得了什么样的成果?
3. 我国注册会计师执业准则的结构和各部分的内容是什么?

4. 什么是鉴证业务？鉴证业务包括哪些类型的业务？
5. 基于责任方认定的业务和直接报告业务的区别有哪些？
6. 鉴证业务的保证程度有哪两种？两种保证程度有什么区别？
7. 简要说明鉴证业务中的三方关系人及其相互关系。
8. 中国内部审计准则的主要内容有哪些？
9. 什么是审计质量控制？审计质量控制的重要性有哪些？

练习题

一、单项选择题

1. 根据国家审计准则的规定,对审计项目实施结果承担最终责任的是(　　)。
   A. 审计组长　　　　　　　　　　B. 审计机构
   C. 审计机关负责人　　　　　　　D. 总审计师
2. 下列事项中不属于鉴证业务要素的是(　　)。
   A. 鉴证对象　　　　　　　　　　B. 鉴证对象信息
   C. 鉴证报告　　　　　　　　　　D. 证据
3. 下列属于审计质量控制措施的是(　　)。
   A. 对所有审计事项均采用详查法　　B. 对所有审计项目均实施后续审计
   C. 对所有的审计工作底稿均进行复核　D. 对所有简单易审的项目均予以忽略

二、多项选择题

1. 下列有关审计准则的陈述中正确的包括(　　)。
   A. 注册会计师遵循审计准则有助于其查明财务报表中是否存在重大错报
   B. 注册会计师只要遵循审计准则就能发现财务报表中存在的重大错报
   C. 注册会计师遵循审计准则也不能保证发现财务报表中存在的所有重大错报
   D. 注册会计师只要严格遵循审计准则就可以不必承担民事侵权赔偿责任
2. 下列途径可以提高会计师事务所人员素质和专业胜任能力的包括(　　)。
   A. 同业互查　　　　　　　　　　B. 教育使用者
   C. 专业培训　　　　　　　　　　D. 由经验丰富的员工提供辅导
3. 下列情形中不符合会计师事务所承接鉴证业务的条件包括(　　)。
   A. 可以获取足够的审计证据但不一定保证适当
   B. 鉴证对象适当
   C. 注册会计师的结论以书面报告形式表达
   D. 使用的标准完全由客户提供,预期使用者无法获取该标准

三、业务题

1. ABC会计师事务所接受委托,对甲公司20×3年度财务报表进行审计,并委派A注册会计师为项目负责人。在接受委托后,A注册会计师发现甲公司业务流程采用计算机信息系统控制,审计项目组成员均缺少这方面的专业技能。A注册会计师了解到某软件公司张先生曾参与甲公司计算机信息系统的设计工作,因此聘请张先生加入审计项目

组,测试该系统并出具测试报告。在审计过程中,A 注册会计师要求审计项目组成员相互复核所执行的工作,并在工作底稿的复核人员栏签字。在复核过程中,审计项目组成员之间在某个专业问题上存在分歧,A 注册会计师就此问题专门致函有关部门进行咨询,始终没有得到回复。考虑到该项业务的高风险性,在出具审计报告后,ABC 会计师事务所专门指派未参与该业务的经验丰富的注册会计师实施了项目质量控制复核。

要求:指出 ABC 会计师事务所(包括审计项目组)在业务质量控制方面存在的问题,并简要说明理由。

2. ABC 会计师事务所承接了戊公司 20×3 年度财务报表审计业务。项目负责人是 C 注册会计师,其妻子是戊公司财务负责人。在制定审计计划时,C 注册会计师认为对戊公司非常熟悉,无须再了解戊公司及其环境,应将审计资源放在对认定层次实施实质性程序上。审计行程中,项目组成员 D 发现有迹象表明戊公司存在重大舞弊风险。项目组成员 E 提出应当针对该舞弊风险实施追加程序,并建议实施项目质量控制复核。C 注册会计师认为戊公司管理层非常诚信,不会出现舞弊情况,戊公司并非上市公司,无须考虑实施项目质量控制复核。C 注册会计师坚持自己的主张,对戊公司 20×3 年财务报表出具了审计报告。

要求:根据中国注册师执业准则的要求,请指出 ABC 会计师事务所在该项业务的业务承接、业务执行和业务质量控制中存在的问题,并简要说明理由。

3. A 注册会计师接受甲公司的委托,对甲公司管理层编制的下属子乙公司 IT 系统运行有效性的评价报告进行鉴证。甲公司拟将该评价报告提交给其他预期使用者。

要求:

(1)请指出该项鉴证业务属于下表中何种业务类型,直接在表格中相应位置打"√"。

分类序号	业务类型	请在相应位置打"√"
①	基于责任认定的业务	
	直接报告业务	
②	历史财务信息鉴证业务	
	其他鉴证业务	

(2)请指出该项鉴证业务的责任方,并简要说明甲公司管理层、乙公司管理层和 A 注册会计师各自的责任。

(3)在评价乙公司 IT 系统运行有效性时,甲公司使用的是其自行制定的标准。请简要说明 A 注册会计师应当从哪些方面评价标准的适当性。

(4)在承接业务后,如果发现标准不适当,A 注册会计师应当出具何种类型的鉴证报告?

第六章

审计目标

学习目的:通过本章学习,了解审计目标的历史演进,掌握我国各审计主体的审计总体目标,掌握财务审计具体目标的确立。

引导案例:

"审计师去哪里了?"

贝瑞·米考是一个真正的"青年才俊"。他在16岁时就已经开始经营ZZZ最优公司,这是一家野心勃勃地专门处理保险修复合同的地毯清洁公司。1982年,米考是在他的车库里开始其公司经营的,但是仅仅5年之后,他的公司已经上市,并实现了50 000 000美元的销售收入和超过5 000 000美元的盈利。米考持有的ZZZ最优公司的股票市值已经超过了100 000 000美元。

在公司的发展过程中,米考没有把他的才能用在经营公司上,却用在了欺诈上。取代实实在在经营的是,ZZZ最优公司根本就是建立在一个幻觉之上的骗局。公司根本没有大型的修复项目,也没有任何真实的收入和利润。它们只是纸上的数字,并由一个有效的方法网络欺骗股东、证券监管机构和为他们提供专业服务、声誉良好的专业机构,包括审计师。许多人,包括国会议员都不禁要问:"这种情况为什么会发生?审计师去哪里了?"

在ZZZ最优公司扩大规模的过程中,米考也遇到了筹资困难。他与一个保险理赔人设计了一个企划,向潜在的贷款者确认并不存在的修复项目,米考便可以获得大量的现金或信用额度,尽管他没有做任何实际的工作。当ZZZ最优公司开始需要审计时,这样的骗局被进一步扩大了。为了欺骗审计师,共谋的保险理赔人一直在假装忙碌地经营着公司,并与ZZZ最优公司签订大量虚假合同。当审计师准备这些合同时,保险理赔人都予以确认。米考甚至带着审计师到实际工作场地走访,但其实这些工作场地并不是他的。米考还租了一个未完工的建筑物,并雇用了转包商在那工作,全是为了应付审计师的走访。

ZZZ最优公司的故事也许是不可思议的,但当被问及这种情况时,绝大多数有知识的观察者都会回答:"这已经不是第一次了,而且也不会是最后一次。"人们也不是最后一次提出相同的问题:"审计师去哪里了?"

第一节　审计目标的历史演进

审计目标是审计人员进行审计工作所期望达到的结果,是审计活动的指南,审计证据的收集和审计程序的执行都取决于特定的审计目标。而审计环境的不断变迁,决定了审计目标在不同历史时期体现出不同的内容。就审计总体目标而言,其大致经历了以下三个发展阶段:

一、以查错防弊为目标的详细审计阶段

15世纪末的英国,在经济上还是一个落后的国家,但进入16世纪之后,迅速发展起来,逐渐成为一个繁荣的、充满活力的国家,跨入了西欧诸强的行列。在经济持续繁荣的背景下,储蓄膨胀与投资机会严重不足形成了尖锐的矛盾,而投机商们正是看中了这一点,为了攫取巨额利润,他们制造出了一个又一个类似南海公司的泡沫公司。由于这些泡沫公司对英国的政治经济乃至社会各个方面造成的巨大影响,英国于1844年颁布了《公司法》,规定股份公司必须设监察人,负责审查公司的账目。之后的修订又要求股份公司的账目必须经董事以外的人员进行审计。南海公司事件催生了注册会计师职业的诞生,《公司法》的颁布确立了法定审计的地位。出于保护投资者的目的,这一时期的审计目标是查错防弊,保护企业资产的安全和完整,为实现这一审计目标,当时的审计方式主要是对所有财务资料进行详细审计。

二、以对企业的信用状况进行公证为目标的资产负债表审计阶段

19世纪末,美国的资本市场并不是全国性的,而是地方性的、区域性的,公司资金的周转不是靠发行股票而是主要依赖银行贷款。因此,银行是否愿意把资金贷给企业取决于企业的偿债能力。当时,银行家们要求申请借款者报送署名的资产负债表,该报表不仅是了解企业资产流动性或偿债能力的线索,在其不履行债务时,还可以作为证据向法院呈送。在此过程中,申请贷款者发现,如果报送经专家和没有利害关系的第三者加以证明的资产负债表,则更容易获得信贷。这就使得在20世纪初,对银行家使用的资产负债表的审计成为美国注册会计师的主要业务。在这一时期,审计目标是审查资产负债表各项目余额的可靠性和真实性,判断其财务状况和偿债能力,审计的功能从防护性发展到公证性,审计重点也从对账目的详细审计发展到对资产负债表审查。

三、以对财务报表的公允性表达意见为目标的财务报表审计阶段

20世纪30年代以后,伴随着资本市场的飞速发展,企业筹集资金的方式越来越多元化,致使财务报表使用者的范围不断扩大。为了满足广大财务报表使用者的要求,审计目标不再局限于查错防弊和为社会提供公证,而转换为判断被审计单位一定时期内的财务报表是否公允地反映其财务状况和经营业绩,以及所采用的会计政策和会计处理方法是否符合本国的会计准则,并在出具审计报告的同时提出管理意见。在此阶段,审计也由静

态审计发展到动态审计,并增加了管理审计的内容,审计目标也随之向管理领域深入和发展。

第二节　审计目标的内容

审计目标体系包括两个层次:一是审计总体目标,二是审计具体目标。二者相互依存。审计总体目标决定了审计具体目标,审计具体目标依据审计总体目标确立,并服务于审计总体目标。

一、审计总体目标

(一)国家审计的总体目标

根据我国《审计法》的规定,我国国家审计的总体目标是监督财政财务收支的真实性、合法性和效益性。真实性着重于审查财政财务收支活动是否确实存在,有关资料记录是否客观、全面、准确;合法性着重于审查财政财务收支活动是否符合国家法律法规和规章规定,有关资料编报是否符合会计准则及有关制度规定;效益性着重于审查财政财务收支活动是否经济合理、富有成效。

(二)注册会计师审计的总体目标

根据我国《注册会计师执业准则》的规定,我国注册会计师审计的总体目标是通过执行审计工作,对财务报表是否按照适用的会计准则和相关会计制度的规定编制以及财务报表是否在所有重大方面公允反映被审计单位的财务状况、经营成果和现金流量发表审计意见。

(三)内部审计的总体目标

根据《内部审计基本准则》的规定,我国内部审计的总体目标是促进组织完善治理、增加价值和实现目标,这一目标的确立明确了内部审计在提升组织治理水平,促进价值增值以及实现组织目标中的重要作用。

案例 6-1

密切关注贷款

作为鼓励增长和贸易的手段,美国向在世界范围内发展中国家的企业提供无息贷款。这些人道主义的金融支持是由美国国际发展组织提供的资金。埃及是美国国际发展组织推进业务的主要国家之一。在过去的30年中,该国共接受了超过280亿美元的无息贷款,为埃及企业在全球市场的成功提供了财务帮助。

作为奥斯康电信公司在埃及最大的网络电话服务运营商的连接点阵网络公司,就以贷款的方式接受了这样的帮助。公司被要求使用他们收到的贷款,从美国公司购买电子设备。然后,他们可以用埃及镑将贷款偿还给埃及政府,这样,可以通过使用这些资金,从其他美国国际发展组织项目购买产品,而进一步推动埃及金融部门的发展。连接点阵网络公司的贷款大约是200万美元。

但是,对公司的审计揭示,该项业务并不是按照计划进行的,贷款资金的使用违反了合同条款。他们将部分贷款用于偿还以前购买的办公设备和用具,而不是从美国公司购买他们的通信设备。除了偿还债务之外,连接点阵网络公司从一家埃及的信息技术公司购买了价值仅800 000美元的新设备。公司主席兼首席执行官哈雷德·比沙拉在申请贷款时,提交给美国国际发展组织的出价并未经过授权,其中一家预期的美国公司根本没有有效的地址。

连接点阵网络公司的哈雷德·比沙拉在美国由于欺骗美国国际发展组织而被逮捕。他面对指控申辩无罪,奥斯康电信也表示会完全支持他。母公司说在指控之前一年就与美国国际发展组织讨论过这件事情,并与该组织已经解决了这一问题。2008年10月,比沙拉仍然是公司非常成功的首席执行官和主席。但是,这仍然是一个通过审计和检查,发现可能给任何公司带来麻烦的很好实例。

二、审计具体目标

审计具体目标是上述审计总体目标在具体审计项目中的细化。在一个审计项目中,为使审计目标对审计项目的执行起到具体的指导作用,就应当对审计目标进行分解,直到分解出的目标可以通过审计人员收集的审计证据予以直接的验证为止。以财务审计为例,审计的具体目标将根据审计的总体目标和管理层认定予以确定。

(一)管理层认定的含义和类型

管理层认定是指被审计单位管理层对财务报表各组成要素的确认、计量、列报所做出明确或隐含的表达。它主要包括以下五类:

1. 存在或发生

存在或发生的认定是指资产负债表所列示的各项资产、负债、权益在资产负债表日确实存在,损益表所列的各项收入和费用在会计期间确实发生。该项认定主要与财务报表组成要素的高估有关。

2. 完整性

完整性的认定是指在财务报表中应该列示的所有交易和项目都已列入了。该项认定主要与财务报表组成要素的低估有关。

3. 权利和义务

权利和义务的认定是指在某一特定日期,各项资产确属公司的权利,各项负债确属公司的义务。该项认定只与资产负债表项目有关。

4. 计价和分摊

计价和分摊的认定是指各项资产、负债、所有者权益、收入和费用等要素已按适当的金额列入财务报表中。该项认定包括三方面内容:总值计价、净值计价和计算精确性。

5. 表达与披露

表达与披露的认定是指财务报表上的特定组成要素均已被适当地加以分类、说明和披露。

(二)管理层认定的具体运用

由于审计人员执行实质性测试时,需要对各类交易类别的处理和各类账户的期末余额分别执行测试,同时还需要关注财务报表在列报和披露方面是否存在问题,因此审计人员应当将上述五类管理层认定具体运用于各类交易、账户余额、列报和披露,以作为评估重大错报风险以及设计和实施进一步审计程序的基础。

1. 与所审计期间的各类交易和事项相关的认定

(1)发生:记录的交易和事项确已发生且与被审计单位有关。

(2)完整性:所有应当记录的交易和事项均已记录。

(3)准确性:与交易和事项有关的金额及其他数据均已恰当记录。

(4)截止:交易和事项均已记录于正确的会计期间。

(5)分类:交易和事项均已记录于恰当的账户。

2. 与期末账户余额相关的认定

(1)存在:记录的资产、负债和所有者权益确实存在。

(2)权利和义务:记录的资产确由被审计单位所拥有或控制,记录的负债确为被审计单位应当履行的偿还义务。

(3)完整性:所有应当记录的资产、负债和所有者权益均已记录。

(4)计价和分摊:资产、负债和所有者权益均已按恰当的金额包括在财务报表中,且与之相关的计价或分摊调整均已恰当记录。

3. 与列报和披露相关的认定

(1)发生及权利和义务:披露的交易、事项和其他情况确已发生,且与被审计单位有关。

(2)完整性:所有应当包括在财务报表中的披露均已包括。

(3)分类和可理解性:财务信息均已被恰当地列报和描述,且披露内容表述清楚。

(4)准确性和计价:财务信息和其他信息均已公允披露,且金额恰当。

(三)具体审计目标

具体审计目标是审计总目标的进一步具体化,它包括一般审计目标和项目审计目标。一般审计目标是进行所有项目审计均必须达到的目标,而项目审计目标则是按每个项目分别确定的目标。与管理层认定相适应,在对各类交易、账户余额、列报和披露进行实质性测试时,分别具有以下一般审计目标:

1. 与各类交易或事项相关的审计目标

(1)真实性。它是由发生认定推导出的审计目标,旨在确认已记录的交易是否真实。该目标将直接针对被审计单位将那些不曾发生的交易或事项记入财务报表的错报。

(2)完整性。它是由完整性认定推导出的审计目标,旨在确认已发生的交易是否已全部记录。该目标将直接针对被审计单位漏记已经发生的交易或事项的错报。

(3)准确性。它是由准确性认定推导出的审计目标,旨在确认已记录的交易是否按正确金额予以反映。该目标将直接针对被审计单位在处理交易过程中发生的金额计算上的错报。此外,该目标还包括账表资料、数字、计算、加总及勾稽关系上的准确性。

(4)截止。它是由截止认定推导出的审计目标,旨在确认接近于资产负债表日的交易是否记录于恰当的期间。该目标将直接针对被审计单位人为调节交易确认期间的错报。

(5)分类。它是由分类认定推导出的审计目标,旨在确认被审计单位记录的交易是否经过适当分类。该目标将直接针对被审计单位在交易处理中分类上的错报。

2.与期末账户余额相关的审计目标

(1)存在。它是由存在认定推导出的审计目标,旨在确认已记录的资产、负债和所有者权益是否确实存在。该目标将直接针对被审计单位将那些并不存在的资产、负债和所有者权益列入资产负债表的错报。

(2)权利和义务。它是由权利和义务认定推导出的审计目标,旨在确认已记录的资产是否确由被审计单位所拥有,记录的负债是否确为被审计单位应偿还的义务。该目标将直接针对被审计单位将那些不属于被审计单位的资产或并非被审计单位义务的负债列入资产负债表的错报。

(3)完整性。该目标旨在确认所有应当记录的资产、负债和所有者权益是否均已记录。该目标将直接针对被审计单位漏记实际存在的资产、负债和所有者权益的错报。

(4)计价和分摊。它是由计价和分摊认定推导出的审计目标,旨在确认资产、负债和所有者权益是否以恰当的金额包括在财务报表中,与之相关的计价或分摊调整是否已恰当记录。

3.与列报和披露相关的审计目标

(1)发生及权利和义务。将没有发生的交易、事项,或与被审计单位无关的交易和事项包括在财务报表中,则违反该目标。

(2)完整性。该目标旨在确认所有应当披露的事项是否均已包括在财务报表中。

(3)分类和可理解性。该目标旨在确认财务信息是否已被恰当地列报和描述,且披露内容是否表述清楚。

(4)准确性和计价。该目标旨在确认财务信息和其他信息是否已公允披露,且金额是否恰当。

本章小结

本章主要阐述审计目标的历史演进,分析审计目标体系的内容,并以财务报表审计为例说明具体审计目标的确定。

思考题

1. 简要说明审计总体目标经历了哪些发展历程。
2. 审计目标体系包括哪些层次?
3. 国家审计的总体目标是什么?
4. 注册会计师审计的总体目标是什么?
5. 内部审计的总体目标是什么?
6. 管理层认定包括哪些内容?
7. 简述管理层认定与具体审计目标之间的关系。

练习题

一、单项选择题

1. 以下关于财务报表审计中相关各方责任的陈述中,不恰当的是( )。
   A. 注册会计师承担财务报表的审计责任
   B. 被审计单位治理层承担对财务报表编制的监督责任
   C. 被审计单位管理层承担财务报表的编制责任
   D. 注册会计师的审计可以减轻被审计单位管理层和治理层的责任

2. 注册会计师如果发现被审计单位存在下列在会计处理上的错误,其中与"计价和分摊"认定相关的是( )。
   A. 将一笔 2 万元应收账款记为 20 万元
   B. 将一笔 2 万元营业收入记为其他业务收入
   C. 将销售费用 2 万元记为管理费用
   D. 将营业成本 2 万元记为其他业务支出

3. 对审计目标的确定具有直接影响的是( )。
   A. 被审计单位的要求　　　　　B. 审计环境
   C. 审计目的　　　　　　　　　D. 审计对象

二、多项选择题

1. 注册会计师评价被审计单位财务报表合法性的依据包括( )。
   A. 财务报表是否真实地反映了交易和事项的经济实质
   B. 管理层做出的会计估计是否合理
   C. 会计政策的选择和运用是否符合适用的财务报告编制基础,并适合于被审计单位的具体情况
   D. 财务报表是否做出了充分的信息披露

2. 以下与交易或事项的准确性目标直接相关的错误包括( )。
   A. 销售发票上列示的商品单价与经授权的价目表上的单价不符
   B. 确认销售交易的原始单据中没有发货单
   C. 确认采购交易的原始单据中没有验收单
   D. 销售日记账中记录的一笔销售收入金额为 10 000 元,与之相对应的原始单据上的金额是 1 000 元

3. 我国国家审计的总体目标可以概括为( )。
   A. 真实性　　　B. 合法性　　　C. 公允性　　　D. 效益性

三、业务题

1. 以下列示了与存货相关的项目审计目标,请帮助注册会计师确定这些项目审计目标所依据的一般审计目标和所能验证的管理层认定。
   (1) 存货的计价方法合理,计算正确。
   (2) 对资产负债表上列示的存货均具有所有权。

(3)资产负债表上列示的存货在资产负债表日确实存在。
(4)存货的跌价准备计提合理。
(5)存货明细账余额合计与存货总账余额相同。
(6)存货在期后发生的火灾损失已经在附注中披露。
(7)存货的使用没用受到任何限制。
(8)存货的抵押已经在附注中披露。
(9)期末存货和本期主营业务成本的相互关系合理,不存在异常的关系。
(10)存货已经按照原材料、在产品和产成品分类列示。
(11)实际存在的存货已经全部记入会计账簿之中。
(12)销售交易和采购交易的年末截止恰当。

2.根据表中列示的认定类型分别列出其在存货项目中对应的具体审计目标。

认　　定	与存货项目相关的具体审计目标
存在	
完整性	
准确性	
截止	
权利和义务	
计价和分摊	

3.下面是发生在 ABC 公司的交易类型以及其使用的日记账:

交易类型	账户余额	交易循环
采购退回		
租金收入		
坏账注销		
采购商品		
发放工资		

日记账	交易类别
现金收入	
现金支出	
采购日记账	
收入	
工资费用	
普通日记账	

要求:(1)列出受上述交易类型影响的账户余额。
　　　(2)上述日记账是用于记录哪些交易类型的?
　　　(3)上述交易类型将分别影响哪个交易循环?

第七章

审计证据和审计工作底稿

学习目的： 通过本章学习，了解审计证据的含义和作用，理解审计证据的种类和审计证据的质量特征，掌握收集审计证据的具体审计程序的应用，了解审计工作底稿的含义和作用，掌握审计工作底稿的种类和管理规范。

引导案例：

安达信销毁审计档案案

众所周知，正是安然公司的经营失败引发了安达信的审计失败。从 1997 年至 2000 年，安然公司通过合伙投资、关联方交易等手段，各年隐瞒负债 5.61 亿美元到 7.11 亿美元不等，共计达 25.85 亿美元，而股东权益则多列 12 亿美元。漏记巨额的负债和关联方交易、巨额盈利及股东权益的高估和虚增给安然公司带来了"粉饰的繁荣"。面对如此严重的会计造假，安达信不仅未能客观、公允地给予揭露，而且公开违背职业道德，销毁大量相关的审计档案，并据以出具了严重失真的审计报告。

在得知安达信销毁有关审计档案"这一极端严重的事件"之后，美国证交会迅速将安达信的计算机硬盘和磁带等资料封存，并让独立计算机专家恢复有关计算机数据。美国众议院能源和商业委员会主席比利·陶津表示，任何愚蠢地销毁审计档案的人都应当被开除，任何试图通过销毁审计档案来逃避司法和国会调查的人都应当受到起诉。

第一节 审计证据

一、审计证据的含义

审计证据是指审计人员为了得出审计结论形成审计意见而使用的所有信息，包括财务报表依据的会计记录中含有的信息和其他信息。

财务报表依据的会计记录中含有的信息一般包括对初始分录的记录和支持性记录，如支票、电子资金转账记录、发票、合同、总账、明细账、记账凭证和未在记账凭证中反映的对财务报表的其他调整，以及支持成本分配、计算、调节和披露的手工计算表和电子数据表。这些会计记录是编制财务报表的基础,构成了审计人员执行审计业务所需获取的审计证据的重要部分。

其他信息是用来印证会计记录中含有的信息是否真实、完整,指导审计人员识别和评估财务报表重大错报风险的信息。它一般包括以下三个方面:一是审计人员从被审计单位内部或外部获取的会计记录以外的信息,如被审计单位会议记录、内部控制手册、询证函的回函、分析师的报告、与竞争者的比较数据等;二是通过询问、观察和检查等审计程序获取的信息,如通过检查存货获取存货存在性的证据等;三是自身编制或获取的可以通过合理推断得出结论的信息,如审计人员编制的各种计算表、分析表。

会计记录中含有的信息本身并不足以提供充分的审计证据证明财务报表是否真实,只有与其他信息结合在一起,才能为审计人员发表审计意见提供合理的基础,从而将审计风险降至可接受的水平。因此,会计记录中含有的信息和其他信息共同构成了审计证据,二者缺一不可。

二、审计证据的作用

(一)审计证据是得出审计结论和形成审计意见的基础

审计证据的收集和评价构成了审计人员计划审计工作和实施审计程序的核心内容。审计人员只有取得充分、适当的审计证据,才能形成合乎要求的审计工作底稿,并为发表审计意见、出具审计报告提供合理的依据。没有审计证据支持的审计意见,只能认为是审计人员的主观判断、估计和推测。

(二)审计证据是审计质量的保证

审计证据的质量,在很大程度上决定着审计工作的质量,而审计质量的好坏最终体现在审计人员能否将审计风险降低至可接受的低水平。审计人员只有取得充分、适当的审计证据,才能合理确信被审计单位财务报表上不存在重大错报,从而降低审计风险。

(三)审计证据是履行审计责任的证明

审计人员在审计过程中取得的审计证据能否足以支持审计结论,是审计人员履行审计责任的证明。这是因为只要审计人员严格履行审计准则,根据审计事项合理计划审计工作,实施必要的审计程序,通常就能够收集到充分、适当的审计证据。同时,审计项目负责人还可以根据项目组成员的取证情况,掌握项目组成员的工作能力和进度,从而控制审计项目的工作质量。

三、审计证据的种类

审计证据可以从不同的角度,按不同的标志进行分类。对审计证据进行合理的分类,有助于审计人员按照被审计事项及审计目标的要求更有效地收集证据,同时有助于正确地处理、评价和利用证据,提高审计质量和效率。

(一)按照审计证据的形式分类

审计证据有不同的表现形式,主要可分为实物证据、书面证据、口头证据、视听证据和环境证据。

1. **实物证据**

实物证据是指审计人员通过实际观察或实地盘点等方法取得的,用以确定某些实物资产是否确实存在的证据。在审计实务中,最典型的实物证据就是各类盘点表。通常,实物证据被认为是最可靠的审计证据,具有很强的证明力。但是实物证据也有一定的局限性,主要表现在:实物证据只能有效地证明实物资产的存在性,却难以证明其所有权;实物证据只能有效地证明实物资产的数量,却难以证明其价值。因此,实物证据并不能用以证明某项实物资产的全部审计目标。

2. 书面证据

书面证据是指审计人员获取的各种以文件记录为形式的证据。它包括审计人员从被审计单位或其他单位取得的书面记录和审计人员自己编制的书面材料。在审计实务中,审计人员需要收集大量的书面证据。书面证据是审计证据的主要组成部分,故也称为基本证据。书面证据的可靠性取决于其是否易于被涂改或伪造,而这又进一步取决于其来源。通常,来自被审计单位外部的书面证据比来自被审计单位内部的书面证据的可靠性程度要高。

3. 口头证据

口头证据是指有关人员对于审计人员的询问所作的口头答复形成的证据。一般而言,由于口头证据常常带有被询问人的主观倾向,且其真伪难辨,故口头证据的证明力较差。因此,口头证据本身并不能足以证明事情的真相,审计人员不能仅凭口头证据就做出审计结论,但审计人员往往可以通过口头证据发现一些重要的审计线索,从而有利于对某些情况作进一步的调查,以收集到其他更为可靠的证据。审计人员需要及时将口头证据形成书面记录,并注明是何人、何时、何地、在何种情况下提供的,同时还应取得陈述人的签名确认。相对而言,当不同人员对同一问题所作的口头陈述相同时,口头证据具有较高的可靠性,但在一般情况下,口头证据往往需要得到其他相应证据的支持。

4. 视听证据

视听证据是指能用以证明被审计事项的录音带、录像带、磁盘等视听材料。审计人员在收集这类证据时,要考虑其被篡改的可能性,通常录音带的可靠性不及录像带。

5. 环境证据

环境证据是指对被审计事项产生影响的各种环境事实。如被审计单位的内部控制状况及管理人员的素质、被审计单位的各种管理条件和管理水平等。环境证据不属于基本证据,它反映的是一种取证环境,是影响证据可靠性程度的重要因素。

(二)按照审计证据的来源分类

审计证据按其来源可分为亲历证据、外部证据和内部证据。

1. 亲历证据

亲历证据是指审计人员通过目击或亲自在被审计单位执行审计工作时取得的证据。例如,审计人员亲自参加财产物资盘点而取得的证据;审查成本的真实性时审计人员重新计算产品成本取得的证据;审计人员观察被审计单位经济业务执行情况时所取得的证据等。亲历证据来源于审计人员自身,独立性强,因而证据的可靠性较强,有着较强的证明力。

2. 外部证据

外部证据是指由被审计单位以外的机构或人员编制的证据。它又分为两类:一是由被审计单位以外的机构或人员编制并由其直接交给审计人员的证据。如应收账款的函证回函等;二是由被审计单位以外的机构或人员编制但为被审计单位所持有并由其交给审计人员的证据。如银行对账单、购货发票。在以上两类外部证据中,第一类证据由于未经过被审计单位之手,故其可靠性要强于第二类证据。

3. 内部证据

内部证据是指由被审计单位内部编制和提供的证据,如被审计单位编制的各种会计记录和被审计单位管理层声明书。内部证据的可靠性程度取决于其是否经过了外部流转以及被审计单位内部控制有效性的强弱。

(三)按照证据间的相互关系分类

证实某一审计目标需要依据一系列的证据。按这些证据间的关系可将证据分为基本证据和辅助证据。

1. 基本证据

基本证据是指对审计事项的某一审计目标有重要的、直接证明作用的审计证据。如证明账簿登记的真实正确性,其基本证据应是据以登记账簿的记账凭证;再如,证明资产负债表各项数字的真实正确性,其基本证据应是据以编制报表的各个账户的余额。可见,基本证据与所要证实的目标之间有着极为密切的关系。

2. 辅助证据

辅助证据是指能支持基本证据证明力的证据,又称佐证证据。例如,证明账簿登记正确性的基本证据是记账凭证,而记账凭证后所附的原始凭证则是支持记账凭证证明力的必要补充。

基本证据是证实被审计事项的直接证据。因此,取得基本证据极为重要,但要取得充分、可靠的证据,单靠基本证据是不够的,因为基本证据虽重要,却未必可靠。例如被审计单位在编制记账凭证时,有可能会歪曲原始凭证所反映的经济业务,因此还应收集验证经济业务真实情况的更多的辅助证据。

审计证据除了以上分类外,还可以根据审计证据的形成过程分为自然证据和加工证据;以及按照审计证据的相关程度分为直接证据和间接证据等。

四、审计证据的特征

(一)审计证据的充分性

审计证据的充分性是对审计证据数量的衡量,它主要与审计人员确定的样本量有关。样本量过大会影响审计效率,加大审计成本,而样本量过小又会影响审计效果。所谓充分性就是对审计证据能满足形成审计意见和结论的最低数量要求。影响审计证据充分性的因素主要有:

1. 重大错报风险

根据风险导向审计模型,在可接受的审计风险水平一定的情况下,如果评估的重大错报风险越大,那么审计人员就需要选取更多的样本进行测试,以便将检查风险控制在可接受水平,从而最终将审计风险降至可接受的低水平。可见,评估的重大错报风险越大,相应所需获取的审计证据数量就应越多。

2. 具体审计项目的重要性程度

具体审计项目的重要性程度越高,其对审计证据数量的要求也越多。对于重要的审计项目,一旦出现判断错误,就会影响审计人员对审计对象整体的判断,导致错误的审计结论,所以,对于重要的审计项目必须获取较多的审计证据来支持审计结论。

3. 审计人员的审计经验

审计人员的审计经验越丰富,对审计证据数量的依赖程度就越低,经验丰富的审计人员可以根据相对较少的审计证据发现被审计单位是否存在错误和舞弊行为;而缺乏审计经验的人员只能通过大量的审计证据才能做出判断。

4. 审计证据的类型和来源

不同类型与不同来源的审计证据,其可靠性程度不同,也会对审计证据的数量要求产生影响。审计证据的可靠性越高,对审计证据的数量要求就可以相应较少。

5. 审计过程中是否发现错误或舞弊

在已完成的审计程序中是否发现有错误或舞弊行为,对后续的审计工作有重大影响。一旦发现被审计单位存在错误或舞弊行为,其审计风险就会相应加大,因此,在后续的审计过程中,就应增加审计证据的数量,以确保做出恰当的审计结论。

此外,审计证据的充分性还取决于对各账户所确定的重要性水平、总体规模以及审计过程中预计所花费的审计成本等因素的影响。

(二)审计证据的适当性

审计证据的适当性是对审计证据质量的衡量,即要求审计证据在支持各类交易、账户余额、列报(包括披露)的相关认定或发现其中存在错报方面必须具有相关性和可靠性。

1. 相关性

相关性是指审计证据必须与被审计事项的某一具体审计目标密切相关,只有与审计目标相关的审计证据才能具有证明力。因此,判断审计证据是否具有相关性,必须结合具体审计目标来考虑,同时还需注意下列事项:

(1)特定的审计程序可能只能为某些认定提供相关的审计证据,而与其他认定无关。例如,检查期后应收账款收回的记录和文件这一程序能够提供有关应收账款存在和计价认定相关的证据,但该证据与有关截止认定则可能是不相关的。

(2)针对同一项认定可以从不同来源获取审计证据或获取不同性质的审计证据。例如,为了验证有关坏账准备的计价认定,可以通过获取应收账款的账龄分析表和应收账款的期后收款情况分析表等证据予以证明。

(3)只与特定认定相关的审计证据并不能替代与其他认定相关的审计证据。例如,与存货存在性认定相关的证据并不能替代与存货计价认定相关的证据。

案例 7-1

在更多并不等于更好的时候

在苏珊·杰克逊首次参与的审计中,她被指派处理应收账款的函证。她感到很兴奋,因为这是她曾经在审计课程中接触过的领域之一,她确信十分熟悉这项工作。审计客户是一家零售商,有大量的应收账款客户。在以前年度的审计中,苏珊的事务所对这些账户进行消极函证。去年事务所寄出了200份消极函证。函证是在年度结束前一个月寄出的。收到的回函只表明存在时间差异,没有反映出客户的账簿中存在错报。

本年度暂定的审计计划与上年度大致相同。在本年度的计划函证日之前,苏珊检查了销售和现金收入业务的内部控制。她发现虽然销售业务已经实施了一项新制度,但客户存在相当多的问题使得这项制度无法正常运行。在过去几个月记录销售业务时发生了大量的错报。苏珊实施控制点测试和业务的实质性测试也发现了类似的错报。

苏珊把她发现的问题告诉督导,并询问如何处理。督导回答说:"没问题,苏珊,别像往常那样寄200封函证,寄300封就行了。你一定要选取良好的随机样本,以便我们能够依据结果进行有效的推断。"苏珊对这一指令感到非常迷惑。她想起,在控制薄弱时,消极函证是不能视为有效证据的。由于要求顾客只是在有差异时才答复函证,因此审计师对样本中的各项错报的正确价值并无把握。如果是这样的话,那么即使对每个账户都寄一封消极函证,其结果也会产生误导。苏珊认定单纯扩大样本规模是一个错误的解决方案。在苏珊与他的督导谈论其看法时,他这次回答说:"你完全正确,我说得太草率了。我们需要坐下来考虑一个查明应收账款是否被严重错报的更好方案,也许需要采用积极函证。"

在上述情况下,苏珊的判断是正确的,在内部控制薄弱或有迹象表明可能存在重大错报时,获取更有效的审计证据比单独扩大审计证据量更重要。

2. 可靠性

可靠性是指审计证据能够反映被审计事项客观现实的程度。判断审计证据的可靠性时一般应遵循以下原则:

(1)从外部独立来源获取的审计证据比从其他来源获取的审计证据更可靠。

(2)内部控制有效时内部生成的审计证据比内部控制薄弱时内部生成的审计证据更可靠。

(3)直接获取的审计证据比间接获取或推论得出的审计证据更可靠。

(4)以文件、记录形式存在的审计证据比口头形式的审计证据更可靠。

(5)从原件获取的审计证据比从传真或复印件获取的审计证据更可靠。

审计证据的可靠性除了取决于审计证据的来源、形式和收集审计证据的方法外,还受具体取证环境的影响。

充分性和适当性之间存在着密切的关系,即审计证据的适当性会影响审计证据的充分性。通常情况下,审计证据质量越高,需要获取的审计证据数量就可能越少。但是对于质量存在缺陷的审计证据,获取的数量再多可能也无法弥补其质量上的缺陷。

五、获取审计证据的审计程序

(一)总体审计程序

1. 风险评估程序

风险评估程序是指审计人员为了了解被审计单位基本情况及其所处环境而实施的程序。实施风险评估程序的目的在于评估被审计单位财务报表层次和认定层次的重大错报风险,以此作为审计人员确定重要性水平、识别需要特别考虑的领域,以及设计和实施进一步审计程序的重要基础。因此,风险评估程序是必需的审计程序。

2. 控制测试

控制测试是指用于测试被审计单位内部控制运行有效性的程序。实施控制测试的目的在于测试内部控制在防止、发现并纠正认定层次重大错报方面的运行有效性,从而支持或修正重大错报风险的评估结果,并据以确定实质性程序的性质、时间和范围。当存在下列情形之一时,审计人员就应当实施控制测试:在评估认定层次的重大错报风险时,预期控制的运行是有效的;仅实施实质性程序不足以提供有关认定层次的充分、适当的审计证据。

3. 实质性程序

实质性程序是指审计人员针对评估的重大错报风险而实施的直接用以发现认定层次重大错报的审计程序,包括细节测试和实质性分析程序。实施实质性程序的目的在于识别各类交易、账户余额、列报及相关认定是否存在错报。实质性程序是审计人员为了获取充分、适当的审计证据而必须要实施的程序。由于审计人员对重大错报风险的评估只是一种判断,可能无法识别所有的重大错报风险,并且由于内部控制存在固有的局限性,因此,无论对重大错报风险的评估结果如何,审计人员都应当针对所有重大的各类交易、账户余额、列报实施实质性程序。

(二)具体审计程序

在实施风险评估程序、控制测试和实质性程序时,审计人员可根据需要单独或综合运用以下具体审计程序来获取证据:检查记录或文件、检查有形资产、观察、询问、函证、重新计算、重新执行和分析程序。

1. 检查记录或文件

检查记录或文件是指对被审计单位内部或外部生成的,以纸质、电子或其他介质形式存在的记录或文件进行审查的方法。检查记录或文件程序所获取的证据属于书面证据,因此在运用检查记录或文件程序收集审计证据时,应考虑到记录或文件的可靠性如何。

2. 检查有形资产

检查有形资产是指对实物资产进行审查的方法。它主要适用于对存货、现金、有价证券、应收票据和固定资产等项目的审查。检查有形资产程序可以获取实物证据,为实物资产的存在性提供可靠的审计证据,但不能用以证明实物资产的权利认定和计价认定。

3. 观察

观察是指审计人员实地察看被审计单位的经营场所、实物资产和有关业务活动及其内部控制的执行情况等,以获取审计证据的方法。虽然运用观察程序可以获取实物证据和环境证据。在运用观察程序时,应考虑其具有的局限性,例如在观察时和没有被观察时有关人员可能执行不同的控制。因此,在利用观察程序获取审计证据时,还需要同时结合其他相关的审计证据来佐证。

4. 询问

询问是指审计人员以书面或者口头方式向被审计单位内部或外部相关人员进行调查,以其答复作为审计证据的方法。由于审计人员通过询问所获取的证据只是口头证据,被询问人员在回答审计人员的询问时有可能带有很大的主观倾向性,或可能没有实事求是地回答问题,或可能有意隐瞒事实真相等,因此,其证据本身并不能作为某种审计结论的依据,还需要通过其他审计程序得到相关的信息予以佐证。

5. 函证

函证是指审计人员为印证被审计单位会计记录所记载的事项而向第三方发函询证的方法。通过函证获取的证据由于不经过被审计单位之手,因此其可靠性较高。

函证分为积极式函证和消极式函证两种形式。积极式函证要求被函证的对象对函证事项必须给予明确的回函答复。消极式函证只要求被函证对象在对函证事项有异议时才予以回函答复。审计人员在消极式的函证中应注明在某一期限之内未予复函即表示被函证单位对函询事项没有异议。由于在规定时间内没有回函的原因很多,比如对方并未收到函证信或者收到但并未阅读,抑或阅读但并未进行核对,所以消极式函证的可靠性要大大低于积极式函证。审计人员对于重要的事项均应该采用积极式的函证。

6. 重新计算

重新计算是指审计人员对被审计单位文件或记录中的数据重新进行单独计算,以验证其是否准确的方法。在验证过程中,审计人员不仅要注意计算结果是否正确,还要对某些其他可能的差错,比如计算结果的过账及转账是否有误予以关注。重新计算不仅包括对被审计单价的凭证、账簿和报表中相关数字的验算,还包括对会计资料中有关项目的加总,包括横向加总和纵向加总以及日记账和明细账的加总等的验算。

7. 重新执行

重新执行是指审计人员对被审计单位内部控制组成部分的某项程序或控制进行重新独立执行,以证实被审计单位内部控制有效运行的方法。重新执行是用于控制测试的审计程序。

8. 分析程序

分析程序是指审计人员通过研究不同财务数据之间以及财务数据与非财务数据之间的内在关系,对财务信息做出评价的方法。实施分析程序对于了解被审计单位及其所处环境、识别高风险领域、发现异常项目及审计线索具有独特作用。

第二节　审计工作底稿

一、审计工作底稿的含义和作用

(一)审计工作底稿的含义

审计工作底稿是审计人员将在审计工作过程中通过采用一定的方法和步骤收集到的用以证明被审计事项真实情况的经济事实和资料,按照一定的格式所编制的档案性原始文件。

(二)审计工作底稿的作用

1. 审计工作底稿是编写审计报告的基础

审计工作底稿是审计人员对所做工作的文字记录,其中包含了用以说明审计范围、审计目标、取证途径和方法、审计程序、所获取的具体审计证据，以及审计人员对被审计事项所作分析判断的有关资料，它是审计人员在撰写审计报告时确定审计意见和结论的依据。同时也要求审计报告中所记载的任何事项都必须有相应的审计工作底稿作为支持。此外，审计报告是审计结论的综合和概括，它不可能详细具体地陈述和说明被审计事项及所揭示的问题，这就有必要借助审计工作底稿给予补充说明。

2. 审计工作底稿是考核审计人员、协调审计工作的依据，有利于审计工作的质量控制

每位审计人员在项目审计过程中所编制的审计工作底稿，反映了该审计人员做了哪些工作，怎样进行的工作，以及工作成绩如何。审计项目负责人通过对审计工作底稿的检查复核，不仅可以及时了解和考核审计人员的工作业绩，还可以及时指导审计工作，达到协调一致，尽快更顺利地完成审计。

3. 审计工作底稿是后续审计和复审的重要资料

由于审计工作底稿中记录了被审计单位的概况、经济指标的完成情况、审查出的问题，以及审计人员所作的分析和结论等，并附有相应的证据，因此，审计工作底稿是审计人员进行后续审计时的重要参考资料。此外，当被审计单位对原审计决定提出复议的要求，审计机关进行复议工作时，也必须要参阅审计工作底稿，了解原审计工作的情况和质量，以判断原审计结论和决定的恰当性。

4. 审计工作底稿是总结审计工作和进行审计理论研究的资料

审计工作底稿中包含着丰富的审计内容，记录了各项审计和各类审计的工作方案、审计手续、审计程序、审计方法等，汇集了审计人员的工作经验，将这些资料积累起来进行比较研究，有助于改进和规范审计工作，总结和发展审计理论。

由此可见，审计工作底稿是审计人员形成审计结论、发表审计意见、出具审计报告的直接依据，也是评价和考核审计人员的专业能力、工作业绩、知识水平和行业监管机构检查业务质量、明确审计人员审计责任的重要依据。审计工作底稿形成于审计过程，也反映整个审计过程。因此，审计工作底稿是联结整个审计工作的纽带。此外，审计工作底稿还对未来的审计业务具有重要的参考备查价值。

二、审计工作底稿的类型

对审计工作底稿进行恰当分类，是规范审计工作底稿的编制、复核、使用及管理工作的前提和基础。通常对审计工作底稿作如下分类：

(一)按照审计工作底稿记录的内容分类

1. 综合类工作底稿

综合类工作底稿是指审计人员在审计计划和审计完成阶段，为规划、控制和总结整个审计工作，并发表审计意见所形成的审计工作底稿。这类工作底稿主要包括审计业务约定书、审计计划、审计报告书未定稿、审计总结等综合性的审计工作记录。

2. 业务类工作底稿

业务类工作底稿是指审计人员在审计实施阶段执行具体审计程序所形成的审计工作底稿。其中，按其内容不同又可进一步分为调查类工作底稿、查账类工作底稿和盘点类工作底稿；按其编制顺序又可分为分项目工作底稿和汇总工作底稿。

(1) 调查类工作底稿

此类工作底稿是指审计人员为了了解被审计单位有关情况或被审计事项的实际情况，以及为了收集审计证据所做的各种审计记录。

(2) 查账类工作底稿

此类工作底稿是指审计人员在审查会计凭证、账簿和报表过程中所编写的各种工作记录。因为审查的项目不同，记录的具体内容不同，很难有统一的格式。在进行财务报表审计时常用的查账工作底稿有试算表、汇总表、分析表、计算表、账项调整表等。

(3) 盘点类工作底稿

此类工作底稿是指审计人员对库存现金、有价证券、存货、固定资产等实物资产进行清查盘点后所做的记录。

(4) 分项目工作底稿

此类工作底稿是指根据审计计划确定的项目内容，按照逐个项目编制形成的一项一稿或一事一稿的审计工作底稿。例如某项目的调查记录表、某账户的审查记录等。

(5) 汇总工作底稿

此类工作底稿是指在分项目审计工作底稿编制完成的基础上，按分项目工作底稿的性质、内容加以分类归集，综合编制的审计工作底稿。例如账项调整表。

3. 备查类工作底稿

备查类工作底稿是指审计人员在审计过程中形成的，对审计工作仅具有备查作用的审计工作底稿。这类工作底稿主要包括与审计约定事项有关的重要法律性文件、重要会议记录与纪要、重要经济合同与协议、企业营业执照、公司章程等原始资料的副本或复印件等。

(二) 按审计工作底稿的格式分类

1. 专用审计工作底稿

专用审计工作底稿是指具有某种特定用途的审计事项记录。它们往往是在审计工作开始之前就已设计好具体的格式，供审计人员在实施某项审计时使用。这种审计工作底稿在设计时力求简明实用，便于审计人员编制。它有利于提高审计工作效率和审计规范化。能使用专用审计工作底稿的事项，应尽量采用。

2. 通用审计工作底稿

通用审计工作底稿是指不预先设计好特定的格式，审计人员或用文字记录，或临时设计表格，或以图表反映。使用通用审计工作底稿时，一般按一事一单的原则编制，以便于归类整理。

在实际工作中，可同时使用这两类工作底稿。对于那些必须执行的工作程序，通常都预先设计了统一的表格，审计人员在取证后，只需按照规定填写专用的表格即可。对于一些没有预先设计专用底稿的特殊事项，可使用通用底稿进行记录。

必须指出，审计工作底稿通常不包括已被取代的审计工作底稿的草稿或财务报表的草稿、对不全面或初步思考的记录、存在印刷错误或其他错误而作废的文本，以及重复的文件记录等。

三、审计工作底稿的基本要素和编制要求

(一)审计工作底稿的基本要素

1. 被审计单位名称
2. 审计项目的名称
3. 审计时间和期间
4. 审计过程的记录

实施具体审计程序的记录及资料;审计计划及其调整变更情况的记录;对审计过程中发现问题的记录和审查评价结果;审计组讨论的记录和审计复核记录;审计组核实与采纳被审计单位对审计报告反馈意见的情况说明;其他与审计事项有关的记录和证明材料。

在记录实施审计程序的性质、时间和范围时,应当记录测试的特定项目或事项的识别特征。识别特征因审计程序的性质和所测试的项目或事项的不同而不同。如在对被审计单位生成的订购单进行细节测试时,可以将订购单的日期或编号作为测试订购单的识别特征。就具体审计项目或事项而言,其识别特征具有唯一性,这种特性可以使其他人员根据识别特征在总体中识别该项目或事项并重新执行该测试。

5. 审计标识及其说明
6. 审计结论
7. 索引号及编号

通常,审计工作底稿需要注明索引号及顺序编号,相关审计工作底稿之间需要保持清晰的勾稽关系,相互引用时,需要在审计工作底稿中交叉注明索引号。

8. 编制者姓名及编制日期
9. 复核者姓名及复核日期
10. 其他应予说明的事项
11. 附件

附件应当包括与被审计单位财政、财务收支有关的资料,与被审计单位审计事项有关的法律文件、合同、协议、会计记录、往来函件、公证、鉴定资料等的原件、复印件或摘录件等证明性材料。

(二)审计工作底稿的编制要求

审计工作底稿是形成审计结论的原始性文件,必须按照审计工作的特点和档案编制的要求进行编制,做到内容真实、完整;标识一致;记录清晰;结论明确。具体说来,应注意以下几点:

(1)必须真实、准确、完整地记载所有的有关审计业务的重要事项。与审计事项无关的内容,一律不能写入审计工作底稿,只有真实、准确、完整的资料才能满足编写审计报告的需要,才能有力地证明和说明审计结论。出具的审计意见,必须由审计工作底稿加以补充和证明。

(2)一切资料都必须注明来源出处,以便于今后复查。否则,可能会使审计工作底稿中所列的资料无效。

(3)审计工作底稿中所列的问题,必须表明审查结果,以表示审计人员对每项审查工

作的结论；如不表明意见，说明问题尚待查明，因而不能作为审计结论的依据。

(4)审计工作底稿的文字必须简明扼要，数字必须准确无误。因为审计工作底稿不仅供编写者自己阅读，还供其他人员阅读使用。简明扼要、准确无误的审计工作底稿，不仅能使其他阅读者容易看懂，而且能正确理解审计人员执行审计业务的情况。

(5)编制审计工作底稿的手续要完备，并符合技术规范。具体做法是：每张审计工作底稿应冠以适当的标题并标明审计项目；不同的审计事项不能写在一张底稿上；每张审计工作底稿应由编写人员、复核人员、主审人员签名，并注明编写、复核日期，以示责任；审计工作底稿不能重抄，不能复印，以防错漏，如有特殊需要，必须经有关人员审核同意后，方可复制。

四、审计工作底稿的复核

由于审计工作底稿是形成审计结论、出具审计意见的重要依据，因此，应对审计业务执行过程中形成的审计工作底稿及时实施复核，以使任何重大事项在出具审计报告前能够得到满意解决。为此，国家审计准则、注册会计师质量控制准则和内部审计准则均明确规定了审计机构应当建立多层次的审计工作底稿复核制度，以保证审计工作质量，控制和降低审计风险。

五、审计工作底稿的归档和保管

(一)审计工作底稿归档的期限

在出具审计报告前，审计人员应当完成所有必要的审计程序，取得充分、适当的审计证据并得出适当的审计结论。随着审计业务的完成，审计人员应当及时将在审计过程中形成的审计工作底稿归整为最终审计档案。在归整审计档案时，可以将其分为永久性档案和当期档案。

永久性档案是指记录内容相对稳定，具有长期使用价值，并对以后审计工作具有重要影响和直接作用的审计档案。如被审计单位的组织结构、设立的批准证书、营业执照、章程、土地使用权证的复印件。若永久性档案中的某些内容已发生变化，审计人员应当及时予以更新，但被替换下的资料一般也需保留，这是为了保持资料的完整性和便于日后满足查阅历史资料的需要。

当期档案是指记录内容经常变化，主要供当期和下期审计使用的审计档案，如总体审计策略和具体审计计划。

审计工作底稿的归档期限为审计报告日后的60天内。如果审计人员未能完成审计业务，则审计工作底稿的归档期限为审计业务中止后的60天内。

(二)审计工作底稿的保存期限

审计机构应当自审计报告日起，对审计工作底稿至少保存10年。如果审计人员未能完成审计业务，则应当自审计业务中止日起，对审计工作底稿至少保存10年。审计人员不得在规定的保存期届满前删除或废弃全部或部分审计工作底稿。对于保存期限届满的审计档案，审计机构可以决定将其销毁，但在销毁时，应履行必要的手续。

六、审计工作底稿的所有权与保密

审计工作底稿的所有权应属于接受委托或委派执行审计的审计机构。审计机构应对审计档案建立严格的保密制度，并落实专人管理。除下列情况外，审计机构不得对外泄露审计工作底稿：(1)法院、检查院及其他部门在办理了有关手续后的依法查阅；(2)审计职业监管部门对执业情况进行检查时的查阅；(3)在被审计单位书面授权的情况下，后任审计组织可以调阅前任审计组织的审计工作底稿；(4)基于合并财务报表审计的需要，母公司所聘审计人员可以调阅子公司所聘审计人员的审计工作底稿，但子公司所聘审计人员不可调阅母公司所聘审计人员的审计工作底稿。

本章小结

本章主要阐述审计证据的含义、作用、分类和审计证据的特征，收集审计证据的方法，审计工作底稿的含义、作用和分类，审计工作底稿的基本要素和编制要求，审计工作底稿的复核、归档和所有权等。

思考题

1. 简述审计证据的含义及作用。
2. 如何对审计证据进行分类？为何要对审计证据进行分类？
3. 获取审计证据的程序有哪些？
4. 审计证据的质量特征有哪些？
5. 什么是审计工作底稿？审计工作底稿的作用是什么？
6. 如何对审计工作底稿进行分类？
7. 如何对审计工作底稿进行归档和保管？

练习题

一、单项选择题

1. 下列证据中，证明力最弱的是（   ）。
   A. 被审计单位的顾客寄发给会计师事务所的函件
   B. 有被审计单位保管的银行函件
   C. 被审计单位律师声明书
   D. 被审计单位管理层声明书

2. 审计人员于2013年2月10日对某企业的产成品A实施监盘，所获实际盘存数为220件。另查有关资料获知：该企业于2013年1月1日至2013年2月10日之间，产成品A的完工数量为400件，销售发出数量为300件，由此确认该企业2012年12月31日产成品A的实存数应为（   ）。

A. 120 件   B. 220 件   C. 320 件   D. 520 件

3. 在财务报表审计业务中,审计人员用来获取证据的审计程序属于的类型是( )。
   A. 风险评估程序   B. 了解内部控制的程序
   C. 控制测试   D. 实质性程序

4. 在审计过程中所形成的审计工作底稿,其所有权应属于( )。
   A. 委托单位   B. 被审计单位
   C. 审计组织   D. 实施审计的审计人员

二、多项选择题

1. 下列证据中属于外部证据的包括( )。
   A. 审计人员函询债权债务的回函   B. 被审计单位法定代表人的承诺书
   C. 被审计单位出具的银行存款对账单   D. 被审计单位出具的购货发票

2. 在进行控制测试时,下列程序中所获取的证据不足以单独用来证实内部控制有效性的程序包括( )。
   A. 询问   B. 检查   C. 重新执行   D. 观察

3. 评价审计证据的适当性时,须考虑的因素包括( )。
   A. 审计证据的相关性   B. 审计证据的充分性
   C. 审计证据的获取成本   D. 审计证据的获取来源

4. 下列有关审计证据数量的说法中,正确的有( )。
   A. 错报风险越大,需要获取的审计证据越多
   B. 审计证据质量越高,需要获取的审计证据可以越少
   C. 获取的原件证据可以比获取的传真件证据少
   D. 对某账户所确定的重要性水平越低,需获取的审计证据越多

三、判断题

1. 风险评估程序中运用分析程序的主要目的在于了解被审计单位的内部控制。( )

2. 当使用分析程序比细节测试能更有效地将认定层次的检查风险降至可接受的水平时,分析程序可以用作实质性程序。( )

3. 对于审计档案,会计师事务所应当从已审计财务报表年末日起至少保存10年。( )

4. 审计工作底稿的归档期限为审计报告日后的30天内。( )

5. 审计证据的相关性是指审计证据与被审计单位相关。( )

四、业务题

1. 资料:审计人员在审计过程中获取到如下审计证据:购货发票、销货发票、采购订货单副本、审计人员亲自编制的各种计算表或分析表、管理层声明书、由被审计单位保管的银行函件、被审计单位的顾客寄给会计师事务所的函件、被审计单位提供的存货盘点表。
   要求:对上列审计证据的证明力做出评价。

2. 资料:L公司2012年度的财务报表由某会计师事务所的注册会计师A和B进行审计,并发表了无保留意见审计报告。之后,该事务所与L公司续签了2013年度财务报

表审计的业务约定书。在2012年度财务报表审计的计划阶段,A和B确定的财务报表层次的重要性水平为400万元,其中存货项目的重要性水平为80万元。下表为该公司在上期及本期的有关资料:

单位:万元

年　　份	年末存货余额	主营业务成本	主营业务收入
2012年(已审数)	7 993	31 892	39 977
2013年(未审数)	8 111	31 967	40 480

A和B在审查L公司2012年度的生产成本等项目前,经控制测试认为该公司关于成本项目的内部控制可以高度信赖,并且通过对成本项目的实质性程序已合理确认主营业务成本的数额。

要求:假定近两年市场情况平稳且L公司的生产经营情况稳定,请指出该公司在2013年度财务报表中存货项目和主营业务收入项目可能存在的问题,并说明理由。

3.资料:澜祥公司于2013年10月委托新源会计师事务所审计该公司2013年度会计报表。注册会计师李新任该项目的负责人,他决定在结账日前先实施某些审计程序,包括对截至2013年11月30日的应收账款客户进行函证。函证的复函中有6个客户做出了如下的回复:

(1)本公司的信息处理系统无法复核贵公司的对账单;

(2)所欠余额10 000元已于2013年11月20日付清;

(3)大体一致;

(4)经查贵公司11月30日的第25050号发票(金额为7 500元)系目的地交货,本公司收货日期为12月5日,因此,函证所称11月30日欠贵公司账款之事与事实不符;

(5)本公司曾于10月份预付货款2 500元,足以抵付对账单中所列两张发票的金额1 500元;

(6)所购货物从未收到。

要求:针对顾客的复函内容,指出注册会计师李新应采取何种审计方法进行处理?

第八章

重要性与审计风险

学习目的： 通过本章学习，熟悉重要性水平的概念及其具体运用；了解风险导向审计的基本思想；熟悉审计风险模型的构成及其具体运用。

引导案例：

移动的目标

伊恩·罗曼洛瓦是在对旋转器公司旋风式的审计中期来到现场的一位新的审计人员，该公司是一家新创建的公司，生产一种新的热门产品，可以从架子上突然飞出，供应圣诞节节日。旋转器公司也生产其他产品，但是它们的销售都不及上述主要产品。这就形成了公司在财务方面的固有风险，因为所有的鸡蛋都在一个象征性的篮子里。

伊恩将与已经审计了几个月的另一个高级审计师和助理审计师一起工作。由于伊恩是在审计的中期来到项目组的，审计计划的很多程序已经开始实施了。最初，伊恩的事务所计划只由原来在现场的两位审计师完成审计，但是计划发生了变化——需要更多的人员。一旦伊恩到达现场并投入数字的审核之后，他就知道为什么了。

对于分派给伊恩的存货部分的审计，全年的交易数量如果没有上万也有数千。伊恩浏览了记录原始的重要性评价的工作底稿，并计划对存货领域实施的实质性测试。他发现事务所最初对该领域分配了中等的风险水平，因此并没有计划实施扩展的测试；相反，他们计划仅在总体中对很小的部分进行抽样。但是，一旦开始实际的测试，在其他审计领域发现了大量的例外事项。因此，审计小组决定修改风险评价和重要性评价，扩展测试并要求分派更多的审计师以协助进行额外的测试。

从他对未审计财务报表审阅的角度，伊恩发现公司仅仅获得了额外的1 000万美元的私募权益资本，是当前除存货项目之外资产负债表上最大的金额。"哇"，伊恩低声对自己说。当伊恩到达现场时，他发现供审阅的所有样本已经被选出，并在他到来之前放在了一边。当他坐在巨大的文件堆之前，考虑着如何抽样才更加简单时，伊恩对审计合伙人开着玩笑说："一个审计人员可以审阅多少张供货商发票呢？"合伙人回应道："让我们这样表达：如果这是你的1 000万美元，你能审视多少张发票呢？"

第一节 审计重要性

一、重要性的概念

重要性是现代审计理论和实务中一个非常重要的概念,它贯穿于审计的整个过程,是决定审计风险、测试范围和审计程序的直接依据之一。重要性概念是应用审计准则的基础,特别是应用审计证据和审计报告准则的基础。正确理解、全面掌握、科学运用重要性原则,对于审计人员制订审计计划、选择审计方法、提高审计效率、降低审计成本和控制审计风险都有十分重要的意义。

(一)审计重要性的定义

由于受到审计时间和审计成本等因素的影响,现代审计的一个重要特征就是大量运用审计抽样方法,在这种情形下,使得审计人员不可能就财务报表的所有方面发表审计意见。因此,审计人员在编写审计报告时总是要在"所有重大方面"这一术语的限定下,对被审计财务报表的合法性和公允性表达审计意见。这就向审计报告的使用者传达了这样一个信息,即审计人员并非对形成财务报表的所有资料都予以审查,所以对财务报表的可靠性不能百分之百地加以保证,审计人员对财务报表的公允性和合法性只能提供一个合理的保证。因此,对于重要性概念的理解就是十分重要的。

重要性的概念并非审计中特有的概念,它是源于会计中的重要性概念,会计的职能就是提供财务信息,但财务信息的提供不可能做到事无巨细,会计能够提供的只能是重要的财务信息。审计中对重要性概念的界定也大多源于会计准则对重要性概念的界定。国际会计师联合会(IFAC)发布的《国际审计准则第25号——重要性和审计风险》中对重要性的定义是:"如果信息的错报或漏报会影响信息使用者根据财务报表采取的经济决策,信息就具有重要性。"我国《中国注册会计师审计准则第1221号——重要性》中对重要性的定义是:"如果一项错报单独或连同其他错报可能影响财务报表使用者依据财务报表做出的经济决策,则该项错报就是重大的。"由此可以看出,国内外对重要性的认识基本上是一致的,即当信息的错报或漏报可能影响财务报表使用者的决策或判断时就是重要的。

(二)审计重要性的特征

1.重要性必须从财务报表使用者的角度考虑

因为财务报表是为了满足报表使用者的信息需求而编制的,而审计的总目标就是对被审计单位财务报表的合法性和公允性发表意见,重要性是影响审计人员发表审计意见的关键因素之一,因为重要的错报就会改变审计意见的类型。而判断一项错报或漏报是否重要,应视其对财务报表使用者所作决策的影响程度,如果财务报表中的一项错报或漏报足以改变或影响报表使用者的判断,则该项错报或漏报就是重要的,否则就不是重要的。所以"财务报表使用者"和"审计重要性"之间存在一种内在逻辑联系,因为审计的服务对象正是这些财务报表使用者。

2.重要性判断离不开特定的审计环境

规模、性质不同的企业有着不同的内部环境,因此,判断重要性的标准也不相同。例如 5 000 元的错报对一个小公司而言就是重要的,但对于一个大公司而言可能就是不重要的。此外,对于一个特定的被审计单位而言,重要性必然也会随时间的不同而改变。所以,重要性概念本身就是一个相对的概念,它的合理确定和运用需要审计人员的专业判断。

3. 重要性与审计风险之间存在密切的关系

审计人员应当考虑重要性与审计风险之间的关系,因为审计人员主观上可以接受的审计风险的高低往往取决于其对重要性的判断,而同时审计人员对被审计对象客观风险高低的评价又决定着其对重要性的判断。重要性与审计人员可以接受的审计风险之间应该呈现的是反向关系,审计人员如果判断被审计对象很重要,那么就需要降低可接受的审计风险;同时,被审计对象的客观风险与重要性之间应该呈现的是正向关系,审计人员如果将被审计对象的客观风险评价得很高,那么该对象必然是十分重要的。

二、重要性的确定

(一)重要性水平的定义

为了提高审计效率、保证审计质量,审计人员在审计过程中应当运用重要性原则。但审计重要性的概念本身理论性较强,很难将其运用于审计实际过程之中,我们需要将审计重要性的概念进行数量化,而实现将重要性概念和审计实务有机结合的桥梁就是重要性水平的概念。

由于审计人员所表达的审计意见是针对整体财务报表的,因此重要性水平的概念也是从报表层次开始的。报表层次的重要性水平就是审计人员认为财务报表中存在的错报尚不会影响合理的财务报表使用者决策的最大金额。一旦财务报表中存在的错报超过这一最大金额,即报表层次的重要性水平,那么它就是重要的,因为它将影响报表使用者的决策,此时审计人员就将在审计报告中披露这一重大错报。同时,审计人员还可以根据重要性水平确定合适的证据收集数量。确定的重要性水平越低就说明在该项目上较小金额的错报就足以改变报表使用者的决策,也就说明该项目越重要,也就需要收集更多数量的证据。

(二)金额和性质的考虑

重要性同时具有"质量"和"数量"两方面特征。数量特征即错误的金额程度,即多大金额的错报、漏报是重要的。一般来说,当资产负债表、利润表或其他报表中某个项目的错误金额低于该项目总金额的 5%,可以认为是非重大错误;若高于该项目总金额的 10%以上,则应认为是重大错误;介乎于该项目总值的 5%~10%之间的错误,则可能是重大错误也可能是非重大错误,这时审计人员需要经过仔细考虑后才能做出判断。

质量特征即错误的性质,即什么样的错报、漏报是重要的。一般而言,金额大的错报或漏报比金额小的错报或漏报更重要。但有些错误从数量上看并不重要,但由于其性质恶劣,如舞弊行为即使数额不大也应判定为重要,因为舞弊的存在表明管理层是不正直的。因此审计人员在判定重要性时,不仅要从数量方面,同时还要从性质方面加以考虑,在性质方面的考虑主要有以下几点:

1. 涉及舞弊与违法行为的错报或漏报。例如:虚报冒领、侵吞不报、监守自盗、弄虚作假、滥用会计政策和会计估计等舞弊行为所导致的错报,无论金额大小,均应判断为严重错报。

2.可能引起违反合同义务履行的错报或漏报。例如,一公司与某银行签订了一项"长期借款协议",协议规定该公司必须保持最低50万元的营运资金,否则将按银行要求支付所有负债。若该公司年末财务报表上列示的营运资金实际数不足50万元,但相差不大,企业就通过将适量的长期资产进行重分类并入流动资产,虽然该错报的金额不大,但也会导致隐蔽公司违反长期借款协议的行为,因此在这种情况下即使数量上很小的错报对于财务报表来说也应认为是重要的。

3.影响收益趋势的错报或漏报。例如,某公司过去5年损益表上列示的净利润均以每年2%的比例上升,但如果该公司财务报表中出现的错误导致其净利润并未上升时,则该错误即使数额不大,也应当视为重要错误。

4.不期望出现的错报或漏报。例如,某些敏感或者是较稳定的账户,如"现金"、"实收资本"等账户中发生的错误应引起重视。

5.小金额错报或漏报的累计。在很多情况下,一项业务的错误金额虽小,但相同业务的错误累积起来就可能反映出较大的错误金额,进而影响信息使用者的决策,因而同样具有重要性。

(三)重要性水平的两个层次

1.财务报表层次的重要性水平。由于审计的目的是对财务报表的合法性和公允性发表审计意见,因此,审计人员必须考虑财务报表层次的重要性水平,即总体的重要性水平。

2.账户余额或交易层次的重要性水平。财务报表所提供的信息来源于各账户或各交易,审计人员只有通过验证各账户或各交易,才能得出财务报表是否合法和公允的整体性结论。因此,必须将报表层次的重要性水平分解到账户余额或交易层次上,才能更好地指导审计人员对账户和交易所进行的测试。账户余额或交易层次的重要性水平是部分的重要性水平,又称可容忍误差。

(四)财务报表层次重要性水平的确定

1.判断基础和确定依据

审计人员在确定财务报表层次的重要性水平时,应首先从财务报表中选择一个合适的判断基础,并乘以相应的百分比以得出重要性水平。在财务报表中选择判断基础时,审计人员应当考虑两个确定依据:第一,所选择的判断基础必须能够反映被审计单位的规模,因此资产总额指标就比流动资产总额指标更好;第二,所选择的判断基础应该能反映财务报表使用者主体的要求,比如财务报表使用者的主体是股东时选择反映经营成果的指标更合适,而财务报表使用者的主体是债权人时则选择反映财务状况的指标更合适;第三,需要考虑判断标准的具体情况,比如净利润如果接近于零,就不应作为判断基础,净利润如果各年波动较大,也不应使用一年的净利润作为判断基础,可以使用几年的平均值。一般而言,财务报表中可以选择的判断基础通常有资产总额、净资产、营业收入、净利润等。选择了合适的判断基础之后,审计人员就可以乘以相应的百分比以获得财务报表层次的重要性水平。审计实务中用来判断重要性水平的一些参考数值是:(1)资产总额的0.5%~1%;(2)净资产的1%;(3)营业收入的0.5%~1%;(4)净利润的5%~10%。

2.财务报表层次重要性水平的选取

当所确定的各个财务报表的重要性水平不同时,应当选择其中最低者作为财务报表层次的重要性水平。

3. 财务报表尚未编制完成时重要性水平的确定

在编制审计计划时,如果被审计单位尚未完成财务报表的编制,审计人员应当根据期中财务报表推算出年度财务报表,或者根据被审计单位经营环境和经营情况的变动对上年度财务报表做出必要调整,以确定财务报表层次的重要性水平。

(五)账户余额或交易层次重要性水平的确定

审计人员确定了财务报表层次的重要性水平之后,为便于确定针对账户余额或交易的测试范围,就需要将报表层次的重要性水平分配到各账户余额或交易之上。在审计实务中,很多审计人员选择资产负债表账户作为分配的基础,因为资产负债表上的账户比利润表上的账户要全,而且利润表上的错报也能通过资产负债表的检查得以发现。

审计人员在对财务报表层次的重要性水平进行分配以确定账户或交易层次重要性水平时应当考虑的因素有以下三个:

1. 各账户或各类交易在财务报表中的重要性程度;
2. 各账户或各类交易的性质及错报或漏报的可能性;
3. 各账户或各类交易的审计成本。

审计人员在设计重要性水平的分配方案时,首先考虑的是各账户或各类交易在财务报表中的重要性程度,越是重要的项目,越应分配相对较小的重要性水平,以对该对象确定较大的测试范围,如果只考虑这一个因素,就可以按照各账户或各类交易在财务报表中的所占比例进行分配就可以了。但是,除了考虑各账户或各类交易在财务报表中的所占比例之外,还必须考虑各账户或各类交易发生错报或漏报的可能性以及审计成本。账户和交易的性质不同,发生错报或漏报的可能性也不同,被管理层利用进行虚假会计处理或利润调节的可操纵性也不同,所以对于预计差错率较大的项目应该分配相对较低的重要性水平。同时,审计人员对各类账户或交易进行测试所使用的具体方法是不同的,而不同方法的审计成本也是不同的,在保证审计质量的前提下,如果为了降低审计成本,对于测试成本较高的账户或交易就应分配相对较高的重要性水平。因此,重要性水平的分配是审计人员职业判断的过程,审计人员需要在上述三个分配依据之间进行合理的权衡,以确定既能保证对各账户或各类交易合适的测试范围,又能降低审计成本的分配方案。

三、重要性的运用

在审计过程中,审计人员需要在两个领域运用重要性原则。运用重要性的第一个领域是在审计计划中确定审计测试的性质、时间和范围时;运用重要性的第二个领域是在评价审计结果时。

(一)制订审计计划时对重要性的考虑

在制订审计计划时,确定合适的测试范围是十分重要的,而审计人员对重要性的考虑正是确定审计测试范围的重要依据。此时,审计重要性被看作审计完成后审计人员所允许的可能或潜在的未发现错报或漏报的最大限度,即审计人员在运用审计程序以检查财务报表的错报或漏报时所允许的误差范围,审计人员必须依据这个限度确定合适的测试范围。被审计对象越重要,确定的重要性水平也越低,相应的测试范围就应该越大,同时选择的测试类型也应以实质性测试为主,测试的时间也应尽可能覆盖整个会计期间。

(二)评价审计结果时对重要性的考虑

在审计测试结束之后,审计人员需要对所发现的所有错报或漏报的重要性程度进行评价,以确定合理的处理方式。此时,重要性被看作错报或漏报是否影响财务报表使用者进行判断和决策的标准。

1. 评价审计结果时所运用的重要性水平

审计人员评价审计结果时所运用的重要性水平,可能与制订审计计划时所确定的重要性水平不同。两者不同的原因可能是审计人员在计划阶段确定的重要性水平是根据预测数据获得的,与实际数据可能存在一定差异;另外,审计人员在制订审计计划时,出于谨慎性的考虑有意地将计划的重要性水平降低,从而获得一个安全边际,以减少审计风险。所以,在评价审计结果时,如果实际的重要性水平大大低于计划的重要性,审计人员应当重新评估所执行的审计测试是否充分。

2. 错报或漏报的汇总

审计人员在评价审计结果时,应当汇总已发现但尚未调整的错报或漏报,并考虑其金额与性质是否对财务报表产生重大影响。审计人员在汇总尚未调整的错报或漏报时,应当包括审查样本时实际已发现的错报或漏报,以及根据样本特征推断出总体中可能存在的错报或漏报,并考虑对期后事项和或有事项是否进行了适当处理。错报或漏报的汇总数确定之后,审计人员就应将其与两个层次的重要性水平进行比较,以确定其针对各账户或各交易以及针对财务报表整体的重要性程度。

3. 汇总数超过重要性水平的处理

如果尚未调整的错报或漏报的汇总数超过重要性水平,审计人员应当考虑采取两种措施:一是扩大实质性测试的范围,以进一步确认汇总数是否真的超过重要性水平;二是提请被审计单位调整财务报表。如果被审计单位拒绝调整财务报表,或扩大实质性测试的范围后,尚未调整的错报或漏报的汇总数仍然超过重要性水平,则审计人员应当考虑发表保留意见或否定意见。

4. 汇总数接近重要性水平的处理

如果尚未调整的错报或漏报的汇总数接近重要性水平,由于该汇总数连同尚未发现的错报或漏报可能超过重要性水平,因此审计人员应当实施追加审计程序,或提请被审计单位调整已发现的错报或漏报,以降低审计风险。

第二节　审计风险

一、风险导向审计的基本思想和最新发展

在审计的发展历程中,审计方法的演变经历了账项基础审计到制度基础审计,再到风险导向审计的过渡。如果说账项基础审计向制度基础审计的过渡是由于审计目的的变迁

决定的,那么制度基础审计到风险导向审计的过渡则是由于审计环境的变化导致的。现代审计过程中的风险因素越来越多,有与被审计对象相关的客观风险,也有与审计人员相关的主观风险。审计人员需要很好地评估和确定这些风险要素,以对各种审计测试类型进行合理的配置。风险导向审计的基本思想就是按审计人员综合分析各风险要素之后而订立的风险水平来确定审计测试的性质、时间和范围,风险要素的分析和风险水平的确定则是通过运用审计风险模型来实现的。审计风险模型得以建立的基础是审计风险要素所具备的可数量化特征。正是这一特征的存在,使得审计人员不仅能够将对客观风险的评估结果数量化,也能够将主观风险确定在一定的数量范围之内,并用百分比的形式表示出来。这就使审计风险模型的建立和具体操作成为可能,并使其成为风险导向审计的核心技术方法。

传统的风险导向审计是建立在传统风险审计模型基础之上的,它要求审计人员通过综合评估固有风险和控制风险来控制检查风险。但审计人员经常忽略对固有风险的评估而直接将其认定为高水平,这就使得审计人员并不去从宏观层面上了解企业及其环境,只是机械地执行审计程序。然而企业是整个社会经济生活网络中的一个细胞,所处的行业状况、监管环境、企业的性质以及目标、战略和相关经营风险可能最终对财务报表产生重大影响。同时,如果企业管理层串通舞弊或凌驾于内部控制之上,就会导致内部控制失效。因此,如果审计人员不把审计视角扩展到内部控制以外,就不能发现由于内部控制失效所导致的财务报表重大错报风险。在上述背景下,我国颁布了新的审计风险准则,通过修订传统的审计风险模型,强调从宏观上了解被审计单位及其环境,以充分识别和评估财务报表重大错报风险,并针对评估的重大错报风险设计和实施控制测试和实质性测试程序。新的审计风险模型调整为审计风险取决于重大错报风险和检查风险,根据这一思想审计人员必须对财务报表重大错报风险进行评估,不得不经过风险评估,直接将风险设定为高水平。新的审计风险模型要求的审计起点为风险评估程序,其次才是针对重大错报风险实施进一步的审计程序。新的审计风险准则的出台,必将对审计人员更好地评估重大错报风险、改进审计程序、提高审计质量、降低审计风险起到重大作用。

二、审计风险模型的组成要素

审计风险模型是风险导向审计的核心技术,审计人员通过审计风险模型将对主观风险和客观风险的确定和评估结果综合在一起,共同形成决定审计测试范围的综合风险水平。审计风险模型的基本形式如下:

审计风险=重大错报风险×检查风险

(一)审计风险

在审计风险模型中的审计风险是指审计人员可以接受的审计风险,即审计人员可以接受的财务报表中存在重大错报或漏报,而审计人员审计后发表不恰当审计意见的可能性。审计人员发表不恰当审计意见的可能性是由两个方面的风险要素共同构成的:一方面是财务报表本身存在重大错报或漏报的风险,即客观风险;另一方面则是审计人员所实施的审计没有发现重大错报或漏报的风险,即主观风险。也就是说,总体审计风险是客观风险和主观风险共同作用的结果,其中重大错报风险是客观风险,而检查风险则是主观风险。

(二)重大错报风险

重大错报风险是指财务报表在审计前存在重大错报的可能性。重大错报风险是只与被审计对象直接相关的风险,因此它们是客观存在的,审计人员是不可能改变它们的,但它们的存在会对审计人员的测试产生影响,因此审计人员在确定测试范围时必须考虑它们的存在。对于客观风险,审计人员虽然没有能力改变它们,但可以通过对被审计对象的充分了解,合理地评估客观风险的高低,并作为确定测试范围的依据。

(三)检查风险

检查风险是指某一账户或交易类别单独或连同其他账户、交易类别产生重大错报或漏报,而未能被实质性测试发现的可能性。检查风险是直接与审计人员的检查直接相关的风险,它与审计人员的经验、判断能力、审计抽样方法的使用等有关,因此也是与审计测试范围直接相关的风险要素。

上述的审计风险模型反映了各种审计风险要素之间的相互关系。在审计人员可以接受的审计风险既定的情况下,检查风险与重大错报风险之间存在着反向关系,即重大错报风险越高,审计人员可接受的检查风险水平越低,反之亦然。换言之,当重大错报风险较高时,审计人员必须扩大实质性测试范围,以降低检查风险,才能将审计人员可以接受的审计风险降低至可接受的水平;反之,如果重大错报风险较低,审计人员就可以相应减少实质性测试的范围,因为此时即使冒较大的检查风险,审计人员可以接受的审计风险仍然可以达到。

三、审计风险模型的具体运用

(一)运用审计风险模型的基本步骤

在审计风险模型中,审计风险是审计人员可以接受的审计风险,因此是审计人员在审计计划阶段事先确定下来的。而重大错报风险是客观存在的风险,因此也是审计人员通过对相关风险要素的评估确定下来的。由此可见,在审计风险模型中,审计风险、重大错报风险都是已知的风险,据此审计风险模型就可以变形为以下形式:

$$检查风险 = \frac{审计风险}{重大错报风险}$$

审计人员运用审计风险模型,在综合考虑主观风险和客观风险之后,确定出检查风险,而检查风险又是与实质性测试直接相关的风险要素,因此,检查风险确定后,审计人员将可以确定适当的实质性测试范围。通过审计风险模型计算出的检查风险越小,实质性测试的范围就应该越大,相反就可以缩小。综上所述,审计人员运用审计风险模型的最终目的就是确定实质性测试的性质、时间和范围。审计风险模型运用的基本步骤是:

1. 在制订审计计划时确定可以接受的审计风险水平;
2. 通过对被审计单位的调查了解评估重大错报风险水平;
3. 利用审计风险模型计算检查风险水平,并据此确定实质性测试的性质、时间和范围。

(二)审计人员可以接受的审计风险的确定

审计人员必须对每项审计确定合适的可接受的审计风险。审计人员必须考虑经营风险对可接受审计风险的影响,同时,不同审计人员对风险的偏好也将导致对审计人员可接受审计风险的不同评估。

1. 经营风险对审计人员可接受审计风险的影响

这里所指的经营风险是审计人员或会计师事务所即便在提交给客户的审计报告是正确的情况下也会由于与客户的关系而遭受损害的风险。比如,如果客户在审计结束之后宣告破产,会计师事务所即便在审计质量很好的情况下被诉上法庭的可能性也会很高。所以审计人员在面临较大的法律风险时,应该收集额外的审计证据、委派经验更加丰富的审计人员,并对审计工作进行更加彻底的审核。在评价经营风险对审计人员可接受审计风险的影响时需要考虑下列因素:

(1)外部使用者依赖财务报表的程度。当外部使用者会在更大程度上依赖财务报表时,降低审计人员可接受的审计风险就是适当的。当财务报表会在更大程度上被依赖时,如果财务报表中存在未被发现的重大错报就会对社会造成巨大的损失。财务报表被外部使用者依赖的程度可以通过下面的指标予以衡量:①客户的规模。一般而言,客户的经营规模越大,财务报表的使用范围就会越大。客户的规模可以通过总资产或总负债来衡量,它将影响审计人员可接受的审计风险。②所有权的分布。上市公司的财务报表通常比非上市公司的财务报表具有更多的使用者。对于这些公司,利害相关人包括监管机构、财务分析师和一般公众。③负债的性质和金额。当财务报表中包含大量负债时,通常会比负债较少的财务报表具有更大的、被广泛的实际的和潜在的债权人使用的可能性。

(2)在签发审计报告之后客户发生财务困难的可能性。如果客户在审计完成之后被迫申请破产或遭受巨大损失,审计人员被要求就其审计质量进行说明的可能性将比客户不存在财务问题时要大得多。由于破产或股票价格下跌而遭受损失的人们对审计人员提起起诉是十分自然的倾向。造成这种结果的原因是他们必然认为审计没有得到充分的实施,或者使用者希望弥补其部分损失而不管审计工作是否充分。在审计人员认为财务失败或损失的可能性很大时,审计人员所面临的经营风险就会增加,审计人员可接受的审计风险就应降低。下列指标是表明财务失败可能性增加的较好指标:①流动性状况。如果客户发生持续的现金和营运资金的短缺,这就预示着无法支付未来账单的可能性。审计人员必须评价持续恶化的流动性状况的可能性和严重程度。②以前年度的收益或损失。如果公司连续几年发生收益的大幅度下降或者损失的大幅度增加,审计人员就必须认识到客户在未来很可能遭遇偿付能力的问题。考虑留存收益中未分配利润余额的变化也是十分重要的。③融资增长的方式。客户依赖负债作为融资方式的程度越大,在经营不是十分成功时发生财务困难的风险就越大。评价固定资产是使用短期还是长期贷款进行融资也是十分重要的。在短时间内需要支出大量现金很可能迫使公司破产。④客户经营的性质。有些类型的业务具有比其他业务更大的客观风险。比如,在其他情况相同时,一个只依赖一种产品的新开业的技术公司发生破产的可能性必定大于多种经营的食品制造商。⑤管理部门的能力。有能力的管理部门能够持续地提防潜在的财务困难,并修正其经营方法以减少短期行为的影响。管理部门的能力也必须作为破产可能性评价的一部分进行评价。

(3)审计人员对管理部门正直程度的评价。如果客户的管理部门存在不正直的情况,审计人员将可接受审计风险评价为低水平的可能性就会增加。缺乏正直程度的公司通常会采用与它们的股东、监管者和顾客发生利益冲突的方式处理其业务事项。之后，这些利益冲突通常会反映在使用者对审计质量的认知中，并可能造成诉讼和其他分歧。管理部门正直程度存在问题的典型实例就是关键管理人员以前的犯罪被定罪。正直程度存在问题的其他实例包括与前任审计人员或者监管机构频繁的意见分歧。关键财务和内部审计人员的频繁更换也可能表明正直性问题。

2. 审计人员的风险偏好对可接受审计风险的影响

不同的审计人员具有对风险的不同偏好。有些审计人员是稳健主义者，他们宁愿执行更多的测试以获取更高的审计保证程度。但是其他审计人员可能是激进主义者，他们宁愿忍受更高程度的审计风险，因此审计成本就可以降低。所以，对于相同的被审计对象，不同的审计人员会对其可接受审计风险给出不同的评价。审计人员可接受审计风险的评价是主观性很强的，它是审计人员职业判断的过程。审计人员可接受审计风险的典型评价可以是高、中或低，而将可接受的审计风险评价为较低就意味着客户的风险很高，需要更加广泛的证据、委派更加有经验的人员以及对工作底稿更加广泛的复核。在审计进行的过程中，随着获取有关客户的更多信息，审计人员对可接受审计风险的评价也会随之进行修订。

案例 8-1

山登公司案

1999年12月7日，美国山登公司被法院判定向其股东支付28.3亿美元的赔款，这项判决创下了当时证券欺诈赔偿金额的世界纪录。12月17日，负责山登公司审计的安永会计师事务所同意向山登公司的股东支付3.35亿美元的赔款，也创下了当时审计失败的最高赔偿纪录。

山登公司主要从事旅游服务、房地产服务和联盟营销。为了迎合华尔街的盈利预期，山登公司先后实施了下列财务舞弊：利用"高层调整"，大肆篡改季度报表；无端转回合并准备，虚构当期收益；任意注销资产，减少折旧和摊销；随意改变收入确认标准，夸大会员费收入；蓄意隐瞒会员退会情况，低估会员资格准备；综合运用其他舞弊手段，编造虚假会计信息。通过上述造假手段，公司在1995年至1997年期间，共虚构了15.77亿美元的营业收入、超过5亿美元的利润总额和4.39亿美元的净利润，虚假净利润占对外报告净利润的56％。

山登舞弊案的一个显著特点是，主要造假责任人与安永有着千丝万缕的关系。山登公司的关键财务岗位有6个，其中首席财务官、主计长、财务报告主任、合并报表经理均由来自安永的注册会计师把持，也正是这4个前安永注册会计师占据了关键的财务岗位，直接策划和组织实施了财务舞弊。这4名造假者熟悉安永的审计套路，了解安永对山登公司的审计重点和审计策略，更具隐蔽性和欺骗性。安永的主审合伙人和审计经理由于与这些关键财务人员曾经是同事关系，特别容易放松警惕。在审计过程中虽然也发现了财务舞弊的蛛丝马迹，但往往被这4位"前同事"所提出的解释和辩解轻易化解。甚至,山登公司存在着数百笔没有任何原始凭证支持的会计分录,安永的注册会计师竟然一笔也没有发现;安永的主审合伙人居然还为山登公司将合并准备转作利润的做法进行辩护。

(三)重大错报风险的评估

新审计风险准则要求审计人员对重大错报风险进行识别、评估和应对的程序包括:一是实施风险评估程序,通过实施审计程序了解被审计单位及其环境,包括内部控制;二是从财务报表层次和各类交易、账户余额、列报与披露认定层次评估重大错报风险;三是针对财务报表层次的重大错报风险采取总体应对措施;四是针对各类交易、账户余额、列报和披露认定层次实施控制测试和实质性测试;五是评估获取审计证据的充分性和适当性。

审计人员应当识别和评估财务报表层次以及各类交易、账户余额、列报认定层次的重大错报风险。在识别和评估重大错报风险时,审计人员应当实施下列审计程序:(1)在了解被审计单位及其环境的整个过程中识别风险,并考虑各类交易、账户余额、列报;(2)将识别的风险与认定层次可能发生错报的领域相联系;(3)考虑识别的风险是否重大;(4)考虑识别的风险导致财务报表发生重大错报的可能性。

审计人员应当针对评估的财务报表层次重大错报风险确定下列总体应对措施:(1)向项目组强调在收集和评价审计证据过程中保持职业怀疑态度的必要性;(2)分派更有经验或具有特殊技能的审计人员,或利用专家的工作;(3)提供更多的督导;(4)在选择进一步审计程序时,应当注意使某些程序不被管理层预见或事先了解;(5)对拟实施审计程序的性质、时间和范围做出总体修改。

(四)检查风险的确定及对实质性测试的影响

由于重大错报风险属于被审计单位客观存在的风险,审计人员应当对重大错报风险进行综合评估,并据以作为检查风险的评估基础。重大错报风险的评估对检查风险有直接影响,重大错报风险的水平越高,审计人员就应实施越详细的实质性测试程序,并着重考虑其性质、时间和范围,以将检查风险降低至可接受的水平。表 8-1 说明了审计人员通过审计风险模型计算出的检查风险与实质性测试的性质、时间和范围的关系。但是,不论重大错报风险的评估结果如何,审计人员均应对各重要账户或交易类别进行实质性测试。如果经过实施有关审计程序,审计人员仍然认为某一重要账户或交易类别相关认定的检查风险不能降低至可接受的水平,应当发表保留意见或无法表示意见。

表 8-1 检查风险与实质性测试的性质、时间和范围的关系

检查风险	实质性测试		
	性质	时间	范围
高	分析程序和 交易测试为主	期中审计为主	较小样本 较少证据
中	分析程序、交易测试 以及余额测试结合运用	期中审计、期末审计 和期后审计结合运用	适中样本 适量证据
低	余额测试为主	期末审计和 期后审计为主	较大样本 较多证据

本章小结

本章主要阐述重要性水平的概念及其具体运用、风险导向审计的基本思想、审计风险模型的构成及其具体运用。

思考题

1. 审计重要性的概念是如何界定的？是从何种角度进行的界定，为什么？重要性水平的概念是如何界定的？重要性水平与重要性的关系如何？
2. 确定重要性水平时需要考虑的性质方面的因素有哪些？
3. 财务报表层次的重要性水平是如何确定的？
4. 财务报表层次重要性水平向账户或交易层次进行分配时的主要依据有哪些？
5. 重要性水平在审计中运用的领域有哪些？
6. 风险导向审计的基本思想是什么？
7. 审计风险模型的组成要素有哪些？各风险要素的含义是什么？各风险要素的相互关系如何？
8. 运用审计风险模型的最终目的是什么？运用的基本步骤如何？
9. 确定审计人员可以接受的审计风险时需要考虑哪些因素？
10. 检查风险与实质性测试性质、时间和范围的关系如何？

练习题

一、单项选择题

1. 下列有关审计重要性的表述中，错误的有（　　）。
   A. 在考虑一项错报是否重要时，既要考虑错报的金额，又要考虑错报的性质
   B. 如果一项错报单独或连同其他错报可能影响财务报表使用者依据财务报表作出的经济决策，则该项错报是重要的
   C. 如果已识别但尚未更正的错报汇总数接近但不超过重要性水平，注册会计师无须要求管理层调整
   D. 重要性的确定离不开职业判断

2. 在执行审计业务时，注册会计师应当确定合理的重要性水平，下列做法正确的是（　　）。
   A. 通过调高重要性水平，降低评估的重大错报风险
   B. 通过调低重要性水平，降低评估的重大错报风险
   C. 在确定计划的重要性水平时，应当考虑对丙公司及其环境的了解
   D. 在确定计划的重要性水平时，应当考虑实施进一步审计程序的结果

3. 在确定计划实施的审计程序后，如果注册会计师决定接受更低的重要性水平，审计

风险将增加。下列做法正确的是( )。
　　A. 如有可能,通过扩大控制测试范围或实施追加控制测试,降低评估的检查风险
　　B. 通过修改计划实施的实质性程序的性质、时间和范围,降低检查风险
　　C. 如有可能,通过扩大实质性程序范围或实施追加的实质性程序,降低评估的重大错报风险
　　D. 通过修改计划实施的控制测试的性质、时间和范围,降低评估的审计风险

4. 审计风险取决于重大错报风险和检查风险,下列表述正确的是( )。
　　A. 在既定的审计风险水平下,注册会计师应当实施审计程序,将重大错报风险降至可接受的低水平
　　B. 注册会计师应当合理设计审计程序的性质、时间和范围,并有效执行审计程序,以控制重大错报风险
　　C. 注册会计师应当合理设计审计程序的性质、时间和范围,并有效执行审计程序,以消除检查风险
　　D. 注册会计师应当获得认定层次充分、适当的审计证据,以便在完成审计工作时,能够以可接受的低审计风险对财务报表整体发表意见

5. 注册会计师需要获取的审计证据的数量受错报风险的影响,下列表述正确的是( )。
　　A. 评估的错报风险越高,则可接受的检查风险越低,需要的审计证据可能越多
　　B. 评估的错报风险越高,则可接受的检查风险越高,需要的审计证据可能越少
　　C. 评估的错报风险越低,则可接受的检查风险越低,需要的审计证据可能越少
　　D. 评估的错报风险越低,则可接受的检查风险越高,需要的审计证据可能越多

6. 下列各项中,与被审计单位财务报表层次重大错报风险评估最相关的是( )。
　　A. 被审计单位应收账款周转率呈明显下降趋势
　　B. 被审计单位持有大量高价值且易被盗窃的资产
　　C. 被审计单位的生产成本计算过程相当复杂
　　D. 被审计单位控制环境薄弱

7. 下列与重大错报风险相关的表述中,正确的是( )。
　　A. 重大错报风险是因错误使用审计程度产生的
　　B. 重大错报是假定不存在相关内部控制,某一认定发生重大错报的可能性
　　C. 重大错报风险独立于财务报表审计而存在
　　D. 重大错报风险可以通过合理实施审计程序予以控制

8. 在审计风险模型中,"重大错报风险"是指( )。
　　A. 评估的财务报表层次的重大错报风险
　　B. 评估的认定层次的重大错报风险
　　C. 评估的与控制环境相关的重大错报风险
　　D. 评估的与财务报表存在广泛联系的重大错报风险

9. 当可接受的检查风险降低时,注册会计师可能采取的措施是( )。
　　A. 缩小实质性程序的范围

B. 将计划实施实质性程序的时间从期中移至期末

C. 降低评估的重大错报风险

D. 消除固有风险

10. 在实施进一步审计程序后，如果注册会计师认为某项交易不存在重大错报，而实际上该项交易存在重大错报，这种风险是（　　）。

A. 抽样风险中　　B. 非抽样风险　　C. 检查风险　　D. 重大错报风险

11. 在控制检查风险时，注册会计师应当采取的有效措施是（　　）。

A. 调高重要性水平

B. 测试内部控制的有效性，以降低控制风险

C. 进行穿行测试，以降低固有风险

D. 合理设计和有效实施进一步审计程序

二、多项选择题

1. 在运用重要性概念时，下列各项中，注册会计师认为应当考虑的有（　　）。

A. 财务报表整体的重要性

B. 实际执行的重要性

C. 特定类别的交易、账户余额或披露的重要性

D. 明显微小错报的临界值

2. 在确定实际执行的重要性时，下列各项因素中，注册会计师认为应当考虑的有（　　）。

A. 财务报表整体的重要性

B. 前期审计工作中识别出的错报的性质和范围

C. 实施风险评估程序的结果

D. 甲公司管理层和治理层的期望值

3. 下列情形中，注册会计师可能认为需要在审计过程中修改财务报表整体的重要性的有（　　）。

A. 被审计单位情况发生重大变化

B. 注册会计师获取新的信息

C. 通过实施进一步审计程序，注册会计师对被审计单位及其经营情况的了解发生变化

D. 审计过程中累积错报的汇总数接近财务报表整体的重要性

4. 在评价未更正错报的影响时，下列说法中，注册会计师认为正确的有（　　）。

A. 未更正错报的金额不得超过明显微小错报的临界值

B. 注册会计师应当从金额和性质两方面确定未更正错报是否重大

C. 注册会计师应当要求甲公司更正未更正错报

D. 注册会计师应当考虑与以前期间相关的未更正错报对相关类别的交易、账户余额或披露以及财务报表整体的影响

三、业务题

1. 资料：审计人员在对被审计单位财务报表进行审计时，确定了报表层次的重要性水平为20万元，并准备在下列资产项目中进行分配，各资产项目的期末余额和分配的重要

性水平如下表所示：

资产项目	期末余额	分配的重要性水平
现金	1 000 000	12 500
应收账款	3 000 000	37 500
存货	4 000 000	50 000
固定资产	8 000 000	100 000

要求：分析审计人员的分配方案是否合适，如果存在不合理的情形，说明应进行哪些方面的调整。

2. 资料：审计人员准备在下列六种情况下使用审计风险模型制订审计计划。

要求：

(1)分别计算每种情况下的检查风险，并说明哪种情况需要较大的证据收集量，哪种情况需要较小的证据收集量。

(2)根据各种风险之间的相互关系，假定其他风险要素保持不变，分别说明下列风险要素的变化会对检查风险的影响：

①降低可接受的审计风险；

②降低重大错报风险；

③同比例地降低重大错报风险。

风 险	1	2	3	4	5	6
可接受的审计风险	5%	5%	5%	5%	1%	1%
重大错报风险	100%	40%	60%	20%	100%	40%
检查风险						

第九章

了解被审计单位及其环境并评估重大错报风险

学习目的：通过本章学习，了解审计准则将了解被审计单位及其环境并评估重大错报风险规定为必要审计程序的原因；熟悉审计人员可以运用的风险评估程序和了解被审计单位及其环境的主要方面；熟悉内部控制的目标、基本要素和固有局限性；掌握审计人员了解和评估被审计单位内部控制的目的、范围和程序；熟悉识别和评估重大错报风险的审计程序及其具体运用；熟悉对特别风险的考虑。

引导案例：

安达信审计赫顿股份有限公司案

E.F.赫顿公司是美国第二大证券经纪公司，它利用其复杂的现金管理制度，在业务往来的银行存款账户上大量透支侵害银行利益，从而造成对许多与该公司有商业关系的银行的欺诈。1985年该公司被美国司法部指控犯有2 000多件欺诈罪。在调查该案件的过程中，由于该公司的特殊的管理制度，司法部竟无法指控该公司任何一个具体管理人员或部门对此欺诈负责。相反，有关部门认为，审计该公司财务报表的安达信会计师事务所对此却有不可推卸的责任，由此有关审计人员是否有责任的调查与辩诉开始了。

赫顿公司一直崇尚自由的企业文化，组织机构松散，特别鼓励雇员自行其是、勇于创新，导致许多愚弄银行的现金管理制度的出笼。赫顿公司的透支活动主要针对为其提供中小型零售机构服务的银行，在大额透支时又十分谨慎，加之被骗的银行往往将现金透支视为与该大型经纪公司保持业务关系的经营成本，使得许多银行并不知道自己已经成为一场有计划、有步骤欺诈活动的受害者，而赫顿公司的分部经理们却长期从欺诈活动中获得免息资金，不仅从中赚取了巨额的利息收入，而且其中的10%还以年终红利的形式直接落入了他们个人的腰包。虽然从单个分部看，透支的金额可能并不巨大，但将各分部透支额汇总之后的总额竟然高达5亿美元，这对赫顿公司损益表的累计影响也是巨大的，在各分部的净收益中利息收入几乎占到了3/4，利息收入额远远高出证券业务收入额,这在经纪行业简直是不可思议的。

从安达信会计师事务所对赫顿公司审计的工作底稿中可以清楚地表明他们对于这一风险较高行业公司的审计已经给予了较高的职业关注,他们不仅发现了现金透支情况,还就其合法性询问过赫顿公司的高级管理人员,并要求其提供书面声明,但遭到拒绝。安达信会计师事务所的高级审计人员基于已收集到的大量银行复函中都没有提及任何异常情况,也没有发现任何支票被拒付而退回赫顿公司的证据,同时也没有发现各个银行向赫顿公司收取的费用中有不正常的开支,因此接受了赫顿公司高层管理人员的解释。安达信会计师事务所只是因为在某些金融专业知识非常强的地方犯了一些小小的疏忽,却在事后带来了巨大的麻烦。

该案件对审计行业的启示是:审计人员在对某一客户进行审计时,必须熟悉该客户的业务性质,做好充分的审计计划,特别是那些专业性非常强的企业就更应如此,这是有效完成审计的前提条件;审计人员的工作底稿不光是给自己看的,也不光是给上级主管看的,它很可能成为之后法律诉讼的证据,因此工作底稿中的任何一项结论都必须具有明确的、可靠的依据,工作底稿的规范和风险意识在其中的体现是至关重要的。

审计风险准则要求审计人员在审计过程中贯彻风险导向审计的理念,围绕重大错报风险的识别、评估和应对,计划和实施审计工作。其中,如何识别和评估重大错报风险构成了审计人员应对重大错报风险的前提。

第一节 了解被审计单位及其环境的必要性

审计人员应当了解被审计单位及其环境,以充分识别和评估财务报表重大错报风险,并设计和实施进一步审计程序。加强对被审计单位及其环境的了解,充分识别和评估财务报表重大错报风险,有利于降低审计失败发生的概率,增强社会公众对审计行业的信心;有利于严格审计程序,使审计程序紧密围绕重大错报风险的识别、评估和应对;有利于明确审计责任,强化有效质量控制的建立和运行;有利于促进审计人员掌握新知识和新技能,提高整个审计行业的专业胜任能力。

一、了解被审计单位及其环境成为必要程序

审计风险准则将了解被审计单位及其环境规定为必要的程序,要求审计人员应当更广泛和更深入地了解被审计单位及其环境的各个方面,包括了解内部控制,为识别财务报表层次,以及各类交易、账户余额和列报认定层次重大错报风险提供更好的基础。由于职业判断将贯穿于审计的全过程,而职业判断只有建立在对被审计单位及其环境充分了解的基础上,才是恰当的和符合实际的。

通过了解被审计单位及其环境,审计人员应当特别为在下列关键环节做出职业判断提供重要基础:

1. 确定重要性水平,并随着审计工作的进程评估对重要性水平的判断是否仍然适当;
2. 考虑会计政策的选择和运用是否恰当,以及财务报表的列报是否适当;

3. 识别需要特别考虑的领域,包括关联方交易、管理层运用持续经营假设的合理性,或交易是否具有合理的商业目的等;
4. 确定在实施分析程序时所使用的预期值;
5. 设计和实施进一步审计程序,以将审计风险降至可接受的低水平;
6. 评价所获取审计证据的充分性和适当性。

二、了解被审计单位及其环境的目的

了解被审计单位及其环境的目的是识别和评估财务报表重大错报风险,为设计和实施进一步审计程序提供合理的基础。审计风险准则要求审计人员在审计的所有阶段都要实施风险评估程序,并将识别的风险与认定层次可能发生错报的领域相联系,实施更为严格的风险评估程序,不得未经过风险评估,直接将重大错报风险设定为高水平。同时,审计人员还应当将识别和评估的重大错报风险与进一步审计程序的设计和实施紧密挂钩,将审计程序的性质、时间和范围与识别和评估的重大错报风险相联系,避免机械利用审计程序表从形式上迎合审计准则的要求。

审计人员在将识别和评估的重大错报风险与进一步审计程序相关联时,应当合理设计针对重大的各类交易、账户余额和列报所实施的实质性程序。由于审计人员对重大错报风险的评估只是一种判断,加之被审计单位的内部控制也存在固有的局限性,因此无论评估的重大错报风险的结果如何,审计人员都应当针对重大的各类交易、账户余额和列报实施实质性程序,不得将实质性程序只集中在例外事项上。

案例 9-1

不了解被审计单位业务性质的审计人员必然面临巨大的风险

阿尔特·伯杰任职于森思多尔夫·伯杰会计师事务所,他的医生加里·内特尔斯和同事一起创办了溪边健康联合会,是一家新的健康保证组织。加里·内特尔斯医生与阿尔特·伯杰接洽了溪边健康联合会的审计业务,从而使伯杰得到了一个打入保健行业审计服务市场的机会。溪边健康联合会的主要业务是向商业公司推销健康计划,按月收取公司雇员的会员费,为会员提供医疗服务。联合会每年于参与公司签订合同时商定每月会员费数额,并且在足以抵补成本的情况下,会员费的数额还可以竞争确定。

在溪边健康联合会成立时,其所有者雇用了麦克尔·萨利文担任财务主管。麦克尔曾在大学里学习过财务专业。就在溪边健康联合会的第一个会计年度结束前,阿尔特和麦克尔进行了接触,共同计划溪边健康联合会的初次审计工作。阿尔特与麦克尔都没有健康保证组织方面的工作经验,森思多尔夫·伯杰会计师事务所的其他人员也没有这方面的经验,但他们都阅读了有关这方面的书籍和资料。事实上,阿尔特还找到了两份美国注册公共会计师协会关于保健业的审计指南,并把其中一份给了麦克尔。

审计计划会谈还涉及特殊领域,即如何估计健康保证组织已提供医疗服务但尚未收到有关凭证而形成的负债。这种称之为"已发生但尚未记录"的负债对阿尔特和麦克尔来说是一个新的内容。阿尔特同意研究一下如何计算这种负债,然后再回来找麦克尔。

阿尔特的方法是与一个曾在另一州审计过健康保证组织的朋友联系。这个只拥有一个健康保证组织客户的朋友给阿尔特寄去了一些列有如何估计"已发生但尚未记录"的负债的公式的工作底稿复印件。这个公式是以历史数据为基础的,对阿尔特来说很有意义。他把这个公式给了麦克尔,后者把自经营年度之初起的12个月的数据代入公式来估计"已发生但尚未记录"的负债。在审计中,森思多尔夫·伯杰事务所认为公式的运用是正确的。

就在溪边健康联合会的第二个经营年度结束后不久,麦克尔因为一些私人问题移居到了另一座城市。溪边健康联合会的行政经理竟然因此感到宽慰,因为他不十分信任麦克尔。他怀疑尽管财务报表显示出令人满意的结果,但现金流量并非与预期的相一致。他让巴特·切默斯取代麦克尔的职务,因为巴特以前曾在健康保证组织工作过。

在巴特检查"已发生但尚未记录"的负债是如何估计的时候,他对所运用的公式提出了质疑,并对该公式作了进一步研究。他发现该公式大大低估了"已发生但尚未记录"的负债,从而使以前年度的审定财务报表中的该项负债被严重低估,导致与参加者签订的合同中所商定的会费率低于实际水平。这一发现使溪边健康联合会变更了审计师,森思多尔夫·伯杰事务所也因此支付了大量的现金用于和解。

三、了解被审计单位及其环境的程度

了解被审计单位及其环境是一个连续和动态地收集、更新与分析信息的过程,应当贯穿于整个审计过程的始终。审计人员应当运用职业判断确定需要了解被审计单位及其环境的程度。对被审计单位及其环境了解的程度是指审计人员对被审计单位及其环境的了解是否足以识别和评估财务报表的重大错报风险。如果了解被审计单位及其环境获得的信息足以识别和评估财务报表重大错报风险,并为设计和实施进一步审计程序提供合理的基础,那么了解的程度就是恰当的。

第二节 风险评估程序

审计人员了解被审计单位及其环境的目的是识别和评估财务报表重大错报风险。审计人员为了解被审计单位及其环境而实施的程序就是风险评估程序。审计人员应当依据实施这些程序所获取的信息评估重大错报风险。审计人员实施风险评估程序所获取的信息将构成其所获取全部审计证据的重要组成部分。审计人员应当实施下列风险评估程序,以了解被审计单位及其环境:(1)询问被审计单位管理层和内部其他相关人员;(2)分析程序;(3)观察和检查。

一、询问被审计单位管理层和内部其他相关人员

询问被审计单位管理层和内部其他相关人员是审计人员了解被审计单位及其环境的一个重要信息来源。审计人员可以考虑向管理层和财务负责人询问下列事项:

1. 管理层所关注的主要问题。如新的竞争对手、主要客户和供应商的流失、新的税收

法规的实施以及经营目标或战略的变化。

2. 被审计单位的财务状况和最近的经营成果、现金流量。

3. 可能影响财务报告的交易和事项,或者目前发生的重大会计处理问题,如重大的购并事宜。

4. 被审计单位发生的其他重要变化。如所有权结构、组织结构的变化,以及内部控制的变化。

尽管审计人员通过询问管理层和财务负责人可获取大部分信息,但是询问被审计单位内部的其他人士可能为审计人员提供不同的视角,有助于评估重大错报风险。因此,审计人员除了询问管理层和对财务报告负有责任的人员外,还应当考虑询问内部审计人员、采购人员、生产人员、销售人员等其他人员,并考虑询问不同级别的员工,以获取对识别重大错报风险有用的信息。

在确定向被审计单位的哪些人员进行询问以及询问哪些问题时,审计人员应当考虑哪些信息有助于其识别和评估重大错报风险。例如:

1. 询问治理层,有助于审计人员理解财务报表编制的环境;

2. 询问内部审计人员,有助于审计人员了解其针对被审计单位内部控制设计和运行有效性而实施的工作,以及管理层对内部审计发现的问题是否采取适当的行动;

3. 询问参与生成、处理或记录复杂或异常交易的员工,有助于审计人员评估被审计单位选择和运用某项会计政策的适当性;

4. 询问内部法律顾问,有助于审计人员了解有关诉讼、法律法规的遵循情况、影响被审计单位的舞弊或涉嫌舞弊、产品保证和售后责任、与业务合作伙伴的安排,以及合同条款的含义;

5. 询问营销或销售人员,有助于审计人员了解被审计单位的营销策略及其变化、销售趋势或与其客户的合同安排;

6. 询问采购人员和生产人员,有助于审计人员了解被审计单位的原材料采购和产品生产等情况;

7. 询问仓库人员,有助于审计人员了解原材料、产成品等存货的进出、保管和盘点等情况。

二、实施分析程序

分析程序是指审计人员通过研究不同财务数据之间以及财务数据与非财务数据之间的内在关系,对财务信息做出评价。分析程序还包括调查识别出的、与其他相关信息不一致或与预期数据严重偏离的波动和关系。

审计人员实施分析程序有助于识别异常的交易或事项,以及对财务报表和审计产生影响的金额、比率和趋势。在实施分析程序时,审计人员应当预期可能存在的合理关系,并与被审计单位记录的金额、依据记录金额计算的比率或趋势相比较;如果发现异常或未预期到的关系,审计人员应当在识别重大错报风险时考虑这些比较结果。例如,审计人员通过分析程序发现,两个会计期间的毛利率相当。但是,审计人员通过对被审计单位性质的了解,获知在生产成本中占较大比例的原材料成本在相关期间内上升,审计人员预期销售成本也应相应上升,而毛利率应相应下降。上述分析可能使审计人员得出结论:销售成本可能存在重大错报风险,应对其给予足够的重视。

如果使用了高度汇总的数据,实施分析程序的结果仅可能初步显示财务报表存在重大错报风险,审计人员应当将分析结果连同识别重大错报风险时获取的其他信息一并考虑。例如,被审计单位存在很多产品系列,各个产品系列的毛利率存在一定差异。对总体毛利率实施分析程序的结果仅可能初步显示销售成本存在重大错报风险,审计人员需要实施更为详细的分析程序。例如,对每一产品系列进行毛利率分析,或者将总体毛利率分析的结果连同其他信息一并考虑。

三、观察和检查

观察和检查程序可以印证对管理层和其他相关人员的询问结果,并可提供有关被审计单位及其环境的信息,审计人员应当实施下列观察和检查程序。

1. 观察被审计单位的生产经营活动。例如,通过观察被审计单位人员正在从事的生产活动和内部控制活动,可以增加审计人员对被审计单位人员如何进行生产经营活动及实施内部控制的了解。

2. 检查文件、记录和内部控制手册。例如,检查被审计单位的章程,与其他单位签订的合同、协议,股东大会、董事会会议、高级管理层会议的会议记录或纪要,各业务流程操作指引和内部控制手册,各种会计资料、内部凭证和单据等。

3. 阅读由管理层和治理层编制的报告。例如,阅读被审计单位年度和中期财务报告、管理层的讨论和分析资料、经营计划和战略、对重要经营环节和外部因素的评价、被审计单位内部管理报告以及其他特殊目的报告,如新投资项目的可行性分析报告等。

4. 实地察看被审计单位的生产经营场所和设备。通过现场访问和实地察看被审计单位的生产经营场所和设备,可以帮助审计人员了解被审计单位的性质及其经营活动。在实地察看被审计单位的厂房和办公场所的过程中,审计人员有机会与被审计单位的管理层和担任不同职责的员工进行交流,以增强审计人员对被审计单位的经营活动及其重大影响因素的了解。

5. 追踪交易在财务报告信息系统中的处理过程,即执行穿行测试。这是审计人员了解被审计单位业务流程及其内部控制时经常使用的审计程序。通过追踪某笔或某几笔交易在业务流程中如何生成、记录、处理和报告,以及相关内部控制如何执行,审计人员可以确定被审计单位的交易流程和内部控制是否与之前通过其他程序所获得的了解一致,并确定内部控制是否得到执行。

第三节 了解被审计单位及其环境

审计人员应当从下列方面了解被审计单位及其环境:(1)行业状况、法律环境与监管环境以及其他外部因素;(2)被审计单位的性质;(3)被审计单位对会计政策的选择和运用;(4)被审计单位的目标、战略以及相关经营风险;(5)被审计单位财务业绩的衡量和评价;(6)被审计单位的内部控制。

上述第(1)项是被审计单位的外部环境,第(2)项至第(4)项以及第(6)项是被审计单位的内部因素,第(5)项则既有外部因素也有内部因素。本节主要讨论第(1)项至第(5)项内容,第(6)项内容将在下一节重点讨论。值得注意的是,被审计单位及其环境的各个方面可能会互相影响。例如,被审计单位的行业状况、法律环境与监管环境以及其他外部因素可能影响被审计单位的目标、战略以及相关经营风险,而被审计单位的性质、目标、战略以及相关经营风险又可能影响被审计单位对会计政策的选择和运用,以及内部控制的设计和执行。因此,审计人员在对被审计单位及其环境的各个方面进行了解和评估时,需要考虑各因素之间的相互关系。

审计人员针对上述六个方面实施的风险评估程序的性质、时间和范围取决于审计业务的具体情况,如被审计单位的规模和复杂程度,以及审计人员的相关审计经验,包括以前对被审计单位提供审计和相关服务的经验和类似行业、类似企业的审计经验。此外,识别被审计单位及其环境在上述各方面与以前期间相比发生的重大变化,对于充分了解被审计单位及其环境、以识别和评估重大错报风险尤为重要。

一、行业状况、法律环境与监管环境以及其他外部因素

由于行业状况、法律环境与监管环境以及其他外部因素会对被审计单位的经营活动乃至财务报表产生影响,因此审计人员应当对这些外部因素进行了解。

(一)了解的具体内容

1. 行业状况

了解行业状况有助于审计人员识别与被审计单位所处行业有关的重大错报风险,主要包括:(1)所处行业的市场供求与竞争;(2)生产经营的季节性和周期性;(3)产品生产技术的变化;(4)能源供应与成本;(5)行业的关键指标和统计数据。

2. 法律环境及监管环境

了解法律环境及监管环境的主要原因在于:(1)某些法规或监管要求可能对被审计单位经营活动有重大影响,如不遵守将导致停业等严重后果;(2)某些法规或监管要求,如环保法规,规定了被审计单位某些方面的责任和义务;(3)某些法规或监管要求决定了被审计单位需要遵循的行业惯例和核算要求。

审计人员应当了解被审计单位所处的法律环境及监管环境,主要包括:(1)适用的会计准则、会计制度和行业特定惯例;(2)对经营活动产生重大影响的法律法规及监管活动;(3)对开展业务产生重大影响的政府政策,包括货币、财政、税收和贸易等政策;(4)与被审计单位所处行业和所从事经营活动相关的环保要求。

3. 其他外部因素

审计人员应当了解影响被审计单位经营活动的其他外部因素,主要包括:(1)宏观经济的景气度;(2)利率和资金供求状况;(3)通货膨胀水平及币值变动;(4)国际经济环境和汇率变动。

(二)了解的重点和程度

对于不同企业,审计人员了解行业状况、法律环境与监管环境以及其他外部因素的重

点可能不同。例如,对从事计算机硬件制造的被审计单位,审计人员可能更关心其市场和竞争以及技术进步的情况;对金融机构,审计人员可能更关心宏观经济走势以及货币、财政等方面的宏观经济政策;对化工等产生污染的行业,审计人员可能更关心相关环保法规。

审计人员对行业状况、法律环境与监管环境以及其他外部因素了解的范围和程度会因被审计单位所处行业、规模以及其他因素,比如在市场中的地位的不同而不同。审计人员应当考虑将了解的重点放在对被审计单位的经营活动可能产生重要影响的关键外部因素以及与前期相比发生的重大变化上。审计人员还应当考虑被审计单位所处行业的业务性质或监管程度是否可能导致特定的重大错报风险。例如,建筑行业长期合同涉及收入和成本的重大估计,可能导致重大错报风险;银行监管机构对商业银行的资本充足率有专门规定,不能满足这一监管要求的商业银行可能有操纵财务报表的动机和压力。

(三)实施风险评估程序

审计人员针对被审计单位的行业状况、法律环境与监管环境以及其他外部因素可以运用的风险评估程序可能包括:

1. 查阅以前年度的审计工作底稿;
2. 询问被审计单位管理层和员工;
3. 查阅内部与外部的信息资料;
4. 与项目组成员或熟悉被审计单位所处行业的其他人员讨论与项目组成员特别是经验较多的人员进行讨论;
5. 针对被审计单位在行业中的经营状况和竞争环境实施分析程序。

二、被审计单位的性质

了解被审计单位的性质有助于审计人员理解预期在财务报表中反映的各类交易、账户余额和列报。

(一)了解的具体内容

1. 所有权结构

对被审计单位所有权结构的了解有助于审计人员识别关联方关系并了解被审计单位的决策过程。因此,审计人员应当了解所有权结构以及所有者与其他人员或单位之间的关系,考虑关联方关系是否已经得到识别,以及关联方交易是否得到恰当核算。

2. 治理结构

良好的治理结构可以对被审计单位的经营和财务运作实施有效的监督,从而降低财务报表发生重大错报的风险。因此,审计人员应当了解被审计单位的治理结构。例如,董事会的构成情况、董事会内部是否有独立董事;治理结构中是否设有审计委员会或监事会及其运作情况。审计人员应当考虑治理层是否能够在独立于管理层的情况下对被审计单位事务做出客观判断。

3. 组织结构

复杂的组织结构可能导致某些特定的重大错报风险。因此,审计人员应当了解被审计单位的组织结构,考虑复杂组织结构可能导致的重大错报风险,包括财务报表合并、商誉摊销和减值、长期股权投资核算以及特殊目的实体核算等问题。

4. 经营活动

了解被审计单位经营活动有助于审计人员识别预期将在财务报表中反映的主要交易类别、重要账户余额和列报。因此，审计人员应当了解被审计单位的经营活动，主要包括：(1)主营业务的性质；(2)与生产产品或提供劳务相关的市场信息；(3)业务的开展情况；(4)联盟、合营与外包情况；(5)从事电子商务的情况；(6)地区与行业分布；(7)生产设施、仓库的地理位置及办公地点；(8)关键客户；(9)重要供应商；(10)劳动用工情况；(11)研究与开发活动及其支出；(12)关联方交易。

5. 投资活动

了解被审计单位投资活动有助于审计人员关注被审计单位在经营策略和方向上的重大变化。因此，审计人员应当了解被审计单位的投资活动，主要包括：(1)近期拟实施或已实施的并购活动与资产处置情况，包括业务重组或某些业务的终止；(2)证券投资、委托贷款的发生与处置；(3)资本性投资活动，包括固定资产和无形资产投资，近期发生或计划发生的变动，以及重大的资本承诺等；(4)不纳入合并范围的投资。例如，联营、合营或其他投资，包括近期计划的投资项目。

6. 筹资活动

了解被审计单位筹资活动有助于审计人员评估被审计单位在融资方面的压力，并进一步考虑被审计单位在可预见未来的持续经营能力。因此，审计人员应当了解被审计单位的筹资活动，主要包括：(1)债务结构和相关条款，包括担保情况及表外融资；(2)固定资产的融资租赁；(3)关联方融资；(4)实际受益股东；(5)衍生金融工具的运用。

(二)实施风险评估程序

在了解被审计单位的性质时，除了查阅以前年度的审计工作底稿、与项目组成员或其他有经验的人员和行业专家讨论、利用业务承接和续约过程中获取的信息外，审计人员可以运用的风险评估程序还包括下列方面：

1. 询问被审计单位管理层和内部其他相关人员；
2. 查阅文件和报告；
3. 实地察看被审计单位的主要生产经营场所；
4. 针对被审计单位在经营活动、投资活动、筹资活动等各方面的情况及其重大变化实施分析程序。

三、被审计单位对会计政策的选择和运用

审计人员应当了解被审计单位对会计政策的选择和运用是否符合适用的会计准则和相关会计制度，以及是否符合被审计单位的具体情况。

(一)了解的具体内容

1. 重要项目的会计政策和行业惯例

重要项目的会计政策包括收入确认、存货的计价方法、投资的核算、固定资产的折旧方法、坏账准备、存货跌价准备和其他资产减值准备的确定、借款费用资本化方法、合并财务报表的编制方法等。除会计政策以外，某些行业可能还存在一些行业惯例，审计人员应当熟悉这些行业惯例。当被审计单位采用与行业惯例不同的会计处理方法时，审计人员

应当对此予以重点关注。

2.重大和异常交易的会计处理方法

审计人员应当关注对重大的和不经常发生的交易的会计处理方法是否适当。例如，本期发生的企业合并的会计处理方法。某些企业可能存在与其所处行业相关的重大交易。例如，银行向客户发放贷款、证券公司对外投资、医药企业的研究与开发活动。

3.在新领域和缺乏权威性标准或共识的领域，采用重要会计政策产生的影响

在有关会计处理缺乏权威性的标准或共识时，例如对于互联网上的收入确认问题，审计人员应当关注被审计单位选用了哪些会计政策，为什么选用这些会计政策以及选用这些会计政策产生的影响。

4.会计政策的变更

如果被审计单位变更了重要的会计政策，审计人员应当考虑会计政策变更的原因及其适当性，具体包括：(1)会计政策的变更是否符合法律、行政法规或者适用的会计准则和相关会计制度的规定；(2)会计政策的变更能否提供更可靠、更相关的会计信息。除此之外，审计人员还应当关注会计政策的变更是否得到恰当的披露。

5.被审计单位何时采用以及如何采用新颁布的会计准则和相关会计制度

例如，新的企业会计准则自 2007 年 1 月 1 日起在上市公司施行，并鼓励其他企业执行。审计人员应考虑被审计的上市公司是否已按照新会计准则的要求，做好衔接调整工作，并收集执行新会计准则需要的信息资料。

6.与会计政策运用相关的情况

除上述与会计政策的选择和运用相关的事项外，审计人员还应对被审计单位下列与会计政策运用相关的情况予以关注：(1)是否采用激进的会计政策、方法、估计和判断；(2)财务人员是否拥有足够的运用会计准则的知识、经验和能力；(3)是否拥有足够的资源支持会计政策的运用，如人力资源及培训、内部系统、信息技术的采用、数据和信息的采集。

7.会计政策的列报

审计人员还应当考虑被审计单位是否按照适用的会计准则和相关会计制度的规定恰当地进行了列报，并披露了重要事项。财务报表及其附注的格式、结构安排、内容、财务报表项目使用的术语、披露信息的明细程度、项目在财务报表中的分类以及列报信息的来源等构成了列报和披露的主要内容。审计人员应当考虑被审计单位是否已对特定事项作了适当的列报和披露。

(二)实施风险评估程序

在了解被审计单位对会计政策的选择和运用时，审计人员可以实施的风险评估程序包括：查阅以前年度的审计工作底稿、询问被审计单位管理层和员工、查阅被审计单位的财务资料和内部报告，比如会计手册和操作指引。审计人员还可结合对被审计单位及其环境其他方面的了解，考虑被审计单位选用的会计政策是否符合其具体情况。

需要强调的是，审计人员应当关注被审计单位本期会计政策的选择和运用与前期相比发生的重大变化，包括对本期新发生的交易或事项选用的会计政策，对前期不重大而本期重大的交易或事项选用的会计政策，重要会计政策的变更以及新会计准则发布施行的影响等。

四、被审计单位的目标、战略以及相关经营风险

审计人员应当了解被审计单位的目标和战略,以及可能导致财务报表重大错报的相关经营风险。

（一）了解的具体内容

1. 目标、战略以及相关经营风险

目标是企业经营活动的指针,战略则是企业管理层为实现经营目标采用的总体层面的策略和方法。为了实现某一既定的经营目标,企业可能有多个可行战略。例如,如果目标是在某一特定期间内进入一个新的市场,那么可行的战略可能包括收购该市场内的现有企业、与该市场内的其他企业合资经营,或自行开发进入该市场。随着外部环境的变化,企业的目标和战略应做出适应性的调整和变化。

经营风险源于对被审计单位实现目标和战略产生不利影响的重大情况、事项、环境和行动,或源于不恰当的目标和战略。不能因环境的变化而做出适应性调整固然可能产生经营风险。但是,在变化的过程中也可能导致经营风险。例如,为应对消费者需求的变化,企业开发了新产品。但是,开发的新产品可能会产生开发失败的风险;即使开发成功,也会因市场需求可能没有充分开发,而导致产品营销风险;产品的缺陷还可能导致企业遭受声誉风险和承担产品赔偿责任的风险。

审计人员应当了解被审计单位是否存在与下列方面有关的目标和战略,并考虑相应的经营风险:(1)行业发展,及其可能导致的被审计单位不具备足以应对行业变化的人力资源和业务专长等风险;(2)开发新产品或提供新服务,及其可能导致的被审计单位产品责任增加等风险;(3)业务扩张,及其可能导致的被审计单位对市场需求的估计不准确等风险;(4)新颁布的会计法规,及其可能导致的被审计单位执行法规不当或不完整,或会计处理成本增加等风险;(5)监管要求,及其可能导致的被审计单位法律责任增加等风险;(6)本期及未来的融资条件,及其可能导致的被审计单位由于无法满足融资条件而失去融资机会等风险;(7)信息技术的运用,及其可能导致的被审计单位信息系统与业务流程难以融合等风险。

2. 经营风险对重大错报风险的影响

经营风险与财务报表重大错报风险是既有联系又相互区别的两个概念,前者比后者范围更广。审计人员了解被审计单位的经营风险有助于其识别财务报表重大错报风险,然而并非所有的经营风险都与财务报表相关,因此审计人员并没有责任识别或评估所有的经营风险。

目标、战略、经营风险和重大错报风险之间的相互联系可举一例予以说明。例如,企业当前的目标是在某一特定期间内进入某一新的海外市场,企业选择的战略是在当地成立合资公司。从该战略本身来看是可以实现这一目标的。但是,成立合资公司可能会带来很多的经营风险,例如,企业如何与当地合资方在经营活动、企业文化等各方面协调,如何在合资公司中获得控制权或共同控制权,当地市场情况是否会发生变化,当地对合资公司的税收和外汇管理方面的政策是否稳定,合资公司的利润是否可以汇回、是否存在外汇风险等。这些经营风险反映到财务报表中,可能会因对合资公司是属于子公司、合营企业

或联营企业的判断问题,投资核算问题,包括是否存在减值问题,以及外币折算等问题而导致财务报表的重大错报风险。

3.被审计单位的风险评估过程

管理层通常会制定识别和应对经营风险的策略,审计人员应当了解被审计单位的风险评估过程。此类风险评估过程是被审计单位内部控制的重要组成部分,审计人员应当关注管理层营造的风险评估氛围、制定的风险评估政策、运用的风险评估框架、执行的风险评估程序以及采取的风险应对措施。

(二)实施风险评估程序

审计人员可以通过与管理层沟通,以及查阅其经营规划和其他文件,获取对被审计单位目标和战略的了解。审计人员还可以考虑通过询问不同的管理层成员,以进一步了解被审计单位的目标和战略、政策和程序,以及管理层的需求、期望和关注的事项。

同时,审计人员还可利用对被审计单位所处外部环境、行业状况以及被审计单位性质的了解,考虑被审计单位的战略是否与目标相适应,即考虑战略是否可以实现该目标以及它们之间的差距或不一致之处。审计人员还应当考虑被审计单位的目标和战略是否与其各项内部和外部因素相适应。例如,被审计单位的外部因素发生变化,对目标和战略是否作了相应的调整;目标和战略是否与企业利益相关者,包括股东、客户、债权人、管理层、员工以及政府等的需要和预期相符合;是否与被审计单位的经营和财务运作系统相适应。如果答案是否定的,可能显示存在经营风险和潜在的财务报表重大错报风险。

五、被审计单位财务业绩的衡量和评价

被审计单位主要管理人员经常会衡量和评价关键业绩指标,包括财务和非财务的、预算及差异分析、分部信息和分支机构、部门或其他层次的业绩报告以及与竞争对手的业绩比较。此外,外部机构也会衡量和评价被审计单位的财务业绩,如分析师的报告和信用评级机构的报告。被审计单位内部或外部对财务业绩的衡量和评价可能对被审计单位管理层产生压力,调动其积极性促使其采取行动改善财务业绩或歪曲财务报表。因此,审计人员应当了解被审计单位财务业绩的衡量和评价情况,考虑这种压力是否可能导致管理层采取行动,以至于增加财务报表发生重大错报的风险。

(一)了解的具体内容

1.财务业绩的衡量与评价

在了解被审计单位财务业绩衡量和评价情况时,审计人员应当关注下列信息:(1)关键业绩指标;(2)业绩趋势;(3)预测、预算和差异分析;(4)管理层和员工业绩考核与激励性报酬政策;(5)分部信息与不同层次部门的业绩报告;(6)与竞争对手的业绩比较;(7)外部机构提出的报告。

2.关注内部财务业绩衡量的结果

内部财务业绩衡量可能显示未预期到的结果或趋势。在这种情况下,管理层通常会进行调查并采取纠正措施。与内部财务业绩衡量相关的信息可能显示财务报表存在错报风险,例如,内部财务业绩衡量可能显示被审计单位与同行业其他单位相比具有异常快的增长率或盈利水平,此类信息如果与业绩奖金或激励性报酬等其他因素结合起来考虑,可

能显示管理层在编制财务报表时存在某种倾向的错报风险。因此,审计人员应当关注被审计单位内部财务业绩衡量所显示的未预期到的结果或趋势、管理层的调查结果和纠正措施,以及相关信息是否显示财务报表可能存在重大错报。

3.考虑财务业绩衡量指标的可靠性

如果拟利用被审计单位内部信息系统生成的财务业绩衡量指标,审计人员应当考虑相关信息是否可靠,以及利用这些信息是否足以实现审计目标。许多财务业绩衡量中使用的信息可能由被审计单位的信息系统生成。如果被审计单位管理层在没有合理基础的情况下,认为这些衡量财务业绩的信息是准确的,而实际上信息可能有误,那么根据有误的信息得出的结论也可能是错误的。如果审计人员计划在审计中,如实施分析程序时利用财务业绩指标,应当考虑相关信息是否可靠,以及在实施审计程序时利用这些信息是否足以发现重大错报。

(二)实施风险评估程序

审计人员通常通过询问被审计单位管理层,查阅被审计单位的内部报告和外部报告,以及实施分析程序,获得对被审计单位财务业绩的衡量和评价的了解。需要强调的是,审计人员了解财务业绩衡量与评价的目标是考虑管理层是否面临实现某些关键财务业绩指标的压力。这些压力既可能源于需要达到市场分析师或股东的预期,也可能产生于达到获得股票期权或管理层和员工奖金的目标。受压力影响的人员可能是高级管理人员,包括董事会或可以操纵财务报表的其他经理人员,如子公司或分支机构管理层可能为达到奖金目标操纵财务报表。

在评价管理层是否存在歪曲财务报表的动机和压力时,审计人员还应当考虑可能存在的其他情形。例如,企业或企业的一个主要组成部分是否有可能被出售;管理层是否希望维持或增加企业的股价或盈利走势而热衷于采用过度激进的会计方法;基于纳税的考虑,股东或管理层是否有意采取不适当的方法使盈利最小化;企业是否持续增长和接近财务资源的最大限度;企业的业绩是否急剧下降,可能存在终止上市的风险;企业是否具备足够的可分配利润或现金流量以维持目前的利润分配水平;如果公布欠佳的财务业绩,对重大未决交易,如企业合并或新业务合同的签订是否可能产生不利影响;企业是否过度依赖银行借款,而财务业绩又可能达不到借款合同对财务指标的要求。这些情况都显示管理层在重大压力下可能粉饰财务业绩,发生舞弊风险。

审计人员还可以从管理层那里了解哪些业绩指标是其他关键利益拥有者关注的重点,以及管理层的内部业绩衡量标准如何受这些外部因素的影响。审计人员应当考虑管理层的业绩指标是否与关键利益拥有者的预期相一致,并考虑不一致的情况或管理层应对外部压力的结果,及其对重大错报风险的影响。

第四节 了解被审计单位的内部控制

了解被审计单位的内部控制是识别和评估重大错报风险、设计和实施进一步审计程序的基础。审计人员应当了解与审计相关的内部控制以识别潜在错报的类型,考虑导致重大错报风险的因素,以及设计和实施进一步审计程序的性质、时间和范围。

一、内部控制的含义和要素

(一)内部控制的含义

内部控制是被审计单位为了合理保证财务报告的可靠性、经营的效率和效果以及对法律法规的遵守,由治理层、管理层和其他人员设计和执行的政策和程序。

1. 内部控制的目标是合理保证:(1)财务报告的可靠性,这一目标与治理层和管理层履行财务报告编制责任密切相关;(2)经营的效率和效果,即经济有效地使用企业资源,以最优方式实现企业的目标;(3)在经营活动中不违反法律法规的要求,即在法律法规的框架下从事经营活动。

2. 设计和实施内部控制的责任主体是治理层、管理层和其他人员,组织中的每一个人都对内部控制负有责任。

3. 实现内部控制目标的手段是设计和执行控制政策和程序。

(二)内部控制的要素

按照 COSO[①](Committee of Sponsoring Organizations of the Treadway Commission)发布的内部控制框架,内部控制包括下列要素:

1. 控制环境;
2. 风险评估过程;
3. 信息系统与沟通;
4. 控制活动;
5. 对控制的监督。

上述对内部控制要素的分类方式只是为审计人员提供了一个理解被审计单位内部控制基本框架的方式,被审计单位可能并不一定采用这种分类方式来设计和执行内部控制。但是,无论对内部控制要素如何进行分类,审计人员都应当重点考虑被审计单位某项控制是否能够以及如何防止或发现并纠正各类交易、账户余额、列报存在的重大错报。也就是说,在了解和评价内部控制时,采用的具体分析框架及控制要素的分类可能并不唯一,重要的是控制能否实现控制目标。审计人员可以使用不同的框架和术语描述内部控制的不同方面,但必须涵盖上述内部控制五个要素所涉及的各个方面。

被审计单位设计和执行内部控制的具体方式会因被审计单位的规模和复杂程度的不同而不同。小型被审计单位通常采用非正式和简单的内部控制实现其目标,参与日常经营管理的业主可能承担多项职能,内部控制要素没有得到清晰区分。审计人员应当综合考虑小型被审计单位内部控制要素能否实现其目标。

二、与审计相关的控制

内部控制的目标旨在合理保证财务报告的可靠性、经营的效率和效果以及对法律法规的遵守。审计的目标是对财务报表是否不存在重大错报发表审计意见,审计人员考虑

---

① 全美反舞弊性财务报告委员会发起组织,简称COSO委员会。

与财务报表编制相关的内部控制,其目的并非对被审计单位内部控制的有效性发表意见。审计人员需要了解和评价的内部控制只是与财务报表审计相关的内部控制,并非被审计单位所有的内部控制。

(一)为实现财务报告可靠性目标设计和实施的控制

与审计相关的控制包括被审计单位为实现财务报告可靠性目标设计和实施的控制。审计人员应当运用职业判断,考虑一项控制单独或连同其他控制是否与评估重大错报风险以及针对评估的风险设计和实施进一步审计程序有关。

在运用职业判断时,审计人员应当考虑下列因素:(1)审计人员确定的重要性水平;(2)被审计单位的性质;(3)被审计单位的规模;(4)被审计单位经营的多样性和复杂性;(5)法律法规和监管要求;(6)作为内部控制组成部分的系统的性质和复杂性。

(二)其他与审计相关的控制

如果在设计和实施进一步审计程序时拟利用被审计单位内部生成的信息,审计人员应当考虑用以保证该信息完整性和准确性的控制可能与审计相关。审计人员以前的经验以及在了解被审计单位及其环境过程中获得的信息可以帮助审计人员识别与审计相关的控制。

如果用以保证经营效率、效果的控制以及对法律法规遵守的控制与实施审计程序时评价或使用的数据相关,审计人员应当考虑这些控制可能与审计相关。例如,对于某些非财务数据,如生产统计数据的控制,如果审计人员在实施分析程序时使用这些数据,这些控制就可能与审计相关。又如,某些法规对财务报表存在直接和重大的影响,比如税法将决定应交税金和所得税费用。为了遵守这些法规,被审计单位可能设计和执行相应的控制,这些控制也与审计人员的审计相关。

被审计单位通常有一些与审计无关的控制,审计人员无须对其加以考虑。例如,被审计单位可能依靠某一复杂的自动控制系统提高经营活动的效率和效果,比如航空公司用于维护航班时间表的自动控制系统,但这些控制通常与审计无关。

用以保护资产的内部控制可能包括与实现财务报告可靠性和经营效率、效果目标相关的控制。审计人员在了解保护资产的内部控制各项要素时,可仅考虑其中与财务报告可靠性目标相关的控制。例如,保护存货安全的控制可能与审计相关,但在生产中防止材料浪费的控制通常就与审计不相关。材料是否经济有效地使用与审计目标并不直接相关,只有所用材料的成本没有在财务报表中如实反映,才会影响财务报表的可靠性。

案例 9-2

完善的内部控制比优秀的审计人员更能防止舞弊的发生

在艾布尔会计师事务所为青年圣经研究基金会出具审计报告时,他们给出了一个对这类慈善机构来讲比较常见的保留意见。保留意见中解释说审计师只能验证该组织的账簿中实际记录的收入。由于许多捐款是现金,并且来自于多种渠道,因此无法得知捐款总额应该是多少。

在连续第十年为基金会实施审计后不久,艾布尔获悉基金会的总账会计师被查出在过去的四年中贪污了200万美元。基金会希望知晓怎么会发生这种事情,而事务所又为什么没有发现。艾布尔回复说,他必须知道这项舞弊行为是怎么进行的,才能回答这个问题。

在进行了广泛的调查和对基金会总账会计师做出刑事审判后,以下事实被揭露了出来:基金会的露营设施设在另一个州,而不是设在基金会总部。一名独立人员负责从露营者那里收取资金并交到当地银行以便汇给总部。资金交到银行后转换成银行本票寄给总账会计师,后者再将本票转交给总部的现金收款员,同时她还负责依据本票和有关凭证上的资料记录收入。由于资金从未存入过地方基金会的银行账户,因此没有形成外部记录。在这项舞弊中,该会计师定期将其中一张本票存入由她控制的一个账户,账户的名称和本票的背书都是"青年圣经基金会特别账户"。显然,她并没有将这些侵吞的现金记入收入。

在审计师实施对基金会内部控制的检查时,他们定期与雇员们会面,调查制度的运行情况。在讨论过程中,他们从未听说过从露营地汇寄资金的手续。总部内除贪污者以外,是否还有人了解此项手续,并不十分清楚。由于审计报告提出的是保留意见并且由于其审计的实施情况良好,艾布尔事务所没有对此项损失承担责任。他们帮助基金会设置了新的控制以避免此类事项的再次发生。然而尽管如此,基金会还是更换了审计师。

由于本案中的基金会没有设置必要的职务分离与实施及时有效的内部独立稽核,而导致大量的资金收入被基金会的总账会计师侵吞,即使在执行了有效的审计程序的情况下,该项舞弊行为仍未被发现。这说明企业设置并执行完善的内部控制是抵御舞弊行为必不可少的途径和手段,甚至完善的内部控制比优秀的审计人员更能防止舞弊的发生。

三、对内部控制了解的深度

对内部控制了解的深度是指在了解被审计单位及其环境时对内部控制了解的程度。包括评价控制的设计,并确定其是否得到执行,但不包括对控制是否得到一贯执行的测试。

（一）评价控制的设计

审计人员在了解内部控制时,应当评价控制的设计,并确定其是否得到执行。评价控制的设计是指考虑一项控制单独或连同其他控制是否能够有效防止或发现并纠正重大错报。控制得到执行是指某项控制存在且被审计单位正在使用。设计不当的控制可能表明内部控制存在重大缺陷,审计人员在确定是否考虑控制得到执行时,应当首先考虑控制的设计。如果控制设计不当,不需要再考虑控制是否得到执行。

（二）获取控制设计和执行的审计证据

审计人员通常实施下列风险评估程序,以获取有关控制设计和执行的审计证据:(1)询问被审计单位的人员;(2)观察特定控制的运用;(3)检查文件和报告;(4)追踪交易在财务报告信息系统中的处理过程,即执行穿行测试。这些程序是风险评估程序在了解被审计单位内部控制方面的具体运用。询问本身并不足以评价控制的设计以及确定其是否得到执行,审计人员应当将询问与其他风险评估程序结合使用。

(三)了解内部控制与测试控制运行有效性的关系

除非存在某些可以使控制得到一贯运行的自动化控制,审计人员对控制的了解并不能够代替对控制运行有效性的测试。

例如,获取某一人工控制在某一时点得到执行的审计证据,并不能证明该控制在所审计期间内的其他时点也有效运行。但是,信息技术可以使被审计单位持续一贯地对大量数据进行处理,提高了被审计单位监督控制活动运行情况的能力,信息技术还可以通过对应用软件、数据库、操作系统设置安全控制来实现有效的职责划分。由于信息技术处理流程的内在一贯性,实施审计程序确定某项自动控制是否得到执行,也可能实现对控制运行有效性测试的目标。

四、内部控制的局限性

内部控制存在固有局限性,无论如何设计和执行,只能对财务报告的可靠性提供合理的保证。内部控制存在的固有局限性包括:

1. 在决策时人为判断可能出现错误和由于人为失误而导致内部控制失效。例如,被审计单位信息技术工作人员没有完全理解系统如何处理销售交易,为使系统能够处理新型产品的销售,可能错误地对系统进行更改;或者对系统的更改是正确的,但是程序员没能把更改转化为正确的程序代码。

2. 可能由于两个或更多的人员进行串通或管理层凌驾于内部控制之上而被规避。例如,管理层可能与客户签订背后协议,对标准的销售合同做出变动,从而导致确认收入发生错误。再如,软件中的编辑控制旨在发现和报告超过赊销信用额度的交易,但这一控制可能被逾越或规避。

小型被审计单位拥有的员工通常较少,限制了其职责分离的程度,业主凌驾于内部控制之上的可能性较大,审计人员应当考虑一些关键领域是否存在有效的内部控制,包括考虑小型被审计单位总体的控制环境,特别是业主对于内部控制及其重要性的态度、认识和措施。

五、控制环境

(一)控制环境的含义和了解控制环境的总体要求

控制环境包括治理职能和管理职能,以及治理层和管理层对内部控制及其重要性的态度、认识和措施。控制环境设定了被审计单位的内部控制基调,影响员工对内部控制的认识和态度,良好的控制环境是实施有效内部控制的基础。防止或发现并纠正舞弊和错误是被审计单位治理层和管理层的责任,审计人员则应当了解和评价被审计单位的控制环境。

在评价控制环境的设计和实施情况时,审计人员应当了解管理层在治理层的监督下,是否营造并保持了诚实守信和合乎道德的文化,以及是否建立了防止或发现并纠正舞弊和错误的恰当控制。实际上,在审计业务承接阶段,审计人员就需要对控制环境做出初步了解和评价。

(二)控制环境的构成要素

在评价控制环境的设计时,审计人员应当考虑构成控制环境的下列要素,以及这些要素如何被纳入被审计单位业务流程:(1)对诚信和道德价值观念的沟通与落实;(2)对胜任能力的重视;(3)治理层的参与程度;(4)管理层的理念和经营风格;(5)组织结构;(6)职权与责任的分配;(7)人力资源政策与实务。

(三)了解控制环境的程序

在评价控制环境各个要素时,审计人员应当考虑控制环境各个要素是否得到执行。因为管理层也许建立了一个合理的内部控制,但未有效执行。例如,管理层已建立正式的行为准则,但实际操作中没有对不遵守的行为采取措施。又如,管理层要求信息系统建立安全措施,但没有提供足够的资源。

在确定构成控制环境的要素是否得到执行时,审计人员应当考虑将询问与观察和检查等风险评估程序结合运用以获取审计证据。例如,通过询问管理层和员工,审计人员可能了解管理层如何就业务规程和道德价值观念与员工进行沟通;通过检查文件,可以了解管理层是否建立了正式的行为守则;通过询问和观察,可以了解行为守则在日常工作中是否得到遵守,以及管理层如何处理违反行为守则的情形。

(四)考虑控制环境的总体优势及缺陷

控制环境对重大错报风险的评估具有广泛影响,审计人员应当考虑控制环境的总体优势是否为内部控制的其他要素提供了适当的基础,并且未被控制环境中存在的缺陷所削弱。审计人员在评估重大错报风险时,存在令人满意的控制环境是一个积极的因素。虽然令人满意的控制环境并不能绝对防止舞弊,但有助于降低舞弊的风险。有效的控制环境还为审计人员相信在以前年度和期中所测试的控制将继续有效运行提供一定基础。相反,控制环境中存在的弱点可能削弱控制的有效性。例如,审计人员在进行风险评估时,如果认为被审计单位控制环境薄弱,则很难认定某一流程的控制是有效的。

(五)考虑控制环境与其他控制要素的综合作用

控制环境本身并不能防止或发现并纠正各类交易、账户余额、列报认定层次的重大错报,审计人员在评估重大错报风险时应当将控制环境连同其他内部控制要素产生的影响一并考虑。例如,将控制环境与对控制的监督和具体控制活动一并考虑。

六、被审计单位的风险评估过程

(一)被审计单位面临的风险及风险评估过程

任何经济组织在经营活动中都会面临各种各样的风险,并对其生存和竞争能力产生影响。很多风险的产生并不为经济组织所控制,但管理层应当确定可以承受的风险水平,识别这些风险并采取一定的应对措施。

被审计单位进行的风险评估过程就是识别、评估和管理影响其经营目标实现能力的各种风险。而针对财务报告目标的风险评估过程则包括识别与财务报告相关的经营风险,估计风险的重大性和发生的可能性,以及如何采取措施管理这些风险。例如,风险评估可能会涉及被审计单位如何考虑对某些交易未予记录的可能性,或者识别和分析财务报告中的重大会计估计发生错报的可能性。与财务报告相关的风险也可能与特定事项和交易有关,审计人员应当了解被审计单位的风险评估过程和结果。

(二)对风险评估过程的了解与评估

1. 评价风险评估过程的设计与执行

在评价被审计单位风险评估过程的设计和执行时,审计人员应当确定管理层如何识别与财务报告相关的经营风险,如何评估该风险的重要性,如何评估风险发生的可能性,以及如何采取措施管理这些风险。如果被审计单位的风险评估过程符合其真实情况,则有助于审计人员识别重大错报风险。

2. 向管理层询问识别出的经营风险

审计人员应当询问管理层识别出的经营风险,并考虑这些风险是否可能导致重大错报。在审计过程中,如果发现与财务报表有关的风险因素,审计人员可通过向管理层询问和检查有关文件确定被审计单位的风险评估过程是否也发现了该风险。在审计过程中,如果识别出管理层未能识别的重大错报风险,审计人员应当考虑被审计单位的风险评估过程为何没有识别出这些风险,以及评估过程是否适合于具体环境。例如,在销售循环中,如果发现了销售的截止性错报的风险,审计人员应当考虑管理层是否也识别了该错报风险,以及管理层如何应对该风险。

七、信息系统与沟通

(一)与财务报告相关的信息系统

信息系统与沟通是收集与交换被审计单位执行、管理和控制业务活动所需信息的过程,包括收集和提供信息,特别是为履行内部控制岗位职责所需的信息给适当人员,使之能够履行职责。与财务报告相关的信息系统包括用以生成、记录、处理和报告交易、事项和情况,对相关资产、负债和所有者权益履行经营管理责任的程序和记录。

交易可能通过人工或自动化程序生成。记录包括识别和收集与交易、事项有关的信息。处理包括编辑、核对、计量、估价、汇总和调节活动,可能由人工或自动化程序来执行。报告是指用电子或书面形式编制财务报告和其他信息,供被审计单位用于衡量和考核财务及其他方面的业绩。

与财务报告相关的信息系统应当与业务流程相适应。业务流程是指被审计单位开发、采购、生产、销售、发送产品和提供服务、保证遵守法律法规、记录信息等一系列活动。信息系统与沟通的质量直接影响管理层对经营活动做出正确决策和编制可靠财务报告的能力。与财务报告相关的信息系统通常包括下列职能:(1)识别与记录所有的有效交易;(2)及时、详细地描述交易,以便在财务报告中对交易做出恰当分类;(3)恰当计量交易,以便在财务报告中对交易的金额做出准确记录;(4)恰当确定交易生成的会计期间;(5)在财务报表中恰当列报交易。

(二)了解与财务报告相关的信息系统

审计人员应当从下列方面了解与财务报告相关的信息系统:

1. 在被审计单位经营过程中,对财务报表具有重大影响的各类交易。

2. 在信息技术和人工系统中,对交易生成、记录、处理和报告的程序。在获取了解时,审计人员应当同时考虑,被审计单位用以将交易处理系统中的数据过入总分类账和财务报告的程序。

3.与交易生成、记录、处理和报告有关的会计记录、支持性信息和财务报表中的特定项目。一个典型的企业信息系统包括使用标准的会计分录,以记录销售、购货和现金付款等重复发生的交易,或记录管理层定期做出的会计估计,如应收账款可回收金额的变化。企业信息系统同时包括使用非标准的分录,以记录不重复发生的、异常的交易或调整事项,如企业合并、资产减值。

4.信息系统如何获取除各类交易之外的对财务报表具有重大影响的事项和情况,如固定资产和长期资产的计提折旧或摊销、应收账款计提坏账准备。

5.被审计单位编制财务报告的过程,包括做出的重大会计估计和披露。编制财务报告的程序应当同时确保适用的会计准则和相关会计制度要求披露的信息得以收集、记录、处理和汇总,并在财务报告中适当披露。

6.管理层凌驾于账户记录控制之上的风险。在了解与财务报告相关的信息系统时,审计人员应当特别关注由于管理层凌驾于账户记录控制之上,或规避控制行为而产生的重大错报风险,并考虑被审计单位如何纠正不正确的交易处理。自动化程序和控制可能降低了发生无意错误的风险,但是并没有消除个人凌驾于控制之上的风险,比如某些高级管理人员可能篡改自动过入总分类账和财务报告系统的数据金额。当被审计单位运用信息技术进行数据的传递时,篡改可能不会留下痕迹或证据。

(三)与财务报告相关的沟通

与财务报告相关的沟通包括使员工了解各自在与财务报告有关的内部控制方面的角色和职责、员工之间的工作联系,以及向适当级别的管理层报告例外事项的方式。

公开的沟通渠道有助于确保例外情况得到报告和处理。沟通可以采用政策手册、会计和财务报告手册和备忘录等形式进行,也可以通过发送电子邮件、口头沟通和管理层的行动来进行。

(四)了解与财务报告相关的沟通

审计人员应当了解被审计单位内部如何对财务报告的岗位职责,以及与财务报告相关的重大事项进行沟通。审计人员还应当了解管理层与治理层,特别是与审计委员会之间的沟通,以及被审计单位与外部,包括与监管部门的沟通。具体包括:

1.管理层对于员工的职责和控制责任是否进行了有效沟通;

2.对于可疑的不恰当事项和行为是否建立了沟通渠道;

3.组织内部沟通的充分性是否能够使人员有效地履行职责;

4.对于与客户、供应商、监管者和其他外部人士的沟通,管理层是否及时采取适当的进一步行动;

5.被审计单位是否受到某些监管机构发布的监管要求的约束;

6.外部人士如客户和供应商在多大程度上获知被审计单位的行为守则。

八、控制活动

(一)相关的控制活动

控制活动是指有助于确保管理层的指令得以执行的政策和程序,包括与授权、业绩评价、信息处理、实物控制和职责分离等相关的活动。

1. 授权

授权的目的在于保证交易在管理层授权范围内进行,包括一般授权和特别授权。一般授权是指管理层制定的要求组织内部遵守的普遍适用于某类交易或活动的政策。特别授权是指管理层针对特定类别的交易或活动逐一设置的授权,如重大资本支出和股票发行。特别授权也可能用于超过一般授权限制的常规交易。例如,同意因某些特别原因,对某个不符合一般信用条件的客户赊销商品。

2. 业绩评价

业绩评价主要包括被审计单位分析评价实际业绩与预算或预测及前期业绩的差异,综合分析财务数据与经营数据的内在关系,将内部数据与外部信息来源相比较,评价职能部门、分支机构或项目活动的业绩,如银行客户信贷经理复核各分行、地区和各种贷款类型的审批和收回,以及对发现的异常差异或关系采取必要的调查与纠正措施。

通过调查非预期的结果和非正常的趋势,管理层可以识别可能影响经营目标实现的情形。管理层对业绩信息的使用,如将这些信息用于经营决策,还是同时用于对财务报告系统报告的非预期结果进行追踪,决定了业绩指标的分析是只用于经营目的,还是同时用于财务报告目的。

3. 信息处理

信息处理控制是被审计单位执行的各种措施,以检查各种类型信息处理环境下的交易的准确性、完整性和授权。信息处理控制可以是人工的、自动化的,或是基于自动流程的人工控制。信息处理控制分为两类,即信息技术一般控制和信息技术应用控制。

信息技术一般控制是指与多个应用系统有关的政策和程序,有助于保证信息系统持续恰当地运行,包括信息的完整性和数据的安全性,支持应用控制作用的有效发挥,通常包括数据中心和网络运行控制,系统软件的购置、修改及维护控制,接触或访问权限控制,应用系统的购置、开发及维护控制。例如,程序改变的控制、限制接触程序和数据的控制、与新版应用软件包实施有关的控制等都属于信息系统一般控制。

信息技术应用控制主要是指在业务流程层次运行的人工或自动化程序,与用于生成、记录、处理、报告交易或其他财务数据的程序相关,通常包括检查数据计算的准确性,审核账户和试算平衡表,设置对输入数据和数字序号的自动检查,以及对例外报告进行人工干预。

4. 实物控制

实物控制主要包括对资产和记录采取适当的安全保护措施,对访问计算机程序和数据文件设置授权,以及定期盘点并将盘点记录与会计记录相核对。例如,现金、有价证券和存货的定期盘点控制。实物控制的效果影响资产的安全,从而对财务报表的可靠性及审计产生影响。

5. 职责分离

职责分离主要包括了解被审计单位如何将交易授权、交易记录以及资产保管等职责分配给不同员工,以防范同一员工在履行多项职责时可能发生的舞弊或错误。当信息技术在信息系统中运用时,职责分离可以通过设置安全控制来实现。

(二)对控制活动的了解

在了解控制活动时,审计人员应当重点考虑一项控制活动单独或连同其他控制活动,是否能够以及如何防止或发现并纠正各类交易、账户余额、列报存在的重大错报。审计人员的工作重点是识别和了解针对重大错报可能发生的领域的控制活动。如果多项控制活动能够实现同一目标，审计人员不必了解与该目标相关的每项控制活动。在了解其他内部控制要素时，如果获取了控制活动是否存在的信息，审计人员应当确定是否有必要进一步了解这些控制活动。

审计人员对被审计单位整体层面的控制活动进行的了解和评估，主要是针对被审计单位的一般控制活动，特别是信息技术的一般控制。在了解和评估时考虑的主要因素可能包括：

1. 对被审计单位的主要经营活动是否都有必要的控制政策和程序；
2. 管理层对预算、利润和其他财务和经营业绩方面是否都有清晰的目标，在被审计单位内部，是否对这些目标加以清晰的记录和沟通，并且积极地对其进行监控；
3. 是否存在计划和报告系统以识别与计划业绩的差异，并向适当层次的管理层报告该差异；
4. 是否由适当层次的管理层对差异进行调查，并及时采取适当的纠正措施；
5. 不同人员的职责应在何种程度上相分离，以降低舞弊和不当行为发生的风险；
6. 会计系统中的数据是否与实物资产定期核对；
7. 是否建立了适当的保护措施，以防止未经授权接触文件、记录和资产；
8. 是否控制对数据和程序的接触；
9. 是否存在信息安全职能部门负责监控信息安全政策和程序。

九、对控制的监督

（一）对控制的监督

管理层的重要职责之一就是建立和维护控制并保证其持续有效运行，对控制的监督可以实现这一目标。对控制的监督是指被审计单位评价内部控制在一段时间内运行有效性的过程，该过程包括及时评价控制的设计和运行，以及根据情况的变化采取必要的纠正措施。例如，管理层对是否定期编制银行存款余额调节表进行复核，内部审计人员评价销售人员是否遵守公司关于销售合同条款的政策，法律部门定期监控公司的道德规范和商务行为准则是否得以遵循。监督对控制的持续有效运行十分重要。例如，如果没有对银行存款余额调节表是否得到及时和准确的编制进行监督，该项控制可能无法得到持续的执行。

被审计单位通常通过持续的监督活动、专门的评价活动或两者相结合，来实现对控制的监督。持续的监督活动通常贯穿于被审计单位的日常经营活动与常规管理工作中。例如，销售经理、采购经理和车间主任对经营活动十分了解，会对有重大差异的报告提出疑问，并作必要的追踪调查和处理。

被审计单位可能使用内部审计人员或具有类似职能的人员对内部控制的设计和执行进行专门的评价，以找出内部控制的优点和不足，并提出改进建议。被审计单位也可能利用与外部有关各方沟通或交流所获取的信息监督相关的控制活动。在某些情况下，外部信息可能显示内部控制存在的问题和需要改进之处。例如，客户通过付款来表示其同意发票金额,或者认为发票金额有误而不付款。监管机构,比如银行监管机构可能会对影响内部控制运行的问题与被审计单位沟通。管理层可能也会考虑与审计人员就内部控制问题进行沟通,通过外部信息来发现内部控制的问题,以便采取纠正措施。

值得注意的是,上述用于监督活动的很多信息都由被审计单位的信息系统产生,这些信息可能会存在错报,从而导致管理层从监督活动中得出错误的结论。因此,审计人员应当了解与被审计单位监督活动相关的信息来源,以及管理层认为信息具有可靠性的依据。如果拟利用被审计单位监督活动使用的信息,包括内部审计报告,审计人员应当考虑该信息是否具有可靠的基础、是否足以实现审计目标。

(二)了解对内部控制的监督

审计人员在对被审计单位整体层面的监督进行了解和评估时,考虑的主要因素可能包括:

1. 被审计单位是否定期评价内部控制。

2. 被审计单位人员在履行正常职责时,能够在多大程度上获得内部控制是否有效运行的证据。

3. 与外部的沟通能够在多大程度上证实内部产生的信息或者指出存在的问题。

4. 管理层是否会采纳内部审计人员和审计人员有关内部控制的建议。

5. 管理层及时纠正控制运行偏差情况报告的方法。

6. 管理层处理监管机构的报告及建议的方法。

7. 是否存在协助管理层监督内部控制的职能部门,如内部审计部门。如果存在,对内部审计职能需进一步考虑的因素包括:(1)独立性和权威性;(2)向谁报告,例如,直接向董事会、审计委员会或类似机构报告,对接触董事会、审计委员会或类似机构是否有限制;(3)是否有足够的人员、培训和特殊技能,例如,对于复杂的高度自动化的环境应使用有经验的信息系统审计人员;(4)是否坚持适用的专业准则;(5)活动的范围,例如,财务审计和经营审计工作的平衡,在分散经营情况下,内部审计的覆盖程度和轮换程度;(6)计划、风险评估和执行工作的记录和形成结论的适当性;(7)是否不承担经营管理责任。

第五节　评估重大错报风险

一、识别和评估财务报表层次和认定层次的重大错报风险

(一)识别和评估重大错报风险的审计程序

在识别和评估重大错报风险时,审计人员应当实施下列审计程序:

1. 在了解被审计单位及其环境的整个过程中识别风险,并将识别的风险与各类交易、账户余额和列报相联系。例如,被审计单位因相关环境法规的实施需要更新设备,将导致对原有设备提取减值准备;宏观经济的低迷可能预示应收账款的回收存在问题;竞争者开发的新产品上市,可能导致被审计单位的主要产品在短期内过时,预示将出现存货跌价和长期资产的减值。

2.将识别的风险与认定层次可能发生错报的领域相联系。例如,销售困难使产品的市场价格下降,可能导致年末存货减值而需要计提存货跌价准备,这显示存货的计价认定可能发生错报。

3.考虑识别的风险是否重大,即风险造成后果的严重程度。上例中,除考虑产品市场价格下降因素外,审计人员还应当考虑产品市场价格下降的幅度、该产品在被审计单位产品中的比重等,以确定识别的风险对财务报表的影响是否重大。假如产品市场价格大幅下降,导致产品销售收入不能抵偿成本,毛利率为负,那么年末存货跌价问题严重,存货计价认定发生错报的风险重大;假如价格下降的产品在被审计单位销售收入中所占比例很小,被审计单位其他产品销售毛利率很高,尽管该产品的毛利率为负,但可能不会使年末存货发生重大跌价问题。

4.考虑识别的风险导致财务报表发生重大错报的可能性。审计人员还需要考虑上述识别的风险是否会导致财务报表发生重大错报。例如,考虑存货的账面余额是否重大,是否已适当计提存货跌价准备等。在某些情况下,尽管识别的风险重大,但仍不至于导致财务报表发生重大错报风险。如期末财务报表中存货的余额较低,尽管识别的风险重大,但不至于导致存货的计价认定发生重大错报风险。再如,被审计单位对于存货跌价准备的计提实施了比较有效的内部控制,管理层已根据存货的可变现净值,计提了相应的跌价准备。在这种情况下,财务报表发生重大错报的可能性将相应降低。

审计人员应当利用实施风险评估程序获取的信息,包括在评价控制设计和确定其是否得到执行时获取的审计证据作为支持风险评估结果的审计证据,并根据风险评估结果,确定实施进一步审计程序的性质、时间和范围。

(二)可能表明被审计单位存在重大错报风险的事项和情况

审计人员应当关注下列可能表明被审计单位存在重大错报风险的事项和情况:

1.在经济不稳定的国家或地区开展业务;
2.在高度波动的市场开展业务;
3.在严厉、复杂的监管环境中开展业务;
4.持续经营和资产流动性出现问题,包括重要客户的流失;
5.融资能力受到限制;
6.行业环境发生变化;
7.供应链发生变化;
8.开发新产品或提供新服务,或进入新的业务领域;
9.开辟新的经营场所;
10.发生重大收购、重组或其他非经常性事项;
11.拟出售分支机构或业务分部;
12.复杂的联营或合资;
13.运用表外融资、特殊目的实体以及其他复杂的融资协议;
14.重大的关联方交易;
15.缺乏具备胜任能力的会计人员;
16.关键人员变动;

17. 内部控制薄弱；
18. 信息技术战略与经营战略不协调；
19. 信息技术环境发生变化；
20. 安装新的与财务报告有关的重大信息技术系统；
21. 经营活动或财务报告受到监管机构的调查；
22. 以往存在重大错报或本期期末出现重大会计调整；
23. 发生重大的非常规交易；
24. 按照管理层特定意图记录的交易；
25. 应用新颁布的会计准则或相关会计制度；
26. 会计计量过程复杂；
27. 事项或交易在计量时存在重大不确定性；
28. 存在未决诉讼和或有负债。

审计人员应当充分关注可能表明被审计单位存在重大错报风险的上述事项和情况，并考虑由于上述事项和情况导致的风险是否重大，以及该风险导致财务报表发生重大错报的可能性。

(三) 识别两个层次的重大错报风险

在对重大错报风险进行识别和评估后，审计人员应当确定，识别的重大错报风险是与特定的某类交易、账户余额、列报的认定相关，还是与财务报表整体广泛相关，进而影响多项认定。某些重大错报风险可能与特定的各类交易、账户余额、列报的认定相关。例如，被审计单位存在复杂的联营或合资，这一事项表明长期股权投资账户的认定可能存在重大错报风险。又如，被审计单位存在重大的关联方交易，该事项表明关联方及关联方交易的披露认定可能存在重大错报风险。

某些重大错报风险可能与财务报表整体广泛相关，进而影响多项认定。例如，在经济不稳定的国家和地区开展业务、资产的流动性出现问题、重要客户流失、融资能力受到限制，可能导致审计人员对被审计单位的持续经营能力产生重大疑虑。又如，管理层缺乏诚信或承受异常的压力可能引发舞弊风险，这些风险就与财务报表整体相关。

(四) 控制对评估两个层次重大错报风险的影响

1. 控制环境对评估财务报表层次重大错报风险的影响

财务报表层次的重大错报风险很可能源于薄弱的控制环境。薄弱的控制环境带来的风险可能对财务报表产生广泛的影响，并不是仅限于某类交易、账户余额或列报，审计人员应当采取总体应对措施。

例如，被审计单位治理层、管理层对内部控制的重要性缺乏认识，没有建立必要的制度和程序；或管理层经营理念偏于激进，又缺乏实现激进目标的人力资源等，这些缺陷源于薄弱的控制环境，可能对财务报表产生广泛影响，需要审计人员采取总体应对措施。

2. 控制对评估认定层次重大错报风险的影响

在评估重大错报风险时，审计人员应当将所了解的控制与特定认定相联系。这是由于控制有助于防止或发现并纠正认定层次的重大错报。在评估重大错报发生的可能性时，除了考虑可能的风险外，还要考虑控制对风险的抵消和遏制作用。有效的控制会减少错报发生的可能性,而控制不当或缺乏控制,错报就会由可能变成现实。

控制可能与某一认定直接相关,也可能与某一认定间接相关。关系越间接,控制在防止或发现并纠正认定中错报的作用就越小。例如,销售经理对分地区的销售网点的销售情况进行复核,与销售收入完整性的认定只是间接相关。相应的,该项控制在降低销售收入完整性认定中的错报风险效果要比与该认定直接相关的控制要差,如将发货单据与开具的销售发票相核对。因此,控制与认定直接或间接相关;关系越间接,控制对防止或发现并纠正认定错报的效果越小。

审计人员可能识别出有助于防止或发现并纠正特定认定发生重大错报的控制。在确定这些控制是否能够实现上述目标时,审计人员应当将控制活动和其他要素综合考虑。如将销售和收款的控制置身于其所在的流程和系统中考虑,以确定其能否实现控制目标。因为,单个的控制活动,比如将发货单和销售发票核对本身并不足以控制重大错报风险。只有多种控制活动和内部控制的其他要素综合作用才足以控制重大错报风险。

当然,也有某些控制活动可能专门针对某类交易或账户余额的个别认定。例如,被审计单位建立的以确保盘点工作人员能够正确地盘点和记录存货的控制活动,直接与存货账户余额的存在性和完整性认定相关。审计人员只需要对盘点过程和程序进行了解就可以确定控制是否能够实现目标。

审计人员应当考虑对识别的各类交易、账户余额和列报认定层次的重大错报风险予以汇总和评估,以确定进一步审计程序的性质、时间和范围。表9-1 给出了汇总认定层次重大错报风险的工作底稿示例。

表 9-1 评估认定层次的重大错报风险汇总表

重大账户	认定	识别的重大错报风险	风险评估结果
列示重大账户。例如,应收账款	列示相关的认定。例如,存在、完整性、计价或分摊	汇总实施审计程序识别出的与该重大账户的某项认定相关的重大错报风险	评估该项认定的重大错报风险水平,应考虑控制设计是否合理,是否得到执行

（五）考虑财务报表的可审计性

审计人员在了解被审计单位内部控制后,可能对被审计单位财务报表的可审计性产生怀疑。例如,对被审计单位会计记录的可靠性和状况的担心可能会使审计人员认为不太可能获取充分、适当的审计证据,以支持对财务报表发表意见。再如,管理层严重缺乏诚信,审计人员认为管理层在财务报表中做出虚假陈述的风险高到无法进行审计的程度。因此,如果通过对内部控制的了解发现下列情况,并对财务报表局部或整体的可审计性产生疑问,审计人员应当考虑出具保留意见或无法表示意见的审计报告：(1)被审计单位会计记录的状况和可靠性存在重大问题,不能获取充分、适当的审计证据以发表无保留意见；(2)对管理层的诚信存在严重疑虑。必要时,审计人员应当考虑解除业务约定。

二、需要特别考虑的重大错报风险

(一)特别风险的含义

作为风险评估的一部分,审计人员应当运用职业判断,确定识别的风险哪些是需要特别考虑的重大错报风险,即特别风险。

(二)确定特别风险时应考虑的事项

在确定哪些风险是特别风险时,审计人员应当在考虑识别出的控制对相关风险的抵消效果前,根据风险的性质、潜在错报的重要程度、该风险是否可能导致多项错报和发生的可能性,判断风险是否属于特别风险。

在确定风险的性质时,审计人员应当考虑下列事项:(1)风险是否属于舞弊风险;(2)风险是否与近期经济环境、会计处理方法和其他方面的重大变化有关;(3)交易的复杂程度;(4)风险是否涉及重大的关联方交易;(5)财务信息计量的主观程度,特别是对不确定事项的计量存在较大区间;(6)风险是否涉及异常或超出正常经营过程的重大交易。

(三)非常规交易和判断事项导致的特别风险

日常的、不复杂的、经正规处理的交易不太可能产生特别风险。特别风险通常与重大的非常规交易和判断事项有关。

非常规交易是指由于金额或性质异常而不经常发生的交易。例如,企业购并、债务重组、重大或有事项。由于非常规交易具有下列特征,与重大非常规交易相关的特别风险可能导致更高的重大错报风险:(1)管理层更多地介入会计处理;(2)数据收集和处理涉及更多的人工成分;(3)复杂的计算或会计处理方法;(4)非常规交易的性质可能使被审计单位难以对由此产生的特别风险实施有效控制。

判断事项通常包括做出的会计估计。例如,资产减值准备金额的估计、需要运用复杂估值技术确定的公允价值计量。由于下列原因,与重大判断事项相关的特别风险可能导致更高的重大错报风险:(1)对涉及会计估计、收入确认等方面的会计原则存在不同的理解;(2)所要求的判断可能是主观和复杂的,或需要对未来事项做出假设。

(四)考虑与特别风险相关的控制

了解与特别风险相关的控制,有助于审计人员制定有效的审计方案予以应对。对特别风险,审计人员应当评价相关控制的设计情况,并确定其是否已经得到执行。由于与重大非常规交易或判断事项相关的风险很少受到日常控制的约束,审计人员应当了解被审计单位是否针对该特别风险设计和实施了控制。例如,做出会计估计所依据的假设是否由管理层或专家进行复核,是否建立做出会计估计的正规程序,重大会计估计结果是否由治理层批准等。再如,管理层在收到重大诉讼事项的通知时采取的措施,包括这类事项是否提交适当的专家,如内部或外部的法律顾问处理、是否对该事项的潜在影响做出评估、是否确定该事项在财务报表中的披露以及如何确定。

如果管理层未能实施控制以恰当应对特别风险,审计人员应当认为内部控制存在重大缺陷,并考虑其对风险评估的影响。在此情况下,审计人员应当考虑就此类事项与治理层沟通。

三、仅通过实质性程序无法应对的重大错报风险

作为风险评估的一部分,如果认为仅通过实质性程序获取的审计证据无法将认定层次的重大错报风险降至可接受的低水平,审计人员应当评价被审计单位针对这些风险设计的控制,并确定其执行情况。

在被审计单位对日常交易采用高度自动化处理的情况下,审计证据可能仅以电子形式存在,其充分性和适当性通常取决于自动化信息系统相关控制的有效性,审计人员应当考虑仅通过实施实质性程序不能获取充分、适当审计证据的可能性。例如,某企业通过高度自动化的系统确定采购品种和数量,生成采购订单,并通过系统中设定的收货确认和付款条件进行付款。除了系统中的相关信息以外,该企业没有其他有关订单和收货的记录。在这种情况下,如果认为仅通过实质性程序不能获取充分、适当的审计证据,审计人员应当考虑依赖相关控制的有效性,并对其进行了解、评估和测试。在实务中,审计人员可以用表 9-2 汇总识别的重大错报风险。

表 9-2 识别的重大错报风险汇总表

识别的重大错报风险	对财务报表的影响	相关的交易类别、账户余额和列报认定	是否与财务报表整体广泛相关	是否属于特别风险	是否属于仅通过实质性程序无法应对的重大错报风险
记录识别的重大错报风险	描述对财务报表的影响和导致财务报表发生重大错报的可能性	列示相关的各类交易、账户余额、列报及其认定	考虑是否属于财务报表层次的重大错报风险	考虑是否属于特别风险	考虑是否属于仅通过实质性程序无法应对的重大错报风险

四、对风险评估的修正

审计人员对认定层次重大错报风险的评估应以获取的审计证据为基础,并可能随着不断获取审计证据而做出相应的变化。

例如,审计人员对重大错报风险的评估可能基于预期控制运行有效这一判断,即相关控制可以防止或发现并纠正认定层次的重大错报。但在测试控制运行的有效性时,审计人员获取的证据可能表明相关控制在被审计期间并未有效运行。同样,在实施实质性程序后,审计人员可能发现错报的金额和频率比在风险评估时预计的金额和频率要高。因此,如果通过实施进一步审计程序获取的审计证据与初始评估重大错报风险时获取的审计证据相矛盾,审计人员应当修正风险评估结果,并相应地修改原计划实施的进一步审计程序。

因此,评估重大错报风险与了解被审计单位及其环境一样,也是一个连续和动态地收

集、更新与分析信息的过程,应当贯穿于整个审计过程的始终。

本章小结

审计人员应当了解被审计单位及其环境,以充分识别和评估财务报表重大错报风险,并设计和实施进一步审计程序。审计人员可以运用的风险评估程序包括询问、分析程序、观察和检查。审计人员可以从以下六个方面了解被审计单位及其环境:(1)行业状况、法律环境与监管环境以及其他外部因素;(2)被审计单位的性质;(3)被审计单位对会计政策的选择和运用;(4)被审计单位的目标、战略以及相关经营风险;(5)被审计单位财务业绩的衡量和评价;(6)被审计单位的内部控制。审计人员应当熟悉内部控制的目标、基本要素和固有局限性,掌握了解和评估被审计单位内部控制的目的、范围和程序。审计人员在了解被审计单位及其环境的整个过程中识别重大错报风险,并将识别的风险与各类交易、账户余额和列报以及认定层次可能发生错报的领域相联系。针对识别的风险,审计人员需要考虑风险造成后果的严重程度以及风险导致财务报表发生重大错报的可能性,并在此基础上确定特别风险。

思考题

1. 审计风险准则为什么将了解被审计单位及其环境并评估重大错报风险规定为必要的审计程序?
2. 审计人员可以运用的风险评估程序有哪些?
3. 审计人员应当从哪些方面了解被审计单位及其环境?
4. 内部控制的目标是什么?内部控制包括哪些基本要素?
5. 审计人员了解和评估被审计单位内部控制的目的和范围是什么?
6. 审计人员应该执行哪些审计程序以实现对被审计单位内部控制的了解?
7. 内部控制存在哪些固有局限性?对审计人员执行的财务报表审计具有哪些影响?
8. 控制环境包括哪些具体要素?审计人员如何对控制环境进行了解和评价?
9. 审计人员应当如何对被审计单位管理层的风险评估过程进行了解与评估?
10. 审计人员应当如何对被审计单位与财务报告相关的信息系统与沟通进行了解与评价?
11. 控制活动包括哪些具体的控制措施?审计人员应当如何对被审计单位的各项具体控制活动进行了解与评价?
12. 审计人员应当如何对被审计单位对控制的监督进行了解与评价?
13. 在识别和评估重大错报风险时,审计人员应当实施哪些审计程序?
14. 审计人员应当关注哪些可能表明被审计单位存在重大错报风险的事项和情况?
15. 审计人员在确定重大错报风险是否构成特别风险时应当考虑哪些事项?

练习题

一、单项选择题

1. 内部控制无论如何设计和执行只能对财务报告的可靠性提供合理保证，其原因是（　　）。
   A. 建立和维护内部控制是被审计单位管理层的职责
   B. 内部控制的成本不应超过预期带来的收益
   C. 在决策时人为判断可能出现错误
   D. 对资产和记录采取适当的安全保护措施是被审计单位管理层应当履行的经管责任

2. 在了解控制环境时，审计人员通常考虑的因素是（　　）。
   A. 内部控制的人工成分
   B. 内部控制的自动化成分
   C. 董事会对内部控制重要性的态度和认识
   D. 会计信息系统

3. 下列情形中，最有可能导致审计人员不能执行财务报表审计的是（　　）。
   A. 被审计单位管理层没有清晰区分内部控制要素
   B. 被审计单位管理层没有根据变化的情况修改相关的内部控制
   C. 被审计单位管理层凌驾于内部控制之上
   D. 审计人员对被审计单位管理层的诚信存在严重疑虑

4. 审计人员没有义务实施的程序是（　　）。
   A. 查找被审计单位内部控制运行中的所有重大缺陷
   B. 了解被审计单位情况及其环境
   C. 实施审计程序，以了解被审计单位内部控制的设计
   D. 实施穿行测试，以确定被审计单位相关控制活动是否得到执行

5. 下列关于特别风险的陈述中不正确的是（　　）。
   A. 审计人员应当对拟信赖的针对特别风险的控制在本审计期间的运行有效性实施测试
   B. 如果认为评估的认定层次的重大错报风险是特别风险，审计人员应当专门针对该风险实施实质性程序
   C. 如果针对特别风险仅实施实质性程序，审计人员只能使用细节测试
   D. 审计人员应当了解、评估并测试针对特别风险的控制

二、多项选择题

1. 在确定特别风险时，审计人员的下列做法正确的有（　　）。
   A. 直接假定被审计单位收入确认存在特别风险
   B. 将被审计单位管理层舞弊导致的重大错报风险确定为特别风险
   C. 直接假定被审计单位存货存在特别风险
   D. 将被审计单位管理层凌驾于控制之上的风险确定为特别风险

2.在了解和测试与特别风险相关的内部控制时,审计人员的下列做法正确的有(　　)。
　　A.评价相关控制的设计情况,并确定其是否已经得到执行
　　B.如果拟信赖相关控制,每年测试控制的有效性
　　C.如果拟信赖相关控制,且相关控制自上次测试后未发生变化,每两年测试一次控制的有效性
　　D.如果相关控制不能恰当应对特别风险,应当就该事项与被审计单位治理层沟通
3.在针对特别风险计划和实施进一步审计程序时,审计人员可能采取的做法有(　　)。
　　A.实施控制测试和实质性程序　　　B.实施细节测试和实质性分析程序
　　C.仅实施控制测试　　　　　　　　D.仅实施实质性分析程序
4.在了解控制环境时,审计人员应当关注的内容有(　　)。
　　A.被审计单位治理层相对于管理层的独立性
　　B.被审计单位管理层的理念和经营风格
　　C.被审计单位员工整体的道德价值观
　　D.被审计单位对控制的监督
5.为了保证所有的产品销售均已入账,被审计单位的下列控制活动中与这一控制目标直接相关的有(　　)。
　　A.对销售发票进行顺序编号并复核当月开具的销售发票是否均已登记入账
　　B.检查销售发票是否经适当的授权批准
　　C.将每月产品发运数量与销售入账数量相核对
　　D.定期与客户核对应收账款余额

三、业务题

1.资料:
控制活动:
(1)生成验收报告的计算机程序,同时也更新采购档案。
(2)在更新采购档案之前必须先有验收报告。
(3)销货发票上的价格根据价目表上的信息确定。
(4)计算机将各凭证上的账户号码与会计科目表对比,然后进行一系列的逻辑测试。
控制活动可以防止的错报类型:
(1)防止出现分类错报。
(2)防止出现购货漏记账的情况。
(3)防止销货计价错误。
(4)防止记录了未收到购货的情况。
要求:将上列控制活动与可以防止的错报类型相匹配。

2.审计人员分别承接了下列被审计单位的财务报表审计业务,正在了解这些被审计单位的外部环境,分别列出审计人员应当确定的重点了解领域和事项,并简要说明这些领域可能导致的重大错报风险。
　　(1)从事计算机硬件制造的企业;
　　(2)金融机构;

(3)化工等产生污染的企业；
(4)建筑行业；
(5)慈善机构。

3.审计人员在对被审计单位及其环境的了解中获知被审计单位的下列目标和战略，分别列出这些目标和战略可能给被审计单位带来的经营风险。

(1)行业发展战略；
(2)开发新产品或提供新服务战略；
(3)业务扩张战略；
(4)执行新颁布的会计法规；
(5)遵守监管要求；
(6)融资目标；
(7)运用信息技术战略。

第十章

针对评估的重大错报风险实施的程序

学习目的： 通过本章学习，掌握审计人员针对财务报表层次的重大错报风险应当采取的总体应对措施，熟悉实质性方案和综合性方案的区别；熟悉进一步审计程序的性质、时间和范围，熟悉应当实施控制测试的情形，熟悉控制测试的主要审计程序；熟悉实质性程序的具体方法和设计这些方法的具体要求。

引导案例：

巨人零售公司案

巨人零售公司是美国一家大型的零售折扣商店，也是一家上市公司。由于竞争的压力，该公司在应付账款、销售退回以及进价差额的退回方面弄虚作假，将1971年发生的250万美元的经营损失篡改为150万美元的收益。审计该公司的塔奇·罗斯会计师事务所的有关合伙人由于屈服于客户施加的压力，在该公司的控制下对有关单位进行询证，执行了许多并无实效的审计程序：(1)对约1 100家广告商，只抽取了24个样本，对4个广告商的回函也缺乏足够的重视；(2)对应付米尔布鲁克公司账款金额的巨额调整先后得到3个不同的解释，也没有获取米尔布鲁克公司总裁签发的关于折让优惠的书面确认；(3)应巨人公司要求不与罗兹斯盖尔公司联系就退货问题进一步讨论；(4)对几百个供货商，只随意抽取了15个进行电话求证，并允许巨人公司先同供货商联系并通知此事，由巨人公司打通电话并进行一番解释后，才与供货商通话。此外，对巨人公司提出的更换审计合伙人、将某位助理审计人员赶出事务所等无理要求"委曲求全"；对审计助理人员发现的公司舞弊迹象也听之任之。更有甚者，当塔奇·罗斯会计师事务所在与巨人公司讨论审计中所发现的问题时，公司的有关人员是当面计算各种财务指标，以能否达到预期目标作为是否接受塔奇·罗斯会计师事务所调整意见的原则。

1972年，巨人公司向美国证券交易委员会提交了1971年年度财务报表和塔奇·罗斯会计师事务所出具的无保留意见审计报告，申请并获准发行了300万美元的普通股，还获取了1 200万美元的贷款。但1973年该公司突然宣布，由于存在潜在的会计错误可能会影响1971年年度的报告收益。大约一个月以后，塔奇·罗斯会计师事务所撤回了上述无保留意见审计报告。1973年8月,巨人公司向波士顿法院提交破产申请,2年后法庭宣布公司破产,该公司的有关人员则被判有罪。美国证券交易委员会在经过调查后,严厉谴责了塔奇·罗斯会计师事务所,并且在联邦法院处理此事前,暂停该所负责巨人公司审计的合伙人执业5个月。美国证券交易委员会同时要求由独立专家中的一位陪审员对塔奇·罗斯会计师事务所的审计程序进行一次大规模的检查,内容包括事务所的独立性以及如何接受聘约、保留客户等。

第一节 针对财务报表层次重大错报风险的总体应对措施

一、财务报表层次重大错报风险与总体应对措施

在财务报表重大错报风险的评估过程中,审计人员应当确定识别的重大错报风险是与特定的某类交易、账户余额、列报的认定相关,还是与财务报表整体广泛相关,进而影响多项认定。如果是后者,则属于财务报表层次的重大错报风险。审计人员应当针对评估的财务报表层次重大错报风险确定下列总体应对措施:

(一)向项目组强调在收集和评价审计证据过程中保持职业怀疑态度的必要性

保持高度的职业怀疑态度可以有助于审计人员尽可能避免在收集和评价审计证据过程中可能存在的判断错误。

(二)分派更有经验或具有特殊技能的审计人员或利用专家的工作

由于各行业在经营业务、经营风险、财务报告、法规要求等方面具有特殊性,审计人员的专业分工细化成为一种趋势。审计项目组成员中应有一定比例的人员曾经参与过被审计单位以前年度的审计,或具有被审计单位所处特定行业的相关审计经验。必要时,要考虑利用信息技术、税务、评估、精算师等方面的专家的工作。

(三)提供更多的督导

对于财务报表层次重大错报风险较高的审计项目,项目组的高级别成员,如项目负责人、项目经理等经验较丰富的人员,要对其他成员提供更详细、更经常、更及时的指导和监督并加强项目质量复核。

(四)在选择进一步审计程序时应当注意使某些程序不被被审计单位管理层预见或事先了解

被审计单位人员,尤其是管理层如果熟悉审计人员的审计套路,就可能采取种种规避手段,掩盖财务报告中的舞弊行为。因此,在设计拟实施审计程序的性质、时间和范围时,为了避免既定思维对审计方案的限制,避免对审计效果的人为干涉,从而使得针对重大错报风险的进一步审计程序更加有效,审计人员要考虑使某些程序不被被审计单位管理层预见或事先了解。

在实务中,审计人员可以通过以下方式提高审计程序的不可预见性:(1)对某些未测试过的低于设定的重要性水平或风险较小的账户余额和认定实施实质性程序;(2)调整实施审计程序的时间,使被审计单位不可预期;(3)采取不同的审计抽样方法,使当期抽取的

测试样本与以前有所不同;(4)选取不同的地点实施审计程序,或预先不告知被审计单位所选定的测试地点。

(五)对拟实施审计程序的性质、时间和范围做出总体修改

财务报表层次的重大错报风险很可能源于薄弱的控制环境。薄弱的控制环境带来的风险可能对财务报表产生广泛的影响,难以限于某类交易、账户余额、列报,审计人员应当采取总体应对措施。相应的,审计人员对控制环境的了解影响其对财务报表层次重大错报风险的评估。有效地控制环境可以使审计人员增强对内部控制和被审计单位内部产生的证据的信赖程度。如果控制环境存在缺陷,审计人员在对拟实施审计程序的性质、时间和范围做出总体修改时应当考虑:

1. 在期末而非期中实施更多的审计程序

控制环境的缺陷通常会削弱期中获得审计证据的可信赖程度,因此审计人员可以在期末而非期中实施更多的审计程序。

2. 主要依赖实质性程序获取审计证据

良好的控制环境是其他控制要素发挥作用的基础。控制环境存在缺陷通常会削弱其他控制要素的作用,导致审计人员可能无法信赖内部控制,而主要依赖实施实质性程序获取审计证据。

3. 修改审计程序的性质,获取更具说服力的审计证据

修改审计程序的性质主要是指调整拟实施审计程序的类别及组合,比如原先可能主要限于检查某项资产的账面记录或相关文件,而调整审计程序的性质后可能意味着更加重视实地检查该项资产。

4. 扩大审计程序的范围

审计人员还可以扩大审计程序的实施范围,例如扩大样本规模,或采用更详细的数据实施分析程序。

案例 10-1

会计丑闻动摇着公众的信任

会计职业正在遭受攻击。在整个漫长的炎热的夏季里,报纸上始终充斥着公司会计丑闻的新的细节描述。其中,美国最大、最著名的公司被发现通过公然操纵会计规则而高估盈利和资产。数千的投资者和雇员遭受了损失。美国国会被迫召开听证会以检查和了解舞弊情况,而每个人都在询问:"审计师到哪里去了?"会计职业正面临着来自具有改革思维的法律制定者的巨大政治压力,同时,被视为审计失败的负面影响导致所有的注册会计师均处于最为不利的境遇。

在1938年那一年,公司会计丑闻涉及的是麦克森·罗宾逊公司,它无可争辩地对审计的实施方式产生了重大的影响,这种影响已经超过了随后包括安然和世通公司在内的任何会计丑闻。

1924年,菲利普·缪斯卡,一个有着犯罪和入狱记录的高中辍学生将自己彻底改造成了F·唐纳德·考斯特,并自己授予自己医学博士学位。"考斯特博士"取得了对

麦克森—罗宾森公司的控制,并通过巨大的舞弊以提升其股票价格。麦克森·罗布森公司通过报告并不存在的存货和虚假的销售收入虚增资产和盈利达190万美元。考斯特欺骗了麦克森公司的审计师和投资公司的公众,使其相信公司有大量的医药存货,价值几百万美元,但实际上这些存货并不存在。考斯特编制了大量的采购订单、销售发票和其他凭证,所有的凭证都被审计师很负责任地进行了审核,并作为虚构的存货的证据。舞弊得以成功实施的原因在于当时的审计准则允许审计师将审计工作局限在审核凭证和询问管理层上。他们并没有被要求实地观察和验证存货。

在舞弊曝光之后仓促召开的紧急委员会会议期间,传来消息称考斯特已经畏罪自杀。曾经作为麦克森公司外部董事的一家投资银行的合伙人开始担心自己的责任,以"让我们无论如何也要攻击他吧!"的惊呼回应了上述新闻。

二、总体应对措施对拟实施进一步审计程序的总体方案的影响

财务报表层次重大错报风险难以限于某类交易、账户余额、列报的特点,意味着此类风险可能对财务报表的多项认定产生广泛影响,并相应增加审计人员对认定层次重大错报风险的评估难度。因此,审计人员评估的财务报表层次重大错报风险以及采取的总体应对措施对拟实施进一步审计程序的总体方案具有重大影响。

审计人员针对认定层次重大错报风险拟实施的进一步审计程序的总体方案包括实质性方案和综合性方案。其中,实质性方案是指审计人员实施的进一步审计程序以实质性程序为主;综合性方案是指审计人员在实施进一步审计程序时,将控制测试与实质性程序结合使用。当评估的财务报表层次重大错报风险属于高风险水平,并相应采取更强调审计程序不可预见性、重视调整审计程序的性质、时间和范围等总体应对措施时,拟实施进一步审计程序的总体方案往往更倾向于实质性方案。

第二节 针对认定层次重大错报风险的进一步审计程序

一、进一步审计程序的内涵和总体要求

(一)进一步审计程序的含义

进一步审计程序相对风险评估程序而言,是指审计人员针对评估的各类交易、账户余额、列报认定层次重大错报风险实施的审计程序,包括控制测试和实质性程序。

审计人员应当针对评估的认定层次重大错报风险设计和实施进一步审计程序,包括审计程序的性质、时间和范围。审计人员设计和实施的进一步审计程序的性质、时间和范围,应当与评估的认定层次重大错报风险具备明确的对应关系,以确保审计人员实施的审计程序具有目的性和针对性,有的放矢地配置审计资源,提高审计效率和效果。

需要说明的是,尽管在应对评估的认定层次重大错报风险时,拟实施的进一步审计程序的性质、时间和范围都应当确保其具有针对性,但其中进一步审计程序的性质是最重要的。例如,审计人员评估的重大错报风险越高,实施进一步审计程序的范围通常越大;但是只有

首先确保进一步审计程序的性质与特定风险相关时，扩大审计程序的范围才是有效的。

（二）设计进一步审计程序时的考虑因素

在设计进一步审计程序时，审计人员应当考虑下列因素：

1. 风险的重要性

风险的重要性是指风险造成的后果的严重程度。风险的后果越严重，就越需要审计人员关注和重视，越需要精心设计有针对性的进一步审计程序。

2. 重大错报发生的可能性

重大错报发生的可能性越大，同样越需要审计人员精心设计进一步审计程序。

3. 涉及的各类交易、账户余额和列报的特征

不同的交易、账户余额和列报，产生的认定层次的重大错报风险也会存在差异，适用的审计程序也有差别，需要审计人员区别对待，并设计有针对性的进一步审计程序予以应对。

4. 被审计单位采用的特定控制的性质

不同性质的控制，不管是人工控制还是自动化控制对审计人员设计进一步的审计程序都具有重要影响。

5. 审计人员是否拟获取审计证据，以确定内部控制在防止或发现并纠正重大错报方面的有效性

如果审计人员拟在风险评估时预期内部控制运行有效，随后拟实施的进一步审计程序必须包括控制测试，且实质性程序自然会受到之前控制测试结果的影响。

综合上述几方面因素，审计人员对认定层次重大错报风险的评估为确定进一步审计程序的总体方案奠定了基础。因此，审计人员应当根据对认定层次重大错报风险的评估结果，恰当选用实质性方案或综合性方案。通常情况下，审计人员出于成本效益的考虑可以采用综合性方案设计进一步审计程序，即将测试控制运行的有效性与实质性程序结合使用。但在某些情况下，比如仅通过实质性程序无法应对的重大错报风险，审计人员必须通过实施控制测试，才可能有效应对评估出的某一认定的重大错报风险；而在另一些情况下，比如审计人员的风险评估程序未能识别出与认定相关的任何控制，或审计人员认为控制测试很可能不符合成本效益原则，则审计人员可能认为仅实施实质性程序就是适当的。

二、进一步审计程序的性质

（一）进一步审计程序的性质的含义

进一步审计程序的性质是指进一步审计程序的目的和类型。进一步审计程序的目的包括通过实施控制测试以确定内部控制运行的有效性，通过实施实质性程序以发现认定层次的重大错报；进一步审计程序的类型包括检查、观察、询问、函证、重新计算、重新执行和分析程序。

在应对评估的风险时，合理确定审计程序的性质是最重要的。这是因为不同的审计程序应对特定认定错报风险的效力不同。例如，对于与收入完整性认定相关的重大错报风险，控制测试通常更能有效应对；对于与收入发生认定相关的重大错报风险，实质性程序通常更能有效应对。再如，实施应收账款的函证程序可以为应收账款在某一时点存在

的认定提供审计证据,但通常不能为应收账款的计价认定提供审计证据。对应收账款的计价认定,审计人员通常需要实施其他更为有效的审计程序,如审查应收账款账龄和期后收款情况、了解欠款客户的信用情况。

(二)进一步审计程序的性质的选择

在确定进一步审计程序的性质时,审计人员首先需要考虑的是认定层次重大错报风险的评估结果。因此,审计人员应当根据认定层次重大错报风险的评估结果选择审计程序。评估的认定层次重大错报风险越高,对通过实质性程序获取的审计证据的相关性和可靠性的要求也就越高,从而可能影响进一步审计程序的类型及其综合运用。例如,当审计人员判断某类交易协议的完整性存在更高的重大错报风险时,除了检查文件以外,审计人员还可能决定向第三方询问或函证协议条款的完整性。

除了从总体上把握认定层次重大错报风险的评估结果对选择进一步审计程序的影响外,在确定拟实施的审计程序时,审计人员接下来应当考虑评估的认定层次重大错报风险产生的原因,包括考虑各类交易、账户余额、列报的具体特征以及内部控制。例如,审计人员可能判断某特定类别的交易即使在不存在相关控制的情况下发生重大错报的风险仍较低,此时审计人员可能认为仅实施实质性程序就可以获取充分、适当的审计证据。再如,对于经由被审计单位信息系统日常处理和控制的某类交易,如果审计人员预期此类交易在内部控制运行有效的情况下发生重大错报的风险较低,且拟在控制运行有效的基础上设计实质性程序,审计人员就会决定先实施控制测试。

三、进一步审计程序的时间

(一)进一步审计程序的时间的含义

进一步审计程序的时间是指审计人员何时实施进一步审计程序,或审计证据适用的期间或时点。因此,当提及进一步审计程序的时间时,在某些情况下是指审计程序的实施时间,在另一些情况下是指需要获取的审计证据适用的期间或时点。

(二)进一步审计程序的时间的选择

有关进一步审计程序的时间选择问题,第一个层面是审计人员选择在何时实施进一步审计程序的问题,第二个层面是选择获取什么期间或时点的审计证据的问题。第一个层面的选择问题主要集中在如何权衡期中与期末实施审计程序的关系;第二个层面的选择问题分别集中在如何权衡期中审计证据与期末审计证据的关系、如何权衡以前审计获取的审计证据与本期审计获取的审计证据的关系。这两个层面的最终落脚点都是如何确保获取审计证据的效率和效果。

审计人员可以在期中或期末实施控制测试或实质性程序,这就引出了审计人员应当如何选择实施审计程序的时间的问题。一项基本的考虑因素应当是审计人员评估的重大错报风险。重大错报风险较高时,审计人员应当考虑在期末或接近期末实施实质性程序;或采用不通知的方式,或在管理层不能预见的时间实施审计程序。

虽然在期末实施审计程序在很多情况下非常必要,但仍然不排除审计人员在期中实施审计程序可能发挥的积极作用。在期中实施进一步审计程序,可能有助于审计人员在审计工作初期识别重大事项,并在管理层的协助下及时解决这些事项;或针对这些事项制定有效的实质性方案或综合性方案。当然,在期中实施进一步审计程序也存在很大的局限。首先,审计人员往往难以仅凭在期中实施的进一步审计程序获取有关期中以前的充分、适当的审计证据,例如某些期中以前发生的交易或事项在期中审计结束时尚未完结;其次,即使审计人员在期中实施的进一步审计程序能够获取有关期中以前的充分、适当的审计证据,但从期中到期末这段剩余期间还往往发生重大的交易或事项,包括期中以前发生的交易、事项的延续,以及期中以后发生的新的交易、事项,从而对所审计期间的财务报表认定产生重大影响;再次,被审计单位管理层也完全有可能在审计人员于期中实施了进一步审计程序之后对期中以前的相关会计记录做出调整甚至篡改,审计人员在期中实施了进一步审计程序所获取的审计证据已经发生了变化。为此,如果在期中实施了进一步审计程序,审计人员还应当针对剩余期间获取审计证据。

审计人员在确定何时实施审计程序时应当考虑以下几项重要因素:

1. 控制环境

良好的控制环境可以抵消在期中实施进一步审计程序的局限性,使审计人员在确定实施进一步审计程序的时间时有更大的灵活度。

2. 何时能得到相关信息

例如,某些控制活动可能仅在期中或期中以前发生,而之后可能难以再被观察到;再如,某些电子化的交易和账户文档如未能及时取得可能被覆盖。在这些情况下,审计人员如果希望获取相关信息,则需要考虑能够获取相关信息的时间。

3. 错报风险的性质

例如,被审计单位可能为了保证盈利目标的实现,而在会计期末以后伪造销售合同以虚增收入,此时审计人员需要考虑在期末,即资产负债表日这个特定时点获取被审计单位截至期末所能提供的所有销售合同及相关资料,以防范被审计单位在资产负债表日后伪造销售合同虚增收入的做法。

4. 审计证据适用的期间或时点

审计人员应当根据需要获取的特定审计证据确定何时实施进一步审计程序。例如,为了获取资产负债表日的存货余额证据,显然不宜在与资产负债表日间隔过长的期中时点或期末以后时点实施存货监盘等相关审计程序。需要说明的是,虽然审计人员在很多情况下可以根据具体情况选择实施进一步审计程序的时间,但也存在着一些限制选择的情况。某些审计程序只能在期末或期末以后实施,包括将财务报表与会计记录相核对,检查财务报表编制过程中所作的会计调整等。如果被审计单位在期末或接近期末发生了重大交易,或重大交易在期末尚未完成,审计人员应当考虑交易的发生或截止等认定可能存在的重大错报风险,并在期末或期末以后检查此类交易。

四、进一步审计程序的范围

(一)进一步审计程序的范围的含义

进一步审计程序的范围是指实施进一步审计程序的数量,包括抽取的样本量,对某项控制活动的观察次数等。

(二)确定进一步审计程序的范围时考虑的因素

在确定审计程序的范围时,审计人员应当考虑下列因素:

1. 确定的重要性水平

确定的重要性水平越低,审计人员需要实施的进一步审计程序的范围应该越广。

2. 评估的重大错报风险

评估的重大错报风险越高,对拟获取审计证据的相关性、可靠性的要求也就越高,审计人员需要实施的进一步审计程序的范围也就越广。

3. 计划获取的保证程度

计划获取的保证程度是指审计人员计划通过所实施的审计程序对测试结果可靠性所获取的信心。计划获取的保证程度越高,对测试结果可靠性要求也就越高。计划获取的保证程度越高,审计人员需要实施的进一步审计程序的范围也就越广。例如,审计人员对财务报表无重大错报的信心可能来自控制测试和实质性程序。如果审计人员计划从控制测试中获取更高的保证程度,则控制测试的范围就更广。

需要说明的是,随着重大错报风险的增加,审计人员应当考虑扩大审计程序的范围。但是,只有当审计程序本身与特定风险相关时,扩大审计程序的范围才是有效的。

在考虑确定进一步审计程序的范围时,使用计算机辅助审计技术具有积极的作用。审计人员可以使用计算机辅助审计技术对电子化的交易和账户文档进行更广泛的测试,包括从主要电子文档中选取交易样本,或按照某一特征对交易进行分类,或对总体而非样本进行测试。

鉴于进一步审计程序的范围往往是通过一定的抽样方法加以确定的,因此,审计人员需要慎重考虑抽样过程对审计程序范围的影响是否能够有效实现审计目的。审计人员使用恰当的抽样方法通常可以得出有效结论。但如果存在下列情形,审计人员依据样本得出的结论可能与对总体实施同样的审计程序得出的结论不同,出现不可接受的风险:(1)从总体中选择的样本量过小;(2)选择的抽样方法对实现特定目标不适当;(3)未对发现的例外事项进行恰当的追查。

此外,审计人员在综合运用不同审计程序时,除了面临各类审计程序的性质选择问题,还面临如何权衡各类程序的范围问题。因此,审计人员在综合运用不同审计程序时,不仅应当考虑各类审计程序的性质,还应当考虑测试的范围是否适当。

第三节 控制测试

一、控制测试的含义

控制测试是审计人员针对内部控制运行的有效性而进行的测试,这一概念与审计人员在了解被审计单位及其环境并评估重大错报风险时所进行的对内部控制的了解是有区别的。对内部控制的了解包含两层含义:一是评价控制的设计;二是确定控制是否得到执行。

测试控制运行的有效性与确定控制是否得到执行所需获取的审计证据是不同的。首先，在实施风险评估程序以获取控制是否得到执行的审计证据时，审计人员应当确定某项控制是否存在，被审计单位是否正在使用。其次，在测试控制运行的有效性时，审计人员应当从下列方面获取关于控制是否有效运行的审计证据：(1)控制在所审计期间的不同时点是如何运行的；(2)控制是否得到一贯执行；(3)控制由谁执行；(4)控制以何种方式运行，是人工控制还是自动化控制。从这四个方面来看，控制运行有效性强调的是控制能够在各个不同时点按照既定设计得以一贯执行。因此，在了解控制是否得以执行时，审计人员只需抽取少量的交易进行检查或观察某几个时点。但在测试控制运行的有效性时，审计人员需要抽取足够数量的交易进行检查或对多个不同时点进行观察。

二、控制测试的要求

作为进一步审计程序的类型之一，控制测试并非在任何情况下都需要实施。当存在下列情形之一时，审计人员应当实施控制测试：(1)在评估认定层次重大错报风险时，预期控制的运行是有效的；(2)仅实施实质性程序不足以提供认定层次充分、适当的审计证据。

如果在评估认定层次重大错报风险时预期控制的运行是有效的，审计人员应当实施控制测试，就控制在相关期间或时点的运行有效性获取充分、适当的审计证据。审计人员通过实施风险评估程序，可能发现某项控制的设计是存在的，也是合理的，同时得到了执行。在这种情况下，出于成本效益的考虑，审计人员可能预期，如果相关控制在不同时点都得到了一贯执行，与该项控制有关的财务报表认定发生重大错报的可能性就不会很大，也就不需要实施很多实质性程序。为此，审计人员可能会认为值得对相关控制在不同时点是否得到了一贯执行进行测试，即实施控制测试。这种测试主要是出于成本效益的考虑，其前提是审计人员通过了解内部控制以后认为某项控制存在着被信赖和利用的可能。因此，只有认为控制设计合理、能够防止或发现和纠正认定层次的重大错报，审计人员才有必要对控制运行的有效性实施测试。

如果认为仅实施实质性程序获取的审计证据无法将认定层次重大错报风险降至可接受的低水平，审计人员应当实施相关的控制测试，以获取控制运行有效性的审计证据。例如，在被审计单位对日常交易或与财务报表相关的其他数据，包括信息的生成、记录、处理、报告采用高度自动化处理的情况下，审计证据可能仅以电子形式存在，此时审计证据是否充分和适当通常取决于自动化信息系统相关控制的有效性。如果信息的生成、记录、处理和报告均通过电子格式进行而没有适当有效的控制，则生成不正确信息或信息被不恰当修改的可能性就会大大增加。在认为仅通过实施实质性程序不能获取充分、适当的审计证据的情况下，审计人员必须实施控制测试，且这种测试已经不再是单纯出于成本效益的考虑，而是必须获取的一类审计证据。

此外需要说明的是，被审计单位在所审计期间内可能由于技术更新或组织管理变更而更换了信息系统，从而导致在不同时期使用了不同的控制。如果被审计单位在所审计期间内的不同时期使用了不同的控制，审计人员应当考虑不同时期控制运行的有效性。

三、控制测试的方法

虽然控制测试与了解内部控制的目的不同，但两者采用审计程序的类型通常相同，包括询问、观察、检查和穿行测试。此外，控制测试的程序还包括重新执行。

（一）询问

审计人员可以向被审计单位适当员工询问，获取与内部控制运行情况相关的信息。例如，询问信息系统管理人员有无未经授权接触计算机硬件和软件的情况，向负责复核银行存款余额调节表的人员询问如何进行复核，包括复核的要点是什么、发现不符事项如何处理等。然而，仅仅通过询问不能为控制运行的有效性提供充分的证据，审计人员通常需要印证被询问者的答复，如向其他人员询问和检查执行控制时所使用的报告、手册或其他文件等。因此，虽然询问是一种有用的手段，但必须和其他测试手段结合使用才能发挥作用。在询问过程中，审计人员应当保持职业怀疑态度。

（二）观察

观察是测试不留下书面记录的控制的有效方法，比如观察职责分离的运行情况、观察存货盘点控制的执行情况。观察也可运用于实物控制，如查看仓库门是否锁好，或空白支票是否妥善保管。通常情况下，审计人员通过观察直接获取的证据比间接获取的证据更可靠。但是，审计人员还要考虑其所观察到的控制在审计人员不在场时可能未被执行的情况。

（三）检查

检查非常适用于对运行情况留有书面证据的控制。书面说明、复核时留下的记号，或其他记录在偏差报告中的标志都可以被当作控制运行情况的证据。例如，检查销售发票是否有复核人员签字、检查销售发票是否附有客户订购单和出库单。

（四）重新执行

通常只有当询问、观察和检查程序结合在一起仍无法获得充分的证据时，审计人员才考虑通过重新执行来证实控制是否有效运行。例如，为了合理保证计价认定的准确性，被审计单位的一项控制是由复核人员核对销售发票上的价格与价目表上的价格是否一致。但是，要检查复核人员有没有认真执行核对，仅仅检查复核人员是否在相关文件上签字是不够的，审计人员还需要自己选取一部分销售发票进行核对，这就是重新执行程序。但是，如果需要进行大量的重新执行，审计人员就要考虑通过实施控制测试以缩小实质性程序的范围是否符合成本与效益原则。

（五）穿行测试

除了上述四类控制测试常用的审计程序以外，实施穿行测试也是一种重要的审计程序。值得注意的是，穿行测试不是单独的一种程序，而是将多种程序按特定审计需要进行结合运用的方法。穿行测试是通过追踪交易在财务报告信息系统中的处理过程，来证实审计人员对控制的了解、评价控制设计的有效性以及确定控制是否得到执行。可见，穿行测试更多地在了解内部控制时运用。但在执行穿行测试时，审计人员可能获取部分控制运行有效性的审计证据。

询问本身并不足以测试控制运行的有效性，审计人员应当将询问与其他审计程序结合使用，以获取有关控制运行有效性的审计证据。观察提供的证据仅限于观察发生的时点，本身也不足以测试控制运行的有效性；将询问与检查或重新执行结合使用，通常能够比仅实施询问和观察获取更高的保证。例如，被审计单位针对处理收到的邮政汇款单设计和执行了相关的内部控制，审计人员通过询问和观察程序往往不足以测试此类控制的运行有效性，还需要检查能够证明此类控制在所审计期间的其他时段有效运行的文件和凭证，以获取充分、适当的审计证据。

四、确定控制测试方法的要求

(一) 考虑特定控制的性质

审计人员应当根据特定控制的性质选择所需实施审计程序的类型。例如，某些控制可能存在反映控制运行有效性的文件记录，在这种情况下，审计人员可以检查这些文件记录以获取控制运行有效的审计证据；某些控制可能不存在文件记录，如一项自动化的控制活动，或文件记录与能否证实控制运行有效性不相关，审计人员应当考虑实施检查以外的其他审计程序，如询问和观察或借助计算机辅助审计技术，以获取有关控制运行有效性的审计证据。

(二) 考虑测试与认定直接相关和间接相关的控制

在设计控制测试时，审计人员不仅应当考虑与认定直接相关的控制，还应当考虑这些控制所依赖的与认定间接相关的控制，以获取支持控制运行有效性的审计证据。例如，被审计单位可能针对超出信用额度的例外赊销交易设置报告和审核制度，这就是与认定直接相关的控制；在测试该项制度的运行有效性时，审计人员不仅应当考虑审核的有效性，还应当考虑与例外赊销报告中信息准确性有关的控制是否有效运行，这就是与认定间接相关的控制。

(三) 如何对一项自动化的应用控制实施控制测试

对于一项自动化的应用控制，由于信息技术处理过程的内在一贯性，审计人员可以利用该项控制得以执行的审计证据和信息技术一般控制，特别是对系统变动的控制运行有效性的审计证据，作为支持该项控制在相关期间运行有效性的重要审计证据。

(四) 实施控制测试时对双重目的的实现

控制测试的目的是评价控制是否有效运行，细节测试的目的是发现认定层次的重大错报。尽管两者目的不同，但审计人员可以考虑针对同一交易同时实施控制测试和细节测试，以实现双重目的。例如，审计人员通过检查某笔交易的发票可以确定其是否经过适当的授权，也可以获取关于该交易的金额、发生时间等细节证据。当然，如果拟实施双重目的的测试，审计人员应当仔细设计和评价测试程序。

(五) 实施实质性程序的结果对控制测试结果的影响

如果通过实施实质性程序未发现某项认定存在错报，这本身并不能说明与该认定有关的控制是有效运行的；但如果通过实施实质性程序发现某项认定存在错报，审计人员应当在评价相关控制的运行有效性时予以考虑。因此，审计人员应当考虑实施实质性程序发现的错报对评价相关控制运行有效性的影响，如降低对相关控制的信赖程度、调整实质性程序的性质、扩大实质性程序的范围。如果实施实质性程序发现被审计单位没有识别出的重大错报,通常表明内部控制存在重大缺陷,审计人员应当就这些缺陷与管理层和治理层进行沟通。

第四节 实质性程序

一、实质性程序的含义

实质性程序是指审计人员针对评估的重大错报风险实施的直接用以发现认定层次重大错报的审计程序。因此,审计人员应当针对评估的重大错报风险设计和实施实质性程序,以发现认定层次的重大错报。实质性程序包括对各类交易、账户余额、列报的细节测试以及实质性分析程序。

由于审计人员对重大错报风险的评估是一种判断,可能无法充分识别所有的重大错报风险,并且由于内部控制存在固有局限性,无论评估的重大错报风险结果如何,审计人员都应当针对所有重大的各类交易、账户余额、列报实施实质性程序。

审计人员实施的实质性程序应当包括下列与财务报表编制完成阶段相关的审计程序:(1)将财务报表与其所依据的会计记录相核对;(2)检查财务报表编制过程中做出的重大会计分录和其他会计调整。审计人员对会计分录和其他会计调整检查的性质和范围,取决于被审计单位财务报告过程的性质和复杂程度以及由此产生的重大错报风险。

二、实质性程序的方法

实质性程序包括细节测试和实质性分析程序。其中,细节测试是对各类交易、账户余额、列报的具体细节进行测试,目的在于直接识别财务报表认定是否存在错报。实质性分析程序则主要是通过研究数据间关系评价信息,用以识别各类交易、账户余额、列报及相关认定存在错报的迹象。

由于细节测试和实质性分析程序的目的和技术手段存在一定的差异,因此各自有不同的适用领域。审计人员应当根据各类交易、账户余额、列报的性质选择实质性程序的类型。细节测试适用于对各类交易、账户余额、列报认定的测试,尤其是对存在或发生、计价认定的测试;对在一段时期内存在可预期关系的大量交易和账户余额,审计人员可以考虑实施实质性分析程序。

审计人员应当针对评估的风险设计细节测试,获取充分、适当的审计证据,以达到认定层次所计划的保证水平。审计人员需要根据不同认定层次的重大错报风险设计有针对性的细节测试。例如,在针对存在或发生认定设计细节测试时,审计人员应当选择包含在财务报表金额中的项目,并获取相关审计证据;又如,在针对完整性认定设计细节测试时,审计人员应当选择有证据表明应包含在财务报表金额中的项目,并调查这些项目是否确实包括在内。如为应对被审计单位漏记本期应付账款的风险,审计人员可以检查期后付款记录。

审计人员在设计实质性分析程序时应当考虑的因素包括:(1)对特定认定使用实质性

分析程序的适当性;(2)对已记录的金额或比率做出预期时,所依据的内部或外部数据的可靠性;(3)做出预期的准确程度是否足以在计划的保证水平上识别重大错报;(4)已记录金额与预期值之间可接受的差异额。考虑到数据及分析的可靠性,特别强调了实施实质性分析程序时对所使用信息来源的考虑。即当实施实质性分析程序时,如果使用被审计单位编制的信息,审计人员应当考虑测试与信息编制相关的控制,以及这些信息是否在本期或前期经过审计。

三、针对特别风险实施的实质性程序

如果认为评估的认定层次重大错报风险是特别风险,审计人员应当专门针对该风险实施实质性程序。例如,如果认为管理层面临实现盈利指标的压力而可能提前确认收入,审计人员在设计询证函时不仅应当考虑函证应收账款的账户余额,还应当考虑询证销售协议的细节条款,如交货、结算及退货条款;审计人员还可以考虑在实施函证的基础上针对销售协议及其变动情况询问被审计单位的非财务人员。如果针对特别风险仅实施实质性程序,审计人员应当使用细节测试,或将细节测试和实质性分析程序结合使用,以获取充分、适当的审计证据。因为,通常为应对特别风险需要获取具有高度相关性和可靠性的审计证据,仅实施实质性分析程序不足以获取有关特别风险的充分、适当的审计证据。

审计人员可以依据以下步骤设计和实施针对特别风险的实质性程序:

1. 了解对当期审计具有影响的经营目标;
2. 识别对当期审计具有影响的经营风险,或审计人员认为对未来审计产生影响并有必要向被审计单位报告的经营风险;
3. 确定源自经营风险的特别风险,或在审计过程中发现的并非由经营目标和经营风险导致的特别风险;
4. 评价被审计单位管理层认为有助于降低特别风险的应对和控制措施;
5. 确定受特别风险影响的财务报表项目及其认定;
6. 计划并实施应对特别风险的审计程序;
7. 汇总记录向被审计单位报告的事项,并注明与相关工作底稿的勾稽关系。

本章小结

审计人员通过对被审计单位及其环境的了解识别重大错报风险,在对识别的重大错报风险进行评估之后,审计人员需要针对财务报表层次的重大错报风险采取总体应对措施,并对认定层次的重大错报风险采取进一步审计程序,并合理规划进一步审计程序的性质、时间和范围,包括控制测试和实质性程序的具体实施。

思考题

1. 审计人员针对财务报表层次的重大错报风险应当采取哪些总体应对措施?
2. 什么是进一步审计程序?审计人员在设计进一步审计程序时应当考虑哪些因素?

3. 审计人员应当如何合理确定进一步审计程序的性质、时间和范围？
4. 什么是控制测试？控制测试与对内部控制的了解有哪些相同之处和不同之处？
5. 审计人员应当在哪些情形下实施控制测试？
6. 审计人员在进行控制测试时可以采用的主要审计程序有哪些？
7. 什么是实质性程序，包括哪些具体程序？
8. 审计人员在设计实质性审计程序时应当考虑哪些因素？

练习题

一、单项选择题

1. 在应对评估的认定层次的重大错报风险时，审计人员决定使其拟实施的进一步审计程序的性质、时间、范围均具有针对性，并为此采取以下策略，其中正确的是（　　）。
  A. 进一步审计程序性质、时间范围的针对性同等重要
  B. 以确保进一步审计程序范围的针对性为主
  C. 以确保进一步审计程序性质的针对性为主
  D. 以确保进一步审计程序时间的针对性为主

2. 如果控制环境存在缺陷，审计人员在对拟实施审计程序的性质、时间和范围做出总体修改时不恰当的是（　　）。
  A. 扩大样本规模，或采取更详细的数据实施分析程序
  B. 修改审计程序的性质，获取更具说服力的审计证据
  C. 主要依赖实质性程序获取审计证据
  D. 在期中实施更多的审计程序

3. 审计人员在应对财务报表层次的重大错报风险时，下列措施中有助于增加审计程序的不可预见性的是（　　）。
  A. 对某些风险较低的认定实施控制测试程序，但对风险较高的认定实施实质性程序
  B. 对某些金额低于设定重要性水平的账户余额和认定实施实质性程序，但对金额超过重要性的账户余额不实施实质性程序
  C. 改变以往在资产负债表日以后函证应收账款的做法，提前到资产负债表日之前一个月向被审计单位的债务人寄发询证函
  D. 改变以往各年按照月份抽取营业收入样本的做法为按照客户抽取与营业收入相关的业务进行测试

二、多项选择题

1. 在确定进一步审计程序的性质时，审计人员应当考虑的主要因素有（　　）。
  A. 不同的审计程序应对特定认定错报风险的效力
  B. 认定层次重大错报风险的评估结果
  C. 认定层次重大错报风险产生的原因
  D. 各类交易、账户余额、列报的特征

2. 在确定进一步审计程序的时间时,审计人员应当考虑的主要因素有(　　)。
　　A. 评估的认定层次重大错报风险　　B. 审计意见的类型
　　C. 错报风险的性质　　D. 审计证据适用的期间或时点
3. 在确定进一步审计程序的范围时,审计人员应当考虑的主要因素有(　　)。
　　A. 审计程序与特定风险的相关性　　B. 评估的认定层次重大错报风险
　　C. 计划获取的保证程度　　D. 可容忍的错报或偏差率

三、业务题

1. 资料:审计人员在对客户的审计过程中,发现客户的如下经营目标:
(1)通过发展中小城市的新客户和放款授信额度争取销售收入比上一年度增长25%;
(2)通过从国外新供应商购货的方式降低原材料成本,以增加毛利来改善盈利状况。

要求:
(1)上述经营目标可能导致哪些对审计具有影响的经营风险和特别风险?
(2)这些经营风险或特别风险会影响财务报表的哪些项目和相关认定?
(3)针对上述特别风险,审计人员应当采取哪些应对措施?

2. 资料:某公司是一家生产和销售高端清洁用品的外商独资被审计单位,其产品主要用于星级酒店宾馆和大型饭店。除了在北京、上海直接向终端客户销售外,在全国其他地区均向省级或市级经销商销售。

公司提供的财务报表显示:2011年度销售收入为112 655 260元,比上一年增长21%,董事会制定的当年预算目标是增长20%。2011年12月31日应收账款余额为39 560 810元,组成情况如下:共有226个客户,其中9个客户均为省级经销商的余额在100万元以上,占应收账款总额的38%,其余客户的余额均小于30万元。此外余额为10万元以上且账龄超过一年的应收账款有15家。

2011年12月31日坏账准备余额为1 879 830元。公司采用账龄分析法和个别认定法相结合的方式计提坏账准备,其中账龄分析法为:账龄6个月以上1年以下为10%;1年以上2年以下为50%;2年以上为100%。

	2011年	2010年
应收账款	39 560 810	27 765 338
坏账准备	(1 879 830)	(1 707 400)
销售收入	112 655 260	93 103 520
应收账款周转天数	108天	92天

该公司2011年度的税前利润为8 475 623元,总体重要性水平为423 781元,根据税前利润的5%获得。

要求:
(1)审计人员针对该公司销售业务流程应执行哪些风险评估程序?
(2)通过执行上述风险评估程序,审计人员可以识别出哪些重大错报风险?这些重大错报风险是与财务报表中的哪些项目的哪项认定直接相关?
(3)针对识别出的重大错报风险,审计人员应当设计和实施哪些进一步审计程序?

第十一章

销售与收款循环审计

学习目的： 通过本章学习，了解销售与收款循环所涉及的主要业务活动；了解销售与收款循环的审计范围和审计目标；熟悉销售与收款循环的内部控制以及控制测试程序；掌握主营业务收入、应收账款等账户的实质性测试程序。

引导案例：

黎明股份的亿元假账

黎明股份的前身是一家只有800多名员工的集体企业沈阳黎明高级服装厂。1995年，黎明成立了集科工贸于一体的实业集团，随后集团拿出1.6亿元资产折成1.2亿元的国家股，发起设立了黎明股份，募集资金近3.6亿元，1999年1月在沪交所上市交易。为了粉饰经营业绩，黎明股份1999年虚增资产8 996万元、虚增负债1 956万元、虚增所有者权益7 413万元、虚增主营业务收入1.5亿元、虚增利润总额8 679万元，其中虚增主营业务收入和利润总额两项分别占该公司对外披露数字的37%和166%。经过调查组审定核实后，该公司利润总额由检查前对外披露的5 231万元变为3 448万元。黎明股份的舞弊作假行为具有均衡性、完整性、多样性和隐蔽性等特点，其主要造假手段除常见的少计成本、费用挂账、缩小合并范围等行为外，有90%以上的交易或事项的造假都是通过列造假购销合同、假货物入库单、假出库单、假保管账、假成本计算单等原始凭证，然后进行假账真做的账务处理而形成的。

由于黎明股份提供给审计人员的是全套的假原始会计凭证和账簿，而且严格按照会计制度核算，作假手段近乎到完美的程度，因此如果审计人员对黎明股份年度会计报表的审计仅仅是执行一些常规的审计程序，就很难发现其舞弊行为。而如果审计人员是建立在合理怀疑的基础上，重视运用分析程序发现审计线索，并针对某一虚构交易设计一些相应的审计程序，被审计单位的舞弊行为就可能会被发现。

第一节 销售与收款循环的会计系统

一、销售与收款循环会计系统中的主要凭证和会计记录

销售与收款循环涉及可供销售的商品或劳务的所有权转让的各项业务和过程。该循环所涉及的凭证和会计记录主要包括：

(一)顾客订货单

顾客订货单即顾客提出的购货要求，企业可以通过销售人员或其他途径，如采用电话、传真、信函、计算机网络等方式接受现有的或潜在的顾客订货。

(二)销售单

销售单是列示顾客所订商品的名称、规格、数量等内容的凭证。它是销售方内部处理顾客订货单的依据(既是仓库和运输部门发货和运货的依据,也是登记存货账和开具发票的依据)。

(三)发运单

发运单是在发运货物时编制的，用以反映发出货物的规格、数量和其他相关数据的凭证。它可作为向顾客开票收款的依据,其中一联交给顾客,其余联由企业保留。提货单是发运单的一种形式,它是运输企业和销售企业之间有关商品收发业务的书面凭证。

(四)销售发票

销售发票是一种用来表明已销商品的规格、数量、价格、金额、运费和保险费的价格、付款条件等内容的凭证。它是在会计账簿中登记销售业务的基本凭证。

(五)商品价目表

商品价目表是列示已经授权批准的、可供销售的各种商品的价格清单。

(六)贷项通知单

贷项通知单是一种用来表示由于销货退回或经批准的折让而引起的应收销货款减少的凭证。其格式通常与销售发票相同,用来说明应收账款的减少。

(七)应收账款明细账

应收账款明细账是用来记录每个顾客的各项赊销、现金收入、销售退回及折让的明细账。各应收账款明细账的余额合计数应与应收账款总账的余额相符。

(八)主营业务收入明细账

主营业务收入明细账是一种用来记录销售业务的明细账。它通常记载和反映不同类别产品或劳务的销售总额。

(九)折扣与折让明细账

折扣与折让明细账是一种用来记录和反映企业销售商品时,按销售合同规定为了及早收回货款而给予顾客的销售折扣和因商品品种、质量等原因而给予顾客的销售折让情况的明细账。

(十)汇款通知书

汇款通知书是一种与销售发票一并交给顾客，并由顾客在付款时再随同付款支票一并交回销售单位的凭证。汇款通知书上需注明顾客的姓名、销售发票号码、金额、销售单位开户银行账号等内容。采用汇款通知书能使收到的货款立即存入银行，并可以改善资产的管理控制。

(十一)现金日记账和银行存款日记账

现金日记账和银行存款日记账是用来记录应收账款的收回或现销收入以及其他各种现金、银行存款收入和支出的日记账。它以收付款凭证为记账依据。

(十二)坏账审批表

坏账审批表是仅在企业内部使用的、用来批准将某些应收款项注销为坏账的凭证。

(十三)顾客对账单

顾客对账单是一种在每月月末定期寄送给顾客用来核对账目的凭证。对账单上需注明应收账款的月初余额、本月各项销售业务的金额、本月已收到的货款、各贷项通知单的数额和月末余额等内容。

二、销售与收款循环所涉及的主要业务活动

企业的销售通常分为现销与赊销两种形式，其中，赊销的业务活动由客户提出订货要求开始，将商品或劳务转化为应收账款，并以最终收回货款结束。它主要包括以下环节：

(一)处理顾客订单

顾客提出的订货要求是销售与收款循环的起点。企业在收到客户的订单后，须经有关人员批准，对订单的内容、数量、品种、规格、供货期限等进行审核，确定能否接受订货。只有经过批准的订单，才能作为销售的依据。订单批准后，应编制一式多联的销售单(也称销货通知单)，作为信用、仓库、运输、记账等部门履行职责的依据。

为了避免遗忘和便于日后查对并及时处理顾客的订货，企业应在收到顾客各种形式的订单后，由销售部门专人负责登记。如果订货不能接受，则应在订单备忘录中详细说明不能接受的原因。销售单是证明管理层有关销售交易"发生"认定的凭据之一。

(二)批准赊销

批准赊销是由信用部门来执行的。信用部门在接到销售单后，应审查顾客的财务报表或向信用评级机构查询，了解顾客的财务和信用情况，并根据管理部门的赊销政策以及对每个顾客已授权的信用额度，来决定能否批准赊销。无论批准赊销与否，都应由信用部门在连续编号的销售单上签署意见并签字。对于符合企业信用标准的顾客，信用部门在签署意见的同时，还必须在订单备忘录中做"已处理"的说明。

执行该项程序的目的在于避免销售人员盲目扩大销售而使企业承受不适当的信用风险，以降低坏账风险的发生，因此，此项程序与应收账款净额的"计价和分摊"认定有关。

(三)按销售单发出货物

企业管理部门通常要求仓库只有在收到经信用部门核准后的销售单时才能发货，因此，经批准的销售单中的一联应及时送达仓库，以作为仓库按销售单供货和发货给装运部门的授权依据。仓库在根据销售单发货的同时还需编制出库单。

执行该项程序的目的在于保护存货的安全,防止仓库在未经授权的情况下擅自发货或转移存货。

(四)按销售单装运货物

运输部门必须根据经过批准的销售单装运货物,在装运货物的同时还需编制一式多联的、连续编号的货运文件(提货单),并将其送往开具发票的部门。

为了避免装运人员在未经授权的情况下装运货物,审计人员应注意审查企业是否将按经批准的销售单发货与按销售单装运货物的职责相分离,并审查装运人员在装运货物前,是否进行了两项必要的独立验证:(1)从仓库提取的商品是否均附有经批准的销售单;(2)装运的货物与批准的货物是否一致(可将销售单与出库单相核对)。

由于货运文件提供了商品确实已装运的证据,因此,它是证实销售交易"发生"认定的另一种形式的凭据。而且,定期检查按序归档的货运文件,并确认在每张提货单后均附有相应的销售发票,还有助于保证销售交易"完整性"认定的正确性。

(五)向客户开具销售发票

开具销售发票一般由会计部门设专人负责,通知客户所购货物或劳务的金额。开票人员在开具发票前,应审查客户的订货单、销售单、提货单是否完全相符,同时审查销售单是否经过批准,货运文件是否按顺序编号,如果核对无误,即可根据企业的销售价目表、赊销条件、运费等资料,向顾客开具销售发票。

销售发票的一联寄送给顾客,副联由企业保留,通常由负责开具发票的部门保管。销售发票的编号应是连续的,作废的发票应保留在发票本上,以保证发票的完整性。

由于该项程序的执行将涉及被审计单位是否对所有已装运的货物都开具了发票;是否只对实际装运的货物才开具发票,有无重复开具发票或虚构交易;是否严格按照已授权批准的商品价目表所列价格开具发票等问题,因此,该项程序与销售交易的"完整性"、"发生"及"计价和分摊"认定有关。

(六)记录销售交易

会计部门应根据销售发票等原始凭证编制记账凭证,同时登记应收账款和销售收入明细账及总账,并定期向顾客发出对账单。

作为记账依据的销售发票必须是附有有效运货凭证和销售单,并且是连续编号的。此外,还应保证记录销售交易的职责与前述处理销售交易的职责相分离。该项程序与销售交易的"发生"、"完整性"及"准确性"认定有关。

(七)办理和记录收款

收到客户的货款后,会计部门应及时、完整地予以记录,以确保回收货款的完整性。由于在执行该项程序时,最容易发生货币资金失窃的可能性,因此,在收入货币资金时,必须如数、及时地记入现金、银行存款日记账或应收账款明细账,并如数、及时地将现金存入银行。

(八)办理和记录销货退回、销货折扣与折让

当企业发生退货或折扣事项时,必须经授权批准,并应确保与办理此事项有关的部门和职员各司其职,以分别控制实物流和会计处理。严格使用贷项通知单会起到关键作用。

(九)坏账处理

在将应收账款作为坏账处理时,应取得应收账款无法收回的确凿证据,并经批准后,方可进行会计处理。

(十)提取坏账准备

坏账准备的提取数必须充分,即坏账准备的提取数额必须能够抵补企业在以后可能无法收回的本期销货款。

相对于赊销业务来讲,现销业务较为简单,主要包括以下环节:

(一)收到现金

企业的销售收入一般通过银行存款账户进行结算,现金收入的结算方式主要有本票、支票、汇票等。另外,企业的销售部门对于小额、零星的销售业务也会采取直接收现的方式。企业在这一环节应注重全部收入款项的安全性以及保证记录的完整性。企业的出纳部门应集中办理现金收入,除特殊情况外,任何部门和个人均不得擅自出具收款凭证或用白条收取款项。

(二)将现金存入银行

企业的现金收入应当于当日如数送存开户银行,当天未及时送存的现金应集中存放在保险箱内。

(三)记录收款业务

现金收款应及时记录,并确保:(1)只有经确认的收款才能入账;(2)所有实际的收款都已入账;(3)入账金额正确无误。对于支票,应根据银行盖章退回的进账单第一联和有关的原始凭证编制收款凭证;对于汇入的款项,应在收到银行的收账通知时编制收款凭证。此外,记录收款与保管现金的职责应由不同的人员担任,还应由专人负责定期编制银行存款余额调节表。

第二节 销售与收款循环的内部控制及其测试

一、销售与收款循环的内部控制

贯穿于销售与收款循环的关键控制点主要包括以下几个方面:

(一)适当的职责分离

1. 批准赊销要与执行销售的职责相分离。
2. 发货、开票、收款、记账的职责要相互分离。
3. 销售退回或折让的批准要与贷项通知单的签发相分离。
4. 销售折扣的审批要与经办相分离。
5. 坏账的确认要与办理销售及记账的职责相分离。

适当的职责分离有助于防止发生各种有意或无意的错误,例如,主营业务收入账如果系由记录应收账款账之外的人员独立登记,而其总账和明细账又由另一位不负责账簿记录的人员予以定期检查,这就构成了一项自动交互牵制;再如,负责登记主营业务收入账和应收账款账的人员不得经手货币资金,也构成了一项类似的牵制。这些手段可以有效地防止舞弊的发生,尤其在现金交易的内部控制中,职责分工是一项极其重要的内部控制程序。

(二)恰当的授权审批

1.赊销和货物的发出须经有关部门或人员的批准

此项控制的目的在于防止企业因向虚构的或者无力支付货款的顾客发货而蒙受损失。

2.销售价格须经有关部门或人员的批准

此项控制的目的在于保证销售交易按照企业定价政策所规定的价格开票收款。

3.销售折扣、销售退回和折让须经有关部门或人员的批准

(1)企业为促使顾客提前付款而对商品价格所作的扣减,必须经过批准,而且其批准记录应在预先编号的贷项通知单上明确注明。

(2)顾客因收到的货物不符合订购要求而请求退货或折让时,必须由负责现金收入和记录应收账款以外的人员,根据退回货物的验收报告和入库单批准退货。

(3)在办理折让时,也必须在获得主管销售并具有审批权的人员批准后,才能给予折让,并据此编制贷项通知单。会计部门要根据经过主管人员核准的贷项通知单作为登记销售退回与折让以及登记应收账款明细账和总账的入账依据。

4.坏账的发生须经有关部门或人员的批准

在应收账款确实无法收回时,经批准后方可作为坏账,并进行相应的账务处理。会计部门应设置已注销应收账款备查登记簿,借以防止将来在收回已注销的应收账款时,出现错记、漏记或贪污等情况。

(三)充分的凭证和记录

1.建立和健全各环节的凭证并及时编制,比如销售单、提货单、销售发票。

2.建立和健全各种账簿,并及时登记。

企业只有具备充分的记录手续,才有可能实现其他各项控制目标。例如,如果企业在收到顾客订货单后,就立即编制一份预先编号的一式多联的销售单,分别用于批准赊销、审批发货、记录发货数量和向顾客开具账单等环节,那么,只要定期清点销售发票,漏开账单的情形几乎不太会发生。相反,如果企业只在发货以后才开具账单,而且没有其他控制措施,那么,漏开账单的情况就很可能会发生。

(四)凭证的预先编号

对凭证预先编号,旨在防止销售以后忘记向顾客开具账单或忘记登记入账,也可防止重复开具账单或重复记账。企业的提货单、销售发票、贷项通知单等凭证都应是预先连续编号的。

(五)按月寄出对账单

定期向顾客寄送对账单,不仅能及时提醒顾客尚未结清的债务及金额,而且能促使顾客在发现应付账款余额不正确时及时做出说明。

为了使该项控制更加有效,应指定一位不掌管货币资金,也不负责记载主营业务收入账和应收账款账的会计主管人员负责向顾客寄送对账单。

(六)内部独立核查

由企业内部审计人员或其他独立人员对销售与收款业务的记录和凭证进行核查,是实现内部控制目标所不可缺少的一项控制措施。

审计人员可以通过检查内部审计人员的报告或其他独立人员在他们核查的凭证上的签字的方法来实施控制测试,也可以通过采用穿行测试的方法,来验证审计工作底稿中所描述的内部控制信息的客观性和真实性。

二、销售与收款循环的控制测试

审计人员在执行控制测试时,应采用抽样审查的方法。在销货循环的控制测试中,应主要将销售发票和货运文件作为测试的样本。在对所抽取的样本进行审核时,可以采用证据检查法、实地观察法和重新执行法。

1. 审核销售发票样本。销售发票的开具是销售成立的标志之一,是向顾客收取货款、登记销售及应收账款明细账和总账的依据,因此,审计人员应当从发票存根中选取样本作为测试的起点。在选取样本之前,首先要审查发票本上的存根是否完整;从发票日期判断是否按顺序开具发票;开具的发票是否连续编号;作废的发票是否加盖"作废"戳记,并与存根一并保存。

对选取的发票样本,应主要检查以下内容:

(1)核对销售发票存根与销售合同、顾客订货单等凭证上所载明的数量、价格、品名、规格是否一致。

(2)检查赊销是否经过批准。

(3)核对相应的货运文件副本,检查销售发票日期与货运日期是否一致。

(4)检查销售发票中所列示的商品的单价与商品价目表中的价格是否一致。

(5)复核销售发票中所列示的数量、单价和金额加总是否正确,大小写金额是否相符。

(6)从销售发票追查至主营业务收入明细账、应收账款明细账和应收票据明细账,判断销售业务是否全部、及时、正确地入账。

2. 审核货运文件样本。抽取一定数量的提货单,并与销售发票的存根联核对,检查已发出的货物是否均已向顾客开具发票。此项检查可以发现是否存在货物已经发出但未开发票和未记账的情况。

在选取样本之前,首先要确认本年度的货运文件均已全部按序归档,并且连续编号。

3. 从主营业务收入明细账中抽取部分业务,并与销售单、提货单、销售发票核对,确认所记录的销售交易是否真实、正确地入账。

4. 复核有关销货退回、销售折扣与折让及坏账的有关凭证。主要复核:这些业务有无授权审批手续,计算及金额是否正确。

5. 观察被指定人员寄送对账单的过程和检查顾客复函档案,检查被审计单位是否与客户按时核对应收账款。

6. 对于采用现销交易方式的,还应注意审核是否有超过规定限额收入现金的情况,检查超过现金结算限额的业务是否通过银行转账结算,以及检查收款凭证与存入银行账户的日期和金额是否一致。

通常情况下,销售与收入循环的控制测试可以与存货的控制测试联系起来进行。例如,如果从收入开始进行符合性测试,则可将销售发票中的销售项目追溯到永续盘存制下存货记录的减少数。

在确定了被审计单位内部控制中可能存在的薄弱环节并对其控制风险做出评价后,审计人员还应当判断继续实施控制测试的成本是否会低于因此而减少的对交易和账户余额实施实质性程序所需的成本。如果被审计单位的相关内部控制不存在或未得到有效执行,则审计人员就不应再实施控制测试,而应直接实施实质性程序。

第三节　销售与收款循环中交易的实质性程序

对交易实施实质性程序的目的在于验证相关内部控制的目标是否能够实现,因此,应采用以下相应的实质性程序,而且,在实施这些实质性程序前,应充分考虑被审计单位相关内部控制的健全程度和控制测试的结果。

一、销售交易的实质性程序

(一)登记入账的销售交易是真实的

为验证这一目标,审计人员一般应关心发生三类错误的可能性:一是未曾发货却已将销售交易登记入账;二是销售交易重复入账;三是向虚构的顾客发货,并作为销售交易登记入账。前两类错误可能是有意的,也可能是无意的,而第三类错误则肯定是有意的。将不真实的销货登记入账,会导致多报资产和收入。

针对未曾发货却已登记入账这类错误,审计人员可以从主营业务收入明细账中抽取若干分录追查至有无相应的发运凭证和其他佐证加以证实。

针对销售交易重复入账这类错误,审计人员可以通过检查销售交易记录清单有无重号、缺号的情况加以核实。

针对虚构顾客或虚构销售交易并登记入账这类"故意"性错误,审计人员应检查与主营业务收入明细账中销货分录相对应的销售单,确定是否履行适当的授权审批手续。

此外,审计人员还可以通过检查应收账款明细账中贷方发生额记录的方法来审查被审计单位是否存在上述虚增销售的行为:如果贷方记录表明收回款项或收到退货,则可以认可原记录的真实性;如果贷方记录表明是注销坏账或款项仍未收回,则应作重点审计。

(二)已发生的销售交易均已登记入账

对本循环而言,这一测试不是必需的,仅在内部控制不健全时才进行这一测试。测试的方法是选取部分发运凭证,追查至有关销售发票副本和主营业务收入明细账。

应特别注意下列审计方法的运用,这些方法具有一般性:侧重于审查"低估"型错误时,应按照证、票、账的顺序来"顺查";侧重于审查"高估"型错误时,应按照账、票、证的顺序来"逆查";侧重于审查其他目标时,审查的顺序无关紧要。

(三)登记入账的销售交易计价正确

审计人员通过复算会计记录中的数据,来确定被审计单位是否按订货的数量发货,是否按发货的数量和商品价目表开具账单,是否按账单的金额准确地入账。通常的做法是按照"逆查"的顺序进行审查。

(四)登记入账的销售交易分类恰当

这一测试常常与计价准确性测试一并进行。主要方法是通过审核原始凭证,确定具体交易的类别(赊销或现销)是否恰当,并与账簿记录相核对,防止出现诸如在现销时借记应收账款,或在收回应收账款时贷记主营业务收入等的分类错误。

(五)销售交易记录及时

一般程序是:比较发货的日期、开具发票的日期和登记入账(主营业务收入明细账和应收账款明细账)的日期是否接近。

(六)销售交易已正确地记入明细账并准确地汇总

将主营业务收入明细账加总,将加总额与主营业务收入总账余额、应收账款明细账加总额、现金、银行存款日记账余额进行对照,以核实有无错报。

二、收款交易的实质性程序

收款交易的实质性程序应关注下列目标,具体的测试程序将在货币资金审计一章中详述:记录的现金收入是实际收到的;收到的现金收入已经全部记入现金收入日记账;现金收入的记录是准确的;现金收入交易的分类是正确的;现金收入在正确的时间记录;现金收入正确地记录于应收账款明细账,并进行了正确的汇总。

第四节 营业收入期末余额的实质性程序

一、营业收入的审计目标

营业收入项目核算企业在销售商品、提供劳务等主营业务活动中所产生的收入,以及企业确认的除主营业务活动以外的其他经营活动所实现的收入。其审计目标包括:确定所记录的营业收入是否确实已经发生;确定营业收入的记录是否完整,所记录的金额是否正确;确定对销售退回、销售折扣与折让的处理是否适当;确定营业收入的会计处理是否正确;确定营业收入的披露是否恰当。

二、营业收入的实质性程序

(一)主营业务收入的实质性程序

1. 获取或编制主营业务收入明细表

如果由被审计单位协助提供,则应复核其加计是否准确,并与主营业务收入明细账和总账的余额进行核对,以检查二者的相符程度。

2. 实施分析程序,检查主营业务收入的总体合理性

(1)比较本期与上期的主营业务收入,分析产品销售的结构和价格的变动是否正常,并分析异常变动的原因。

(2)比较本期各月份各种主营业务收入的波动情况,分析其变动趋势是否正常,并查明异常现象和重大波动的原因。

(3)计算本期重要产品的销售利润率,分析比较本期与上期同类产品销售利润率的变化情况,注意收入与成本是否配比,并查清发生重大波动或异常情况的原因。

(4)将上述分析结果与同行业企业本期相关资料进行对比分析,检查是否存在异常。

3.审查主营业务收入确认和计量的正确性

审阅一定数量的产品发运单、销售发票副本、各种结算单据、有关明细账以及大型产品的生产进度表,核实企业是否遵循了权责发生制原则,并根据生产经营与结算方式的不同特点,真实、完整地计入了销售收入。

(1)采用直接交款提货销售时,以收到货款或取得收款权利,并将发票账单和提货单交给买方时确认收入的实现。重点审查有无扣压结算凭证,将当期收入转入下期入账;或者通过虚记收入、开假发票、虚列购货单位等,将当期未实现的收入作为当期收入记账,而在下期又予以冲销的现象。

(2)采用预收货款方式销售时,以商品发出确认收入的实现。重点审查是否收到了货款,以及商品是否已经发出,有无收款不入账、转为下期收入或开具假出库单虚增收入的现象。

(3)采用托收承付方式销售时,应于商品已经发出或劳务已经提供,并已将发票账单提交银行、办妥收款手续时确认收入的实现。重点审查被审计单位是否发货,托收手续是否办妥,货物发运凭证是否真实,托收承付结算回单是否正确。

(4)采用委托其他单位代销时,应在代销商品已经销售并收到代销单位的代销清单时确认收入的实现。重点审查有无商品未销售、编制虚假代销清单、虚增本期收入的现象。

(5)采用分期收款方式销售时,应按合同约定的收款日期分期确认收入的实现。重点审查本期是否收到价款,收款日期是否真实,是否存在提前确认收入或收入不入账、少入账、缓入账的现象。

(6)生产周期长的产品,或建设期较长的工程,根据完工百分比法,确认收入的实现。重点审查收入计算、确认是否符合规定,核对应计收入与实际收入的一致性,有无随意确认收入、虚增或虚减本期收入的现象。

(7)在附有销售退回条件的商品销售方式下,如果企业能够按照以往的经验对退货的可能性做出合理的估计,则应在发出商品时,将估计不会发生退货的部分确认收入,将估计可能发生退货的部分不确认收入;如果企业不能合理确定退货的可能性,则应在售出商品的退货期满时确认收入。重点审查企业确认的收入是否合理。

4.审查主营业务收入会计处理的正确性

(1)审查据以记账的发票和销售合同的真实性。抽查一部分发票,审查发票的真伪:有无刮、擦、涂、改,审查发票上的购货单位、商品名称、销售单价、数量、金额与销售合同是否一致。抽取部分发票与发货记录相核对:审查发票是否与仓库发出商品的品名、规格、数量、购货单位等相一致。此外,还应审查发票的编号是否连续,作废发票是否加盖"作废"章并全联保存。

(2)审查主营业务收入计算的准确性。由于销售收入发生额取决于销售数量和销售单价两个因素,因此,应首先审查销售数量与发货数量的一致性,并查明有无退货;其次取得商品价格目录,抽查销售价格是否符合价格政策,并且注意售给关联单位的商品价格是否合理,有无高价或低价结算以转移利润的问题。同时,还要注意审查有无下列问题:

①只计算主营业务收入,不计算联产品、副产品的销售收入。
②只计算合格产品的销售收入,不计算残次品的销售收入。
③以物易物,不计销售收入。
④将主营业务收入列入往来账户长期挂账,不通过"主营业务收入"账户核算。
⑤违背配比原则,只记收入、不转成本;或少记、不记收入,只转成本。

此外,还应索取产品出库存根、销售发票副本和各种收入明细账,相互核对,检查有无混淆主营业务收入与其他业务收入、营业外收入界限的现象。同时检查企业内部非生产部门,如基本建设部门、生活福利部门领用的本企业产品是否按规定列入了营业收入。

对于销售中发生的销售退回、销售折扣和折让业务,也应按制度规定进行相应的账务处理,以确保营业收入的真实性。

5. 进行主营业务收入的截止测试

对主营业务收入实施截止测试的目的在于确定被审计单位主营业务收入的会计记录归属期是否正确,防止和纠正收入账户中可能包括的非本期收入事项,以便能正确地计算本期净收益。

审计中应注意三个关键日期:发票开具日期、记账日期、发货日期。如果这三个日期在同一会计期间,则表明记录是正确的。如果发运凭证显示货物是在本报告期发运的,而相应的收入是在下一报告期计入的,则属于低估收入;相反,如果已计入本期的收入是"应收账款"账户的日期,而相应的商品出库单存根与运单或提货单的日期在下一会计期间,则表明是高估了收入。

可选择以下三条审计路线来实施主营业务收入的截止测试:

(1)以账簿记录为起点。即抽取资产负债表日前后若干天的账簿记录追查至记账凭证,同时检查发票存根与发运凭证,目的是确定已入账的收入是否均已在同一期间开具了发票并发货,有无多记收入的现象。该方法的优点是比较直观,容易追查至相关的凭证记录,以确定是否应在本期确认收入,特别是在连续审计两个以上会计期间时,检查跨期收入十分便捷,可以提高审计效率。缺点是缺乏全面性,只能查多记,无法查漏记,尤其是当本期漏记的收入延至下期,而审计期间被审计单位尚未及时登账时,审计人员就往往不易发现应记入而未记入报告期收入的情况。因此,这种方法主要用于审查是否多计收入。

(2)以销售发票为起点。即抽取资产负债表日前后若干天开具的销售发票的存根追查至发运凭证和账簿记录,目的是确定已开具发票的货物是否均已发货并于同一会计期间确认收入,有无少记收入的现象。该方法的优点是比较全面,容易发现漏记的收入。缺点是较费时费力,有时难以查找相应的发货及账簿记录,而且不易发现多记的收入。因此,这种方法主要用于审查是否少计收入。

使用这种方法时必须注意两点:①被审计单位的发票存根是否已全部提供,有无隐瞒。为此,应查看被审计单位的发票领购簿,尤其应关注普通发票的领购和使用情况。②

相应的发运凭证是否齐全,特别应注意有无在报告期内已作收入记账而在下期期初却又用红字冲回,并且无发货、收货记录,以此来调节前后期会计利润的情况。

(3)以发运凭证为起点。即抽取资产负债表日前后若干天的发运凭证追查至发票开具情况和账簿记录,目的是确定销售收入是否已记入恰当的会计期间。这种方法主要也是用于审查是否少计收入。

检查发票开具日期、记账日期、发货日期是否归属于同一适当的会计期间,是主营业务收入截止测试的关键所在。如果发现对销售业务的会计处理有跨年度的现象,则应提请被审计单位予以调整。

6. 查找有无未经认可的大额销售

应结合对应收账款实施的函证程序来查明有无未经授权或认可的大额销售。

7. 审查销售退回、折让和折扣

销售退回、销售折让和销售折扣在企业的销售业务中是经常遇到的,尽管其表现形式各不相同,但都是对收入的抵减,直接影响主营业务收入的确认和计量,而且还常常被用作调节销售收入和利润的手段。因此,在进行主营业务收入审计时,应予以必要的关注。

(1)销售退回的审查

销售退回是指产品售出后,购货方因产品质量或规格不符合规定要求,而将该产品退回给销售单位,销售单位退回所退货物货款的业务。其审查重点是:

①审查销售退回原因的合理性。如果是由于销售单位的责任,造成售出产品的品种、规格、质量不符合规定要求,致使购货方提出全部或部分退货则是合理的。但如果是在市场需求变化或价格波动的情况下,购货方购入产品后因产品滞销或价格下跌,为转嫁损失而要求退货则是不合理的。

②审查销售退回账务处理的正确性。发生并确认销售退回时,不论属于本年度还是属于以前年度销售的,均应冲减本期营业收入,同时冲减营业成本,增加库存产成品;发生的销售退回费用,应作为期间费用列入管理费用。审查工作可从以下两个方面进行:

一是通过"主营业务收入明细账"与退货凭证、退货入库凭证相核对,揭露企业借助销售退回人为调节销售收入的行为。如果存在退货凭证,而在"主营业务收入明细账"中未予记录,则说明有可能存在虚增主营业务收入、调高利润的问题;如果在"主营业务收入明细账"中有销售退回的记录,而无相关退货的原始凭证,则说明可能存在隐匿主营业务收入、虚减利润、偷漏税金的问题。

二是通过"主营业务收入明细账"、"主营业务成本明细账"、"产成品明细账"等有关账目的核对,审查销售退回账务处理的正确性,查明有无只冲减当期主营业务收入,而未相应冲减主营业务成本的问题;或者因计算错误,多冲营业收入或营业成本等而导致当期损益不真实、不正确的问题。

此外,还应注意审查期末及下期期初发生的销售退回业务的真实性。有的企业为追求本期销售计划的完成,往往采用期末虚构销售,开出"空头发票",下期期初再用红字发票冲回的不当手法弄虚作假。可结合应收账款函证程序,审查是否存在未经认可的大额销售。

(2)销售折让和销售折扣的审查

销售折让是指产品售出后,购货方发现产品品种、规格、质量不符合要求,但不要求退货而提出在价格上给予折让的业务。企业若为了扩大销售和及时收回货款,按照一定条件,给予购货方一定比例的折扣,从而减少的价款称为销售折扣。审查的重点是:

①销售折让、折扣业务的真实性。通过审阅有关凭证,检查其审核手续是否完备,进而确认该项业务是否真实存在。重点对折让、折扣额大的项目进行审查。

②折让、折扣比例的合理性。由于销售折让和销售折扣均冲减当期主营业务收入,进而影响企业利润数额。因此,折让和折扣的比例应当合理。

③折让、折扣业务账务处理的及时性和正确性。发生销售折让、折扣应作为主营业务收入的抵减项目处理,但不应涉及"产成品"和"主营业务成本"账户。应审查"主营业务收入明细账"和有关凭证,以查明会计处理的正确性。

8. 审查外币结算销售收入的真实性

对于用外币结算的主营业务收入,应审查其折算方法是否正确,是否按规定的汇率将外币销售收入折算为人民币入账,折算方法是否前后期一致。

9. 审查主营业务收入的列报是否恰当

(二)其他业务收入的实质性程序

其他业务收入是指除主营业务活动以外的其他经营活动所实现的收入,如销售材料、代购代销、技术转让、出租固定资产、出租包装物、土地使用权转让、运输劳务费收入。

其他业务收入的实质性程序包括以下内容:

1. 获取或编制其他业务收入明细表,复核加计,并与总账和明细账相核对,并注意其他业务收入是否有相应的成本。

2. 与上期其他业务收入比较,如有重大波动,了解波动原因,分析其合理性。

3. 抽查大额其他业务收入项目,检查原始凭证是否齐全,有无授权批准,会计处理是否正确,注意其他业务收入的内容是否真实、合法,是否符合收入实现原则。

4. 检查异常的其他业务收入项目,追查其入账依据及有关法律性文件是否充分。

5. 抽取资产负债表日前后的若干张凭证实施截止性测试,追踪到发票、收据,检查有无跨期入账的现象,对于重大跨期项目建议作必要的调整。

6. 检查被审计单位是否存在技术转让等免税收益,若有,应调减应纳税所得额。

7. 检查其他业务收入的列报是否恰当。如果被审计单位是上市公司,且其他业务利润占本期利润总额的10%(含10%)以上,则应在其报表附注中按业务种类分项列示本期其他业务收入数和成本数,并说明情况。

实务中,其他业务收支中存在的错弊往往是在进行其他账户的审查中被发现的。

第五节 应收账款期末余额的实质性程序

应收账款是指企业因销售商品或提供劳务而形成的债权,即由于企业销售商品或提供劳务等原因,应向购货客户或接受劳务的客户收取的款项或代垫的运杂费,是企业在信用活动中所形成的各种债权性资产。

一、应收账款的审计目标

应收账款的审计目标包括：确定已入账的应收账款是否确实存在；确定所发生的应收账款是否均已入账；确定应收账款是否归被审计单位所有；确定应收账款增减变动的记录是否完整；确定应收账款是否可收回，坏账准备的计提是否恰当；确定应收账款期末余额是否正确；确定应收账款的列报是否恰当。

二、应收账款的实质性程序

（一）取得或编制应收账款明细表

首先，复核其合计数并与报表数、总账数和明细账合计数相核对。其次，对表中所列应收账款实施必要的抽查，并与有关的明细账进行核对。在验证该表编制正确的前提下，审查表中是否存在异常项目，如贷方余额。

应当注意应收账款报表数反映企业因销售商品或提供劳务等而应向购买单位收取的各种款项，减去已计提的相应的坏账准备后的净额。因此，其报表数应与应收账款总账数和明细账数分别减去相应的坏账准备总账数和明细账数后的余额核对相符。

（二）实施分析程序

对应收账款实施实质性分析程序的目的在于分析应收账款的变动，验证其是否合理，将其中不符合正常变动规律的情况，作为审核的重点。

1. 比较本期与上期应收账款期末余额。
2. 比较本期与前期应收账款周转率（销售净额/平均应收账款）。
3. 复核应收账款借方累计发生额与主营业务收入是否配比。
4. 比较本期与前期坏账费用占应收账款的比例。
5. 比较本期与前期坏账费用占赊销净额的比例（坏账费用/赊销净额）。
6. 比较本期与前期各类账龄的应收账款占总应收账款的比例。

（三）编制应收账款账龄分析表

应收账款的账龄是指从赊销业务发生开始至资产负债表日止所经历的时间。应收账款账龄分析表是资产负债表日应收账款期末余额的清单，它不仅列示着各顾客尚未偿还的欠款金额，而且还列示着各笔欠款拖欠时间的长短。编制应收账款账龄分析表的目的是确定各笔应收账款收回的可能性和坏账准备计提的充分性。应收账款的可收回程度通常与其账龄成反向关系，即应收账款过期未收回的时间越长，其收回的可能性就越小。

（四）对应收账款进行函证

应收账款函证是指审计人员为了印证被审计单位对应收账款的记录是否正确，而直接向债务人发函询证的一种审计方法。

1. 函证的目的

函证是应收账款审计中最具有决定性和最重要的一项审计程序。通过函证，可以有效地证明应收账款的真实性、所有权和计价的正确性。

2. 函证的范围和对象

审计人员无须对所有的应收账款都进行函证。其函证量的确定，主要取决于以下因素：

(1)应收账款在全部资产中的重要性。如果应收账款在全部资产中所占的比重较大,则函证的范围应相应大一些。

(2)被审计单位内部控制的强弱。如果内部控制较健全,则可以相应减少函证量,反之,则应扩大函证范围。

(3)以前年度的函证结果。如果在以前年度函证中发现过重大差异,或欠款纠纷较多,则函证范围应相应扩大一些。

(4)函证方式的选择。如果选择积极式函证,则可适当减少函证量;如果选择消极式函证,则可适当增加函证量。

一般情况下,应选择以下项目作为函证对象:大额或账龄较长的项目;与债务人发生纠纷的项目;关联方项目[包括持有5%(含)以上股份的股东];主要客户项目;交易频繁但期末余额较小甚至余额为零的项目;非正常的项目。

3.函证时间的选择

发函的最佳时间通常应安排在与结账日较为接近的时间,但同时还要考虑到对方复函的时间,确保在审计工作结束前能获取函证的全部资料。

如果选择在结账日前的某一天发函,则审计人员还有必要对函证日与结账日之间发生的有关赊销业务进行审计,以免发生遗漏事项。但是,如果被审计单位的应收账款内部控制较为薄弱,则应将函证时间安排在结账日,以防被审计单位有关人员在函证日与结账日之间发生舞弊行为。

4.函证方式的选择

函证方式分为积极式函证和消极式函证。积极式函证是指被函证人(即债务人)在收到询证函后,无论函证的内容是否与被函证人的记录一致,都要予以回复的函证方式。消极式函证是指被函证人在收到询证函后,只有在所函证的内容与被函证人的记录不一致时,才予以回复的函证方式。

从证据的可靠性而言,积极式函证所获取的证据更为可靠。因为积极式函证要求审计人员在未收到债务人回复函时必须采取后续措施,而对于消极式函证来说,没有收到回复函即视为被函证信息正确,即使债务人可能没有理睬函证也是如此。但从证据的成本而言,由于消极式函证不要求在未收到债务人回复函时采取后续措施,因此其成本往往要低于积极式函证,这在一定程度上又补偿了消极式函证可靠性差的缺陷。由此可见,积极式函证的结果可靠,但成本较高;而消极式函证结果的可靠性相对低一些,但成本也相应较低。究竟应采用哪种函证方式更为适宜,应根据具体情形做出选择。

通常,当债务人处于以下情况时,适宜采用积极式函证:欠款金额较大;欠款时间较长;有理由相信欠款可能存在差错或争议等问题。当债务人处于以下情况时,适宜采用消极式函证:重大错报风险评估为低水平;预计差错率比较低;欠款金额小的债务人数量很多;有理由相信大多数被函证对象能认真对待询证函,并能对不相符的情况做出积极反映。但有时将两种函证方式结合起来使用可能更为适宜,例如对于大额账项可采用积极式函证,而对于小额账项则可采用消极式函证。

5.函证过程的控制

(1)审计人员应当直接控制询证函的发出和回收。询证函可由审计人员利用被审计单位提供的应收账款明细账户名称及地址编制，也可由被审计单位协助编制，但询证函的寄发必须由审计人员亲自进行。

询证函一般以被审计单位的名义签发，但回复函的信封上必须写明审计机构的地址，以保证所有回复函都能直接寄到审计人员手中，从而避免被审计单位借机更改数字或截留。

(2) 对于采用积极式函证方式而没有收到回复函的，应采用追查程序，即应第二次乃至第三次发出询证函。如果仍得不到答复，则应考虑采用必要的替代程序。

通常未回复的原因主要有：债务人已经支付该账款而不愿回复；债务人发生重大财务困难已破产清算；询证函邮寄丢失；应收账款的客户系被审计单位虚构等。因此，审计人员应针对未回复询证函的具体情况采取以下措施：

第一，检查结账日后的现金收入日记账和应收账款明细账，以查明债务人是否在结账日后至收到询证函期间已实际支付了欠款。

第二，检查与收款业务有关的文件，包括销售合同、顾客订单、销货通知书、货运文件及销售发票副本等，以验证销售业务的真实性。

第三，向独立于被审计单位之外的机构查询。如向工商企业注册机构、资信咨询机构进行调查询问，以验证债务人的地址、信用及财务状况，以及是否确有其人。如果查明债务人是虚构的，应予以披露。

对于无法投递而被退回的信函，必须仔细分析，查明是由于被函证人地址迁移或差错而致使信函无法投递，还是由于这笔应收账款本来就是一笔并不存在的假账。

6. 函证结果差异的分析

如果债务人认可询证函中的应收账款金额，则说明被审计单位期末应收账款余额是真实和正确的，审计人员可将收回的询证函汇总编入审计工作底稿，作为审计证据。

如果收回的询证函有差异，则审计人员应进一步查明原因。产生差异的原因主要有：

(1) 购销双方因记账时间不同而导致差异，主要表现为：

第一，款未收到。询证函发出时，债务人已经付款，而被审计单位尚未收到。

第二，货物未收到。询证函发出时，被审计单位的货物已经发出并已确认为销售收入，但货物仍在途中，债务人尚未收到货物或未验收入库。

第三，退货。债务人由于某种原因将货物退回，而被审计单位尚未收到。

第四，拒付。债务人因对收到的货物数量、质量及价格等有争议，而全部或部分拒付货款。

以上四种情况都会导致函证结果小于应收账款账面金额。

(2) 记账错误。由于一方或双方记账错误而导致应收账款余额发生差异。

(3) 虚列应收账款。如果函证结果大于应收账款账面金额或出现日期不符，审计人员必须追查被审计单位是否有低估或人为操纵应收账款期末余额的行为，并建议被审计单位做出必要的调整。

7. 对函证结果进行总结和评价

重新考虑过去对内部控制的评价、控制测试的结果、分析程序的结果以及相关的风险评价等是否适当。

(1) 如果函证结果没有差异，则审计人员可据此推论应收账款总额是正确的。

(2) 如果函证结果存在差异，则审计人员应估算应收账款总额中可能出现的累计差错额。若超过重要性水平,就需调整。为了取得对应收账款累计差错额更加准确的估计,可以进一步扩大函证范围。

8.重视函证风险

函证虽然是确认应收账款的有效方法,但仍存在风险。也就是说,函证并不能够确保发现应收账款项目中存在的所有问题。风险主要表现在:错误的金额可能没有包括在函证的样本中;没有收到存在问题的应收账款债务人的回函;债务人没有认真核对和对待询证函;被审计单位与其债务人相互串通舞弊;即便应收账款得到了债务人的确认,也并不意味着债务人就一定会付款。

(五)实施应收账款的截止测试

(1)测试的目的:保证销售收入和应收账款已在货物发运的会计期间入账,并保证存货和销售成本记入同一期间。

(2)测试的方法:从应收账款明细账中抽取部分资产负债表日前后数日的业务,与主营业务收入明细账、销售发票、提货单相核对,主要核对其日期是否在被审计期间内。

应特别注意是否存在虚假销售的情况。如:被审计单位在资产负债表日前几天记录了一笔没有订单的销售,到资产负债表日后又原数以销售退回入账。这种情况在被审计单位中时有发生,审计人员应予以关注。

(六)审查未函证应收账款

审计人员不可能对所有的应收账款都进行函证,对于那些未予函证的应收账款,应采用相关的审计替代程序,如抽查销售合同、顾客订货单、销售发票及货运文件等有关销售业务的文件,以验证这些应收账款的真实性。

(七)审查坏账的确认和处理

首先,应结合应收账款账龄分析表,调查债务人有无破产和死亡的,对债务人破产或以遗产清偿后,仍无法收回的应收账款,以及债务人长期未履行清偿义务的应收账款均应作为审查重点。其次,应审查被审计单位对坏账的处理是否经授权批准,有关会计处理是否正确。最后,应审查坏账准备的计提比例和计提金额是否充分、合理,各期计提坏账准备的方法是否保持一致。

(八)分析应收账款明细账余额

应收账款作为资产类科目,其余额一般在借方。审计人员如果在分析应收账款明细账余额时,发现应收账款为贷方余额,则应查明原因,必要时建议作重分类调整。

(九)检查应收账款的列报是否恰当

应检查资产负债表中的"应收账款"数额是否根据审定的"应收账款"账户期末余额填列。如果被审计单位设置有"预收货款"账户,其借方余额也应一并记入表中"应收账款"项目。还应抽查应收账款明细账,并追查有关原始凭证,以查证被审计单位是否将不属于商品销售业务的债权也在应收账款账户中核算。如有,应做出记录或建议被审计单位做出适当调整。

如果被审计单位为上市公司,则在其财务报表附注中,还通常应披露期初、期末余额的账龄分析,以及期末欠款金额较大的单位账款和持有5%(含5%)以上股份的股东单位账款等情况。

第六节 坏账准备期末余额的实质性程序

坏账是指企业无法收回或收回的可能性极小的应收款项。因发生坏账而产生的损失即称为坏账损失。企业通常应采用备抵法按期估计坏账损失,形成坏账准备。与直接转销法相比,备抵法将预计不能收回的应收款项作为坏账损失及时计入费用,能够避免企业虚增利润。

一、坏账准备的审计目标

"坏账准备"作为"应收账款"的备抵账户,其正确与否,将直接影响资产负债表和损益表的正确性。因此,在进行财务报表审计时,对"坏账准备"账户的审查通常是不可忽视的。其审计目标包括:确定计提坏账准备的方法和比例是否恰当,坏账准备的计提是否充分;确定坏账准备增减变动的记录是否完整;确定坏账准备的期末余额是否正确;确定坏账准备的列报是否恰当。

二、坏账准备的实质性程序

(一)审查坏账准备的计提

主要查明坏账准备的计提方法和计提比例是否符合制度规定,前后期是否一致,计提的数额是否恰当,相关的会计处理是否正确。

根据《企业会计制度》的规定,企业只能用备抵法核算坏账损失,而计提坏账准备的具体方法可由企业自行确定,但计提方法一经确定,就不得随意变更,除非其变更能够使企业提供更可靠、更相关的会计信息。如果经审查确认被审计单位的计提方法有所变更,则除了需查明这种变更是否合理和是否经过批准外,还应查明被审计单位是否已将其变更的内容和理由以及变更的影响数额等在财务报表的附注中做出说明。

在审查坏账准备的计提比例时,应对其是否符合债务单位的实际财务状况和现金流量状况做出评价,尤其应关注有无将下列情况全额计提了坏账准备:(1)当年发生的或未到期的应收款项;(2)计划进行重组的应收款项;(3)与关联方之间发生的应收款项;(4)虽已逾期但无确凿证据证明不能收回的应收款项。如果经审查确认被审计单位已提坏账准备数额与制度规定有差异,则应提请被审计单位予以调整,并按其差额补提或冲销坏账准备的数额。

(二)审查坏账损失

主要查明被审计单位作为坏账注销的应收款项,是否均为已有充分证据证明确已无法收回的应收款项,已确认的坏账损失是否经授权批准,有无已作坏账处理后又重新收回的应收款项,其相应的会计处理是否正确,坏账准备的借方记录是否与坏账损失的账项相一致。

(三)查阅应收款项明细账及相关原始凭证

通过查阅应收账款明细账和其他应收款明细账及相关原始凭证,确认被审计单位有无在资产负债表日后仍未收回的长期挂账应收款项,若有,应提请被审计单位做出适当的处理。

(四)实施分析程序

计算坏账准备余额占应收款项余额的比例,并将其与以前年度相比较,分析是否存在重大差异及是否有必要作为重点审计领域。

(五)审查坏账准备的披露是否恰当

企业应当将坏账的确认标准、坏账准备的计提方法和计提比例、坏账准备的期末余额等信息在财务报表的附注中,按照应收账款和其他应收款分项加以列示。

如果被审计单位是上市公司,还应在财务报表附注中对以下事项做出披露:(1)本期全额计提坏账准备或计提的比例较大(40%及以上)的理由。(2)以前期间已全额计提坏账准备或计提的比例较大,但在本期又得以全额或部分收回的原因。如果是通过重组方式收回的,也应说明原因。(3)对某些金额较大的应收款项不计提坏账准备或计提的比例较低(5%及以下)的理由。(4)本期实际冲销的应收款项及其理由。如果实际冲销的应收账款是在关联交易中产生的,则应单独披露。

本章小结

本章主要阐述销售与收款循环所涉及的主要业务活动,贯穿于销售与收款循环应设置的主要关键控制点及相应的控制测试,对该循环所发生的交易及账户所实施的实质性程序。销售与收款循环所涉及的业务活动主要包括处理顾客订单、批准赊销、发出和装运货物、开具发票和进行会计记录等环节。销售与收款循环的内部控制主要包括适当的职责分离、恰当的授权审批、充分的凭证和记录以及内部独立核查等关键控制点。在进行控制测试时,应主要以销售发票和货运文件作为测试样本。销售与收款循环的实质性程序主要包括对销售和收款交易以及对营业收入、应收账款和坏账准备等账户的期末余额及相关认定是否存在重大错报进行审查。根据该循环的业务特点,审计目标的重点在于关注是否存在收入和资产被高估的情况。

思考题

1. 销售与收款循环主要包括哪些业务活动?
2. 销售与收款循环的审计目标是什么?
3. 销售与收款循环的关键内部控制点有哪些?
4. 如何进行销售与收款循环的内部控制测试?
5. 简述主营业务收入实质性测试的内容。
6. 如何对主营业务收入的确认与计量进行测试?
7. 如何进行主营业务收入的截止测试?
8. 简述应收账款实质性测试的内容。
9. 审计人员在确定应收账款的函证方式及函证范围和对象时,应考虑哪些因素?

10. 当审计人员采用积极式函证未收到回复函时应如何处理？

11. 当函证结果出现差异时,审计人员应考虑从哪几方面作进一步审核？

12. 坏账准备的实质性程序有哪些？

练习题

一、单项选择题

1. 为验证销售业务记录的完整性,审计人员应选择的测试样本是(　　)。
 A. 销售发票副本　　　　　　　　B. 主营业务收入明细账
 C. 应收账款明细账　　　　　　　D. 汇款通知单

2. 为验证销售业务记录的真实性,审计人员应选择的测试样本是(　　)。
 A. 发运凭证　　　　　　　　　　B. 销售发票
 C. 主营业务收入明细账　　　　　D. 客户订单

3. 对通过函证无法证实的应收账款,审计人员应当执行的最有效的审计程序是(　　)。
 A. 重新测试相关的内部控制
 B. 审查债务人的信用情况
 C. 提请被审计单位提高坏账准备的提取比例
 D. 审查资产负债表日后的收款情况

4. 截止测试的目的是(　　)。
 A. 确定主营业务收入的会计记录归属期是否正确
 B. 确定主营业务收入的数额是否正确
 C. 查找未入账的销售业务
 D. 确定已入账销售业务的真实性

5. 被审计单位于2013年12月30日向甲公司发出价值200万元的商品,2014年1月办妥托收手续,被审计单位在发出商品时确认收入入账,则被审计单位不恰当的认定是(　　)。
 A. 完整性　　　　B. 准确性　　　　C. 截止　　　　D. 分类

二、多项选择题

1. 下列中应选择作为函证对象的有(　　)。
 A. 账龄较长且金额较大的项目
 B. 与债务人发生纠纷的项目
 C. 交易频繁但期末余额较小甚至余额为零的项目
 D. 非正常项目

2. 下列情况中可以考虑采用消极函证方式的有(　　)。
 A. 重大错报风险评估为低水平
 B. 涉及大量余额较小的账户
 C. 预期不存在大量的错误

D. 没有理由相信被询证者不认真对待询证函

3. 为验证被审计单位已登记入账的销货交易是否真实,审计人员应关注是否存在错误的项目有(　　)。

A. 未曾发货却作为销货业务登记入账

B. 被审计单位向假造的顾客发货并作为销货业务登记入账

C. 已发生的销货业务均已登记入账

D. 被审计单位未收到债务方对账单

4. 为保证所有的产品销售均已入账,被审计单位的下列控制活动中与这一控制目标直接相关的有(　　)。

A. 对销售发票进行顺序编号并复核当月开具的销售发票是否均已登记入账

B. 检查销售发票是否经过适当的授权批准

C. 将每月产品的发运数量与销售入账数量相核对

D. 定期与客户核对应收账款余额

5. 审计人员决定通过实施函证程序来证实 M 公司 2013 年年末以赊销方式实现的营业收入的发生认定和相应的应收账款的存在认定。假定出现下列情况,审计人员不应直接就确认为错报的情况有(　　)。

A. 客户回函称已于 2014 年 1 月初收到 M 公司送来的商品,但尚未根据合同请指定的专业人员验收

B. 未收到客户的回函

C. 客户回函称已于 2013 年 12 月 10 日将款项寄出,但由于被审计单位相关人员的疏忽,直到 2014 年元月 20 日才到邮局办理收款手续

D. 客户回函称其欠款金额只有 30 000 元,远低于 M 公司应收账款明细账上列示的 300 000 元

三、判断题

1. 为了增加审计程序的不可预见性,在获取营业收入发生认定的证据时,不按通常从账簿记录追查到凭证的做法,而是从凭证追查到相关账簿记录的方向进行追查。(　　)

2. 应收账款的询证函应由会计师事务所盖章签发。(　　)

3. 无论被审计单位采用何种方式销售商品,审计人员都不应认可其在没有收到货款的情况下确认主营业务收入。(　　)

4. 在对应收账款进行函证时,如果函证结果表明存在审计差异,则应进一步扩大函证范围。(　　)

5. 若审计人员查实了被审计单位与营业收入相关的发货日期、开票日期和记账日期属于同一适当的会计期间,则表明达到了对营业收入的截止测试目标。(　　)

四、业务题

资料:某会计师事务所接受委托,审计 Y 公司 2013 年度的会计报表。审计人员在对应收账款进行实质性测试时采取了函证方式。首先审计人员取得了 2013 年 12 月 31 日的应收账款明细表,继而于 2014 年 1 月 15 日采用积极式函证方式对所有的重要客户寄发了询证函。下表列示了与函证结果相关的五个异常情况:

异常情况	函证编号	客户名称	询证金额（元）	回函日期	回函内容
(1)	22	甲	300 000	2014年1月22日	购买Y公司300 000元货物属实，但款项已于2013年12月25日用支票支付
(2)	56	乙	500 000	2014年1月19日	因产品质量不符合要求，根据购货合同，于2013年12月28日将货物退回
(3)	64	丙	640 000	2014年1月19日	2013年12月10日收到Y公司委托本公司代销的货物640 000元，尚未销售
(4)	82	丁	900 000	2014年1月18日	采用分期付款方式购货900 000元，根据购货合同，已于2013年12月25日首付300 000元
(5)	134	戊	600 000	因地址错误被邮局退回	

要求：指出审计师针对上述异常情况应分别实施哪些审计程序？

第十二章

购货与付款循环审计

学习目的: 通过本章学习,了解购货与付款循环,包括固定资产所涉及的主要凭证和会计记录以及主要业务活动的内容;熟悉与购货业务、固定资产有关的内部控制;掌握应付账款实质性测试的审计程序;掌握固定资产和累计折旧实质性测试的审计程序;了解购货与付款循环其他相关账户的实质性测试审计程序。

引导案例:

虚假的采购伪造了高估的利润

康普查尼克斯公司宣布其管理层团队的高级职员高估利润,并将对以前年度已审计财务报表做出重大调整。舞弊的核心是使用大量设备的虚假的采购以高估固定资产和掩盖虚假的销售。

高级执行官通过绕过采购和验收部门规避了康普查尼克斯公司的内部控制,这样康普查尼克斯公司没有人能够发现这一阴谋。康普查尼克斯公司的雇员通常会对设备采购创建相当广泛的纸质轨迹。公司针对采购和现金支出交易的内部控制通常在由首席运营官或财务总监/会计主管授权付款之前要求一份采购订单、验收报告,以及供货发票,他们也参与了舞弊。结果,高级执行官就能够绕过针对现金支出的控制并在没有形成任何虚假交易的凭证的情况下授权向并不存在的采购进行付款。

公司还创建了虚假的销售和相关的应收账款。公司签发支票以支付虚假的采购交易。支票然后被再次存入公司的银行账户,并被记录为虚假应收账款的收回。结果,它看上去像是虚假销售得到了收款,并进行付款以支持虚假的固定资产采购。

舞弊阴谋通过当公司实际发生损失时却报告利润严重地夸大了公司的业绩。在将舞弊向公众宣布之日,康普查尼克斯公司的普通股价格骤然下降了72%!证券交易管理委员会最终指控执行官们违反了1933年证券法和1934年证券交易法的反舞弊条款。证券交易管理委员会永久性地禁止执行官们在任何上市公司担任高级职员或董事,责令他们偿还奖金以及避免的交易损失,并向他们做出了民事罚款的惩罚。

第一节 购货与付款循环的会计系统

一、购货与付款循环会计系统中的主要凭证和会计记录

（一）请购单

请购单是由产品制造、资产使用等部门的有关人员填写，送交采购部门，申请购买商品、劳务或其他资产的书面凭证。

（二）订购单

订购单是由采购部门填写，向另一企业购买订购单上所指定的商品、劳务或其他资产的书面凭证。

（三）验收单

验收单是收到商品、资产时所编制的凭证，列示从供货商处收到的商品、资产的种类和数量等内容。

（四）卖方发票

卖方发票是供货商开具的，交给买方以载明发运的货物或提供的劳务、应付款金额和付款条件等事项的凭证。

（五）付款凭单

付款凭单是采购方企业的应付凭单部门编制的，载明已收到的商品、资产或接受的劳务、应付款金额和付款日期的凭证。付款凭单是采购方企业内部记录和支付负债的授权证明文件。

（六）应付账款明细账

（七）现金日记账和银行存款日记账

（八）卖方对账单

卖方对账单是由供货商按月编制的，标明期初余额、本期购买、本期支付给供货商的款项和期末余额的凭证。

二、购货与付款循环所涉及的主要业务活动

（一）请购商品和劳务

仓库负责对需要购买的已经列入存货清单的项目填写请购单，其他部门也可以对所需要购买的未列入存货清单的项目编制请购单。请购单必须经主管预算的人员签字批准，请购单是证明有关采购交易的"发生"认定的凭据之一，也是采购交易轨迹的起点。

（二）采购部门编制订购单

采购部门收到请购单后，只能对经过批准的请购单发出订购单。

（三）验收商品

验收部门应将收到的商品与订购单进行核对，验收后编制验收单。验收单是支持资产或费用以及与采购有关的负债的"存在或发生"认定的重要凭证。

（四）储存已验收的商品存货

将已验收商品的保管与采购的其他职责相分离，可减少未经授权的采购和盗用商品的风险。存放商品的仓储区应相对独立，限制无关人员接近。这些控制与商品的"存在"认定有关。

（五）编制付款凭单

1. 确定供应商发票的内容与相关的验收单、订购单的一致性；
2. 确定供应商发票计算的正确性；
3. 编制有预先编号的付款凭单，并附上支持性凭证（如订购单、验收单和供应商发票），这些支持性凭证的种类因交易对象的不同而不同；
4. 独立检查付款凭单计算的正确性；
5. 在付款凭单上填入应借记的资产或费用账户名称；
6. 由被授权人员在凭单上签字，以示批准照此凭单要求付款。

（六）确认与记录负债

正确确认已验收货物和已接受劳务的债务，要求准确、及时地记录负债。

（七）支付负债

1. 独立检查已签发支票的总额与所处理的那批付款凭单的总额的一致性；
2. 应由被授权的财务部门的人员负责签署支票；
3. 被授权签署支票的人员应确定每张支票都附有一张已经适当批准的未付款凭单，还应确定支票收款人姓名和金额与凭单内容的一致性；
4. 支票一经签署就应在其凭单和支持性凭证上用加盖印戳或打洞等方式将其注销，以免重复付款；
5. 支票签署人不应签发无记名甚至空白的支票；
6. 支票应预先连续编号，保证支出支票存根的完整性和作废支票处理的恰当性；
7. 应确保只有被授权的人员才能接触未经使用的空白支票。

（八）记录现金、银行存款支出

会计部门应根据已签发的支票编制付款记账凭证，并据以登记银行存款日记账及其他相关账簿。

第二节 固定资产的会计系统

一、固定资产会计系统中的主要凭证和会计记录

（一）固定资产的购置与付款涉及的相关单证和购货与付款循环中相应单证类型相同

（二）固定资产业务相关的其他单证

1. 固定资产明细账；
2. 固定资产卡片；
3. 固定资产盘点表；

4. 固定资产使用、维修记录；
5. 累计折旧明细账；
6. 固定资产报废通知单。

二、固定资产所涉及的主要业务活动

（一）固定资产购置与付款中环节和购货与付款循环相应环节相同
（二）固定资产其他相关业务
1. 固定资产的投资规划与资本预算（在购置与付款之前）；
2. 固定资产的计价；
3. 固定资产的使用与维护；
4. 计提固定资产折旧；
5. 固定资产的减少。

第三节 购货与付款循环的内部控制及其测试

一、购货与付款循环的内部控制

一个健全有效的购货与付款循环的内部控制应该包括以下内容：(1)采购、验收、储存、会计及财务部门在人员安排及职责分工等方面应相互独立，偿还债务应经上述部门进行相应确认或批准；(2)购货交易——填写订货单——签章批准，订货单副本应及时提交会计、财务部门；(3)编制按顺序编号的验收单，验收单副本送交采购、会计等部门；(4)采购部门将购货发票、订货单及验收单进行比较；(5)采购部门填制应付凭单——批准——支付货款；(6)采购部门应对所收各种单据、文件加盖收件日期时刻章；(7)应付账款总分类账和明细分类账应按月结账，并相互核对；(8)供货方取得对账单，与应付账款明细分类账和未付凭单明细表相互调节；(9)采用总价法记录现金折扣，并制定严格的复核制度审查是否发生折扣损失。

二、购货交易的内部控制及其测试

购货与付款循环涉及的业务及凭证很多，在正常的审计中，如果购货与付款循环的内部控制良好，则忽视这一循环的控制测试和交易的实质性测试，仅仅依赖于对与之相关的财务报表项目的实质性测试，往往费时、费力。因此，这一循环的控制测试很重要。

（一）购货交易的内部控制目标
1. 存在或发生：所记录的购货均确实发生并已收到货物；
2. 完整性：已发生的购货业务均已记录；
3. 估价或分摊：所记录的购货业务计价正确；
4. 分类：分类正确；
5. 截止：购货业务按正确的日期及时记录；

(二)购货交易的关键内部控制

1. 请购单、订货单、验收单和卖方发票齐全,并附于付款凭证的后面;
2. 购货须经适当的批准;
3. 注销凭证以防止重复使用;
4. 对相关单据进行审核;
5. 订货单、验收单、购货发票等均经事先编号并已登记入账;
6. 采购价格与折扣须经核准;
7. 对单价、数量与金额进行复核;
8. 适用适当的会计科目表;
9. 有专人对分类进行复核;
10. 要求记录及时,并有专人进行检查。

(三)购货交易的控制测试

1. 查验付款凭单是否附有相关单据;
2. 检查购货核准的标志;
3. 检查注销凭证的标志;
4. 检查内部审核的标志;
5. 检查相关交易所连续编号的完整性;
6. 检查有关核准、复核的标志;
7. 与会计科目表进行核对;
8. 检查专人复核的标志;
9. 检查内部查核的标志。

第四节 固定资产的内部控制及其测试

一、固定资产的内部控制

(一)固定资产的预算制度

审计人员应注意检查固定资产的取得和处置是否均依据预算,对实际支出与预算之间的差异以及未列入预算的特殊事项,应检查其是否履行特别的审批手续。

(二)授权批准制度

完善的授权批准制度包括:企业的资本性支出预算只有经过董事会等高层管理机构批准方可生效;所有固定资产的取得和处置均须经企业管理当局的书面认可。审计人员不仅要检查被审计单位固定资产授权批准制度本身是否完善,还要关注授权批准制度是否得到切实执行。

(三)账簿记录制度

一套设置完善的固定资产明细分类账和登记卡,将为审计人员分析固定资产的取得和处置、复核折旧费用和修理支出的列支带来帮助。

(四)职责分工制度

对固定资产的取得、记录、保管、使用、维修、处置等,均应明确划分责任,由专门部门和专人负责。明确的职责分工制度,有利于防止舞弊,降低审计人员的审计风险。

(五)资本性支出和收益性支出的区分制度

(六)固定资产的处置制度

固定资产的处置制度包括投资转出、报废、出售等,均要有一定的申请报批程序。

(七)固定资产的定期盘点制度

(八)固定资产的维护保养制度

二、固定资产的控制测试

(一)索取或编制被审计单位固定资产内部控制制度的说明材料

(二)对固定资产的取得和处置实施控制测试

1. 固定资产的取得是否与预算数相符,有无重大差异;
2. 固定资产的取得和处置是否确实经过授权批准;
3. 固定资产的增减变动是否真实、完整地进行会计记录;
4. 资本性支出与收益性支出的区分是否符合有关规定。

(三)评价固定资产的内部控制制度

1. 确保会计记录的可靠性和正确性;
2. 保护固定资产的完整性。

如果被审计单位固定资产的增减均能处于良好的经批准的预算控制之下,审计人员即可适当减少对固定资产增加、减少审计的实质性测试的样本量。

第五节　购货与付款循环中交易的实质性程序

一、购货交易的实质性程序

1. 复核采购明细账、总账及应付账款明细账,注意是否有大额或不正常的金额;
2. 审查相关单据的真实合理性;
3. 追查存货的采购至会计记录;
4. 盘点实物;
5. 从验收单追查至存货明细账;
6. 从购货发票追查至存货明细;
7. 审查有关批准文件;
8. 将合同、发票、验收单、货运文件等进行复核、计算;
9. 依据购货发票,审查存货分类的正确性;
10. 通过加计采购明细账,追查过入采购总账和应付账款、存货明细账的数额是否正确,用以测试过账和汇总的准确性。

二、付款交易的实质性程序

1. 与现金支出相关的货物或服务确实已经收到或提供；
2. 实际发生的全部现金支出已经全部记入现金支出日记账；
3. 现金支出的记录是准确的；
4. 现金支出交易的分类是正确的；
5. 现金支出在正确的时间记录；
6. 现金支出正确地记录于应付账款明细账，并进行了正确的汇总。

第六节 应付账款期末余额的实质性程序

一、应付账款的审计目标

应付账款是企业在正常经营过程中，因赊购商品和劳务等引起的短期债务，如采取赊购方式购买商品、原料、固定资产及其他办公用品等形成的短期债务。

应付账款的审计目标一般包括：(1)确定应付账款的发生和偿还记录是否完整；(2)确定应付账款期末余额是否正确；(3)确定应付账款的披露是否恰当。

二、应付账款的实质性测试程序

(一) 获取或编制应付账款明细表，复核加计正确，并与报表数、总账数和明细账合计数核对是否相符

(二) 实施分析程序

1. 对本期期末应付账款余额与上期期末余额进行比较，分析其波动原因；
2. 分析长期挂账的应付账款，要求被审计单位做出解释，判断被审计单位是否缺乏偿债能力或利用应付账款隐瞒利润；
3. 计算应付账款对存货的比率、应付账款对流动负债的比率，并与以前期间对比分析，评价应付账款整体的合理性；
4. 利用存货、主营业务收入和主营业务成本的增减变动幅度，判断应付账款增减变动的合理性。

(三) 函证应付账款

一般情况下，应付账款不需要函证，这是因为函证不能保证查出未记录的应付账款，况且审计人员能够取得购货发票等外部凭证来证实应付账款的余额。但如果控制风险较高，某应付账款明细账户金额较大或被审计单位处于财务困难阶段，则应进行应付账款的函证。

进行函证时，审计人员应选择较大金额的债权人，以及那些在资产负债表日金额不大甚至为零但为企业重要供货人的债权人作为函证对象。函证最好采用积极方式，并具体说明应付的金额。

如果存在未回函的重大项目,审计人员应采用替代审计程序。比如,可以检查决算日后应付账款明细账及现金和银行存款日记账,核实其是否已支付,同时检查该笔债务的相关凭证资料,核实交易事项的真实性。

(四)查找未入账的应付账款

1. 检查被审计单位在资产负债表日未处理的不相符的购货发票(如抬头不符、与合同某项规定不符)及有材料入库凭证但未收到购货发票的经济业务。

2. 检查资产负债表日后收到的购货发票,确认其入账时间是否正确。

3. 检查资产负债表日后应付账款明细账贷方发生额的相应凭证,确认其入账时间是否正确。审查时,审计人员还可以通过询证被审计单位的会计和采购人员,查阅资本预算、工作通知单和基建合同来进行。如果审计人员通过这些程序发现了某些未入账的应付账款,应将有关情况详细记入审计工作底稿,然后根据其重要性确定是否需建议被审计单位进行相应的调整。

(五)检查应付账款是否存在借方余额

如应付账款有存在借方余额,应查明原因,必要时建议被审计单位作重分类调整。

(六)结合预付账款的明细余额,查明有无在应付账款和预付账款两面同时挂账的项目;结合其他应付款的明细余额,查明有无不属于应付账款的其他应付款

如有,应作出记录,必要时,建议被审计单位作重分类调整或会计误差调整。

(七)检查应付账款长期挂账的原因,作出记录,注意其是否可能发生呆账收益

(八)对于用非记账本位币结算的应付账款,检查其采用的折算汇率是否正确

(九)验明应付账款在资产负债表上的披露是否恰当

"应付账款"项目应根据"应付账款"和"预付账款"科目所属明细科目的期末贷方余额的合计数填列。审计中,如果发现被审计单位因重复付款、付款后退货、预付货款等导致某些明细账户借方出现较大余额,审计人员应在审计工作底稿中编制建议调整的重分类分录,以便将这些借方余额在资产负债表中列为资产。如果被审计单位为上市公司,则在其财务报表附注中通常还应披露持有5%(含5%)以上股份的股东单位账款情况。

第七节　固定资产和累计折旧期末余额的实质性程序

一、固定资产期末余额的实质性程序

(一)固定资产审计的范围

1. 固定资产的原价;

2. 计提折旧与累计折旧;

3. 固定资产的增加,包括购入、自行建造、其他单位投资转入、更新改造、接受捐赠和盘盈等多种方式,相应涉及银行存款、应付账款、预付账款、在建工程、股本、资本公积和待处理财产损溢等项目;

4.固定资产的减少,包括因出售、报废、投资转出、毁损和盘亏等原因而减少,相应涉及固定资产清理、其他应收款、营业外收入和营业外支出等项目。

(二)固定资产的审计目标

1.确定固定资产是否存在;

2.确定固定资产是否归被审计单位所有;

3.确定固定资产及其累计折旧增减变动的记录是否完整;

4.确定固定资产的计价和折旧政策是否恰当;

5.确定固定资产的期末余额是否正确;

6.确定固定资产在财务报表上的披露是否恰当。

(三)固定资产的实质性测试程序

1.获取或编制固定资产及累计折旧分类汇总表,检查固定资产的分类是否正确,复核加计正确,并与报表数、总账数和明细账合计数核对是否相符。

2.实施分析程序:

(1)计算固定资产原值与本期产品产量的比率,并与以前期间比较,借以发现是否有存在闲置固定资产或已减少固定资产未在账户上注销的问题。

(2)计算本期计提折旧额/固定资产总成本,并与上期比较,旨在发现本期折旧额计算的错误。

(3)计算累计折旧/固定资产总成本,并与上期比较,旨在发现累计折旧核算的错误。

(4)比较本期各月之间、本期与以前各期之间的修理及维护费用,旨在发现资本性支出和收益性支出区分上可能存在的错误。

(5)比较本期与以前各期的固定资产增加和减少。由于被审计单位的生产经营情况在不断地变化,各期之间固定资产增加和减少的数额可能相差很大,审计人员应当深入分析其差异,并根据被审计单位以往和今后的生产经营趋势判断差异产生的原因是否合理。

(6)分析固定资产的构成及其增减变动情况,与在建工程、现金流量表、生产能力等相关信息交叉复核,检查固定资产相关金额的合理性和准确性。

3.审计固定资产的增加。固定资产的增加有购入、自制自建、投资者投入、更新改造增加、债务人抵债增加等多种方式。审计时应注意以下几点:

(1)对于外购固定资产,通过核对购货合同、发票、保险单、发运凭证等文件,抽查测试其计价是否正确,授权批准手续是否齐备,会计处理是否正确。如果是房屋,还应检查契税的会计处理是否正确。

(2)对于在建工程转入的固定资产,应检查其竣工决算、验收和移交报告是否正确,与在建工程相关的记录是否核对相符,资本化利息金额是否恰当;对已经在用但尚未办理竣工决算的固定资产,检查其是否已经暂估入账,并按规定计提折旧;竣工决算完成后,是否及时调整。

(3)对于投资者投入的固定资产,应检查其入账价值与投资合同中关于固定资产作价的规定是否一致;须经评估确认的固定资产是否有评估报告并经国有资产管理部门等机构确认;固定资产交接手续是否齐全。

(4)对于更新改造增加的固定资产,应查明增加的固定资产原值是否真实;重新确定的剩余折旧年限是否恰当。

(5) 对于因债务人抵债而获得的固定资产,应检查产权过户手续是否齐备,固定资产计价及确认的损益是否符合相关会计制度的规定。

(6) 对于因其他原因增加的固定资产,应检查相关的原始凭证,核对其计价及会计处理是否正确,法律手续是否齐全。

4. 审计固定资产的减少。固定资产的减少主要包括出售、向其他单位投资转出、向债权人抵债转出、报废、毁损、盘亏等。审计固定资产减少的主要目的在于查明企业业已减少的固定资产是否均已作相应的会计处理。其审计要点为:审查减少固定资产的授权批准文件;审查因不同原因减少固定资产的会计处理是否符合有关规定,验证其数额计算的准确性;结合固定资产清理和待处理固定资产净损失科目,抽查固定资产账面转销额是否正确;审查是否存在未作会计记录的固定资产减少业务。

5. 审查固定资产的所有权:

(1) 对外购的机器设备等固定资产,通常经审核采购发票、购货合同等予以确定。

(2) 对于房地产类固定资产,尚需查阅有关的合同、产权证明、财产税单、抵押贷款的还款凭据、保险单等书面文件。

(3) 对融资租入的固定资产,应验证有关融资租赁合同,证实其并非经营租赁。

(4) 对汽车等运输设备,应验证有关运营证件等。

(5) 对受留置权限制的固定资产,通常还应审核被审计单位的有关负债项目等予以证实。

6. 对购入的固定资产进行实地观察确定其存在性:

(1) 实施实地观察审计程序时,可以以固定资产明细分类账为起点进行实地追查,以证明会计记录中所列固定资产确实存在,并了解其目前的使用状况;也可以以实地为起点,追查至固定资产明细分类账,以获取实际存在的固定资产均已入账的证据。

(2) 实地观察的重点是本期新增加的重要固定资产,有时,观察范围也会扩展到以前期间增加的固定资产。

(3) 观察范围的确定需要依据被审计单位内部控制的强弱、固定资产的重要性和审计人员的经验来判断。如为初次审计,则应适当扩大观察范围。

7. 确定被审计单位估计的固定资产使用期限和残值是否合理。

8. 对于已经交付使用但尚未办理竣工决算等手续的固定资产,应检查其是否已暂估入账并按规定计提折旧,资本性支出与收益性支出的划分是否恰当等。

9. 审查固定资产的租赁。审查经营性租赁时,应查明:

(1) 固定资产的租赁是否签订了合同、租约,手续是否完备,合同内容是否符合国家规定,是否经相关管理部门的审批。

(2) 租入的固定资产是否确属企业必需的,或出租的固定资产是否确属企业多余、闲置不用,双方是否认真履行合同,其中是否存在不正当交易。

(3) 租金收取是否签有合同,有无多收、少收现象。

(4) 租入固定资产有无久占不用、浪费破坏的现象;租出的固定资产有无长期不收租金、无人过问,是否有变相馈送、转让等情况。

(5)租入固定资产是否已登入备查簿；对于租赁固定资产的改良工作，在租赁合同中双方是否有约定等。

审查融资性租赁时，除可参照经营性租赁固定资产审查的要点以外，还要注意融资偿付的利息，检查其利率的计算是否与市场利率相当，同时还要确定融资租入固定资产的计价是否正确，是否进行了正确的会计处理。

10.复核固定资产的保险，注意检查保险的范围是否恰当，保险数额是否足够。

11.调查未使用和不需用的固定资产。调查被审计单位有无已完工或已购建的尚未交付使用的新增固定资产、因改扩建等原因暂停使用的固定资产，以及多余或不适用的需要进行处理的固定资产。如有，应作彻底调查，以确定其是否真实。同时，还应调查未使用、不需用固定资产的启用及停用时点，并做出记录。

12.对于因清产核资、资产评估调整固定资产的，应取得有关清产核资报告、资产评估报告和国有资产管理等部门的确认文件，检查其会计处理是否正确。

13.结合对银行借款等的检查，了解固定资产是否存在抵押、担保情况。如存在，应取证、记录，并提请被审计单位作必要披露。

14.检查固定资产的购置是否存在与资本性支出有关的财务承诺，必要时，应提请被审计单位作适当披露。

15.检查有无与关联方之间的固定资产购售活动。如有，确定其是否经适当授权，是否按正常交易价格进行交易。

16.确定固定资产是否已在资产负债表上恰当披露。财务报表附注通常应分类别披露固定资产在本期的增减变动情况，以及用作抵押、担保的固定资产数和本期从在建工程转入固定资产数、本期出售固定资产数、本期置换固定资产数等情况。

二、累计折旧期末余额的实质性测试

(一)累计折旧的审计目标

1.确定折旧政策和方法是否符合国家有关的财务会计制度，是否一贯遵循；
2.累计折旧增减变动的记录是否完整；
3.折旧费用的计算、分摊是否正确、合理和一贯；
4.计提折旧的期末余额是否正确；
5.累计折旧的披露是否恰当。

(二)累计折旧的实质性测试程序

1.获取或编制固定资产及累计折旧分类汇总表，复核加计正确，并与报表数、总账数和明细账合计数核对相符。

2.审查被审计单位制定的折旧政策和方法是否符合国家有关财务会计制度的规定，确定其所采用的折旧方法能否在固定资产使用年限内合理分摊其成本，前后期是否一致。如被审计单位采用加速折旧法，应取得其批准文件，如果没有批准文件，应提请被审计单位改正并建议调整应纳税所得额。

3.实施分析程序：

(1)对折旧计提的总体合理性进行复核，是测试折旧正确与否的一个有效方法。计算的方法是用应计提折旧的固定资产乘本期的折旧率。计算之前,应对本期增加和减少的固定资产、使用年限长短不一的固定资产和折旧方法不同的固定资产作适当调整。如果总的计算结果与被审计单位的折旧总额相近,且固定资产及累计折旧的内部控制较健全时,就可以适当减少累计折旧和折旧费用的其他实质性测试工作量。

(2)计算本期计提折旧额占固定资产原值的比率,并与上期比较,分析本期折旧计提额的合理性和准确性。

(3)计算累计折旧占固定资产原值的比率,评估固定资产的老化率,并估计因闲置、报废等原因可能发生的固定资产损失。

4. 审查折旧的计提和分配:

(1)计算复核本期折旧费用的计提是否正确;

(2)检查折旧费用的分配是否合理,与上期分配方法是否一致;

(3)审查固定资产增减变动时,有关折旧的会计处理是否符合规定;

(4)查明通过更新改造而增加的固定资产是否重新计算过折旧费用。

5. 将"累计折旧"账户贷方的本期计提折旧额与相应的成本费用中的折旧费用明细账户的借方相比较,以查明所计提折旧金额是否已全部摊入本期产品成本或费用。一旦发现差异,应及时追查原因,并考虑是否应建议作适当调整。

6. 结合固定资产审计,确定其折旧的计提是否正确无误,并追查至固定资产登记卡。特别应注意有无已提足折旧的固定资产,继续超提折旧的情况和在用固定资产不提或少提折旧的情况。

7. 对于因资产评估调整累计折旧的,应取得有关资产评估报告和国有资产管理部门等的确认文件,检查其会计处理是否正确。

8. 审查累计折旧的披露是否恰当。财务报表附注通常应分类别披露累计折旧在本期的增减变动情况。

案例 12-1

"郑百文"造假案

郑百文的前身是郑州一家国有百货文化批发站,于 1996 年 4 月获准上市,1997 年其主营业务规模和资本收益率在沪市上市公司中排序第一,进入国内上市企业 100 强。从 1996 年 9 月到 1998 年 2 月的 17 个月中郑百文股价涨幅高达 228%。然而,仍然是在 1998 年,郑百文却创造了每股净亏损 2.54 元的中国股市最差业绩的"奇迹"。1999 年,郑百文又亏掉 9.8 亿元,再创沪深股市亏损之最。1999 年 12 月,郑百文欠建设银行的 20 多亿元债务被转移到信达资产管理公司。2000 年 3 月 3 日,信达公司一纸诉状将郑百文告上法庭,申请郑百文破产还债。郑百文从此被推上了破产的悬崖。

郑百文发出的夺目光芒其实是通过造假获得的,而郑百文制造光环的造假手段并不高明,先是让厂家向郑百文打假欠条,欠条只用来做账,并不做还款依据,然后郑百文以应收款的名目做成赢利记账,这样公司也就被包装成了绩优股,但是造假的窟窿越做越大,不久也就东窗事发。

2001年10月9日，PT郑百文违规真相水落石出，经查明，郑百文利用虚提返利、少计费用和费用跨期入账等手段，上市前虚增利润1 900万元，并据此制作了虚假上市申报材料；上市后3年公司继续作假，累计虚增利润1.4亿元。同时还发现了股本金不实、上市公告书重大遗漏、信息披露虚假、误导性陈述等多处违规。最后中国证监会对郑百文做出了警告并罚款200万元的处罚；对公司董事长李福乾、总经理卢一德、董事乔鸿祥等人分别罚款10万～30万元；对涉嫌犯罪的主要责任人依法移送公安机关追究其刑事责任。

1993年4月，郑州会计师事务所出具的验资报告认定，1992年郑百文实施增资扩股募集的19 562万元资金全部到位，而年末实际到位资金仅有334万元。1993—1997年，郑州会计师事务所均为郑百文出具了无保留意见，这些审计报告实质性地帮助了郑百文的虚假上市和1998年1.55亿元的配股。郑百文1998年自己暴露巨额亏损5.02亿元，郑州会计师事务所为了表达业绩突变和无可奈何的心态，找到了一种无法表示意见的审计报告方式。在审计报告中，事务所表示因为企业内部控制混乱使其无法获取充分必要的审计证据，郑百文成为因企业内部控制混乱而被出具无法表示意见审计报告的第一家上市公司。但是，郑百文财务状况的异常情况应该在1998年之前就已经存在了，仅在1998年审计报告中表达无法表示意见是站不住脚的，然而中国证监会并未直接对郑州会计师事务所进行处罚。

本章小结

本章主要阐述购货与付款循环所涉及的主要业务活动，贯穿于购货与付款循环应设置的主要关键控制点及相应的控制测试，对该循环所发生的交易及账户所实施的实质性程序。购货与付款循环所涉及的业务活动主要包括请购商品和劳务、采购部门编制订购单、验收商品、储存已验收的商品存货、编制付款凭单、确认与记录负债、支付负债，以及记录现金、银行存款支出等环节。购货与付款循环的内部控制主要包括适当的职责分离、恰当的授权审批、充分的凭证和记录以及内部独立核查等关键控制点。在进行控制测试时，应主要以付款凭单作为测试样本。购货与付款循环的实质性程序主要包括对购货和付款交易以及对应付账款等账户的期末余额及相关认定是否存在重大错报进行审查。根据该循环的业务特点，审计目标的重点在于关注是否存在负债被低估的情况。

思考题

1. 购货与付款循环涉及的主要凭证和单据有哪些？
2. 购货与付款循环内部控制的一般要求是什么？
3. 应付账款内部控制制度的内容是什么？
4. 如何进行应付账款的实质性测试？
5. 如何进行应付票据的实质性测试？
6. 固定资产内部控制制度的内容是什么？

7. 如何进行固定资产的实质性测试？
8. 如何进行累计折旧的实质性测试？

练习题

一、单项选择题

1. 下列审计程序属于控制测试的有（   ）。
   A. 检查验收单的真实性
   B. 追查存货的采购至存货永续盘存记录
   C. 检查内部核查的标记
   D. 将验收单和卖方发票上的日期与采购明细账中的日期进行比较

2. 下列审计程序能够有效发现被审计单位存在的未入账的应付账款的是（   ）。
   A. 从供货商发票追查至应付账款明细账
   B. 从应付账款明细账追查至验收报告
   C. 从供货商发票追查至入库单
   D. 从应付账款总账追查至明细账

3. 下列有关审计人员实施实地检查固定资产审计程序的陈述中，不恰当的是（   ）。
   A. 应当对被审计单位的全部固定资产实施实地检查
   B. 实地检查的重点在于本期新增加的固定资产
   C. 应当将观察范围扩展到以前期间增加的重要固定资产
   D. 如为首次接受委托则应适当扩大检查固定资产的范围

4. 下列事项是审计人员专门针对被审计单位融资租赁所需要检查的内容是（   ）。
   A. 租金支付情况
   B. 租赁合同条款
   C. 租入的固定资产是否已登入备查簿
   D. 租赁的折现率

5. 审计人员在固定资产和累计折旧审计工作底稿中显示的审计策略中正确的是（   ）。
   A. 由于上年度相关内部控制难以信赖，本次审计不再实施控制测试程序
   B. 由于上年度审计中已全面观察固定资产，本次审计仅观察新增固定资产
   C. 由于上年度审计中已索取全部固定资产权属证明，本次审计仅索取新增固定资产权属证明
   D. 由于上年度审计中已全面检查固定资产折旧年限，本次审计仅检查新增固定资产折旧年限

二、多项选择题

1. 下列审计程序是专门为实现"测试被审计年度所计提折旧费用的整体合理性"审计目标而设计的有（   ）。
   A. 根据各项固定资产的增减变动及折旧率，重新计算折旧费用

B. 根据各月平均固定资产原值以及综合折旧率,重新计算折旧费用
C. 计算本年度折旧费用与固定资产原值的比率,并与上年度进行比较
D. 复核折旧费用分配汇总表,并与总账和明细账进行核对

2. 下列控制活动可以有效防范被审计单位向未经批准的供货商采购的有( )。
    A. 采购之前,计算机自动与供货商主文档中每一份订购单进行比对
    B. 对绕过计算机控制的人工处理进行适当的审批
    C. 对所有的订购单进行预先连续编号
    D. 定期打印未完成的订购单

3. 审计人员发现被审计单位对下列固定资产正在计提折旧,应当提请被审计单位进行调整的有( )。
    A. 已全额计提减值准备的固定资产
    B. 因更新改造而停止使用的固定资产
    C. 因大修理而停止使用的固定资产
    D. 融资租入的固定资产

4. 审计人员发现被审计单位存在下列情形,应当提请被审计单位计提固定资产减值准备的有( )。
    A. 固定资产市价当期发生非正常的大幅下跌
    B. 固定资产所处市场发生经济或技术方面的重大变化
    C. 固定资产已经闲置半年时间
    D. 固定资产实体已经损坏

5. 审计人员发现被审计单位存在下列情形,应当认定其会计处理正确的有( )。
    A. 将某项在建工程管理人员的工资计入该项在建工程成本
    B. 经对一项停建且预计未来 3 年内不会重新开工建设的在建工程进行减值测试后,计提了相应的减值准备
    C. 将计划用于生产的某项完工工程的剩余材料,按其账面价值减去可抵扣进项税的余额转入存货项目核算
    D. 在建工程中某项工程因正常原因发生毁损,公司将损失金额减去残值和保险公司的赔偿后的净损失计入营业外支出

三、业务题

1. 资料:审计人员在审计 D 公司年度财务报表时,注意到该公司与购货和付款循环相关的内部控制存在缺陷。审计人员认为 D 公司管理层在资产负债表日故意推迟记录发生的应付账款,于是决定实施审计程序进一步查找未入账的应付账款。
    要求:指出审计人员应如何查找未入账的应付账款。

2. 资料:审计人员在对 Y 公司 2012 年度财务报表进行审计时发现下列两个事项:
    (1)2012 年 11 月 30 日,Y 公司清理资产、负债,发现存在原材料短缺 400 万元(相应的增值税进项税额为 68 万元)和确实无法支付的应付账款 100 万元的情形。对于确实无法支付的应付账款,Y 公司作了借记"应付账款"100 万元、贷记"营业外收入"100 万元的会计处理;对于短缺的原材料,该公司作了借记"待处理财产损益——待处理流动资产损

益"468万元、贷记"原材料"400万元和"应交税金——应交增值税（进项税额转出）"68万元的会计处理。2012年12月，查清原材料短缺400万元的原因：100万元属于一般经营损失，300万元属于非常损失。根据管理权限，处理该财产短缺，需报经Y公司董事会审批同意。故Y公司在2013年3月经董事会审批同意，于当月作了借记"管理费用"100万元和"营业外支出"300万元、贷记"待处理财产损益——待处理流动资产损益"400万元的会计处理。

(2)2012年末未经审计的资产负债表反映的预付账款项目为借方余额600万元，其明细组成如下：

    预付账款——A公司 400万元
    预付账款——B公司 187万元
    预付账款——C公司   5万元
    预付账款——D公司   －2万元
    预付账款——E公司   10万元
    合计   600万元

其中对C公司的5万元系2012年2月为采购C公司产品所预付，事后获悉C公司因转产已不能再提供该产品。

要求：就Y公司存在的上述两个事项，指出审计人员应作何评价并应向Y公司提出哪些建议。

第十三章

生产循环审计

学习目的：通过本章学习，了解生产循环的主要业务活动以及涉及的凭证和会计记录，理解这些凭证和会计记录在内部控制和会计系统中的重要作用，掌握生产循环的关键内部控制点及控制测试，掌握存货监盘的具体操作过程和存货的计价测试和截止测试方法。

引导案例：

道提斯食品有限公司案

威廉·纳斯温特在1980年和1981年间担任美国道提斯食品公司格雷温斯分部的总经理，其在任期间，由于未能实现目标利润而受到总部批评，于是他采用作假手段，通过增加虚假存货以达到目标利润。纳斯温特虚增存货的方法相当简单，如在存货报告中混入虚假的存货项目登记表，或更改存货项目的计算单位等。在1980年和1981年间，负责道提斯公司审计业务的戈特曼会计师事务所的审计人员在执行针对格雷温斯分部的审计时存在严重过失。在1980年存货盘点结束后，纳斯温特向审计人员交来三张虚假的存货登记表，并声称是审计人员在盘点时遗漏的，而审计人员只是在粗略地核对后就将其所有金额全部归入格雷温斯分部的存货余额中。同时，项目主审对于下属所发现的问题也没有进行深入调查。在1981年存货盘点结束后，负责该项目的审计人员发现存货登记表上的数目与计算机打印出来的年末存货数额不符，他通知了项目主审，并向纳斯温特发出了一份备忘录要求其做出解释，但纳斯温特并未加以任何解释，而项目主审不仅未追查此事，而且在复核审计工作底稿时根本就未留意到这份备忘录，从而导致存货登记表与计算机打印结果的巨额差异无人过问。自从1938年美国发生了麦克森·罗宾斯公司案件后，审计准则就已经将存货的盘点列为必须执行的审计程序。

第一节 生产循环的会计系统

生产循环是指将原材料转化为产成品的过程。由于生产循环中的原材料的购进需要在购货与付款循环中完成，而最终产成品的销售则需要在销售与收款循环中实现，因此，生产循环与前面所述销售与收款循环和购货与付款循环有着紧密的联系。

一、生产循环会计系统中的主要凭证和会计记录

生产循环所涉及的资产负债表项目主要是存货和应付职工薪酬等项目,而存货项目又包括材料采购或在途物资、原材料、材料成本差异、库存商品、商品进销差价、委托加工物资、委托代销商品、周转材料、生产成本、制造费用、劳务成本、存货跌价准备、委托代销商品款等项目。生产循环所涉及的利润表项目主要是营业成本等项目。生产循环所涉及的凭证和会计记录主要包括:

(一)生产通知单(或称生产指令)

生产通知单是企业下达制造产品等生产任务的书面文件,用以通知供应部门组织材料发放、生产车间组织产品制造、会计部门组织成本计算。广义的生产通知单也包括用于指导产品加工的工艺规程,如机械加工企业的图表。

(二)领发料凭证

领发料凭证是企业为控制材料发出所采用的各种凭证,如材料发出汇总表、领料单、限额领料单、领料登记簿、退料单。

(三)产量和工时记录

产量和工时记录是登记工人或生产班组在出勤日内完成的产品数量、质量和生产这些产品所耗费工时数量的原始记录。产量和工时记录的内容与格式是多种多样的,在不同的生产企业中,甚至在同一企业的不同生产车间中,由于生产类型不同而采用不同格式的产量和工时记录。常见的产量和工时记录主要有工作通知单、工序进程单、工作产量报告、产量通知单、产量明细表、废品通知单等。

(四)工薪汇总表及工薪费用分配表

工薪汇总表是为了反映企业全部工薪的结算情况,并据以进行工薪结算的总分类核算和汇总整个企业工薪费用而编制的,它是企业进行工薪费用分配的依据。工薪费用分配表反映了各生产车间各产品应负担的生产工人工薪及福利费。

(五)材料费用分配表

材料费用分配表是用来汇总反映各生产车间各产品所耗费的材料费用的原始记录。

(六)制造费用分配汇总表

制造费用分配汇总表是用来汇总反映各生产车间各产品所应负担的制造费用的原始记录。

(七)成本计算单

成本计算单是用来归集某一成本计算对象所应承担的生产费用,计算该成本计算对象的总成本和单位成本的记录。

(八)存货明细账

存货明细账是用来反映各种存货增减变动情况、期末库存数量及相关成本信息的会计记录。

二、生产循环所涉及的主要业务活动

生产循环所涉及的业务事项主要是编制生产计划、对存货进行有效管理、控制存货的

水平以及生产成本的计算等。与之相适应,生产循环所涉及的主要业务活动包括:计划和安排生产、发出原材料、生产产品、核算生产成本、核算在产品、储存产成品、发出产成品等。

(一)计划和安排生产

生产计划部门的职责是根据顾客订单或者对销售预测和存货需求的分析来决定生产授权的。如决定授权生产,即签发预先编号的生产通知单。该部门通常应将发出的所有生产通知单编号并加以记录控制。此外,还需要编制一份材料需求报告,列示所需要的材料和零件及其库存。

(二)发出原材料

仓库部门的责任是根据从生产部门收到的领料单发出原材料。领料单上必须列示所需的材料数量和种类以及领料部门的名称。领料单可以一单一料,也可以一单多料,通常需一式三联。仓库发料后,将其中一联连同材料交还领料部门,其余两联经仓库登记材料明细账后送会计部门进行材料收发核算和成本核算。

(三)生产产品

生产部门在收到生产通知单及领取原材料后,便将生产任务分解到每一个生产工人,并将所领取的原材料交给生产工人,据以执行生产任务。生产工人在完成生产任务后,将完成的产品交生产部门查点,然后转交检验员验收并办理入库手续,或是将所完成的产品移交下一个部门作进一步加工。

(四)核算产品成本

为了正确地核算产品成本,对在产品进行有效控制,必须建立健全成本会计制度,将生产控制和成本核算有机结合在一起。一方面,生产过程中的各种记录、生产通知单、领料单、计工单、入库单等文件资料都要汇集到会计部门,由会计部门对其进行审查和核对,了解和控制生产过程中存货的实物流转。另一方面,会计部门要设置相应的会计账户,会同有关部门对生产过程中的成本进行核算和控制。成本会计制度既可以非常简单,只是在期末记录存货余额,也可以是完善的标准成本制度,持续地记录所有材料处理、在产品和产成品,并形成对脱离标准成本差异的分析报告。完善的成本会计制度应该提供原材料转为在产品,在产品转为产成品,以及按成本中心的分批生产任务通知单或生产周期所消耗的材料、人工和间接费用的分配和归集的详细资料。

(五)储存产成品

产成品入库须由仓库部门先行点验和检查,然后签收。签收后,将实际入库数量通知会计部门。据此,仓库部门确立了本身应承担的责任,并对验收部门的工作进行验证。除此之外,仓库部门还应根据产成品的品质特征分类存放,并填制标签。

(六)发出产成品

产成品的发出须由独立的发运部门进行。装运产成品时必须持有经有关部门核准的发运通知单,并据此编制出库单。出库单至少一式四联,一联交仓库部门,一联交发运部门留存,一联送交顾客,一联作为给顾客开发票的依据。

第二节 生产循环的内部控制及其测试

一、生产循环的内部控制

总体上看,生产循环的内部控制主要包括存货的实物流转程序控制、成本费用控制及工薪的内部控制三项内容。

（一）存货的实物流转程序控制

在生产循环中,产品的品种和数量一般是根据顾客订单、销货合同、市场预测以及经济生产批量来确定的。通常情况下,由单独的生产控制部门下达生产通知单。依据实物流转程序控制的要求,各个生产部门必须制定严格的规则,由管理人员负责监督,对从生产领料开始到产品完工入库为止的全过程进行有效的控制,以避免生产窝工和在产品积压及减少残次品的发生。此外,生产部门还应及时编制生产报告通知会计部门,并采取有效措施保护原材料等物品免遭贪污、浪费或损失。对于生产过程中的废料,由于其可能还具有一定的残余价值,故应将废料与在产品存货分开存放和控制。

（二）成本费用控制

成本费用控制包括成本费用的管理控制和成本费用的会计控制。

1. 成本费用的管理控制是指对成本费用支出业务进行计划、控制和考核的内部控制。具体内容包括：

(1) 确定成本控制目标和成本计划；

(2) 确定各项消耗定额,包括直接材料、直接人工和制造费用定额；

(3) 编制成本费用预算；

(4) 对各项成本费用指标进行分解,建立成本费用归口、分级管理责任制；

(5) 定期进行成本费用考核与评价。

2. 成本费用会计控制是指对成本费用支出业务进行反映和监督的内部控制。主要内容包括：

(1) 制定成本费用制度,明确成本开支范围、开支标准,并制定报销手续；

(2) 建立各种支出审核制度；

(3) 设置相应的会计账户,选择适当的成本计算方法,合理归集与分配各项费用,确定产品生产成本；

(4) 对各项费用的归集与分配结果进行复核；

(5) 定期进行成本分析,查明企业成本变动的趋势与原因。

（三）工薪的内部控制

有关工薪的内部控制主要包括：

(1) 对工作时间特别是加班时间、工薪或佣金、代扣款项、工薪结算表、工薪汇总表通过恰当手续进行特别审批或一般审批；

(2) 工时卡经领班核准,用生产记录钟记录工时；

(3)工薪分配表、工薪汇总表应完整反映已经发生的工薪支出；
(4)采用适当的工薪费用分配方法，并且前后各期一致，并采用适当的账务处理程序；
(5)人事、考勤、工薪发放、记录等职务相互分离。

二、生产循环的控制测试

(一)直接材料成本的控制测试

对采用定额单耗的企业，可选择并获取某一成本报告期若干种具有代表性的产品成本计算单，获取样本的生产指令或产量统计记录及其直接材料单位消耗定额，根据材料明细账或采购业务测试工作底稿中各该直接材料的单位实际成本，计算直接材料的总消耗量和总成本，与样本的成本计算单中直接材料成本核对，并注意下列事项：生产指令是否经过授权批准；单位消耗定额和材料成本计价方法是否适当，在当年年度有何重大变更。

对非采用定额单耗的企业，可获取材料费用分配汇总表、材料发出汇总表或领料单、材料明细账中各该直接材料的单位成本，检查下列事项：成本计算单中直接材料成本与材料费用分配汇总表中该产品负担的直接材料费用是否相符，分配的标准是否合理；抽取材料发出汇总表或领料单中若干种直接材料的发出总量和各该种材料的实际单位成本之乘积与材料费用分配汇总表中各该种材料费用进行比较，并注意领料单的签发是否经过授权批准；材料发出汇总表是否经过适当的人员复核，材料单位成本计价方法是否适当，在当年度有何重大变更。

对采用标准成本法的企业，获取样本的生产指令或产量统计记录、直接材料单位标准用量、直接材料标准单价及发出材料汇总表或领料单，检查下列事项：根据生产量、直接材料单位标准用量及标准单价计算的标准成本与成本计算单中的直接材料成本核对是否相符；直接材料成本差异的计算与账务处理是否正确，并注意直接材料的标准成本在当年度内有何重大变更。

(二)直接人工成本的控制测试

对采用计时工资制的企业，获取样本的实际工时统计记录、职员分类表和职员工薪手册及人工费用分配汇总表，检查下列事项：成本计算单中直接人工成本与人工费用分配汇总表中该样本的直接人工费用核对是否相符；样本的实际工时统计记录与人工费用分配汇总表中该样本的实际工时核对是否相符；抽取生产部门若干天的工时台账与实际工时统计记录核对是否相符；当没有实际工时统计记录时，可根据职员分类表及职员工薪手册中的工资率，计算复核人工费用分配汇总表中该样本的直接人工费用是否合理。

对采用计件工资制的企业，获取样本的产量统计报告、个人或小组产量记录和经批准的单位工薪标准或计件工资制度，检查下列事项：根据样本的统计产量和单位工薪标准计算的人工费用与成本计算单中直接人工成本核对是否相符；抽取若干各直接人工或小组的产量记录，检查是否被汇总计入产量统计报告。

对采用标准成本法的企业，获取样本的生产指令或产量统计报告、工时统计报告和经批准的单位标准工时、标准工时工资率、直接人工的工薪汇总表等资料，检查下列项目：根据产量和单位标准工时计算的标准工时总量与标准工时工资率之乘积与成本计算单中直接人工成本核对是否相符；直接人工成本差异的计算与账务处理是否正确，并注意直接人工的标准成本在当年度内有何重大变更。

（三）制造费用的控制测试

获取样本的制造费用分配汇总表、按项目分列的制造费用明细账、与制造费用分配标准有关的统计报告及其相关原始记录，检查下列事项：制造费用分配汇总表中，样本分担的制造费用与成本计算单中的制造费用核对是否相符；制造费用分配汇总表中的合计数与样本所属成本报告期的制造费用明细账总计数核对是否相符；制造费用分配汇总表选择的分配标准，如机器工时数、直接人工工资、直接人工工时数、产量与相关的统计报告或原始记录核对是否相符，并对费用分配标准的合理性做出评估；如果企业采用预计费用分配率分配制造费用，则应针对制造费用分配过多或过少的差额，检查其是否做了适当的账务处理；如果企业采用标准成本法，则应检查样本中标准制造费用的确定是否合理，计入成本计算单的数额是否正确，制造费用差异的计算与账务处理是否正确，并注意标准制造费用在当年度内有何重大变更。

（四）生产成本在当期完工产品与在产品之间分配的测试

检查成本计算单中的产品数量与生产统计报告或在产品盘存表中的数量是否一致；检查在产品约当量计算或其他分配标准是否合理；计算复核样本的总成本和单位成本，最终对当期采用的成本会计制度做出评价。

（五）工薪的控制测试

在测试工薪内部控制时，首先应选择若干月份的工薪汇总表，作如下检查：计算复核每一月份工薪汇总表；检查每一月份工薪汇总表是否已经授权批准；检查应付工薪总额与人工费用分配汇总表中合计数是否相符；检查其代扣款项的账务处理是否正确；检查实发工薪总额与银行付款凭单及银行存款对账单是否相符，并正确过入相关账户。

其次，从工资单中选取若干样本，最好包括各种不同类型人员，作如下检查：检查员工工薪卡或人事档案，确保工薪发放有依据；检查员工工资率及实发工薪额的计算；检查实际工时统计记录或产量统计报告与员工个人钟点卡或产量记录是否相符；检查员工加班加点记录与主管人员签证的月度加班费汇总表是否相符；检查员工扣款依据是否正确；检查员工的工薪签收证明；实地抽查部分员工，证明其确在本公司工作，如已离开本公司，需获得管理层证实。

第三节　存货期末余额的实质性程序

应该说，在生产循环的实质性程序中，存货的实质性程序占有重要位置。这是因为，存货是资产负债表中的主要项目，而且往往也是流动资产中的最大项目，同时，存货的流动性强、周转快，受市场因素和生产计划的影响很大，在各年度之间往往不平衡，对各年度末的资产和各年度的损益有很大的影响。此外，在会计核算上，存货所对应的会计账项很多，存货项目的真实性与正确性，会直接影响到其他会计账项的真实性与正确性。由此决定了在进行存货审计时，对审计人员专业素质和相关业务知识的要求较高，不仅所耗用的审计工时较多，使用的审计程序也较复杂。本节主要对存货监盘、存货截止及存货计价测试的内容加以介绍。

一、存货监盘

(一)存货监盘的含义

存货监盘是指审计人员现场观察被审计单位存货的盘点,并对已盘点存货进行适当的检查。由此可见,存货监盘具有两层含义:一是审计人员应亲临现场观察被审计单位对存货的盘点;二是在此基础之上,审计人员应根据需要对已盘点存货进行适当的抽查。

存货监盘是存货审计中一项核心的审计程序,它对实现存货审计的目标具有重要意义。如果存货储存于公共仓库或审计师无法参加监盘,则审计师必须执行充分的函证或其他程序,以获取期末存货是否存在的证据。定期盘点存货,合理确定存货的数量和状况是被审计单位管理层的责任。实施存货监盘,获取有关期末存货数量和状况的充分、适当的审计证据是审计人员的责任。

审计人员对存货实施监盘的目的在于获取有关存货数量和状况的审计证据,以确证被审计单位对存货的发生认定,但对被审计单位存货的完整性认定和所有权认定,则还需要结合实施其他审计程序予以确证。

(二)存货监盘计划

1.编制存货监盘计划的总体性要求

审计人员应当根据被审计单位存货的特点、盘存制度和存货内部控制的有效性等情况,在评价被审计单位存货盘点计划的基础上,编制存货监盘计划,对存货监盘做出合理的安排。

2.编制存货监盘计划时应实施的审计程序

(1)了解存货的内容、性质、各存货项目的重要程度及存放场所。首先,审计人员应当了解存货的内容,恰当区分原材料、在产品、产成品等类别,同时要对易腐烂、易毁损的存货予以关注,并注意是否有已经过时或已经售出但仍然存放在仓库的存货。其次,审计人员应当通过确认存货与其他资产和净利润的相对比率和各类存货占存货总数的比重,以及各存放地存货占存货总数的比重等信息来评价存货项目的重要程度,以便于审计人员恰当分配审计资源。

(2)了解与存货相关的内部控制。与存货相关的内部控制涉及被审计单位的供、产、销各个环节,包括采购、验收、仓储、领用、加工、装运出库等方面。审计人员应当对被审计单位在这些环节上的内部控制设置和执行情况进行充分的了解。

(3)评估与存货相关的重大错报风险和重要性。存货通常具有较高的错报风险。影响错报风险的因素主要有:存货的数量和种类、成本归集的难易程度、废旧过时的速度或易损坏程度、遭受失窃的难易程度等。此外,一些外部因素也会对重大错报风险产生影响,例如,技术进步可能导致某些产品过时,进而可能导致存货价值发生高估。审计人员应当根据对存货错报风险的评估结果,合理确定存货项目审计的重要性水平。

(4)查阅以前年度的存货监盘工作底稿。审计人员可以通过查阅以前年度的存货监盘工作底稿,了解被审计单位的存货情况、存货盘点程序以及在以前年度审计中遇到的重大问题。

(5)实地察看存货的存放场所,特别是金额较大或性质特殊的存货。对多处存放存货的情况,应当考虑被审计单位与存货相关的内部控制措施和盘点惯例,并对其审计风险和除存货监盘外的其他替代程序的可行性进行评价,以便合理确定实施监盘的范围。

(6)利用专家的工作或其他审计人员的工作。审计人员在确定特殊资产,如矿石堆的数量或实物状况时,或在收集特殊类型存货,如艺术品、稀有玉石、房地产、电子器件、工程设计的证据时,可以考虑利用专家的工作。

(7)复核或与管理层讨论其存货盘点计划。审计人员在复核或与管理层讨论其存货盘点计划时,应当考虑以下因素,以评价其能否合理地确定存货的数量和状况:存货盘点的时间安排;存货盘点的范围和场所;盘点人员的分工及胜任能力;盘点前的会议及任务布置;存货的整理和排列、毁损、陈旧、过时、残次及所有权不属于被审计单位的存货的区分;存货的计量工具和计量方法;在产品完工程度的确定方法;存放在外单位的存货的盘点安排;存货收发截止的控制;盘点期间存货移动的控制;盘点表单的设计、使用与控制;盘点结果的汇总及盘盈、盘亏的分析、调查与处理。如果认为被审计单位的存货盘点计划存在缺陷,审计人员应当提请被审计单位进行调整。

3. 存货监盘计划的主要内容

(1)存货监盘的目标、范围及时间安排。存货监盘的目标是获取被审计单位资产负债表日有关存货数量和状况的审计证据,检查存货的数量是否真实完整,有无毁损、陈旧、过时、残次和短缺等状况。存货监盘的范围取决于存货的内容、性质和与存货相关的内部控制的完善程度及对存货重大错报风险的评估结果。存货监盘的时间以会计期末以前为优。如果企业有条件进行期中盘点,审计人员应在盘点时加以监督,同时对盘点日和期末间的永续记录加以测试。如果企业的盘点在会计期末以后的时间进行,那么就必须编制从盘点日到期末的存货余额调节表,但应尽量使盘点的时间靠近会计期末。

(2)存货监盘的要点及关注事项。审计人员在实施存货监盘时,应对被审计单位盘点期间的存货移动、存货状况、存货的截止确认、盘点标签的使用和存放在外单位的存货盘点等事项予以特别关注。

(3)参加存货监盘人员的分工。被审计单位存货盘点小组的组成人员中应包括1名日常不对这些存货负有经管责任的人员。

(4)检查的范围。审计人员应根据对被审计单位存货盘点和对被审计单位内部控制的评价结果,来确定对存货实施检查的范围。但通常检查范围应涵盖每个盘点小组。

(三)存货监盘程序

存货监盘是包括观察、检查有形资产、检查记录或文件等几种审计程序的复合程序。

1. 存货监盘的观察程序

存货监盘的观察程序分为盘点前观察和盘点过程中观察两个环节。

(1)在被审计单位盘点前,审计人员应观察盘点现场,确定应纳入盘点范围的存货是否已经适当整理和排列,并附有盘点标识,以防遗漏或重复盘点。对未纳入盘点范围的存货,应查明未纳入的原因。对于所有权不属于被审计单位但存放于被审计单位的存货,审计人员应当确认该部分存货未纳入盘点范围,同时要求被审计单位对该部分存货进行单独摆放并隔离。

(2)在被审计单位盘点过程中,审计人员应观察被审计单位的盘点计划是否得到了贯彻执行,盘点人员是否准确无误地记录了被盘点存货的数量和状况。

2.存货监盘的检查程序

审计人员应当对已盘点过的存货进行适当检查,并将检查结果与被审计单位的盘点记录相核对,同时形成相应的记录。

对已盘点存货进行检查的目的:一是确定被审计单位盘点计划是否得到了执行,这是控制测试的一部分;二是证实被审计单位的存货实物总额是否准确,这是实质性程序的一部分。

审计人员在检查已盘点存货时,既可以从存货盘点记录中选择项目追查至存货实物,以测试盘点记录的真实性,即盘点记录是否存在高估;也可以从存货实物中选择项目追查至存货盘点记录,以测试存货盘点记录的完整性,即盘点记录是否存在低估。

如果审计人员对已盘点存货进行检查后发现盘点记录与所检查的存货实际库存不符,则说明盘点记录可能存在高估或低估的错误或存在其他错误,对此,审计人员应查明原因,并及时提请被审计单位更正。如果差异额较大,审计人员还有必要考虑是否需要增加检查范围或要求被审计单位重新盘点。

3.对特殊类型存货的监盘

当被审计单位的存货由于其所具有的特殊性质,如涉及保密或具有危害性物质,或者由于存货所处的特殊位置,如在途或存放于外单位而导致审计人员无法实施监盘程序时,审计人员应考虑实施存货监盘的替代审计程序。比如,检查进货交易凭证和相关生产记录及其他相关资料,检查资产负债表日后发生的销售交易凭证,向顾客或供应商及有关人员进行函证。需要考虑实施存货监盘替代审计程序的特殊存货还包括:由于天气等原因而导致无法在预定日期实施监盘的存货,接受委托时被审计单位期末存货盘点已完成的存货,被审计单位委托其他单位保管或已作质押的存货。

4.存货监盘结束前的工作

在存货监盘结束前,审计人员应当完成以下工作:再次回到盘点现场,确定被审计单位有无漏盘存货;检查盘点单是否连续编号并全部收回,包括作废和未使用的盘点单,并与存货盘点的汇总记录进行核对;复核盘点结果汇总记录,评估其是否正确地反映了实际盘点结果;当被审计单位盘点日不是资产负债表日时,应确定盘点日与资产负债表日之间的存货变动是否已作正确记录;当被审计单位永续盘存记录与盘点结果存在重大差异时,应追加审计程序查明原因并检查永续盘存记录是否已作调整。如果认为被审计单位的盘点方式及其结果无效,应当提请被审计单位重新盘点。

(四)存货监盘结果对审计报告的影响

审计人员应当根据已获取的审计证据,形成有关期末存货数量和状况的审计结论,并确定对审计报告的影响。

如果无法实施存货监盘,也无法实施替代审计程序以获取有关期末存货数量和状况的充分、适当的审计证据,审计人员应当根据其重要程度,发表保留意见或无法表示意见的审计报告。

如果通过实施存货监盘发现被审计单位财务报表存在重大错报,且被审计单位拒绝调整,审计人员应当根据其重要程度,发表保留意见或否定意见的审计报告。

如果审计人员首次接受委托,虽然实施了相应的审计程序,但仍未能获取有关本期期初存货余额的充分、适当的审计证据,审计人员应当根据其重要程度,发表保留意见或无法表示意见的审计报告。

二、存货截止测试

(一)存货截止测试的含义

所谓存货截止测试,就是检查截至12月31日购入并已包括在12月31日存货盘点范围内的存货,其所对应的会计科目是否一并记入当年财务报表内。因此,存货正确截止的关键就在于存货纳入盘点范围的时间与存货所引起的借贷双方会计科目的入账时间处于同一会计期间。

(二)存货截止测试的内容

如果上述二者未处于同一会计期间,则表明被审计单位的期末存货截止存在错误,由此将导致企业相关会计账户的记录不正确,并继而影响企业当年利润的真实性。例如,如果企业于当年12月31日或之前购入一批货物,且该批货物已包括在当年期末存货盘点范围内,而该批货物的购货发票于次年1月2日才收到,同时企业将其记入次年1月份账内,此种情况下,就表明企业的存货截止有误,致使企业少计了当年的存货和应付账款。相反,如果企业在当年12月31日或之前收到一张购货发票,并已将其记入当年12月份账内,而这张发票所对应的货物却在次年1月2日才收到,此种情况也表明企业的存货截止有误,其结果将有可能导致企业虚减当年的利润。由此可见,审计人员在对期末存货进行截止测试时,应当获取被审计单位盘点日前后有关存货收发及移动的凭证,并关注以下情况:

1.所有在截止日以前入库的存货项目是否均已包括在盘点范围内,并已反映在截止日以前的会计记录中;而任何在截止日期以后入库的存货项目是否均未包括在盘点范围内,且未反映在截止日以前的会计记录中。

2.所有在截止日以前装运出库的存货项目是否均未包括在盘点范围内,且未包括在截止日的存货账面余额中;而任何在截止日期以后装运出库的存货项目是否均已包括在盘点范围内,且已包括在截止日的存货账面余额中。

3.所有已确认为销售但尚未装运出库的商品是否均未包括在盘点范围内,且未包括在截止日的存货账面余额中。

4.所有已记录为购货但尚未入库的存货是否均已包括在盘点范围内,并已反映在会计记录中。

5.在途存货是否进行了适当的会计处理。按照存货正确截止的基本要求,若未将年终在途存货列入当年盘点范围内,则只要相应的负债亦同时记入次年账内,对财务报表的影响就不重要。

(三)存货截止测试的程序

存货截止测试的主要方法是抽查存货盘点日期前后的购货发票与验收报告或入库单,确认档案中的每张发票均附有相应的验收报告或入库单。

存货截止测试的另一种方法是查阅验收部门的业务记录，凡是接近年底和次年年初购入的货物，必须查明其相对应的购货发票是否在同期入账，对于未收到购货发票的入库存货，是否将入库单分开存放并暂估入账。

在确定存货截止测试的样本时，一般应以截止日为界限，分别向前或向后推若干日，按顺序选取较大金额购货业务的发票或验收报告作为测试样本。截止测试完成后，对于发现的截止错误，应提请被审计单位进行调整。

三、存货计价测试

存货的监盘程序只能对存货的数量予以确认，对于存货期末余额的真实性，必须通过实施存货的计价测试进行确证。

(一)样本的选择

存货计价测试的样本，应从存货数量已经盘点、单价和总金额已经记入存货汇总表的结存存货中选择。选择样本时，应着重选择结存余额较大且价格变化比较频繁的项目，同时考虑所选样本的代表性。抽样方法一般采用分层抽样法。抽样规模应足以推断总体的情况。

(二)计价方法的确认

存货的计价方法多种多样，企业可结合国家法规要求选择符合自身特点的方法。审计人员除应了解企业的存货计价方法外，还应对所采用的计价方法的合理性与一贯性予以关注，没有足够理由，计价方法在同一会计年度内不得变动。

(三)计价测试

进行计价审计时，审计人员应首先对存货价格的组成内容予以审核，然后按照所了解的计价方法对所选择的存货样本进行计价审计。审计时，应排除企业已有计算程序和结果的影响，进行独立审计。待审计结果出来后，应与企业账面记录相对比，编制对比分析表，分析形成差异的原因。如果差异过大，应扩大范围继续审计，并根据审计结果做出审计调整。

在存货计价测试中，如果企业对期末存货采用成本与可变现净值孰低的方法计价，则审计人员应充分关注企业对存货可变现净值的确定。可变现净值一般为预计售价减去预计完工成本和销售所必需的预计税费后的余额。一般的，对于外观完好无损、保持原有的使用价值并处于适销对路状态的存货，可按存货市场销售价格来确定；对于外观完好无损、保持原有的使用价值，但样式过时或质量降低的存货，在前一种情况确定的单位可变现净值的基础上，再适当给予折扣来确定；对于外观完好无损，且需改变原有使用价值仍可以用于出售或生产的存货，应按其存货新的用途或使用价值来确定；对于毁损、完全变质、丧失使用价值，不能用做出售或生产的存货，应提请被审计单位做出处理，并计入当期损益。

1. 直接材料成本的审计

直接材料成本的审计一般应从审阅材料和生产成本明细账入手，抽查有关的费用凭证，验证企业产品直接耗用材料的数量、计价和材料费用分配是否真实、合理。其主要内容包括：

(1)抽查产品成本计算单,检查直接材料成本的计算是否正确,材料费用的分配标准与计算方法是否合理和适当,是否与材料费用分配汇总表中该产品分摊的直接材料费用相符。

　　(2)审查直接材料耗用数量的真实性,检查有无将非生产用材料计入直接材料费用。

　　(3)分析比较同一产品前后各年度的直接材料成本,如有重大波动应查明原因。

　　(4)抽查材料发出及领用的原始凭证,检查领料单的签发是否经过授权,材料发出汇总表是否经过适当的人员复核,材料单位成本计价方法是否适当、是否正确及时入账。

　　(5)对采用定额成本或标准成本的企业,应检查直接材料成本差异的计算、分配与会计处理是否正确,并查明直接材料的定额成本、标准成本在本年度内有无重大变更。

　　2.直接人工成本的审计

　　直接人工成本审计的内容主要包括:

　　(1)抽查产品成本计算单,检查直接人工成本的计算是否正确,人工费用的分配标准与计算方法是否合理和适当,是否与人工费用分配汇总表中该产品分摊的直接人工费用相符。

　　(2)将本年度直接人工成本与前期进行比较,查明其异常波动的原因。

　　(3)分析比较本年度各个月份的人工费用发生额,如有异常波动,应查明原因。

　　(4)结合应付职工薪酬的审查,抽查人工费用会计记录及会计处理是否正确。

　　(5)对采用标准成本法的企业,应抽查直接人工成本差异的计算、分配与会计处理是否正确,并查明直接人工的标准成本在本年度内有无重大变更。

　　3.制造费用的审计

　　制造费用是企业为生产产品或提供劳务而发生的间接费用,即生产单位为组织和管理生产而发生的费用,包括分厂和车间管理人员的工资、提取的职工福利费、折旧费、修理费、办公费、水电费、取暖费、租赁费、机物料消耗、低值易耗品摊销、劳动保护费、保险费、设计制图费、实验检验费、季节性和修理期间的停工损失以及其他制造费用。制造费用审计的基本要点包括:

　　(1)获取或编制制造费用汇总表,并与明细账、总账核对是否相符,抽查制造费用中的重大数额项目及例外项目是否合理。

　　(2)审阅制造费用明细账,检查其核算内容及范围是否正确,并应注意是否存在异常会计事项,如有,则应追查至记账凭证及原始凭证,重点查明企业有无将不应列入成本费用的支出(如投资支出、被没收的财物、支付的罚款、违约金、技术改造支出)计入制造费用。

　　(3)必要时,对制造费用实施截止测试,即检查资产负债表日前后若干天的制造费用明细账及其凭证,确定有无跨期入账的情况。

　　(4)审查制造费用的分配是否合理。重点查明制造费用的分配方法是否符合企业自身的生产技术条件,是否体现受益原则,分配方法一经确定,是否在相当时期内保持稳定,有无随意变更的情况;分配率和分配额的计算是否正确,有无以人为估计数代替分配数的情况。对按预定分配率分配费用的企业,还应查明计划与实际差异是否及时调整。

　　(5)对于采用标准成本法的企业,应抽查标准制造费用的确定是否合理,计入成本计算单的数额是否正确,制造费用的计算、分配与会计处理是否正确,并查明标准制造费用在本年度内有无重大变动。

第四节　应付职工薪酬期末余额的实质性程序

职工薪酬是企业支付给员工的劳动报酬,其主要核算方式有计时制和计件制两种。由于职工薪酬一般采用现金的形式支付,因而相对于其他业务更容易发生错误或舞弊行为,如虚报冒领、重复支付和贪污。同时,职工薪酬也是构成企业成本费用的重要项目,所以在审计中便显得十分重要。

随着经营管理水平的提高和技术手段的发展,职工薪酬业务中发生舞弊及掩饰行为的可能性已有明显减少。这是由于有效的职工薪酬内部控制,可以及时地揭露错误和舞弊,而使用计算机编制职工薪酬表和使用工薪卡,又极大地提高了职工薪酬计算的准确性,再加之诸如税务部门和社会保障部门等相关机构的复核,也有助于防止职工薪酬计算的错误。尽管如此,由于职工薪酬费用通常在企业成本费用中占有较大比重,如果职工薪酬发生计算错误,就会影响成本费用和利润的正确性。所以,审计人员仍应重视对职工薪酬业务的审计。

一、审计目标

职工薪酬业务的审计,主要涉及应付职工薪酬项目,其审计目标主要包括:确定应付职工薪酬计提和支出的记录是否完整,计提依据是否合理;确定应付职工薪酬期末余额是否正确;确定应付职工薪酬的披露是否恰当。

二、实质性程序

1. 获取或编制应付职工薪酬明细表,复核加计是否正确,并与报表数、总账数和明细账合计数核对是否相符。

2. 对本期职工薪酬费用的发生情况实施分析程序:
(1)各月职工薪酬的发生额是否有异常波动,若有,应查明原因并予以记录。
(2)将本期职工薪酬总额与上期进行比较,要求被审计单位解释其增减变动的原因,并取得被审计单位管理层关于职工薪酬标准的决议。

3. 检查职工薪酬的计提是否正确,分配方法是否与上期一致,并将应付职工薪酬计提数与相关的成本、费用项目核对一致。对于国家有规定计提基础和计提比例的,应当按照国家规定的标准计提;对于国家没有规定计提基础和计提比例的,应当按实列支。

如果被审计单位是实行工效挂钩的,应取得有关主管部门确认的效益工资发放额的认定证明,并复核有关合同文件和实际完成的指标,检查其计提额是否正确。

4. 检查应付职工薪酬期末余额中是否存在拖欠性质的职工薪酬,并了解拖欠的原因。

5. 确定应付职工薪酬的披露是否恰当。

案例 13-1

工资费用的分析程序

在近期对康德公司6月份工资费用的审计中,注册会计师威姆发现应付工资账户6月份工资比5月份工资多出3万多元,而审查人事档案时发现6月份没有招收新员工,又经咨询人力资源部门发现也未进行工资调整。那又为什么会多出3万多元工资呢?

威姆立刻调阅了6月份工资的原始凭证,发现工资结算单上的工资总额与5月份相差不大,而在记账凭证后还附有一张某餐厅负责人的收据,金额为3万多元,恰好与多出的金额相符。这引起了威姆的注意,经向该餐厅负责人询问得知,该收据为康德公司在餐厅发生的业务招待费,同时餐厅负责人还提供了康德公司有关人员签字确认的原始凭证。威姆据此又向康德公司管理人员询问,相关人员承认将招待费错列为工资费用导致工资上升的行为,并进行了改正。

第五节 营业成本期末余额的实质性程序

营业成本是指企业因从事对外销售商品或对外提供劳务等主营业务活动和因进行销售材料、出租固定资产、出租无形资产、出租包装物等其他经营活动所发生的实际成本。它是由期初库存产品成本加上本期入库产品成本,再减去期末库存产品成本求得的。

一、审计目标

营业成本的审计目标主要包括:确定所记录的营业成本是否确实已经发生;确定营业成本的记录是否完整,营业成本的内容是否正确;确定营业成本是否已记录于正确的会计期间,营业成本与营业收入是否配比;营业成本的披露是否恰当。

二、主营业务成本的实质性程序

对主营业务成本的审计,应通过审阅主营业务收入明细账、产成品明细账等记录并核对有关的原始凭证和记账凭证进行。其基本要点包括:

1. 获取或编制主营业务成本明细表,与明细账和总账核对是否相符。
2. 编制生产成本及销售成本倒轧表,与总账核对是否相符。
3. 分析比较本期内各月间及前期同一产品的单位成本是否存在异常波动,是否存在调节成本的现象。
4. 结合生产成本的审计,抽查销售成本结转数额的正确性,并检查其是否与销售收入配比。
5. 检查主营业务成本中重大调整事项(如销售退回)的会计处理是否正确。
6. 确定主营业务成本的披露是否恰当。

三、其他业务成本的实质性程序

1. 获取或编制其他业务成本明细表，与明细账和总账核对是否相符。
2. 与上期其他业务成本相比较，检查是否有重大波动，如有，应查明原因。
3. 检查其他业务成本内容是否真实，计算是否正确，并注意其他业务成本是否有相应的收入，配比是否恰当。
4. 确定其他业务成本的披露是否恰当。

本章小结

本章主要阐述生产循环所涉及的主要业务活动，贯穿于生产循环应设置的主要关键控制点及相应的控制测试，对该循环所发生的交易及账户所实施的实质性程序。生产循环所涉及的业务活动主要包括计划和安排生产、发出原材料、生产产品、核算产品成本和储存及发出产成品等环节。生产循环的内部控制主要包括存货的实物流转程序控制、成本费用的管理控制和会计控制以及对工薪的内部控制。生产循环的控制测试主要是针对直接材料成本、直接人工成本、制造费用和工薪等所涉及的各项控制运行是否有效进行审查。在生产循环的实质性程序中，存货的实质性程序占有重要位置，包括对存货实施监盘、对存货实施截止测试以及对存货实施计价测试等。存货监盘的目标是获取被审计单位资产负债表日有关存货数量和状况的审计证据，存货监盘的范围取决于存货的内容、性质和与存货相关的内部控制的完善程度及对存货重大错报风险的评估结果。存货监盘的时间以会计期末以前为优。

思考题

1. 说明生产循环与其他业务循环的关系。
2. 简述生产循环中的主要业务活动和涉及的有关凭证。
3. 生产循环的内部控制包括哪些内容？
4. 如何编制存货监盘计划？
5. 在实施存货监盘程序时应注意哪些问题？
6. 如何进行存货的截止测试？
7. 如何进行存货的计价测试？
8. 存货成本的审计包括哪些内容？

练习题

一、单项选择题

1. 存货通常具有较高水平的重大错报风险，影响存货重大错报风险的因素不包括（　　）。

A. 存货的单位价值
B. 存货的数量和种类
C. 成本归集的难易程度
D. 存货陈旧过时的速度或易损害程度

2. 审计人员观察客户存货盘点的主要目的是( )。
A. 查明是否漏盘某些主要的存货项目
B. 查明存货的计价是否正确
C. 了解盘点指令是否贯彻执行
D. 获得存货是否实际存在的证据

3. 在对存货进行计价测试时,一般不应考虑的是( )。
A. 存货计价方法的选择是否合法且一贯
B. 样本量的选择是否具有代表性
C. 存货跌价准备的计提是否正确
D. 是否有抵押、担保的存货

4. 以下有关期末存货的监盘程序中,与测试存货盘点记录的完整性不相关的是( )。
A. 从存货盘点记录中选取项目追查至存货实物
B. 从存货实物中选取项目追查至存货盘点记录
C. 在存货盘点过程中关注存货的移动情况
D. 在存货盘点结束前再次观察盘点现场

5. 应付职工薪酬的审计目标不包括( )。
A. 确定应付职工薪酬是否实际发放
B. 确定应付职工薪酬的披露是否适当
C. 确定应付职工薪酬的期末余额是否正确
D. 确定应付职工薪酬计提和支出是否合理记录、是否完整

6. 当被审计单位对存货的数量和金额保持了永续盘存记录但其内部控制较弱时,则审计人员应( )。
A. 要求客户将存货的实地盘点安排在年末
B. 要求客户在当年进行几次实地盘点
C. 对年末记录的负债扩大测试范围
D. 对当年的损益表拒绝表示意见

二、多项选择题

1. 相对于其他报表项目而言,对存货项目的审计通常是整个审计业务中最复杂、最费时的,其原因在于( )。
A. 存货占资产的比重较大
B. 存货放置在不同地点,实物控制不便
C. 存货项目的种类繁多
D. 存货价格变化频繁

2.按照不相容职务分离原则,下列职务中不得与存货的保管职务由一人担任的是( )。

A.存货的清查　　　　　　　　B.存货的验收
C.存货的采购　　　　　　　　D.存货处置的申请

3.在进行存货计价测试时,应核实被审计单位是否已将账面余额全部转入当期损益的是( )。

A.市价持续下跌且在可预见的未来无望回升的存货
B.生产中已不再需要且无转让价值的存货
C.使用原材料所生产的产品成本大于售价
D.已腐烂变质的存货

4.对期末存货实施截止测试时,应关注的存货项目有( )。

A.所有在截止日前已入库的存货
B.所有在截止日前已装运出库的存货
C.所有已经确认为销售但尚未装运出库的存货
D.所有已经记录为购货但尚未入库的存货

5.下列关于存货截止测试的说法正确的有( )

A.12月底入账的发票如果附有12月31日或之前的验收报告,则表明货物肯定已经入库,并已包括在本年的实地盘点范围内
B.如果验收报告日期为1月份的日期,则表明货物一般不会列入年底的实物盘点范围内
C.如果12月31日购入货物,并已包括在当年的实物盘点范围内,而购货发票次年1月才到,则可将其计入次年1月份账内
D.如果12月31日收到购货发票,而货物次年1月才收到,则可不将其计入当年12月份账内,且货物不列入盘点范围

三、判断题

1.当发生资产盘亏时,与"存在"认定有关。( )

2.审计人员在对存货实施抽查程序时应实施双向抽查,既要从存货盘点记录中选取项目追查至存货实物,以测试盘点记录的完整性,又要从存货实物中选取项目追查至盘点记录,以测试盘点记录的准确性。( )

3.监盘程序既能够对存货的结存数量予以确认,又能够为合理保证被审计单位对存货拥有所有权以及对存货价值提供证据。( )

4.如果仅有验收报告或入库单而无购货发票,则审计人员应当审核该验收报告上是否加盖有暂估入库印章,若无,则可认定被审计单位少计了存货的应付账款。( )

5.成本费用的管理控制是指对成本费用支出业务进行反映和监督的内部控制,成本费用会计控制是指对成本费用支出业务进行计划、控制和考核的内部控制。( )

四、业务题

1.资料:审计人员在对盛达公司存货项目的相关内部控制进行调查评价后,发现该公司存在下述可能导致错误的情况:

(1)存货盘点欠缺认真；
(2)由宏光公司代为保管的原料可能并不存在；
(3)通过销售与收款循环审计发现已销产品可能未进行相关会计处理；
(4)该公司可能将大明公司存放在库中的原料计入其存货项目中。

要求：针对上述情况，指出审计人员应如何执行实质性程序进行审查。

2.资料：审计人员在对 Y 公司的"存货—产成品"项目的计价目标进行测试时，发现 Y 公司 A 产品的计价情况如下表所示：

货币单位：元

项目	本月购进			本月发出			本月结存		
	数量	单价	金额	数量	单价	金额	数量	单价	金额
11月							3 500	258	903 000
12月	26 000	246	6 396 000	25 500	246	6 765 000	2 000	267	534 000

要求：指出上述存货的计价是否正确。

3.资料：审计师刘慧在对被审计单位的存货实施实地盘点时，注意到下列特殊情况：
(1)产成品储存室有数台电动机没有悬挂盘点表，经询问，据说属被审计单位承销品；
(2)验收部门有切片机一台(为被审计单位主要产品之一)，盘点表上标明"重做"字样；
(3)运输部门有一台已装箱的切片机，没有悬挂盘点表，据称该机已售给 A 客户；
(4)一小型仓库内存有五种布满灰尘的原材料，每种原材料均挂有盘点表，经刘慧抽点，与盘点表的记录相符。

要求：指出审计师刘慧针对上述情况应分别如何进行进一步的审查。

第十四章

筹资与投资循环审计

学习目的： 通过本章学习，了解筹资与投资循环审计的特性及涉及的凭证与会计分录；熟悉筹资与投资循环的内部控制；了解筹资与投资循环的控制测试；掌握筹资与投资循环的实质性测试。

引导案例：

"琼民源"案

"琼民源"全称为海南现代农业发展股份有限公司，曾经是中国股市1996年最耀眼的"黑马"之一，股价全年涨幅高达1 059%。但在此之后，公司却因被指控制造虚假财务会计报告而受到查处，公司股票也从1997年3月1日起停牌。1998年4月29日，中国证监会公布了对"琼民源"案的调查结果和处理意见。调查发现，"琼民源"1996年年报中所称5.71亿元利润中，有5.66亿元是虚构的，并虚增了6.57亿元资本公积金。中国证监会在公布的"琼民源"案调查结果中提出三项重大违规问题：

1. 虚报利润

"琼民源"在未取得土地使用权的情况下，通过与关联公司及他人签订的未经国家有关部门批准的合作建房、权益转让等无效合同，编造了5.66亿元的虚假收入，这些虚假收入均来自于北京民源大厦。民源大厦是"琼民源"与北京制药厂、香港冠联置业公司、京工房地产公司、北京富群新技术开发公司等四方合作开发的房地产项目。其中，北京制药厂提供地皮，香港冠联置业公司作为出资合作的一方，另一合作方富群公司则是"琼民源"的第二大股东。民源大厦项目实际上是一个未完成的项目，但在1996年末给"琼民源"带来了疑点重重的共三笔总计5.66亿元的收入。

2. 虚增资本公积金

"琼民源"1996年年报宣称，其资本公积金增长6.57亿元，主要来自对部分土地的重新评估。而所谓6.57亿元资本公积金是"琼民源"在未取得土地使用权，未经国家有关部门批准立项和确认的情况下编造的对四个投资项目的资产评估，违反了有关法规，构成了严重虚假陈述行为。

3. 操纵市场

据中国证监会调查，"琼民源"的控股股东民源海南公司曾与深圳有色金属财务公司联手,于"琼民源"公布1996年中期报告"利好消息"之前,大量买进"琼民源"股票,1997年3月前大量抛售,获取暴利。

第一节　筹资与投资循环的会计系统

筹资与投资循环由筹资活动和投资活动的交易事项构成。筹资活动是指企业为满足生存和发展的需要,通过改变企业资本及债务规模和构成而筹集资金的活动。筹资活动主要由借款交易和股东权益交易组成。投资活动是指企业为通过分配来增加财富,或为谋求其他利益,将资产让渡给其他单位而获得另一项资产的活动。

一、筹资与投资循环会计系统中的主要凭证和会计记录

(一)筹资活动的主要凭证和会计记录

1. 债券

债券是公司依据法定程序发行、约定在一定期限内还本付息的有价证券。

2. 股票

股票是公司签发的证明股东所持股份的凭证。

3. 债券契约

债券契约是一张明确债券持有人与发行企业双方所拥有的权利与义务的法律性文件,包括债券发行的标准;债券的明确表述;利息或利息率;受托管理人证书;登记和背书;如系抵押债券,所担保的财产;债券发生拖欠情况,如何处理;以及对偿债基金、利息支付、本金返还等的处理。

4. 股东名册

发行记名股票的公司应记载的内容一般包括股东的姓名或者名称及住所;各股东所持股份数;各股东所持股票的编号;各股东取得其股份的日期。发行无记名股票的,公司应当记载其股票数量、编号及发行日期。

5. 公司债券存根簿

发行记名公司债券的应记载的内容一般包括债券持有人的姓名或者名称及住所;债券持有人取得债券的日期及债券的编号;债券总额、债券的票面金额、债券的利率、债券还本付息的期限和方式;债券的发行日期。发行无记名债券的应当在公司的债券存根簿上记载债券总额、利率、偿还期限和方式、发行日期和债券编号。

6. 承销或包销协议

公司向社会公开发行股票或债券时,应当由依法设立的证券经营机构承销或包销,公司应与其签订承销或包销协议。

7. 借款合同或协议

借款合同或协议是公司向银行和其他金融机构借入款项时与其签订的合同或协议。

8. 记账凭证

9. 明细账和总账

(二)投资活动的主要凭证和会计记录

1. 股票或债券；
2. 经纪人通知书；
3. 债券契约；
4. 企业的章程及有关协议；
5. 投资协议；
6. 有关记账凭证；
7. 有关会计科目的明细账和总账。

二、筹资与投资循环所涉及的主要业务活动

(一)筹资所涉及的主要业务活动

1. 审批授权

企业通过借款筹集资金须经管理当局的审批，其中债券的发行每次均要由董事会授权；企业发行股票必须依据国家有关法规或企业章程的规定，报经企业最高权力机构（如董事会）及国家有关管理部门批准。

2. 签订合同或协议

企业向银行或其他金融机构融资须签订借款合同，发行债券须签订债券契约和债券承销或包销合同。

3. 取得资金

企业实际取得银行或其他金融机构划入的款项或债券、股票的融入资金。

4. 计算利息或股利

企业应按有关合同或协议的规定，及时计算利息或股利。

5. 偿还本息或发放股利

银行借款或债券应按有关合同或协议的规定偿还本息，融入的股本根据股东大会的决定发放股利。

(二)投资所涉及的主要业务活动

1. 审批授权

投资业务应由企业的高层管理机构进行审批。

2. 取得证券或其他投资

企业可以通过购买股票或债券进行投资，也可以通过与其他单位联合形成投资。

3. 取得投资收益

企业可以取得股权投资的股利收入、债券投资的利息收入和其他投资收益。

4. 转让证券或收回其他投资

企业可以通过转让证券实现投资的收回。其他投资，如已经投出，除联营合同期满，或由于其他特殊原因联营企业解散外，一般不得抽回投资。

第二节　筹资与投资循环的内部控制及其测试

一、筹资活动的内部控制及其测试

（一）筹资活动的内部控制

1. 筹资的授权审批控制

一般董事会都事先授权财务经理编制筹资计划，由董事会审批。适当授权及审批可明显地提高筹资活动效率，降低筹资风险，防止由于缺乏授权、审批而出现的一系列舞弊现象。

2. 筹资循环的职务分离控制

职责分工、明确责任是筹资循环内部控制的重要手段，筹资业务中应设置职务分离的情形包括：（1）筹资计划编制人与审批人适当分离，以利于审批人从独立的立场来评判计划的优劣；（2）经办人员不能接触会计记录，通常由独立的机构代理发行债券和股票；（3）会计记录人员同负责收、付款的人员相分离，有条件的应聘请独立的机构负责支付业务；（4）证券保管人员同会计记录人员分离。

3. 筹资收入款项的控制

筹资金额大，最好委托独立的代理机构代为发行。因为代理机构本身所负有的法律责任、客观立场，既从外部协助了企业内部控制的有效执行，也从客观、公正的角度证实了公司会计记录的可信性，防止以筹资业务为名进行不正当活动或者以伪造会计记录来掩盖不正当活动的事项发生。

4. 还本付息、支付股利等付出款项的控制

无论是何种筹资形式，都面临支付款项的问题，主要是利息的支付或股利的发放。由于企业债券受息人社会化的特征，企业可开出单张支票，委托有关代理机构代发，从而减少支票签发次数，降低舞弊可能。

5. 实物保管的控制

债券和股票都应设立相应的筹资登记簿，详细登记核准已发行的债券和股票有关事项，如签发日期、到期日期、支付方式、支付利率、当时市场利率、金额。登记的同时应对不同的筹资项目进行编号，对于增资配股更要详细登记，可以以备注充分说明。

6. 会计记录的控制

筹资业务的会计处理较复杂，会计记录的控制就十分重要。必须保证及时地按正确的金额、合理的方法，在适当的账户和合理的会计期间予以正确记录。对股票、债券的溢价、折价，应选用适当的摊销方法；对发行在外的股票要设置股东明细账加以控制；利息、股利的支付必须计算正确后记入对应账户；对未领利息、股利也必须全面反映，单独列示。

（二）筹资活动的控制测试

测试筹资循环的内部控制是在了解内部控制要点后，测试其执行是否有效，从而最终对筹资循环的内部控制做出评价。在测试过程中，应针对不同的内部控制要点采用不同

的测试方法。

对于授权审批控制可以直接向管理层询问,并查看有关记录;对于职务分离控制可以采取跟踪业务的方法,实地调查各有关方面的情况;对于收入和偿还款项控制可以结合货币资金的控制测试进行;对于实物保管控制可以采取实地调查的方法;对于会计记录控制,因其控制过程都在账簿资料和有关文件中有记录,所以应采取账务追索收集证据的方法。

具体来说,对筹资循环内部控制的测试应确定以下事项:(1)筹资活动是否经过授权批准;(2)筹资活动的授权、执行、记录、实物保管等是否严格分工;(3)筹资活动是否建立了严密的账簿体系和记录制度,并定期检查。

二、投资活动的内部控制及其测试

(一)投资活动的内部控制

1. 投资计划的审批授权控制

投资必须编制投资计划,详细说明准备投资的对象、投资目的、影响投资收益的风险。投资计划在执行前必须严格审核。审查的内容主要有:证券市场的估计是否合理;投资收益的估算是否正确;投资的理由是否恰当;计划购入的证券能否达到投资目的等。所有投资计划及其审批应当用书面文件予以记录。

2. 投资业务的职责分工控制

合法的投资业务应在业务的授权、业务的执行、会计记录以及资产保管方面等都有明确的分工,不得由一人同时负责上述任何两项工作。合理的职责分工所形成的相互牵制机制,有利于避免或减少投资业务中发生的错误或舞弊的可能性。

3. 投资资产的安全保护控制

企业对投资资产一般有两种保管方式:一种方式是由独立的专门机构保管,如企业在拥有数额较大的投资资产的情况下,委托银行、证券公司、信托投资公司等进行保管。另一种方式是由企业自行保管,在这种方式下,必须建立严格的相互牵制制度,即至少要由2名以上人员共同控制,不得一人单独接触证券。对于任何证券的存入或取出,要将证券名称、数量、价值及存取的日期、数量等详细记录于证券登记簿内,并由在场经手人员签名。

4. 投资业务会计记录控制

对于股票或债券类投资,无论是企业拥有的还是由他人保管的,都要进行完整的会计记录,并对其增减变动及投资收益的实现情况进行相关会计核算。具体而言,应对每一种股票或债券分别设立明细分类账,并详细记录其名称、面值、证书编号、数量、取得日期、经纪人名称、购入成本、收取的股息或利息等。

5. 投资效益监控

对于短期投资,因为主要是购买有价证券,所以对投资效益的监控就是及时掌握证券市场的行情变动,或者由投资管理部门,或者由财务部门进行该项控制。

(二)投资活动的控制测试

对投资循环的控制测试也应结合各内部控制要点采取不同的方法。对于投资计划的审批授权控制,主要通过查阅有关计划资料或文件或直接向管理层询问来进行审查;对于职务分离控制,可以采取实地调查、跟踪业务的方法;对于投资资产和安全保护控制,可以采取实地调查的方法;对于会计记录控制,可以采取账务追踪、文件查阅的方法;对于投资效益监控,可以采取查阅分析报告或资料的方法。

具体来说,对投资循环内部控制的测试应确定以下事项:(1)投资项目是否经授权批准;(2)投资项目的授权、执行、保管和记录是否严格分工;(3)有无健全的有价证券保管制度;(4)有关的核算方式是否符合有关财务会计制度的规定,相关投资收益的会计处理是否正确;(5)是否对投资效益进行适当的监控。

第三节　借款期末余额的实质性程序

一、借款的审计目标

借款的审计目标包括:确定被审计单位在特定期间内发生的借款业务是否均已记录完毕,有无遗漏;确认被审计单位所记录的借款在特定期间是否确实存在,是否为被审计单位所承担;确认被审计单位所有借款的会计处理是否正确;确定被审计单位各项借款的发生是否符合有关法律的规定,被审计单位是否遵守了有关债务契约的规定;确认被审计单位借款余额在有关财务报表上的反映是否恰当。

二、借款的实质性程序

(一)短期借款的实质性程序

1.获取或编制短期借款明细表

审计人员应首先获取或编制短期借款明细表,复核其加计数是否正确,并与明细账和总账核对相符。

2.函证短期借款的实有数

审计人员应在期末短期借款余额较大或认为必要时向银行或其他债权人函证短期借款。

3.审查短期借款的增加

对年度内增加的短期借款,应检查借款合同和授权批准,了解借款数额、借款条件、借款日期、还款期限、借款利率,并与相关会计记录相核对。

4.审查短期借款的减少

对年度内减少的短期借款,应检查相关记录和原始凭证,核实还款数额。

5.检查有无到期未偿还的短期借款

应审查相关记录和原始凭证,检查被审计单位有无到期未偿还的短期借款,如果有,则应查明是否已向银行提出申请并经同意后办理延期手续。

6.复核短期借款利息

应根据短期借款的利率和期限,复核被审计单位短期借款的利息计算是否正确,有无多算或少算利息的情况,如有未计利息和多计利息,应做出记录,必要时进行必要调整。

7. 审查外币借款的折算

如果被审计单位有外币短期借款,审计人员应审查外币短期借款的增减变动是否按业务发生时的市场汇率或期初市场汇率折合为记账本位币金额;期末是否按市场汇率将外币短期借款余额折合为记账本位币金额;折算差额是否按规定进行会计处理;折算方法是否前后期一致。

8. 确定短期借款在资产负债表上的反映是否恰当

企业的短期借款在资产负债表上通常设"短期借款"项目单独列示,对于因抵押而取得的短期借款,应在资产负债表附注中揭示,审计人员应注意被审计单位对短期借款项目的反映是否充分。

(二)长期借款的实质性程序

1. 获取或编制长期借款明细表,复核其加计数是否正确,并与明细账和总账核对相符。

2. 了解金融机构对被审计单位的授信情况以及被审计单位的信用等级评估情况,了解被审计单位获得短期借款和长期借款的抵押和担保情况,评估被审计单位的信誉和融资能力。

3. 对年度内增加的长期借款,应检查借款合同和授权批准,了解借款数额、借款条件、借款日期、还款期限、借款利率,并与相关会计记录相核对。

4. 审查长期借款的使用是否符合借款合同的规定,重点审查长期借款使用的合理性。

5. 向银行或其他债权人函证重大的长期借款。

6. 对年度内减少的长期借款,审计人员应检查相关记录和原始凭证,核实还款数额。

7. 检查年末有无到期未偿还的借款,逾期借款是否办理了延期手续,分析计算逾期贷款的金额、比率和期限,判断被审计单位的资信程度和偿债能力。

8. 检查一年内到期的长期借款是否已转列为流动负债。

9. 计算短期借款、长期借款在各个月份的平均余额;选取适用的利率匡算利息支出总额,并与财务费用的相关记录核对,判断被审计单位是否高估或低估利息支出,必要时进行适当调整。

10. 检查非记账本位币折合记账本位币采用的折算汇率,折算差额是否按规定进行会计处理。

11. 检查借款费用的会计处理是否正确。

12. 审查企业长期借款的抵押资产的所有权是否属于企业,其价值和现实状况是否与抵押契约中的规定相一致。

13. 检查企业重大的资产租赁合同,判断被审计单位是否存在资产负债表外融资的现象。

14. 确定长期借款是否已在资产负债表上充分披露。长期借款在资产负债表上列示于长期负债类下,该项目应根据"长期借款"科目的期末余额扣减将于一年内到期的长期借款后的数额填列,该项扣除数应当填列在流动负债类下的"一年内到期的长期负债"项目单独反映。审计人员应根据审计结果,确定被审计单位长期借款在资产负债表上的列示是否充分,并注意长期借款的抵押和担保是否已在财务报表附注中做了充分的说明。

(三)应付债券的实质性程序

被审计单位应付债券业务不多,但每笔业务都可能是重要的,因此审计人员应重视此项负债的测试工作。应付债券的实质性测试一般包括以下工作:

1. 取得或编制应付债券明细表

同其他负债项目的实质性测试一样,审计人员应首先取得或编制应付债券明细表,并同有关的明细分类账和总分类账核对相符。应付债券明细账通常包括债券名称、承销机构、发行日、到期日、债券总额(面值)、实收金额、折价和溢价及其摊销、应付利息、担保情况等内容。

2. 审查债券交易的有关原始凭证

审查债券交易的各项原始凭证,是确定应付债券金额及其合法性的重要程序,审计人员应做好以下工作:

(1)审查企业现有债券副本,确定其发行是否合法,各项内容是否同相关的会计记录相一致;

(2)审查企业发行债券所收入现金的收据、汇款通知单、送款登记簿及相关的银行对账单;

(3)审查用以偿还债券的支票存根,并审查利息费用的计算;

(4)审查已偿还债券数额同应付债券借方发生额是否相符;

(5)如果企业发行债券时已作抵押或担保,审计人员还应审查相关契约的履行情况。

3. 审查应计利息、债券折(溢)价摊销及其会计处理是否正确

此项工作一般可通过审查债券利息、溢价、折价等账户分析表来进行。该表可让企业代为编制,审计人员加以审查,也可由审计人员自己编制。

4. 函证"应付债券"账户期末余额

为了确定"应付债券"账户期末余额的真实性,审计人员如果认为必要,可以直接向债权人及债券的承销人或包销人进行函证。函证内容应包括应付债券的名称、发行日、到期日、利率、已付利息期间、年内偿还的债券、资产负债表日尚未偿还的债权及审计人员认为应包括的其他重要事项。

5. 审查到期债券的偿还

对到期债券的偿还,审计人员应审查相关会计记录,检查其会计处理是否正确。

6. 确定应付债券是否已在资产负债表上充分披露

应付债券在资产负债表中列示于长期负债类下;该项目应根据"应付债券"科目的期末余额扣除将于一年内到期的应付债券后的数额填列,该扣除数应当填列在流动负债类下的"一年内到期的长期负债"项目单独反映。审计人员应根据审计结果,确定被审计单位应付债券在财务报表上的反映是否充分,应注意有关应付债券的类别是否已在财务报表附注中做了充分的说明。

四、财务费用的审计

（一）财务费用的审计目标

财务费用的审计目标一般包括：确定利润表中记录的财务费用是否已发生，且与被审计单位有关；确定所有应当记录的财务费用是否均已记录；确定与财务费用有关的金额及其他数据是否已恰当记录；确定财务费用是否已记录于正确的会计期间；确定财务费用是否已记录于恰当的账户；确定财务费用是否已按照企业会计准则的规定在财务报表中做出恰当的列报。

（二）财务费用的实质性程序

1. 获取或编制财务费用明细表，复核加计是否正确，与报表数、总账数和明细账合计数核对是否相符。

2. 将本期、上期财务费用各明细项目作比较分析，必要时比较本期各月的财务费用，如有重大波动和异常情况，应查明原因，扩大审计范围或增加测试量。

3. 检查利息支出明细账，确认利息支出的真实性及正确性，检查各项借款期末应计利息有无预计入账，注意检查现金折扣的会计处理是否正确。

4. 检查汇兑损失明细账，检查汇兑损益计算方法是否正确，核对所用汇率是否正确，前后期是否一致。

5. 检查"财务费用——其他"明细账，注意检查大额金融机构手续费的真实性与正确性。

6. 审阅下期期初的财务费用明细账，检查财务费用各项目有无跨期入账的现象，对于重大跨期项目，应作必要的调整。

7. 检查从其他企业或非银行金融机构取得的利息收入是否按规定计缴营业税。

8. 检查财务费用的列报是否恰当。

第四节 所有者权益期末余额的实质性程序

企业资产负债表上的所有者权益，是企业投资者对企业净资产的所有权，包括投资者对企业的投入资本以及企业存续过程中形成的资本公积、盈余公积和未分配利润。根据资产负债表的平衡原理，所有者权益在数量上等于企业的全部资产减去全部负债后的余额，即企业净资产数额。根据这一平衡原理，可以清楚地看出，如果审计人员能够对企业的资产和负债进行充分的审计，证明二者的期初余额、期末余额和本期变动都是正确的，这便从侧面为所有者权益的期末余额和本期变动的正确性提供了有力的证据。同时，由于所有者权益增减变动的业务较少、金额较大的特点，审计人员在审计了企业的资产和负债之后，往往只花费相对较少的时间对所有者权益进行审计。当然在审计过程中，对所有者权益进行的单独审计仍是十分重要的。

一、实收资本(股本)的审计

(一)实收资本(股本)的审计目标

实收资本(股本)的审计目标一般包括:确定资产负债表中记录的实收资本(股本)是否存在;确定所有应当记录的实收资本(股本)是否均已记录;确定实收资本(股本)是否以恰当的金额包括在财务报表中;实收资本(股本)是否已按照企业会计准则的规定在财务报表中做出恰当列报。

(二)实收资本(股本)的实质性程序

实收资本(股本)的实质性程序通常包括:

1. 获取或编制实收资本(股本)增减变动情况明细表,复核加计是否正确,与报表数、总账数和明细账合计数核对是否相符。

2. 查阅公司章程、股东大会、董事会会议记录中有关实收资本(股本)的规定。收集与实收资本(股本)变动有关的董事会会议纪要、合同、协议、公司章程及营业执照。公司设立批文、验资报告等法律性文件,并更新永久性档案。

3. 检查实收资本(股本)增减变动的原因,查阅其是否与董事会纪要、补充合同、协议及其他有关法律性文件的规定一致,逐笔追查至原始凭证,检查其会计处理是否正确。注意有无抽资或变相抽资的情况,如有,应取证核实,作恰当处理。

4. 对于以资本公积、盈余公积和未分配利润转增资本的,应取得股东(大)会等资料,并审核是否符合国家有关规定。

5. 以权益结算的股份支付,取得相关资料,检查是否符合相关规定。

6. 中外合作企业根据合同规定在合作期间归还投资的,检查以下内容:(1)如系直接归还投资,检查是否符合有关的决议与公司章程和投资协议的规定,款项是否已付出,会计处理是否正确;(2)如系以利润归还投资,还需检查是否与利润分配的决议相符,并检查与利润分配有关的会计处理是否正确。

7. 根据证券登记公司提供的股东名录,检查被审计单位及其子公司、合营企业与联营企业是否有违反规定的持股情况。

8. 以非记账本位币出资的,检查其折算汇率是否符合规定。

9. 检查认股权证及其有关交易,确定委托人及认股人是否遵守认股合约或认股权证中的有关规定。

10. 检查实收资本(股本)的列报是否恰当。

二、资本公积的审计

资本公积是非经营性因素形成的不能计入实收资本的所有者权益,主要包括投资者实际缴付的出资额超过其资本份额的差额(如股本溢价、资本溢价)和其他资本公积等。

(一)资本公积的审计目标

资本公积的审计目标一般包括:确定资产负债表中记录的资本公积是否存在;确定所有应当记录的资本公积是否均已记录,资本公积的增减变动是否符合法律、法规和合同、章程的规定;确定资本公积是否以恰当的金额包括在财务报表中;确定资本公积是否已按照企业会计准则的规定在财务报表中做出恰当列报。

(二)资本公积的实质性程序

1.获取或编制资本公积明细表,复核加计正确,并与报表数、总账数和明细账合计数核对相符。

2.收集与资本公积变动有关的股东(大)会决议,董事会会议纪要、资产评估报告等文件资料,更新永久性档案。首次接受委托的,应检查期初资本公积的原始发生依据。

3.根据资本公积明细账,对股本溢价、其他资本公积各明细的发生额逐项进行审查。

(1)对股本溢价,应取得董事会会议纪要、股东(大)会决议、有关合同、政府批文,追查至银行收款等原始凭证,结合相关科目的审计,检查会计处理是否正确,注意发行股票溢价收入的计算是否已扣除股票发行费用。

(2)检查以权益法核算的被投资单位除净损益以外所有者权益的变动,被审计单位是否已按其享有的份额入账,会计处理是否正确;处置该项投资时,应注意是否已转销与其相关的资本公积。

(3)对拨款转入,审阅有关的拨款批文,检查拨款项目的完成情况,结合专项应付款的审计,检查会计处理是否正确。

(4)以权益结算的股份支付,取得相关资料,检查在权益工具授予日期和行权日的会计处理是否正确。

(5)对自用房地产或存货转换为采用公允价值计量的投资性房地产,若转换日公允价值大于账面价值,差额是否正确记入本科目,若转换日公允价值小于账面价值,检查差额是否正确计入公允价值变动损益;处置投资性房地产,检查相关的资本公积是否已转销。

(6)对可供出售金融资产形成的资本公积,结合相关科目检查金额和相关会计处理是否正确:①当可供出售金融资产转为采用成本或摊余成本计量时,已记入本科目的公允价值变动是否按规定进行了会计处理;②当可供出售金融资产发生减值时,已记入本科目的公允价值变动是否转入资产减值损失;③当已减值的可供出售金融资产公允价值回升时,区分权益工具和债务工具分别确定其会计处理是否正确。

(7)若有同一控制下企业合并,应结合长期股权投资科目,检查被审计单位(合并方)取得的被合并方所有者权益账面价值的份额与支付的合并对价账面价值的差额计算是否正确,是否依次调整本科目、盈余公积和未分配利润。

(8)被审计单位将回购的本单位股票予以注销、用于奖励职工或转让,其会计处理是否正确。

(9)对于在资产负债表日,满足运用套期会计方法条件的现金流量套期和境外经营净投资套期产生的利得和损失是否进行了正确的会计处理。

(10)对资本公积转增资本,应取得股东(大)会决议、董事会会议纪要和政府批文等,检查资本公积转增资本是否符合有关规定,会计处理是否正确。

4.检查资本公积各项目,考虑对所得税的影响。

5.记录资本公积中不能转增资本的项目。

6.确定资本公积的列报是否恰当。

三、盈余公积的审计

盈余公积是企业按照规定从税后利润中提取的积累资金,是具有特定用途的留存收益,主要用于弥补亏损和转增资本,也可以按规定用于分配股利。盈余公积包括法定盈余公积和任意盈余公积。

(一)盈余公积的审计目标

盈余公积的审计目标一般包括:确定资产负债表中记录的盈余公积是否存在;确定被审计单位所有应当记录的盈余公积是否均已记录,盈余公积的增减变动是否符合法律、法规和合同、章程的规定;确定盈余公积是否以恰当金额包括在财务报表中,与之相关的计价调整是否已恰当记录;确定盈余公积是否已按照企业会计准则的规定在财务报表中做出恰当列报。

(二)盈余公积的实质性程序

1. 取得或编制盈余公积明细表,复核加计正确,并与报表数、总账数和明细账合计数核对相符。

2. 收集与盈余公积变动有关的董事会会议纪要、股东(大)会决议以及政府主管部门、财政部门批复等文件资料,进行审阅,并更新永久性档案。

3. 对法定盈余公积和任意盈余公积的发生额逐项审查至原始凭证:

(1)审查法定盈余公积和任意盈余公积的计提顺序、计提基数、计提比例是否符合有关规定,会计处理是否正确。

(2)审查盈余公积的减少是否符合有关规定,取得董事会会议纪要、股东(大)会决议,予以核实,检查有关会计处理是否正确。

4. 如系外商投资企业,应对储备基金、企业发展基金的发生额逐项审查至原始凭证。

5. 如系中外合作经营企业,应对利润归还投资的发生额审查至原始凭证,并与"实收资本——已归还投资"科目的发生金额核对。

6. 确定盈余公积的列报是否恰当。

案例 14-1

"锦州港"案

2003 年 2 月 8—9 日对于在辽西地区有"第一大港"美称的锦州港与世界四大会计师事务所之一的毕马威会计师事务所来说是十分尴尬的两天。沈阳市中级人民法院先后受理了四川 3 位股民及上海的徐倩女士依据财政部的行政处罚状告锦州港涉嫌财务造假、公布虚假信息的案件。令人关注的是,北京毕马威华振会计师事务所及香港毕马威会计师事务所也一同被告上法庭。这对于两周前因涉嫌美国施乐公司审计欺诈丑闻案而被弄得焦头烂额的毕马威来说,无疑是雪上加霜。

锦州港自 1997 年以来一直聘请毕马威会计师事务所进行审计,而且对于事务所的评价是"合作很愉快,对方工作也很认真细致"。而之所以出现后来的尴尬局面,按锦州港有关方面的说法"主要是为了达到上市的目的,因为证监会规定上市标准之一是净资产收益率要达到 10%,而上市后公司也陆续地做了一些回调"。没想到这一作假的后果犹如埋下了一颗定时炸弹,终被引爆。2001 年 9 月至 12 月,财政部对锦州港 2000 年及以前年度执行《会计法》情况进行了检查,结果令人大吃一惊。公司 2000 年及以前年度多确认收入 36 717 万元,少计财务费用 4 945 万元,2000 年度少计提折旧 780 万元;另外,1998—2000 年多列资产 11 939 万元,实际虚增资产约 43 803 万元。

  锦州港选择的是较为简单的造假手法,1996—1999 年 4 年间,公司直接虚增应收账款或货币资金。截至 1999 年末,锦州港账面货币资金有 45 693 万元,其中有 21 367 万元是虚构的。锦州港可能意识到这种造假手法不保险,担心虚构巨额银行存款被查,于是从 2000 年开始,有意填补银行存款巨额窟窿。到 2001 年,公司通过虚增在建工程名义将银行存款窟窿补上。这样,到 2001 年末,货币资金被填实了,而在建工程及固定资产却虚增了 34 164 万元。

  1992 年,毕马威成为第一家在内地合资开业的国际会计师事务所,锦州港虚增收入达到 4 个多亿,凭职业经验和本能,审计人员是应该发现其中问题的。上市公司虚增收入必定是在造假,而造一个假,就必定还要造更多的假来圆这个假,如此连环造假,不可能不被发现,而号称"工作认真细致"的毕马威会计师事务所为什么却没有发现这些问题呢?

四、未分配利润的审计

  未分配利润是指未作分配的净利润,即这部分利润没有分配给投资者,也未指定用途。未分配利润是企业当年税后利润在弥补以前年度亏损、提取公积金和公益金以后加上上年末未分配利润,再扣除向所有者分配的利润后的结余额,是企业留于以后年度分配的利润。它是企业历年积存的利润分配后的余额,也是所有者权益的一个重要组成部分。企业的未分配利润通过"利润分配——未分配利润"明细科目核算,其年末余额反映历年积存的未分配利润或未弥补亏损。

  (一)未分配利润的审计目标

  未分配利润的审计目标一般包括:确定资产负债表中记录的未分配利润是否存在;确定被审计单位所有应当记录的未分配利润是否均已记录,未分配利润增减变动是否符合法律、法规和章程的规定;确定未分配利润是否以恰当的金额包括在财务报表中,与之相关的计价调整是否已恰当记录;确定未分配利润是否已按照企业会计准则的规定在财务报表中做出恰当列报。

  (二)未分配利润的实质性程序

  1. 获取或编制利润分配明细表,复核加计是否正确,与报表数、总账数及明细账合计数核对是否相符。

  2. 检查未分配利润期初数与上期审定数是否相符,涉及损益的上期审计调整是否正确入账。

  3. 收集和检查与利润分配有关的董事会会议纪要、股东(大)会决议、政府部门批文及有关合同、协议、公司章程等文件资料,更新永久性档案。

  4. 检查本期未分配利润变动除净利润转入以外的全部相关凭证,结合所获取的文件资料,确定其会计处理是否正确。

5.了解本年利润弥补以前年度亏损的情况,如果已超过弥补期限,且已因为抵扣亏损而确认递延所得税资产的,应当进行调整。

6.结合以前年度损益调整科目的审计检查以前年度损益调整的内容是否真实、合理,注意对以前年度所得税的影响。对重大调整事项应逐项核实其发生原因、依据和有关资料、复核数据的正确性。

7.确定未分配利润的列报是否恰当。

五、应付股利审计

(一)应付股利的审计目标

应付股利的审计目标一般包括:确定资产负债表中记录的应付股利是否存在;确定所有应当记录的应付股利是否均已记录;确定记录的应付股利是否为被审计单位应当履行的现时义务;确定应付股利是否以恰当的金额包括在财务报表中,与之相关的计价调整是否已恰当记录;确定应付股利是否已按照企业会计准则的规定在财务报表中做出恰当列报。

(二)应付股利的实质性程序

1.获取或编制应付股利明细表,复核加计是否正确,并与报表数、总账数和明细账合计数核对是否相符。

2.审阅公司章程和股东(大)会决议中有关股利的规定,了解股利分配标准和发放方式是否符合有关规定并经法定程序批准。若被审计单位董事会或类似机构通过利润分配方案拟分配现金股利或利润的注意是否披露。

3.检查应付股利的发生额,是否根据股东(大)会决定的利润分配方案,从可供分配利润中计算确定,并复核应付股利计算和会计处理的正确性。

4.检查股利支付的原始凭证的内容、金额和会计处理是否正确。

5.现金股利是否按公告规定的时间、金额予以发放结算,非标准手之零星股东股利是否采用适当方法结算,对无法结算及委托发放而长期未结的股利是否做出适当处理。

6.确定应付股利的列报是否恰当。

第五节 投资期末余额的实质性程序

一、交易性金融资产审计

交易性金融资产是指企业为了近期出售而持有的金融资产。在会计科目设置上,企业持有的直接指定为以公允价值计位且其变动计入当期损益的金融资产,也通过该科目核算。

(一)交易性金融资产的审计目标

交易性金融资产的审计目标一般包括:确定资产负债表中记录的交易性金融资产是

否存在;确定所有应当记录的交易性金融资产是否均已记录;确定记录的交易性金融资产是否由被审计单位拥有或控制;确定交易性金融资产是否以恰当的金额包括在财务报表中,与之相关的计价调整是否已恰当记录;确定交易性金融资产是否已按照企业会计准则的规定在财务报表中作出恰当列报。

(二)交易性金融资产的实质性程序

1. 获取或编制交易性金融资产明细表,复核加计是否正确,并与报表数、总账数和明细账合计数核对是否相符。

2. 对期末结存的相关交易性金融资产,向被审计单位核实其持有目的,检查本科目核算范围是否恰当。

3. 获取股票、债券及基金等交易流水单及被审计单位证券投资部门的交易记录。与明细账核对,检查会计记录是否完整、会计处理是否正确。

4. 监盘库存交易性金融资产,并与相关账户余额进行核对,如有差异,应查明原因,并做出记录或进行适当调整。

5. 向相关金融机构发函询证交易性金融资产期末数量以及是否存在变现限制,并记录函证过程。取得回函时应检查相关签章是否符合要求。

6. 抽取交易性金融资产增减变动的相关凭证,检查其原始凭证是否完整合法,会计处理是否正确:(1)抽取交易性金融资产增加的记账凭证,注意其原始凭证是否完整合法,成本、交易费用和相关利息或股利的会计处理是否符合规定。(2)抽取交易性金融资产减少的记账凭证,检查其原始凭证是否完整合法,会计处理是否正确;注意出售交易性金融资产时其成本结转是否正确。原计入的公允价值变动损益有无调整至投资收益。

7. 复核与交易性金融资产相关的损益计算是否准确,并与公允价值变动损益及投资收益等有关数据核对。

8. 复核股票、债券及基金等交易性金融资产的期末公允价值是否合理,相关会计处理是否正确。

9. 关注交易性金融资产是否存在重大的变现限制。

10. 确定交易性金融资产的列报是否恰当。

二、可供出售金融资产审计

(一)可供出售金融资产的审计目标

可供出售金融资产的审计目标一般包括:确定资产负债表中记录的可供出售金融资产是否存在;确定所有应当记录的可供出售金融资产是否均已记录;确定记录的可供出售金融资产是否由被审计单位拥有或控制;确定交可供出售金融资产是否以恰当的金额包括在财务报表中,与之相关的计价调整是否已恰当记录;确定可供出售金融资产是否已按照企业会计准则的规定在财务报表中作出恰当列报。

(二)可供出售金融资产的实质性程序

1. 获取或编制可供出售金融资产明细表,复核加计是否正确,并与报表数、总账数和明细账合计数核对是否相符。

2. 获取可供出售金融资产对账单,与明细账核对,并检查其会计处理是否正确。

3. 检查库存可供出售金融资产,并与相关账户余额进行核对,如有差异,应查明原因,并做出记录或进行适当调整。

4. 向相关金融机构发函询证可供出售金融资产期末数量,并记录函证过程。取得回函时应检查相关签章是否符合要求。

5. 对期末结存的可供出售金融资产,向被审计单位核实其持有目的。

6. 抽取可供出售金融资产增减变动的相关凭证,检查其原始凭证是否完整合法,会计处理是否正确:(1)抽取可供出售金融资产增加的记账凭证,注意其原始凭证是否完整合法,成本、交易费用和相关利息或股利的会计处理是否符合规定;(2)抽取可供出售金融资产减少的记账凭证,检查其原始凭证是否完整合法,会计处理是否正确。注意出售可供出售金融资产时相应的资本公积有无调整。

7. 复核可供出售金融资产的期末公允价值是否合理,检查会计处理是否正确。

8. 如果可供出售金融资产的公允价值发生较大幅度下降,并且预期这种下降趋势属于非暂时性的,应当检查被审计单位是否计提资产减值准备,计提金额和相关会计处理是否正确。

9. 已确认减值损失的可供出售金融资产。当公允价值回升时,检查其相关会计处理是否正确。注意债券等债务工具应从资产减值损失科目转回;股票等权益工具则应从资本公积转回,不得从当期损益转回。

10. 若债券等债务工具类可供出售金融资产发生减值,检查相关利息的计算和会计处理是否正确。

11. 检查可供出售金融资产出售时,其相关损益计算及会计处理是否正确,已计入资本公积的公允价值累计变动额是否转入投资收益科目。

12. 复核可供出售金融资产划转为持有至到期投资的依据是否充分,会计处理是否正确。

13. 检查债券投资计入损益的利息收入计算所采用的利率是否正确。

14. 结合银行借款等科目,了解是否存在已用于债务担保的可供出售金融资产。如有,则应取证并作相应的记录。同时提请被审计单位作恰当披露。

15. 确定可供出售金融资产的列报是否恰当。

三、持有至到期投资审计

持有至到期投资是指到期日固定、回收金额固定或可确定,且企业有明确意图和能力持有至到期的非衍生金融资产。

(一)持有至到期投资的审计目标

持有至到期投资的审计目标一般包括:确定资产负债表中记录的持有至到期投资是否存在;确定所有应当记录的持有至到期投资是否均已记录;确定记录的持有至到期投资是否由被审计单位拥有或控制;确定持有至到期投资是否以恰当的金额包括在财务报表中,与之相关的计价调整是否已恰当记录;确定持有至到期投资是否已按照企业会计准则的规定在财务报表中做出恰当列报。

(二)持有至到期投资的实质性程序

1. 获取或编制持有至到期投资明细表,复核加计是否正确,并与总账数和明细账合计数核对是否相符。
2. 获取持有至到期投资对账单,与明细账核对,并检查其会计处理是否正确。
3. 检查库存持有至到期投资并与账面余额进行核对,如有差异,应查明原因,并做出记录或进行适当调整。
4. 向相关金融机构发函询证持有至到期投资期末数量,并记录函证过程。取得回函时应检查相关签章是否符合要求。
5. 对期末结存的持有至到期投资资产,核实被审计单位持有的目的和能力检查本科目核算范围是否恰当。
6. 抽取持有至到期投资增加的记账凭证,注意其原始凭证是否完整合法,成本、交易费用和相关利息的会计处理是否符合规定。
7. 抽取持有至到期投资减少的记账凭证,检查其原始凭证是否完整合法,会计处理是否正确。
8. 根据相关资料,确定债券投资的计息类型。结合投资收益科目,复核计算利息采用的利率是否恰当,相关会计处理是否正确,检查持有至到期投资持有期间收到的利息会计处理是否正确。检查债券投资票面利率和实际利率有较大差异时被审计单位采用的利率及其计算方法是否正确。
9. 结合投资收益科目,复核处置持有至到期投资的损益计算是否准确,已计提的减值准备是否同时结转。
10. 检查当持有目的改变时,持有至到期投资划转为可供出售金融资产的会计处理是否正确。
11. 结合银行借款等科目,了解是否存在已用于债务担保的持有至到期投资。如有,则应取证并作相应的记录,同时提请被审计单位作恰当披露。
12. 当有客观证据表明持有至到期投资发生减值的,应当复核相关资产项目的预计未来现金流量现值,并与其账面价值进行比较,检查相关准备计提是否充分。
13. 若发生减值,检查相关利息的计算及处理是否正确。
14. 确定持有至到期投资的列报是否恰当,注意一年内到期的持有至到期投资是否已重分类至一年内到期的非流动资产。

四、长期股权投资审计

(一)长期股权投资的审计目标

长期股权投资的审计目标一般包括:确定资产负债表中记录的长期股权投资是否存在;确定所有应当记录的长期股权投资是否均已记录;确定记录的长期股权投资是否由被审计单位拥有或控制;确定长期股权投资是否以恰当的金额包括在财务报表中,与之相关的计价调整是否已恰当记录;确定长期股权投资是否已按照企业会计准则的规定在财务报表中做出恰当列报。

(二)长期股权投资的实质性程序

1. 获取或编制长期股权投资明细表,复核加计正确,并与总账数和明细账合计数核对相符;结合长期股权投资减值准备科目与报表数核对相符。

2. 根据有关合同和文件,确认股权投资的股权比例和持有时间,检查股权投资核算方法是否正确。

3. 对于重大的投资,向被投资单位函证被审计单位的投资额、持股比例及被投资单位发放股利等情况。

4. 对于应采用权益法核算的长期股权投资,获取被投资单位已经注册会计师审计的年度财务报表,如果未经注册会计师审计,则应考虑对被投资单位的财务报表实施适当的审计或审阅程序:

(1)复核投资收益时,应以取得投资时被投资单位各项可辨认资产等的公允价值为基础,对被投资单位的净利润进行调整后加以确认;被投资单位采用的会计政策及会计期间与被审计单位不一致的,应当按照被审计单位的会计政策及会计期间对被投资单位的财务报表进行调整,据以确认投资损益。

(2)将重新计算的投资收益与被审计单位所计算的投资收益相核对,如有重大差异,则查明原因,并作适当调整。

(3)检查被审计单位按权益法核算长期股权投资,在确认应分担被投资单位发生的净亏损时,应首先冲减长期股权投资的账面价值,其次冲减其他实质上构成对被投资单位净投资的长期权益账面价值;如果按照投资合同和协议约定被审计单位仍需承担额外损失义务的,应按预计承担的义务确认预计负债,并与预计负债中的相应数字核对无误;被投资单位以后期间实现盈利的,被审计单位在其收益分享额弥补未确认的亏损分担额后,恢复确认收益分享额。审计时,应检查被审计单位会计处理是否正确。

(4)检查除净损益以外被投资单位所有者权益的其他变动,是否调整计入所有者权益。

5. 对于采用成本法核算的长期股权投资,检查股利分配的原始凭证及分配决议等资料确定会计处理是否正确;对被审计单位实施控制而采用成本法核算的长期股权投资,比照权益法编制变动明细表,以备合并报表使用。

6. 对于成本法和权益法相互转换的,检查其投资成本的确定是否正确。

7. 确定长期股权投资的增减变动的记录是否完整。

(1)检查本期增加的长期股权投资,追查至原始凭证及相关的文件或决议及被投资单位验资报告或财务资料等,确认长期股权投资是否符合投资合同、协议的规定,并已确实投资,会计处理是否正确。

(2)检查本期减少的长期股权投资,追查至原始凭证,确认长期股权投资的收回有合理的理由及授权批准手续,并已确实收回投资,会计处理是否正确。

8. 期末对长期股权投资进行逐项检查,以确定长期股权投资是否已经发生减值。

(1)核对长期股权投资减值准备本期与以前年度计提方法是否一致,如有差异,查明政策调整的原因,并确定政策改变对本期损益的影响,提请被审计单位做适当披露。

(2)对长期股权投资逐项进行检查,根据被投资单位经营政策、法律环境的变化,市场需求的变化、行业的变化、盈利能力等各种情形予以判断长期股权投资是否存在减值迹象。确有出现导致长期股权投资可收回金额低于账面价值的,将可收回金额低于账面价值的差额作为长期股权投资减值准备予以计提。并与被审计单位已计提数相核对。如有差异,查明原因。

(3)将本期减值准备计提金额与利润表资产减值损失中的相应数字核对无误。

(4)长期股权投资减值准备按单项资产计提,计提依据充分,得到适当批准。减值损失一经确认,在以后会计期间不得转回。

9.结合银行借款等的检查,了解长期股权投资是否存在质押、担保情况。如有,则应详细记录,并提请被审计单位进行充分披露。

10.确定长期股权投资在资产负债表上已恰当列报。与被审计单位人员讨论确定是否存在被投资单位由于所在国家和地区及其他方面的影响,其向被审计单位转移资金的能力受到限制的情况,如存在,应详细记录受限情况,并提请被审计单位进行充分披露。

五、应收利息审计

(一)应收利息的审计目标

应收利息的审计目标一般包括:确定资产负债表中记录的应付利息是否存在;确定所有应当记录的应付利息均已记录;确定记录的应付利息是被审计单位应当履行的现时义务;确定应付利息以恰当的金额包括在财务报表中,与之相关的计价调整已恰当记录;确定应付利息已按照企业会计准则的规定在财务报表中做出恰当的记录。

(二)应收利息的实质性程序

1.获取或编制应收利息明细表,复核加计正确,并与总账数和明细账合计数核对相符,结合坏账准备科目与报表数核对相符。

2.实质性分析程序。按照不同借款类别,将借款平均余额与平均利率的乘积,与账面利息收入相比较,确定两者差异额是否合理。

3.与长期股权投资、交易性金融资产、可供出售金融资产、持有至到期投资等相关项目的审计结合,验证确定应收利息的计算是否充分、正确,检查会计处理是否正确。

4.对于重大的应收利息项目,审阅相关文件,复核其计算的准确性。必要时,向有关单位函证并记录。

5.检查应收利息减少有无异常。

6.检查期后收款情况,对至审计时已收回金额较大的款项进行常规检查,如核对收款凭证、银行对账单、发票。

7.关注长期未收回及金额较大的应收利息,询问被审计单位管理人员及相关职员,确定应收利息的可收回性。必要时,向被投资单位函证利息支付情况,复核并记录函证结果。

8.确定应收利息已恰当列报。

六、投资收益审计

(一)投资收益的审计目标

投资收益的审计目标一般包括:确定利润表中记录的投资收益是否已发生;且与被审计单位有关;所有应当记录的投资收益是否均已记录;确定与投资收益有关的金额及其他数据已恰当记录;确定投资收益已记录于正确的会计期间;确定投资收益已记录于恰当的账户;确定投资收益已按照企业会计准则的规定在财务报表中做出恰当的列报。

(二)投资收益的实质性程序

1. 获取或编制投资收益分类明细表,复核加计正确,并与总账数和明细账合计数核对相符,与报表数核对相符。

2. 与以前年度投资收益比较,结合投资本期的变动情况,分析本期投资收益是否存在异常现象。如有,应查明原因,并做出适当的调整。

3. 与长期股权投资、交易性金融资产、交易性金融负债、可供出售金融资产、持有到期投资等相关项目的审计结合,验证确定投资收益的记录是否正确,确定投资收益被计入正确的会计期间。

4. 确定投资收益的已恰当列报。检查投资协议等文件,确定国外投资收益汇回是否存在重大限制,若存在重大限制,应说明原因,并做出恰当披露。

七、应收股利审计

(一)应收股利的审计目标

应收股利的审计目标一般包括:确定资产负债表中记录的应收股利是存在的;确定所有应当记录的应收股利均已记录;确定记录的应收股利由被审计单位拥有或控制;确定应收股利以恰当的金额包括在财务报表中,与之相关的计价调整已恰当记录;确定应收股利已按照企业会计准则的规定在财务报表中做出恰当的列报。

(二)应收股利的实质性程序

应收股利的实质性程序通常包括:

1. 获取或编制应收股利明细表,复核加计正确,并与总账数和明细账合计数核对相符,结合坏账准备科目与报表数核对相符。

2. 与长期股权投资、交易性金融资产、可供出售金融资产等项目的审计结合,验证确定应收股利的计算是否正确,检查会计处理是否正确。

3. 对于重大的应收股利项目,审阅原始文件,测试其计算的准确性。必要时,向被投资单位函证并记录。

4. 检查应收股利减少有无异常。

5. 检查期后收款情况,对至审计时已收回金额较大的款项进行常规检查,如核对收款凭证、银行对账单、股利分配方案等。

6. 关注长期未收回且金额较大的应收股利,询问被审计单位管理人员及相关职员或者查询被投资单位的情况,确定应收股利的可收回性。必要时,向被投资单位函证股利支付情况,复核并记录函证结果。

7. 检查应收股利已恰当列报，确定境外投资应收股利汇回是否存在重大限制，如果存在，应充分披露。

八、交易性金融负债审计

交易性金融负债是指企业为了近期回购而持有的金融负债。在会计科目设置上，企业持有的直接指定为以公允价值计量且其变动计入当期损益的金融负债，也通过该科目核算。

（一）交易性金融负债的审计目标

交易性金融负债的审计目标一般包括：确定资产负债表中记录的交易性金融负债是存在的；确定所有应当记录的交易性金融负债均已记录；确定记录的交易性金融负债是被审计单位应当履行的现时义务；确定交易性金融负债以恰当的金额包括在财务报表中，与之相关的计价调整已恰当记录；确定交易性金融负债已按照企业会计准则的规定在财务报表中做出恰当列报。

（二）交易性金融负债的实质性程序

交易性金融负债的实质性程序通常包括：

1. 获取或编制应收股利明细表，复核加计正确，并与总账数和明细账合计数核对相符。
2. 根据相关的债券交易资料，审查交易性金融负债内容的真实性和完整性。
3. 必要时向对方单位函证。
4. 审查交易性金融负债的会计处理是否正确，特别注意公允价值的合理性，是否存在低估公允价值调增利润的情况。
5. 检查交易性金融负债的披露是否恰当。

本章小结

本章主要阐述筹资与投资循环所涉及的主要业务活动，贯穿于筹资与投资循环应设置的主要关键控制点及相应的控制测试，对该循环所发生的交易及账户所实施的实质性程序。筹资活动所涉及的业务活动主要包括审批授权、签订合同或协议、取得资金、计算利息或股利、偿还本息或发放股利；投资所涉及的主要业务活动主要包括审批授权、取得证券或其他投资、取得投资收益、转让证券或收回其他投资等环节。筹资与投资循环的内部控制主要包括授权审批、职责分离和实物控制等，筹资与投资循环的控制测试主要包括询问相关人员、检查相关凭证等。筹资与投资循环的实质性测试包括对各个相关账户的审计。

思考题

1. 筹资循环的内部控制包括哪些方面？应如何测试？
2. 投资循环的内部控制包括哪几个方面？应如何测试？

3. 审查被审计单位的银行借款,应关注哪些方面?
4. 如何审查实收资本的真实完整性?
5. 对资本公积之下明细项目应如何进行审计?

练习题

一、单项选择题

1. 当发现记录的债券利息费用大大超过相应的应付债券账户余额与票面利率乘积时,审计人员应当怀疑(　　)。
   A. 应付债券的折价被低估　　　　B. 应付债券被高估
   C. 应付债券被低估　　　　　　　D. 应付债券的溢价被高估

2. 审计人员审计被审计单位长期借款业务时,为确定"长期借款"账户余额的真实性准备进行函证,函证的对象应当是(　　)。
   A. 被审计单位的律师　　　　　　B. 金融监管机构
   C. 银行或其他有关债权人　　　　D. 被审计单位的主要股东

3. 如果被审计单位的投资证券是委托某些专门机构代为保管的,为证实这些投资证券的真实存在,审计人员应当(　　)。
   A. 实地盘点投资证券　　　　　　B. 获取被审计单位管理层声明书
   C. 向代保管机构发函询证　　　　D. 逐笔检查被审计单位相关会计记录

4. 审计人员拟对与借款活动相关的内部控制进行测试,下列程序中不属于控制测试的是(　　)。
   A. 索取借款的授权批准文件,检查批准的权限是否恰当、手续是否齐全
   B. 观察借款业务的职责分工,并将职责分工的有关情况记录于审计工作底稿中
   C. 计算短期借款、长期借款在各个月份的平均余额,选取适用的利率匡算利息支出总额,并

   与账务费用等项目的相关记录核对
   D. 抽取借款明细账的部分会计记录,按原始凭证到明细账再到总账的顺序核对有关会计处理过程,以判断其是否合规

5. 审计人员在对被审计单位发生的借款费用进行审计时,注意到以下事项,其中会计处理错误的是(　　)。
   A. 公司对为购建固定资产而溢价发行的公司债券采用实际利率法分期摊销债券溢价,并以实际利率作为资本化率
   B. 公司的某项在建工程根据建造工艺的要求需暂停施工 4 个月,在此期间,停止了借款费用资本化
   C. 公司将为购建固定资产而产生的金额较小的专门借款手续费,在固定资产达到预定可使用状态前计入期间费用

D. 公司将为购建固定资产而发生的外币专门借款的汇兑差额,在固定资产达到预定可使用状态前计入固定资产购建成本

6. 下列有关投资与筹资循环特殊性的陈述中不恰当的是( )。
   A. 交易多数为非常规交易　　　　B. 交易发生的数量不多
   C. 每笔交易的金额不大　　　　　D. 交易受法律法规影响较大

7. 审计人员发现被审计单位董事会下设的战略委员会负责处理借款合同的谈判为其资本性购置筹集资金,然后由董事会批准该合同,因此,审计人员决定主要实施实质性分析程序的被审计事项包括( )。
   A. 贷款的偿还和所欠余额　　　　B. 新股发行
   C. 股票回购　　　　　　　　　　D. 应付利息和股利

8. 在投资与筹资循环中,审计人员对授权审批内部控制的测试可以验证( )。
   A. 完整性认定　　　　　　　　　B. 存在认定
   C. 计价认定　　　　　　　　　　D. 权利和义务认定

二、多项选择题

1. 在对股票的发行、回购等交易活动进行审计时,审计人员应当审查的原始凭证包括( )。
   A. 发行股票的登记簿　　　　　　B. 向外界回购的股票清单
   C. 银行存款收付款凭证　　　　　D. 银行存款对账单

2. 在对短期借款实施相关审计程序后,需对所取得的审计证据进行评价,以下有关短期借款审计证据可靠性的陈述中正确的包括( )。
   A. 从第三方获取的有关短期借款的证据比直接从被审计单位获得的相关证据更可靠
   B. 短期借款的控制风险为低水平时产生的会计数据比控制风险为高水平时产生的会计数据更为可靠
   C. 短期借款的控制风险为高水平时产生的会计数据比控制风险为低水平时产生的会计数据更为可靠
   D. 被审计单位提供的短期借款合同尽管有借贷双方的签章,但如果没有其他证据佐证,也不可靠

3. 在审计短期借款项目时,应当结合财务费用项目的审计,测试被审计单位本期反映的短期借款利息的整体合理性。以下各项审计程序中,与实现上述审计目标相关的包括( )。
   A. 根据被审计单位本期发生的各项短期借款的金额、期限、利率,重新计算利息
   B. 索取被审计单位全部付息单并进行汇总后,与被审计单位会计记录进行核对
   C. 根据被审计单位各月平均短期借款余额以及平均借款利率,测算利息
   D. 运用审计抽样方法,从被审计单位短期借款明细账抽取若干笔相关经济业务,测试利息计算是否准确

4. 审计人员计划测试被审计单位长期银行借款余额的完整性,以下审计程序中可能实现该审计目标的包括( )。
   A. 了解银行对被审计单位的授信情况

B. 检查长期银行借款明细账中本年新增借款的银行进账单
C. 向提供长期银行借款的银行寄发询证函
D. 重新计算并分析被审计年度的长期借款利息

5. 审计人员计划测试被审计单位长期投资余额的存在性，以下审计程序中可能实现该审计目标的包括（　　）。
   A. 向受托代管长期投资的托管机构寄发询证函
   B. 查阅被审计单位董事会与长期投资业务有关的会议记录
   C. 检查长期股权投资中股票投资的被审计年末市价变动情况
   D. 向被投资单位寄发询证函。

6. 审计人员向被审计单位函证重大投资可以确认（　　）。
   A. 投资额　　　B. 持有时间　　　C. 持股比例　　　D. 股利发放

7. 审计人员发现被审计单位董事会下设的战略委员会负责处理借款合同的谈判为其资本性购置筹集资金，然后由董事会批准该合同，因此，审计人员决定主要实施细节测试程序的被审计事项包括（　　）。
   A. 应付利息和股利　　　　　　　B. 新股发行
   C. 股票回购　　　　　　　　　　D. 优先股和债券的赎回

8. 为证实被审计单位是否存在未入账的长期负债，审计人员应当实施的实质性程序包括（　　）。
   A. 检查借款合同或协议　　　　　B. 检查债券契约
   C. 向银行函证负债　　　　　　　D. 检查企业的长期借款日记账

三、业务题

1. 资料：审计人员在审查被审计单位 M 公司 2013 年度的会计报表前，收集了该公司相关内部控制的一些情况：

   （1）关于投资活动的内部控制：每月月末，对本公司自行保管的投资证券，由内部审计人员或其他不参与投资业务的人员定期盘点，对委托外部机构代为保管的投资证券，由独立人员定期与之进行核对。

   （2）关于筹资活动的内部控制：建立严密、完善的账簿体系和记录制度，核算方法符合会计准则和会计制度的规定。

   要求：针对上述第（1）项回答下列问题：
   ① 这一内部控制主要是为了实现关于投资活动哪两个方面的控制目标？
   ② 与这些目标相应的管理层认定是什么？
   ③ 与这些目标相应的控制测试程序有哪些？
   针对上述第（2）项回答下列问题：
   ① 这一内部控制主要是为了实现关于筹资活动哪一个方面的控制目标？
   ② 与这一目标相应的管理层认定是什么？
   ③ 与这一目标相应的控制测试程序有哪些？

2. 资料：审计人员在审查 L 股份有限公司的长期债权投资时，发现该公司按面值认购了 A 公司的一部分债券，按溢价购入了 B 公司的一部分债券，又折价认购了 C 公司的一部分债券。

要求：指出在这三种情况下，L公司应分别如何进行相关的会计处理，审计人员才能予以认可。

3.资料：A公司2008年度财务报表净利润为1 000万元，2009年3月5日对外公布了财务报表。审计人员在审计A公司2008年度财务报表时发现：

(1)由于验资后A公司长期占用被投资方B公司款项，因此A公司做出在账面上同时等额冲减对B公司的投资和所欠B公司债务；

(2)C公司系A公司2008年1月1日设立的海外公司，A公司持有C公司有表决权股份的45%，A公司在使用权益法核算时，将C公司未审报表里2 000万元净利润中认为属于A公司投资收益的部分在A公司报表中予以确认。

要求：针对上述情况，审计人员应该提出何种建议。

第十五章

货币资金审计

学习目的：通过本章学习，了解货币资金审计所涉及的凭证和会计记录；理解货币资金内部控制的内容及其测试程序；掌握库存现金、银行存款实质性测试的程序和方法。

引导案例：

董事长卷款外逃，"达尔曼事件"谁之过？

西安达尔曼是我国珠宝饰品业首家股份上市企业，曾被誉为"中华珠宝第一股"。该公司于1993年10月成立，主营珠宝玉器加工、销售，后来又先后涉足精细化工、新型材料、旅游度假服务、现代高科技农业等领域。2003年，这家公司主营业绩由2002年的3.16亿元下降到2.14亿元，亏损1.4亿元，每股收益为－0.49元。同时出现重大违规担保事项，涉及人民币34 530万元，美元133.5万元；出现重大质押事项，涉及人民币51 843万元。中国证监会从2004年6月3日起对该公司"涉嫌虚假陈述行为"进行立案调查。此后，达尔曼股价从4.35元跌至3.83元，跌破了2004年一季度末公布的净资产4.21元，成为我国证券史上第一家跌破净资产的股票。2004年12月30日，达尔曼股价竟跌破1元的面值，成为中国A股市场成立至今诞生的首只"仙股"。

据中国证监会的调查显示，许宗林在担任西安达尔曼实业股份有限公司董事长期间，对公司存在的信息披露违法行为负有责任。西安市人民检察院也认定许宗林涉嫌职务侵占罪和挪用资金罪，应依法逮捕。经司法机关查实，1996年至2004年7月，许宗林利用职权，指使公司财务人员先后从控股的几家公司，以"货款"往来款名义转往疑犯李晓明控制的深圳、珠海几家公司共计人民币4.83亿元，其中3.34亿元转回西安达尔曼公司，1.49亿元转入深圳10余家公司。许宗林、李晓明将其兑换成美元，并将其中1 000万美元转入许宗林和其妻和立红在加拿大的私人账户，据为己有。此外，2000年7月，许宗林将西安达尔曼实业股份有限公司资金人民币1 990万元，指使公司财务人员转入华夏证券西安营业部"李晓明"个人账户1 020万元，"和立红"个人账户970万元。许宗林、李晓明决定将1 990万元再转入深圳，作为注册私人公司使用。

通过一系列的运作，许宗林监守自盗了大量的公司资产。为防止东窗事发，许宗林偕妻子、儿子及岳父、岳母等移居到了加拿大。达尔曼事件发生后，中小股民感到受了巨大的欺骗,他们手中的股票一再缩水,利益毫无保障。武汉股民韩喜玲向达尔曼公司递交了一份"致达尔曼公司董事长函",要求讨个说法。据韩喜玲介绍,她共持有达尔曼股票7.7万股,投资80余万元人民币,是从2002年7月初购入的,购买期间达尔曼并未就重大违规担保事项做出风险提示公告,现在却说有"虚假陈述",股价一再下跌,达尔曼应赔偿她的损失,但达尔曼公司对她不予理睬。根据有关法规规定,已是负资产的达尔曼在对现存的土地和厂房处理后,先应补偿职工的利益,之后应结清税务部门的欠款,随后则应归还债务,最后才是对股民的补偿。按照这样的补偿顺序,股民已得不到什么补偿,除非将许宗林引渡回国并将挪用的上市公司资金追回,股民才有机会拿到补偿。

许宗林能够掏空上市公司,与其"一人独大"是分不开的,从中凸显出的是达尔曼在公司治理上存在的重大缺陷。另外,作为中介机构的会计师事务所并没有严格履行自己的职责,公司的独立董事、监事也没有履行自己的责任。因此,加强资本市场基础建设,建立健全资本市场发展的各项制度,切实保护投资者特别是公众投资者的合法权益,营造资本市场稳定和健康发展的良好环境才是中国资本市场的希望。

第一节 货币资金与业务循环的关系

一、货币资金的会计系统

货币资金包括库存现金、银行存款和其他货币资金,其会计系统的特点主要表现在以下两个方面:

(一)与货币资金有关的经济业务发生频繁

尽管在资产负债表日货币资金的余额可能并不大,甚至很可能低于审计人员确定的重要性水平,但是由于货币资金同各循环都有着密切的业务对应关系,审计人员仍需对货币资金项目实施必要的审计测试程序,以验证货币资金的真实性和合法性。

(二)企业发生的舞弊事件大多与货币资金有关

货币资金是企业进行经营活动必不可少的资产,其流动性强,具有支付手段和流通手段等职能。由于货币资金的收付较频繁,比较容易出现错、漏等情况,也比其他资产更容易被盗窃、挪用和贪污,它往往成为不法分子进行舞弊的首选对象,企业发生的各种舞弊现象也主要涉及货币资金。

所以,无论在资产负债表日货币资金的余额有多大,审计人员都应对货币资金进行必要的审计。

二、货币资金交易所涉及的主要凭证和会计记录

货币资金交易所涉及的主要凭证和会计记录有:

1. 现金盘点表;
2. 银行对账单;
3. 银行存款余额调节表;

4. 有关的记账凭证;
5. 有关的会计账簿。

第二节 货币资金的内部控制及其测试

一、货币资金的一般内部控制制度

货币资金流动性强,发生弊端的机会较多,因此建立健全内部控制制度极为重要,审计人员在审计货币资金时,要对货币收支业务进行验证,也要对企业的内部控制制度进行调查了解及研究评价,从而保证审计的质量。有效的货币资金内部控制主要应包括以下内容:

(一)职责分工和职权分离制度

1. 应当建立货币资金业务的岗位责任制,明确相关部门和岗位的职责权限,确保办理货币资金业务的不相容岗位相互分离、制约和监督。

2. 出纳人员不得兼任稽核、会计档案保管和收入、支出、费用、债权债务账目的登记工作。单位不得由一人办理货币资金业务的全过程。

3. 单位办理货币资金业务,应当配备合格的人员,并根据单位具体情况进行岗位轮换。

4. 办理货币资金业务的人员应当具备良好的职业道德,忠于职守、廉洁奉公、遵纪守法、客观公正,不断提高会计业务素质和职业道德水平。

(二)授权和批准制度

1. 单位应当对货币资金业务建立严格的授权批准制度,明确审批人对货币资金业务的授权批准方式、权限、程序、责任和相关控制措施,规定经办人办理货币资金业务的职责范围和工作要求。

2. 审批人应当根据货币资金授权批准制度的规定,在授权范围内进行审批,不得超越审批权限。

3. 经办人应当在职责范围内,按照审批人的批准意见办理货币资金业务。对于审批人超越授权范围审批的货币资金业务,经办人员有权拒绝办理,并及时向审批人的上级授权部门报告。

4. 对于重要的货币资金支付业务,应当实行集体决策和审批,并建立责任追究制度,防范贪污、侵占、挪用货币资金等行为。

5. 严禁未经授权的机构或人员办理货币资金业务或直接接触货币资金。

(三)严密的收支凭证和传递手续

货币资金的收支事项,均应有一定的收支凭证和传递手续,使各项业务按正常渠道运行。其中货币资金的支付业务主要应包括以下环节:

1. 支付申请。单位有关部门或个人用款时,应当提前向审批人提交货币资金支付申请,注明款项的用途、金额、预算、支付方式等内容,并附有效经济合同或相关证明。

2.支付审批。审批人根据其职责、权限和相应程序对支付申请进行审批。对不符合规定的货币资金支付申请,审批人应当拒绝批准。

3.支付复核。复核人应当对批准后的货币资金支付申请进行复核,复核货币资金支付申请的批准范围、权限、程序是否正确,手续及相关单证是否齐备,金额计算是否准确,支付方式、支付单位是否妥当等。复核无误后,交由出纳人员办理支付手续。

4.办理支付。出纳人员应当根据复核无误的支付申请,按规定办理货币资金支付手续,及时登记现金和银行存款日记账。

(四)安全制度

对货币资金须有健全的保护措施,有专人负责保管,有专人进行内部监督。

1.应当建立对货币资金业务的监督检查制度,明确监督检查机构或人员的职责权限,定期和不定期地进行检查。

2.货币资金监督检查的内容主要包括:

(1)货币资金业务相关岗位及人员的设置情况。重点检查是否存在货币资金业务不相容职务混岗的现象。

(2)货币资金授权批准制度的执行情况。重点检查货币资金支出的授权批准手续是否健全,是否存在越权审批行为。

(3)支付款项印章的保管情况。重点检查是否存在办理付款业务所需的全部印章交由一人保管的现象。

(4)票据的保管情况。重点检查票据的购买、领用、保管手续是否健全,票据保管是否存在漏洞。

3.对监督检查过程中发现的货币资金内部控制中的薄弱环节,应当及时采取措施,加以纠正和完善。

(五)严格执行现金和银行存款管理的规章制度

1.应当加强现金库存限额的管理,超过库存限额的现金应及时存入银行。

2.必须根据《现金管理暂行条例》的规定,结合本单位的实际情况,确定本单位现金的开支范围。不属于现金开支范围的业务应当通过银行办理转账结算。

3.现金收入应当及时存入银行,不得用于直接支付单位自身的支出。因特殊情况需坐支现金的,应事先报经开户银行审查批准。

4.借出款项必须执行严格的授权批准程序,严禁擅自挪用、借出货币资金。

5.取得的货币资金收入必须及时入账,不得私设"小金库",不得账外设账,严禁收款不入账。

6.应当严格按照《支付结算办法》等国家有关规定,加强银行账户的管理,严格按照规定开立账户,办理存款、取款和结算。

7.应当定期检查、清理银行账户的开立及使用情况,发现问题,及时处理。

8.应当加强对银行结算凭证的填制、传递及保管等环节的管理与控制。

9.应当严格遵守银行结算纪律,不准签发没有资金保证的票据或远期支票,套取银行信用;不准签发、取得和转让没有真实交易和债权债务的票据,套取银行和他人资金;不准无理拒绝付款,任意占用他人资金;不准违反规定开立和使用银行账户。

10. 应当指定专人定期核对银行账户,每月至少核对一次,编制银行存款余额调节表,使银行存款账面余额与银行对账单调节相符。如调节不符,应查明原因,及时处理。

11. 应当定期和不定期地进行现金盘点,确保现金账面余额与实际库存相符。发现不符,及时查明原因,做出处理。

12. 应当加强与货币资金相关的票据的管理,明确各种票据的购买、保管、领用、背书转让、注销等环节的职责权限和程序,并专设登记簿进行记录,防止空白票据的遗失和被盗用。

13. 应当加强银行预留印鉴的管理。财务专用章应由专人保管,个人名章必须由本人或其授权人员保管。严禁一人保管支付款项所需的全部印章。

14. 按规定需要有关负责人签字或盖章的经济业务,必须严格履行签字或盖章手续。

(六)内部记录和核对制度

所有货币资金的经济业务必须按会计制度规定进行记录,货币资金的账面数字和实际数字应定期核对相符。

二、货币资金的内部控制

(一)收款的内部控制

1. 现销业务应由售货员和收款员共同办理或通过能自动记录的收款机进行处理。售货员负责开票交货,收款员负责收款并在内部小票上加盖现金收讫章;使用收款机时,所打印的收据必须连续编号,并能自动生成每日的收入总数,以便出纳部门能验证所收现金总数与收入总数是否相符。

2. 赊销业务中,顾客送交的支票或邮寄汇款应指定专人负责,在已收到支票的背面盖上"只能存入"的字样,并立即编制收入清单,将有关票据及清单送到出纳部门。

3. 出纳部门应将当日收到的现金和支票、汇票等填写送款单,及时、如数送存开户银行,并据银行确认的送款单登记银行存款日记账。

4. 会计部门应根据银行收款通知单、收据、发票等原始凭证及时编制记账凭证,并据以登记销售收入明细账或应收账款明细账。

5. 会计部门应定期向顾客寄送应收账款对账单,以核实应收账款的回收情况,防止顾客所付的款项被经办人员截留或挪用。

建立收款内部控制的作用在于确保全部应收进的现金、银行存款均已收进,并及时准确予以记录。

(二)付款的内部控制

1. 除了规定限额以下的支出可用现金支付外,超过规定限额以上的支出必须使用支票或其他结算方式。

2. 签发支票必须经授权批准,并要有已适当批准的付款凭单(如购货发票、报销单据)为依据,有关购货支出还应具有验货手续。

3. 签发支票后应在其付款凭单上加盖"付讫"章,以免重复付款。

4. 支票必须预先连续编号,并应妥善保管好空白支票,防止丢失。

5. 作废支票必须注明或加盖"作废"戳记,连同存根一并保存,以防止再使用。

6.会计人员应根据支票存根及付款凭单编制记账凭证,并据此及时登记有关账簿。

(三)备用金的内部控制

1.对备用金,应核定其定额。

2.备用金应由专人负责保管。

3.备用金的支出应有相应的收据和凭单为依据,已付款的凭证应盖上"付讫"字样,以防止重复付款。

4.补充备用金时,应复核有关已支出款项的凭证,并审查支出的合理性和有效性。

三、货币资金的控制测试

1.了解现金内部控制是否建立并严格执行。对现金内部控制的了解,通常是通过编制内部控制调查表来进行的。若年度审计工作底稿中已有以前年度的调查情况表,审计人员可根据调查结果对其加以修正,以供本年度审计之用。

2.抽取并审查收款凭证。审计人员应按现金的收款凭证分类,选取适当的样本量,做如下检查:(1)核对收款凭证与存入银行账户的日期和金额是否相符;(2)核对现金、银行存款日记账的收入金额是否正确;(3)核对收款凭证与银行对账单是否相符;(4)核对收款凭证与应收账款明细账的有关记录是否相符;(5)核对实收金额与销售发票所列金额是否一致等。

3.抽取并审查付款凭证。审计人员应抽取付款凭证,并(1)检查付款的授权批准手续是否符合规定;(2)核对现金、银行存款日记账的付出金额是否正确;(3)核对付款凭证与银行对账单是否相符;(4)核对付款凭证与应付账款明细账的记录是否一致;(5)核对实付金额与购货发票所列金额是否相符等。

4.抽取一定期间的现金、银行存款日记账与总账核对:

(1)抽取一定期间的现金、银行存款日记账,检查其有无计算错误,加总是否正确无误。如果检查中发现问题较多,说明被审计单位现金的会计记录不够可靠。

(2)根据日记账提供的线索,核对总账中的现金、银行存款、应收账款、应付账款等有关账户的记录,看其是否相符。

5.抽取一定期间的银行存款余额调节表,将其同银行对账单、银行存款日记账及总账进行核对,确定被审计单位是否按月正确编制并复核银行存款余额调节表。

6.检查外币资金的折算方法是否符合有关规定,是否与上年度一致。

7.评价现金内部控制,以确定实质性测试程序。

案例 15-1

春都股份虚增货币资金案

2002年12月11日,春都当年上市的假账问题被证监会曝光。公告显示:"1998年12月及1999年上半年,春都在中信实业银行郑州分行账户中有多项大额支出未能及时入账,致使上市公告书披露的1998年12月31日的货币资金、1999年中期报告及年度报告所披露的1998年12月31日的货币资金比实际数额多出7 339万元,1999年中期报告所披露的 1999 年 6 月 30 日的货币资金更是比实际数额多出了 30 678 万元。"

货币资金虚增是公司未将大额支出入账造成的,如果支出是用于费用,将会直接增加公司的利润;如果支出是用于固定资产,虽然不会影响公司的利润,但如此巨额的未入账资金,足以影响投资者对公司价值的判断。此外,春都自 1999 年 3 月到 8 月,还多次与关联企业签订购进资产和出售资产协议,涉及金额 43 166 万元也未及时披露。

春都股票公开发行是在 1998 年 12 月 2 日,并于 1999 年 3 月 19 日流通上市,而假账就发生在这个时期。很明显,这些假账对春都的顺利上市立功不少。事实上,春都在 1997 年就已经开始出现利润滑坡,刚上市第二年就出现巨亏 3 000 多万元,而从此处假账的调查中可以推断春都上市第一年就可能是亏损的。

第三节 现金期末余额的实质性程序

一、现金审计的目标

现金审计的目标包括:(1)确定被审计单位资产负债表的现金在财务报表日是否确实存在,是否为被审计单位所拥有;(2)确定被审计单位在特定期间内发生的现金收支业务是否均已记录完毕,有无遗漏;(3)确定现金的余额是否正确;(4)确定现金在财务报表上的披露是否恰当。

二、现金的实质性程序

1. 核对现金日记账与总账的余额是否相符。如果不相符,应查明原因,要求被审计单位做出适当调整,并进行记录。

2. 盘点库存现金,并取得库存现金盘点表。盘点库存现金是证实资产负债表所列现金是否存在的一项重要程序。盘点库存现金的时间和参加盘点的人员应视被审计单位的具体情况而定,但必须有出纳员和被审计单位主管会计人员参加,并由审计人员进行监督盘点。盘点库存现金的步骤和方法是:

(1)制定库存现金盘点程序,实施突击性的检查。盘点时间最好选择在上午上班前或下午下班时进行,盘点的范围一般应包括财会部门出纳员经管的现金和企业各部门经管的现金。

(2)审阅现金日记账,并与现金收付凭证相核对。一方面检查日记账的记录与凭证的内容和金额是否相符,并着重检查凭证有无刮、擦、勾、抹、涂等现象;另一方面了解凭证日期与日记账记账日期是否相符或接近。

(3)由出纳员根据现金日记账进行加总累计数额,结出现金结余额。

(4)盘点保险柜的现金实存数,同时编制"库存现金盘点表",分币种面值列示盘点金额。

(5)对未能在资产负债表日进行盘点的,则需在审计日期确定盘点余额,然后倒推计算、调整至资产负债表日的金额。

(6)将盘点金额与现金日记账余额进行核对,如有差异,应查明原因,并做出记录或适当调整。

(7)若有充抵库存现金的借条、代保管的工资、未提现支票、未作报销的原始凭证,应在"库存现金盘点表"中注明或做出必要的调整。

(8)编制"库存现金审定表",确认资产负债表日时的库存现金实有数。

3.抽查大额现金收支事项。着重查明经济业务的内容是否完整,有无授权批准,并核对相关账户的进账情况,如有与被审计单位生产经营业务无关的收支事项,应查明原因,并作相应的记录。

4.审查现金收支的正确截止。

5.审查外币现金的折算是否正确。

6.确定现金在资产负债表上披露的恰当性。

第四节 银行存款期末余额的实质性程序

一、银行存款审计的目标

银行存款的审计目标包括:(1)确定被审计单位资产负债表的银行存款在财务报表日是否确实存在,是否为被审计单位所拥有;(2)确定被审计单位在特定期间内发生的银行存款收支业务是否均已记录完毕,有无遗漏;(3)确定银行存款的余额是否正确;(4)确定银行存款在财务报表上的披露是否恰当。

二、银行存款的实质性程序

1.核对银行存款日记账与总账的余额是否相符。

2.实施分析程序,分析资金的安全性。

3.取得并审查银行存款余额调节表。审查银行存款余额调节表是证实资产负债表所列银行存款是否存在的重要程序。银行存款余额调节表通常应由被审计单位,根据不同的银行账户及货币种类分别编制。

取得银行存款余额调节表后,审计人员应检查调节表中未达账项的真实性,以及资产负债表日后的进账情况,如果存在应于资产负债表日前进账的事项,应作相应调整。其程序一般包括:(1)验算调节表的数字计算;(2)对于金额较大的未提现支票、可提现的未提现支票以及审计人员认为重要的其他未提现支票,列示未提现支票清单,注明开票日期和收票人姓名或单位;(3)追查截止日时银行对账单上的在途存款,并在银行账户调节表上注明存款日期;(4)审查直至截止日仍未提现的大额支票和其他已签发的一个月以上的未提现支票;(5)审查直至截止日银行已收、企业未收款项的性质及款项的来源,应重点核对与现金有关的银行往来业务和银行对账单有一收一付,企业日记账上却没有记载的情况;注意审查银行存款余额调节表所有未达账项是否合情、合理、合法,对于长期未达账项(一般超过2个月以上的)应进行重点审查;(6)核对银行存款总账余额与银行对账单加总金额。

4. 函证银行存款余额。函证是证实资产负债表所列银行存款是否存在的另一重要程序。通过向往来银行的函证，审计人员不仅可了解企业银行存款的可用数，同时，还可了解企业欠银行的债务，函证还可用于发现企业未登记的银行借款。函证时，审计人员应向被审计单位在本年度内存过款（含外埠存款、银行汇票存款、银行本票存款、信用证存款）的所有银行发出，其中包括企业存款账户已结清的银行，因为有可能存款账户虽已结清，但仍有银行借款或其他负债存在。同样的，虽然审计人员已直接从某一银行取得了银行对账单和所有已付支票，但仍有必要向这一银行进行函证。

5. 审查一年以上的定期存款或限定用途的银行存款。

6. 抽查大额现金和银行存款的收支。着重查明原始凭证的内容是否完整，有无授权批准，并核对相关账户的进账情况，如有与被审计单位生产经营业务无关的收支事项，应查明原因，并作相应的记录。

7. 审查银行存款结算凭证。着重查明：有无签发空头支票和随意将支票出借的问题；签发的支票和其他银行结算凭证，是否符合国家的有关规定，是否及时入账；签发的支票存根是否妥善保管，是否连续编号，有无脱号、伪造印鉴，向银行冒领款项等舞弊行为；作废支票是否仍保留在支票簿内，并加盖"作废"戳记；支票丢失是否及时向银行挂失等。

8. 审查银行存款收支的正确截止。为了确保银行存款收付的正确截止，审计人员应当在清点支票及支票存根时，确定各银行账户最后一张支票的号码，同时查实该号码之前的所有支票均已开出。在结账日后收到或开出的支票，不得作为结账日的存款收付入账。

9. 审查外币银行存款的折算是否正确。

10. 确定银行存款在资产负债表上披露的恰当性。

本章小结

本章主要阐述货币资金，包括现金和银行存款的内部控制、控制测试和实质性测试。

思考题

1. 货币资金内部控制的一般要求是什么？
2. 现金的内部控制有哪些？
3. 银行存款的内部控制有哪些？
4. 如何对货币资金的内部控制实施控制测试？
5. 如何进行现金的实质性测试？
6. 如何进行银行存款的实质性测试？

练习题

一、单项选择题

1. 下列与被审计单位货币资金业务相关的职责中不需要分离的是( )。
   A. 根据收到的支票填写银行进账单和送存银行
   B. 根据收到的支票填写银行进账单和登记收入日记账
   C. 根据收到的支票填写银行进账单和加盖印鉴
   D. 根据收到的支票填写银行进账单和核对货款通知书

2. 在进行年度财务报表审计时,为了证实被审计单位在临近 12 月 31 日签发的支票未予入账,审计人员实施的最有效的审计程序是( )。
   A. 审查 12 月 31 日的银行存款余额调节表
   B. 审查 12 月 31 日的银行对账单
   C. 函证 12 月 31 日的银行存款余额
   D. 逐笔检查被审计单位相关会计记录

3. 被审计单位下列货币资金内部控制的关键环节中存在重大缺陷的是( )。
   A. 财务专用章与个人名章分开由不同的人员保管
   B. 对重要的货币资金支付业务实行集体决策
   C. 现金收入及时存入银行,特殊情况下经主管领导审查批准方可坐支现金
   D. 指定专人定期核对银行账户,每月核对一次,编制银行存款余额调节表,使银行存款账面余额与银行对账单调节相符

4. 审计人员实施的下列程序中,属于控制测试程序的是( )。
   A. 取得银行存款余额调节表并检查未达账项的真实性
   B. 检查银行存款收支的正确截止
   C. 检查是否定期取得银行对账单并编制银行存款余额调节表
   D. 函证银行存款余额

5. 如果被审计单位某银行账户的银行对账单余额与银行存款日记账余额不符,最有效的审计程序是( )。
   A. 重新测试相关的内部控制
   B. 检查银行存款日记账中记录的资产负债表日前的收付情况
   C. 检查银行存款日记账中记录的资产负债表日后的收付情况
   D. 检查该银行账户的银行存款余额调节表

6. 如果审计人员要证实被审计单位在临近 20×8 年 12 月 31 日签发的支票是否已登记入账,最有效的审计程序是( )。
   A. 函证 20×8 年 12 月 31 日的银行存款余额
   B. 检查 20×8 年 12 月 31 日的银行对账单
   C. 检查 20×8 年 12 月 31 日的银行存款余额调节表
   D. 检查 20×8 年 12 月的支票存根和银行存款日记账

7. 被审计单位某银行账户的银行对账单余额为1 585 000元,在检查该账户银行存款余额调节表时,审计人员注意到以下事项:在途存款100 000元;未提现支票50 000元;未入账的银行存款利息收入35 000元;未入账的银行代扣水电费25 000元。假定不考虑其他因素,审计人员审计后确认的该银行存款账户余额应是(　　)。

　　A.1 535 000元　　　B.1 575 000元　　　C.1 595 000元　　　D.1 635 000元

8. 审计人员在2012年3月5日对被审计单位全部现金进行监盘,确认实有现金数额为1 000元,被审计单位3月4日账面库存现金余额为2 000元,3月5日发生的现金收支全部未登记入账,其中收入金额为3 000元、支出金额为4 000元,2012年1月1日至3月4日现金收入总额为165 200元,现金支出总额为165 500元,则推断2011年12月31日库存现金余额应为(　　)。

　　A.1 300元　　　B.2 300元　　　C.700元　　　D.2 700元

9. 对被审计单位未披露的关联方之间大额资金往来,审计人员应提请其在财务报表附注中披露的是(　　)。

　　A.本年末和上年末的余额

　　B.本年度和上年度的发生额

　　C.本年度发生额和本年末余额

　　D.本年度和上年度的发生额、本年末和上年末的余额

10. 针对被审计单位下列与现金相关的内部控制,审计人员应提出改进建议的是(　　)。

　　A.每日及时记录现金收入并定期向顾客寄送对账单

　　B.担任登记现金日记账及总账职责的人员与担任现金出纳职责的人员分开

　　C.现金折扣需经过适当审批

　　D.每日盘点现金并与账面余额核对

二、多项选择题

1. 审计人员在检查被审计单位货币资金监督检查环节内部控制时,应确定监督检查的内容是否包括(　　)。

　　A.对货币资金业务不相容职务混岗现象进行检查

　　B.对货币资金支出越权审批现象进行检查

　　C.对办理付款业务所需的全部印章交由一人保管的现象进行检查

　　D.对票据的购买、领用、保管手续存在的漏洞进行检查

2. 下列与被审计单位货币资金业务相关的职责中需要分离的包括(　　)。

　　A.空白银行票据与银行印鉴的保管

　　B.银行存款日记账的记录与银行存款余额调节表的编制

　　C.现金收款与应收账款明细账记录

　　D.货币资金支出申请与审批

3. 审计人员实施的下列审计程序中,能够证明银行存款是否存在的包括(　　)。

　　A.分析定期存款占银行存款的比例　　　B.函证银行存款余额

　　C.检查银行对账单　　　D.检查银行存款收支的正确截止

4. 审计人员在2012年2月15日对被审计单位全部现金进行监盘,下列做法恰当的

有（　　）。
  A. 对库存现金的监盘采用突击性的检查，时间选择在上午上班前
  B. 先盘点财务部保险柜中存放的现金，之后再盘点销售部保险柜中存放的现金
  C. 现金盘点时被审计单位出纳人员必须在场
  D. 仅对全部现金进行盘点
 5. 证实资产负债表所列银行存款是否存在的重要审计程序包括（　　）。
  A. 取得并检查银行存款余额对账单和银行存款余额调节表
  B. 取得并检查银行存款日记账
  C. 函证银行存款余额
  D. 取得并检查银行存款明细账
 6. 审计人员设计银行存款函证的做法中恰当的包括（　　）。
  A. 不需要函证零余额账户
  B. 函证与银行之间的借款、担保、应收票据贴现等其他重要信息
  C. 不需要函证本期已注销的账户
  D. 以被审计单位名义向银行发函询证
 7. 审计人员对银行存款进行函证的目的包括（　　）。
  A. 了解企业资产的存在
  B. 了解企业账面反映所欠银行债务的情况
  C. 发现企业未入账的银行借款和未披露的或有负债
  D. 发现企业已签发的未兑付支票情况
 8. 下列属于审计人员针对被审计单位银行存款所执行的控制测试包括（　　）。
  A. 函证银行存款余额
  B. 检查银行对账单和银行存款余额调节表
  C. 检查付款凭单上的授权签字
  D. 检查付款凭单的连续编号

三、业务题

 1. 资料：审计人员在审查 H 股份有限公司的银行存款项目时，决定将检查银行存款余额调节表作为重要的审计程序。
 要求：指出审计人员对银行存款余额调节表进行检查的主要内容包括哪些，以及通过对每项内容的追查，可以证实 H 公司管理层对银行存款项目的哪些认定。
 2. 资料：大中华剧院的出纳员在剧院专设的售票室负责售票、收款工作，每日各场次所出售的戏票、电影票均事先连续编号。顾客一手交钱，出纳员一手交票。顾客买票后须将入场券交给守门员才能进入剧院，守门员将入场券撕成两半，正券交还顾客，副券则投入加锁的票箱中。
 要求：
 (1)指出本例中在现金收入方面采取了哪些内部控制措施。
 (2)假设售票员与守门员串通窃取现金收入，他们将采取哪些行动？
 (3)对串通舞弊行为，采取何种措施可以发现？
 (4)指出剧院经理可以采取哪些手段，使现金内部控制达到最佳效果。

第十六章

审计报告

学习目的： 通过本章学习，了解审计报告的概念和种类，熟悉国家审计报告的作用和内容以及国家审计报告的编审，了解注册会计师审计报告的作用，掌握注册会计师签发各种类型审计意见的条件和注册会计师审计报告的格式及措辞，了解内部审计报告的作用和内容。

引导案例：

中国证券市场上第一份拒绝表示意见的审计报告

宝石公司的前身是石家庄显像管总厂，1992年5月，石显总厂进行股份制试点并改组为石家庄宝石电子集团公司，成为股份公司的控股公司。1995年6月和9月，宝石公司先后在深圳证券交易所上网定价发行B股10 000万股和A股2 620万股并上市流通。至此，宝石公司的总股本达38 300万股。从招股说明书和财务报表来看，宝石公司从成立伊始至上市，经营业绩及整体状况一直是良好的。但由于黑白电视机市场的快速萎缩，导致其上游产品的需求、价格大幅度下降，导致公司1997年度竟然出现每股0.872元的严重亏损。由于产品积压严重，恢复生产无望，而转产其他产品在短时间内又难以完成，因此整个生产线实际已处于停产状态。同时，由于市场环境恶劣，使得公司巨额应收账款的可回收性也因下游企业的不良财务状况而变得更加不确定。此外，公司的流动负债超过流动资产7亿多元，资产负债比率严重不正常。

由于宝石公司不能为审计人员提供有关企业是否还能在原有的主营业务范围内持续经营下去的充分而必要的证据，这就使审计人员的审计范围在客观上受到了严重限制，而且由于持续经营问题对会计报表的影响是全面而重大的，因此，负责审计的普华大华会计师事务所出具了拒绝表示意见的审计报告。这份审计报告以非常特殊的方式将宝石公司缺乏持续经营的信息以比较婉转的方式告诉了投资者，这无疑是给投资者的一个警示信号，为投资者消除信息误导所带来的风险起到了积极作用。

第一节　审计报告的内容与作用

一、审计报告的概念

审计报告是指具体承办审计事项的审计人员或审计组织在实施审计后,就审计工作的结果向其委托人、授权人或其他法定报告对象提交的书面文件。它是对审计过程和审计结果的全面总结,是完成审计任务的标志,也是体现审计成果的主要形式。

二、审计报告的种类

(一)按照审计报告的详细程度,分为简式审计报告和详式审计报告

1. 简式审计报告

简式审计报告又称短文式审计报告,是指审计人员简明扼要地阐述审计过程、审计结果和审计意见的审计报告。这种报告篇幅较短,内容是概括性的,通常用于注册会计师实施的年度财务报表审计。简式审计报告一般适用于公布的目的,通常依附于所审定的财务报表之后,正式对外公布。为了避免混乱,其报告的格式和措辞均由职业团体做出统一的规范。根据注册会计师所发表审计意见的不同,简式审计报告又可分为无保留意见审计报告、保留意见审计报告、否定意见审计报告和无法表示意见审计报告四种类型。

2. 详式审计报告

详式审计报告又称长文式审计报告,是指审计人员详细地叙述审计过程、审计结果和详细阐明审计意见的审计报告。这种报告不仅要详细地叙述审计的范围和审计的方法程序,而且要对被审计单位的内部控制系统、业务流程和会计处理等方面的状况做出较为具体的评价,还要就审计过程中发现的问题,提出具体的处理意见和建议,因此,这种报告的内容丰富、篇幅较长。国家审计机关和内部审计机构在实施审计后,通常都要撰写详式审计报告。详式审计报告的格式和措辞没有强制规定。

(二)按照撰写审计报告的主体,分为国家审计报告、注册会计师审计报告和内部审计报告

1. 国家审计报告

国家审计报告是指由国家审计机关出具的审计报告。从广义上来说,国家审计机关的审计报告应包括两部分:一部分是由审计机关向审计授权人和被审计单位提交的审计报告;另一部分是由审计机关依法向被审计单位出具的审计决定书。

2. 注册会计师审计报告

注册会计师审计报告是指由会计师事务所出具的审计报告。由于这种审计报告主要是为了证明非特定多数的利害关系人共同认为的必要审计事项,而且其所反映的内容需要根据委托人的具体要求来确定,因而,这类审计报告的鉴证作用较为突出,对审计人员的独立性要求很高。必要时,可在审计报告之外,再根据委托人的要求,附送一份管理建议书。

3. 内部审计报告

内部审计报告是指由内部审计机构出具的审计报告。这类审计报告一般具有较强的建设性。如有必要，内部审计人员可以在审计过程中提交期中报告，以便及时采取有效的纠正措施；改善经营活动和内部控制。内部审计报告除主要服务于本组织的高级管理层和部门主管、经理及业务管理人员之外，还可服务于外部审计和政府监管机构。但内部审计报告一般不对外公布，在社会上没有公证作用。

（三）按照审计报告的内容，分为财政财务审计报告、财经法纪审计报告和经济效益审计报告

1. 财政财务审计报告

财政财务审计报告又可进一步分为财政审计报告和财务审计报告。财政审计报告重点阐述预算的执行及决算情况，具体说明预算收入、预算支出和预算外收支是否正确合法，有无将预算内资金划为预算外资金，财政结余是否正确，决算是否正确及时等。财务审计报告则具体说明经济活动是否真实合法，账务处理是否符合企业会计准则和会计制度，财务报表是否真实公允。根据具体情况，也可以只对资产、负债、所有者权益、成本、费用、税金等某一方面的问题提出专题审计报告。

2. 财经法纪审计报告

财经法纪审计报告又称专案审计报告，是指对被审计单位严重违反财经法纪的行为，实施审查后所提出的审计报告。这种报告应简单叙述审计的经过，重点说明违反财经法纪的事实、性质、后果及相关部门人员的责任，提出处理意见，并将有关本案的证据，包括原件、复印件、影印件、照片等，作为报告的附件。

3. 经济效益审计报告

经济效益审计报告，是指对被审计单位的资源利用情况、管理素质、管理效率和管理水平等进行审查后所提出的审计报告。这种报告应简要评价被审计单位的经济效益状况，重点剖析被审计单位在生产、经营过程中影响经济效益的关键问题及形成原因，并根据问题的性质，提出提高经济效益的途径和可以采取的措施。此类报告的建议是否切实可行，一般需要在对被审计单位实施后续审计后才能得出结论。

第二节　国家审计报告

一、国家审计报告的含义

国家审计报告是审计机关在实施审计后，对被审计单位的财政收支、财务收支的真实、合法、效益发表审计意见的书面文件，是审计机关对外发布的审计法律文书。国家审计报告是评价国家审计人员工作业绩、控制审计质量的重要依据，是审计机关向被审计单位出具审计决定书的依据。国家审计报告也可以为政府部门加强宏观经济调控提供有用的信息。

二、国家审计报告的基本构成要素

（一）标题

国家审计报告的标题应当包括被审计单位名称（必须是全称）、审计事项的主要内容（指被审计的经济活动内容或被审查的账项）、审计事项的时间（指被审计事项发生的时间或期间）。

（二）主送单位

国家审计报告的主送单位是派出审计组的审计机关和被审计单位。

（三）审计报告的内容

1. 审计依据，即实施审计所依据的法律法规规定。
2. 实施审计的基本情况，一般包括审计范围、内容、方式和实施的起止时间。
3. 被审计单位基本情况，包括被审计单位的经济性质、管理体制、财政财务隶属关系或国有资产监督管理关系，以及财政收支、财务收支状况等。
4. 审计评价意见，即根据不同的审计目标，以适当、充分的审计证据为基础发表的评价意见。
5. 以往审计决定执行情况和审计建议采纳情况。
6. 审计发现的被审计单位违反国家规定的财政收支、财务收支行为和其他重要问题的事实、定性、处理处罚意见以及依据的法律法规和标准。
7. 审计发现的移送处理事项的事实和移送处理意见，但是涉嫌犯罪等不宜让被审计单位知悉的事项除外。
8. 针对审计发现的问题，根据需要提出的改进建议。审计期间被审计单位对审计发现的问题已经整改的，审计报告还应当包括有关整改情况。

（四）审计机关名称

审计报告应当注明审计组名称，并由审计组组长签名。

（五）签发日期

审计报告应当注明审计组向审计机关提交报告的日期。

三、审计报告的编审

审计组在起草审计报告前，应当讨论确定下列事项：(1)评价审计目标的实现情况；(2)审计实施方案确定的审计事项完成情况；(3)评价审计证据的适当性和充分性；(4)提出审计评价意见；(5)评估审计发现问题的重要性；(6)提出对审计发现问题的处理处罚意见；(7)其他有关事项。审计组应当对讨论前款事项的情况及其结果做出记录。

审计组组长应当确认审计工作底稿和审计证据已经审核，并从总体上评价审计证据的适当性和充分性。审计组根据不同的审计目标，以审计认定的事实为基础，在防范审计风险的情况下，按照重要性原则，从真实性、合法性、效益性方面提出审计评价意见。审计组应当只对所审计的事项发表审计评价意见。对审计过程中未涉及、审计证据不适当或者不充分、评价依据或者标准不明确以及超越审计职责范围的事项，不得发表审计评价意见。

审计组应当根据审计发现问题的性质、数额及其发生的原因和审计报告的使用对象，评估审计发现问题的重要性，如实在审计报告中予以反映。审计组对审计发现的问题提出处理处罚意见时，应当关注下列因素：(1)法律法规的规定；(2)审计职权范围：属于审计职权范围的，直接提出处理处罚意见，不属于审计职权范围的，提出移送处理意见；(3)问题的性质、金额、情节、原因和后果；(4)对同类问题处理处罚的一致性；(5)需要关注的其他因素。审计发现被审计单位信息系统存在重大漏洞或者不符合国家规定的，应当责成被审计单位在规定期限内整改。

审计组实施审计或者专项审计调查后，应当提出审计报告，按照审计机关规定的程序审批后，以审计机关的名义征求被审计单位、被调查单位和拟处罚的有关责任人员的意见。审计报告中涉及的重大经济案件调查等特殊事项，经审计机关主要负责人批准，可以不征求被审计单位或者被审计人员的意见。被审计单位、被调查单位、被审计人员或者有关责任人员对征求意见的审计报告有异议的，审计组应当进一步核实，并根据核实情况对审计报告做出必要的修改。审计组应当对采纳被审计单位、被调查单位、被审计人员、有关责任人员意见的情况和原因，或者上述单位或人员未在法定时间内提出书面意见的情况做出书面说明。

对被审计单位或者被调查单位违反国家规定的财政收支、财务收支行为，依法应当由审计机关进行处理处罚的，审计组应当起草审计决定书。对依法应当由其他有关部门纠正、处理处罚或者追究有关责任人员责任的事项，审计组应当起草审计移送处理书。

审计组应当将下列材料报送审计机关业务部门复核：(1)审计报告；(2)审计决定书；(3)被审计单位、被调查单位、被审计人员或者有关责任人员对审计报告的书面意见及审计组采纳情况的书面说明；(4)审计实施方案；(5)调查了解记录、审计工作底稿、重要管理事项记录、审计证据材料；(6)其他有关材料。

审计机关业务部门应当对下列事项进行复核，并提出书面复核意见：(1)审计目标是否实现；(2)审计实施方案确定的审计事项是否完成；(3)审计发现的重要问题是否在审计报告中反映；(4)事实是否清楚、数据是否正确；(5)审计证据是否适当、充分；(6)审计评价、定性、处理处罚和移送处理意见是否恰当，适用法律法规和标准是否适当；(7)被审计单位、被调查单位、被审计人员或者有关责任人员提出的合理意见是否采纳；(8)需要复核的其他事项。

审计机关业务部门应当将复核修改后的审计报告、审计决定书等审计项目材料连同书面复核意见，报送审理机构审理。审理机构以审计实施方案为基础，重点关注审计实施的过程及结果，主要审理下列内容：(1)审计实施方案确定的审计事项是否完成；(2)审计发现的重要问题是否在审计报告中反映；(3)主要事实是否清楚、相关证据是否适当、充分；(4)适用法律法规和标准是否适当；(5)评价、定性、处理处罚意见是否恰当；(6)审计程序是否符合规定。审理机构在审理时，应当就有关事项与审计组及相关业务部门进行沟通。必要时，审理机构可以参加审计组与被审计单位交换意见的会议，或者向被审计单位和有关人员了解相关情况。

审理机构审理后，可以根据情况采取下列措施：(1)要求审计组补充重要审计证据；(2)对审计报告、审计决定书进行修改。审理过程中遇有复杂问题的，经审计机关负责人同意后,审理机构可以组织专家进行论证。审理机构审理后,应当出具审理意见书。审理机构将审理后的审计报告、审计决定书连同审理意见书报送审计机关负责人。

审计报告、审计决定书原则上应当由审计机关审计业务会议审定;特殊情况下,经审计机关主要负责人授权,可以由审计机关其他负责人审定。审计决定书经审定,处罚的事实、理由、依据、决定与审计组征求意见的审计报告不一致并且加重处罚的,审计机关应当依照有关法律法规的规定及时告知被审计单位、被调查单位和有关责任人员,并听取其陈述和申辩。对于拟做出罚款的处罚决定,符合法律法规规定的听证条件的,审计机关应当依照有关法律法规的规定履行听证程序。审计报告、审计决定书经审计机关负责人签发后,按照下列要求办理:(1)审计报告送达被审计单位、被调查单位;(2)经济责任审计报告送达被审计单位和被审计人员;(3)审计决定书送达被审计单位、被调查单位、被处罚的有关责任人员。

第三节 注册会计师审计报告

一、注册会计师审计报告的含义

注册会计师审计报告是注册会计师根据中国注册会计师审计准则的规定,在实施了必要的审计程序的基础上,对被审计单位财务报表发表审计意见的书面文件。它是注册会计师实施审计工作的最终成果,具有法定的证明效力。注册会计师一旦出具了审计报告,就表明他已经完成了对被审计单位财务报表的审查,并已经对财务报表的合法性和公允性形成了审计判断。注册会计师应对其出具的审计报告负责。注册会计师应当将已审计的财务报表附于审计报告之后,以便于财务报表使用者正确理解和使用审计报告,并防止被审计单位替换或更改已审计的财务报表。

二、注册会计师审计报告的类型

注册会计师出具的审计报告分为标准审计报告和非标准审计报告。标准审计报告是指不附加任何说明段、强调事项段或修饰用语的无保留意见审计报告。非标准审计报告是指标准审计报告以外的其他审计报告,包括带强调事项段的无保留意见和非无保留意见的审计报告。非无保留意见的审计报告包括保留意见、否定意见和无法表示意见的审计报告。

三、审计意见的签发条件

注册会计师可以根据审计的结果和被审计单位对有关问题的处理情况,形成不同的审计意见,出具四种审计意见的审计报告,即无保留意见审计报告、保留意见审计报告、否定意见审计报告和无法表示意见审计报告。

(一)无保留意见的签发条件

无保留意见是指注册会计师对被审计单位的财务报表,依照审计准则的要求进行审查后确认被审计单位采用的会计处理方法遵循了会计准则及有关规定;财务报表反映的内容符合被审计单位的实际情况;财务报表内容完整、表达清楚、无重要遗漏;报表项目的列报、分类和编制方法符合规定的要求,因而对被审计单位的财务报表无保留地表示满意。

在审计实务中,如果注册会计师认为被审计单位的财务报表同时符合下列情形,就应当出具无保留意见的审计报告:

1. 财务报表的编制符合国家颁布的企业会计准则和相关会计制度的规定,在所有重大方面公允反映了被审计单位的财务状况、经营成果和现金流量;

2. 注册会计师已经按照审计准则的规定计划和实施了审计工作,在审计过程中未受到限制。

当出具无保留意见的审计报告时,注册会计师应当以"我们认为"作为意见段的开头,并使用"在所有重大方面"、"公允反映"等术语,以表明本段的内容为注册会计师的意见,并表示承担对该审计意见的责任。切忌使用"我们保证"、"我们确信"以及"完全正确"、"绝对公允"等用语,以避免财务报表使用者产生误解,同时也可明确注册会计师仅对报告承担审计责任,而并不减除被审计单位对财务报表承担的会计责任。

无保留意见的审计报告意味着注册会计师通过实施审计程序,认为被审计单位财务报表的编制符合合法性和公允性的要求,合理保证财务报表不存在重大错报。因而,财务报表的使用者可以对被审计单位的财务状况、经营成果和现金流量给予较高的信赖。

当注册会计师出具无保留意见的审计报告时,如果认为被审计单位还存在一些需要提醒财务报表使用人特别关注,但并不影响已发表的审计意见的事项时,则应在意见段之后增加强调事项段,用以对整个审计报告进行补充说明。在审计实务中,通常需要注册会计师出具带强调事项段的无保留意见审计报告的情形有:

(1) 当存在可能导致对持续经营能力产生重大疑虑的事项或情况,且不影响已发表的意见时;

(2) 当存在除持续经营问题以外的可能对财务报表产生重大影响的不确定事项,且该不确定事项的结果不受被审计单位的控制,只能通过未来事项的发生或不发生予以证实时;

(3) 如果认为管理层选用的其他编制基础是适当的,且财务报表已做出充分披露时;

(4) 如果管理层修改了财务报表,且注册会计师就修改后的财务报表出具新的审计报告时;

(5) 当以前针对上期财务报表出具的审计报告为非无保留意见的审计报告时,如果导致非无保留意见的事项虽已解决,但对本期仍很重要时;

(6) 在对本期财务报表进行审计时,注册会计师可能注意到影响上期财务报表的重大错报,而以前未就该重大错报出具非无保留意见的审计报告,如果上期财务报表未经更正,也未重新出具审计报告,但比较数据已在财务报表中恰当重述和充分披露时;

(7) 如果需要修改含有已审计财务报表的文件中的其他信息而被审计单位拒绝修改时。

为了能使审计报告的使用者充分掌握客户的信息,避免产生误解,注册会计师在编制审计报告的强调事项段时,既要防止应该强调说明的事项没有在强调事项段中予以披露,或者披露不明确、不充分;又要防止过于谨慎,把不该强调说明的事项也列入强调事项段中,甚至用带强调事项段的无保留意见来代替其他审计意见。

(二)保留意见的签发条件

保留意见是指注册会计师对已审计的财务报表发表的意见是有所保留的,是对财务报表的公允性所做出的一种附带条件的肯定。

在审计实务中,如果注册会计师认为财务报表就其整体而言是公允的,但还存在下列情形之一时,就应当出具保留意见的审计报告:

1. 会计政策的选用、会计估计的作出或财务报表的披露不符合国家颁布的企业会计准则和相关会计制度的规定,虽影响重大,但不至于出具否定意见的审计报告。

2. 因审计范围受到限制,无法获取充分、适当的审计证据,虽影响重大,但不至于出具无法表示意见的审计报告。

在审计实务中,审计范围受到限制可能是由被审计单位或客观环境造成的。这些限制通常涉及存货监盘的限制、应收账款函证的限制、审计长期投资时无法获取被投资企业的已审计财务报表的限制,以及会计记录不充分和工作时间造成的限制等。

当出具保留意见的审计报告时,注册会计师应在审计报告的意见段之前另设说明段,用以说明所持保留意见的理由,并在意见段中使用"除存在上述问题以外"、"除上述问题造成的影响以外"、"除上述情况待定以外"等保留意见的专用术语。除此之外,保留意见审计报告的其他用语应该与无保留意见审计报告相同,以表示报表中的其他事项已经作了公允反映。

应当注意,只有当注册会计师认定整个财务报表是公允表达的情况下,才能采用保留意见审计报告。如果注册会计师认为存在问题的事项极为严重,以致影响整体财务报表无法公允表达时,则应采用否定意见或无法表示意见的审计报告。

(三)否定意见的签发条件

否定意见是指注册会计师提出财务报表没有公允地反映被审计单位财务状况、经营成果和现金流动状况的审计意见。如果注册会计师出具了该种意见的审计报告,就意味着被审计单位的财务报表中存在着严重的歪曲,以致根本无法令人信赖。无论是注册会计师还是委托人都不希望出具此类意见的审计报告。

在审计实务中,如果注册会计师经审计后认为被审计单位的财务报表不符合企业会计准则和相关会计制度的规定,以致未能从整体上公允反映被审计单位的财务状况、经营成果和现金流量,从而会对报表使用者产生严重误导,就应当出具否定意见的审计报告。

当出具否定意见的审计报告时,注册会计师应在审计报告的意见段之前另设说明段,用以说明所持否定意见的理由,同时在意见段中使用"由于上述问题造成的重大影响"、"由于受到前段所述事项的重大影响"等专业术语,并指出财务报表"不能公允地反映"、"不符合……规定"等情况。

值得注意的是,如果注册会计师在审计中已经获取确凿证据认定某一事项使注册会计师完全不能信赖被审计单位的财务报表,同时在某一领域由于被审计单位的限制,导致审计范围严重受限,从而使注册会计师无法获取充分、适当的审计证据,此时,注册会计师也应当发表否定意见的审计报告,而且也应当在意见段之前的说明段中披露审计范围严重受限的事项。

(四)无法表示意见的签发条件

无法表示意见是指注册会计师对所审查的财务报表不能表示肯定、否定或保留的意见时所出具的审计意见。

当注册会计师在实施了一定的审计程序后,由于受到被审计单位客观条件的限制,使得注册会计师无法对某些重要事项取得证据,或无法实施必要的审计程序,以致无法完成取证工作,继而无法判断应当使用的措辞或问题的归属时,就应出具无法表示意见的审计报告。

当出具无法表示意见的审计报告时,注册会计师应在意见段之前增加说明段,用以说明导致无法表示意见的主要原因,并且应删除注册会计师的责任段,同时在意见段中使用"由于审计范围受到限制可能产生的影响非常重大和广泛"、"我们无法对上述财务报表整体发表意见"等专业术语。

注册会计师发表无法表示意见的审计报告,并不表明注册会计师不愿意发表意见,而是表明注册会计师由于受到某些因素的制约,未能完成取证工作,从而使其无法就财务报表整体的公允与否做出结论,或无法就财务报表中存在问题的性质和归属做出合理的判断和评价,因此只能对财务报表不发表任何审计意见。

四、注册会计师审计报告的格式与措辞

(一)标准无保留意见审计报告的格式与措辞

标准审计报告应由以下要素构成:

1. 标题

注册会计师审计报告的标题应当统一规范为"审计报告"。

2. 收件人

审计报告的收件人是指注册会计师按照业务约定书的要求致送审计报告的对象,一般是指审计业务的委托人,通常为被审计单位的全体股东或董事会。

3. 引言段

引言段是指审计报告中用于描述已审计财务报表的段落。应当说明被审计单位的名称和财务报表已经过审计,并包括下列内容:(1)指出构成整套财务报表的每张财务报表的名称;(2)提及财务报表的附注;(3)指明财务报表的日期和涵盖的期间。

4. 管理层对财务报表的责任段

管理层责任段是指审计报告中用于描述管理层对财务报表责任的段落。应当说明按照适用的会计准则和相关会计制度的规定编制财务报表是管理层的责任,这种责任包括:(1)设计、实施和维护与财务报表编制相关的内部控制,以使财务报表不存在由于舞弊或错误而导致的重大错报;(2)选择和运用恰当的会计政策;(3)做出合理的会计估计。

5. 注册会计师的责任段

注册会计师责任段是指审计报告中用于描述注册会计师责任的段落。应当说明:(1)注册会计师的责任是在实施审计工作的基础上对财务报表发表审计意见;(2)审计工作涉及实施审计程序,以获取有关财务报表金额和披露的审计证据;(3)注册会计师相信已获取的审计证据是充分、适当的,为其发表审计意见提供了基础。

6. 审计意见段

意见段是指审计报告中用于描述注册会计师对财务报表发表意见的段落。应当说明财务报表是否按照适用的会计准则和相关会计制度的规定编制，是否在所有重大方面公允反映了被审计单位的财务状况、经营成果和现金流量。

7. 注册会计师的签名和盖章

审计报告应当由两名具备相关业务资格的注册会计师签名并盖章。合伙会计师事务所出具的审计报告，应当由一名对审计项目负最终复核责任的合伙人和一名负责该项目的注册会计师签名盖章。有限责任会计师事务所出具的审计报告，应当由主任会计师或其授权的副主任会计师和一名负责该项目的注册会计师签名盖章。注册会计师一旦在审计报告上签名并盖章，就表明对其出具的审计报告负责。

8. 会计师事务所的名称、地址及盖章

审计报告应当载明会计师事务所的名称和地址，并加盖会计师事务所公章。注册会计师在审计报告中载明会计师事务所的地址时，只需标明会计师事务所所在的城市即可。

9. 审计报告日期

审计报告日期是指注册会计师在审计报告上签署的日期。注册会计师在确定审计报告日期时，应当考虑：(1)应当实施的审计程序已经完成；(2)应当提请被审计单位调整的事项已经提出，被审计单位已经做出调整或拒绝做出调整；(3)管理层已经正式签署财务报表。

完成审计工作的日期，是指注册会计师已经完成所有审计程序，获取的审计证据足以支持对财务报表发表意见的日期。被审计单位管理层签署管理层声明书的日期，是指被审计单位管理层向其委托审计的注册会计师签署管理层声明书的日期。准则规定，签署管理层声明书的日期通常应当与审计报告日期一致。注册会计师在正式签署审计报告前，通常把审计报告草稿和已审计财务报表草稿一同提交给管理层。如果管理层批准并签署已审计财务报表，注册会计师即可签署审计报告。因此，注册会计师签署审计报告的日期通常与管理层签署已审计财务报表的日期为同一天，或晚于管理层签署已审计财务报表的日期。

表16-1　标准无保留意见审计报告

审计报告

ABC股份有限公司全体股东：

　　我们审计了后附的ABC股份有限公司（以下简称ABC公司）财务报表，包括20××年12月31日的资产负债表，20××年度的利润表、股东权益变动表和现金流量表以及财务报表附注。

　　一、管理层对财务报表的责任

　　按照企业会计准则和《××会计制度》的规定编制财务报表是ABC公司管理层的责任。这种责任包括：(1)设计、实施和维护与财务报表编制相关的内部控制，以使财务报表不存在由于舞弊或错误而导致的重大错报。(2)选择和运用恰当的会计政策。(3)做出合理的会计估计。

　　二、注册会计师的责任

　　我们的责任是在实施审计工作的基础上对财务报表发表审计意见。我们按照中国注册会计师审计准则的规定执行了审计工作。中国注册会计师审计准则要求我们遵守职业道德规范，计划和实施审计工作以对财务报表是否不存在重大错报获取合理保证。

续表

　　审计工作涉及实施审计程序,以获取有关财务报表金额和披露的审计证据。选择的审计程序取决于注册会计师的判断,包括对由于舞弊或错误导致的财务报表重大错报风险的评估。在进行风险评估时,我们考虑与财务报表编制相关的内部控制,以设计恰当的审计程序,但目的并非对内部控制的有效性发表意见。审计工作还包括评价管理层选用会计政策的恰当性和做出会计估计的合理性,以及评价财务报表的总体列报。

　　我们相信,我们获取的审计证据是充分、适当的,为发表审计意见提供了基础。

　　三、审计意见

　　我们认为,ABC公司财务报表已经按照企业会计准则和《××会计制度》的规定编制,在所有重大方面公允地反映了ABC公司20××年12月31日的财务状况以及20××年度的经营成果和现金流量。

　　××会计师事务所(盖章)　　　　　　　　　中国注册会计师:(签名并盖章)
　　　　　(地址)　　　　　　　　　　　　　　中国注册会计师:(签名并盖章)
　　　　　　　　　　　　　　　　　　　　　　　　　　　20××年×月×日

(二)带强调事项段无保留意见审计报告的格式与措辞

　　带强调事项段无保留意见审计报告与标准无保留意见审计报告的格式与措辞基本相同,只需要在标准无保留意见审计报告的意见段之后增加强调事项段即可。强调事项段是指注册会计师在审计意见段之后增加的对重大事项予以强调的段落。只有当注册会计师对管理层在财务报表中恰当地进行了会计核算和披露,并得到无保留意见支持时,才能增加强调事项段。

表16-2　带强调事项段无保留意见审计报告

审计报告

ABC股份有限公司全体股东:

　　我们审计了后附的ABC股份有限公司(以下简称ABC公司)财务报表,包括20××年12月31日的资产负债表、20××年度的利润表、股东权益变动表和现金流量表以及财务报表附注。

　　一、管理层对财务报表的责任

　　按照企业会计准则和《××会计制度》的规定编制财务报表是ABC公司管理层的责任。这种责任包括:(1)设计、实施和维护与财务报表编制相关的内部控制,以使财务报表不存在由于舞弊或错误而导致的重大错报。(2)选择和运用恰当的会计政策。(3)做出合理的会计估计。

　　二、注册会计师的责任

　　我们的责任是在实施审计工作的基础上对财务报表发表审计意见。我们按照中国注册会计师审计准则的规定执行了审计工作。中国注册会计师审计准则要求我们遵守职业道德规范,计划和实施审计工作以对财务报表是否不存在重大错报获取合理保证。

　　审计工作涉及实施审计程序,以获取有关财务报表金额和披露的审计证据。选择的审计程序取决于注册会计师的判断,包括对由于舞弊或错误导致的财务报表重大错报风险的评估。在进行风险评估时,我们考虑与财务报表编制相关的内部控制,以设计恰当的审计程序,但目的并非对内部控制的有效性发表意见。审计工作还包括评价管理层选用会计政策的恰当性和做出会计估计的合理性,以及评价财务报表的总体列报。

　　我们相信,我们获取的审计证据是充分、适当的,为发表审计意见提供了基础。

　　三、审计意见

　　我们认为,ABC公司财务报表已经按照企业会计准则和《××会计制度》的规定编制,在所有重大方面公允地反映了ABC公司20××年12月31日的财务状况以及20××年度的经营成果和现金流量。

续表

四、强调事项 　　我们提醒财务报表使用者关注,如财务报表附注×所述,ABC 公司在 20××年度发生亏损××万元,在 20××年 12 月 31 日,流动负债高于资产总额××万元。ABC 公司已在财务报表附注×充分披露了拟采取的改善措施,但其持续经营能力仍然存在重大不确定性。本段内容不影响已发表的审计意见。	
××会计师事务所(盖章) 　　　(地址)	中国注册会计师:(签名并盖章) 中国注册会计师:(签名并盖章) 　　　20××年×月×日

(三)保留意见审计报告的格式与措辞

保留意见的审计报告需要在意见段之前增加说明段。说明段是指注册会计师用来说明发表保留意见理由的段落。说明段和强调事项段是性质完全不同的段落。由于说明段的内容会影响注册会计师出具的审计意见,因而它只能出现在审计意见段之前。而强调事项段的内容,只是增加审计报告的信息含量,并不影响出具的审计意见,因而它应出现在意见段之后。

表 16-3　由于审计范围受到限制而出具的保留意见审计报告

审计报告

ABC 股份有限公司全体股东:

　　我们审计了后附的 ABC 股份有限公司(以下简称 ABC 公司)财务报表,包括 20××年 12 月 31 日的资产负债表,20××年度的利润表、股东权益变动表和现金流量表以及财务报表附注。

　　一、管理层对财务报表的责任

　　按照企业会计准则和《××会计制度》的规定编制财务报表是 ABC 公司管理层的责任。这种责任包括:(1)设计、实施和维护与财务报表编制相关的内部控制,以使财务报表不存在由于舞弊或错误而导致的重大错报。(2)选择和运用恰当的会计政策。(3)做出合理的会计估计。

　　二、注册会计师的责任

　　我们的责任是在实施审计工作的基础上对财务报表发表审计意见。我们按照中国注册会计师审计准则的规定执行了审计工作。中国注册会计师审计准则要求我们遵守职业道德规范,计划和实施审计工作以对财务报表是否不存在重大错报获取合理保证。

　　审计工作涉及实施审计程序,以获取有关财务报表金额和披露的审计证据。选择的审计程序取决于注册会计师的判断,包括对由于舞弊或错误导致的财务报表重大错报风险的评估。在进行风险评估时,我们考虑与财务报表编制相关的内部控制,以设计恰当的审计程序,但目的并非对内部控制的有效性发表意见。审计工作还包括评价管理层选用会计政策的恰当性和做出会计估计的合理性,以及评价财务报表的总体列报。

　　我们相信,我们获取的审计证据是充分、适当的,为发表审计意见提供了基础。

　　三、导致保留意见的事项

　　ABC 公司 20××年 12 月 31 日的应收账款余额××万元,占资产总额的×%。由于 ABC 公司未能提供债务人地址,我们无法实施函证以及其他审计程序,以获取充分、适当的审计证据。

　　四、审计意见

　　我们认为,除了前段所述未能实施函证可能产生的影响外,ABC 公司财务报表已经按照企业会计准则和《××会计制度》的规定编制,在所有重大方面公允反映了 ABC 公司 20××年 12 月 31 日的财务状况以及 20××年度的经营成果和现金流量。

××会计师事务所(盖章) 　　　(地址)	中国注册会计师:(签名并盖章) 中国注册会计师:(签名并盖章) 　　　20××年×月×日

(四)否定意见审计报告的格式与措辞

否定意见的审计报告需要在意见段之前增加说明段,用来说明发表否定意见的理由,同时在意见段中表述被审计单位的财务报表没有按照企业会计准则和《××会计制度》的规定编制,未能在所有重大方面公允地反映被审计单位的财务情况。

表 16-4 否定意见的审计报告

审计报告

ABC 股份有限公司全体股东:

我们审计了后附的 ABC 股份有限公司(以下简称 ABC 公司)财务报表,包括20××年12月31日的资产负债表,20××年度的利润表、股东权益变动表和现金流量表以及财务报表附注。

一、管理层对财务报表的责任

按照企业会计准则和《××会计制度》的规定编制财务报表是 ABC 公司管理层的责任。这种责任包括:(1)设计、实施和维护与财务报表编制相关的内部控制,以使财务报表不存在由于舞弊或错误而导致的重大错报。(2)选择和运用恰当的会计政策。(3)做出合理的会计估计。

二、注册会计师的责任

我们的责任是在实施审计工作的基础上对财务报表发表审计意见。我们按照中国注册会计师审计准则的规定执行了审计工作。中国注册会计师审计准则要求我们遵守职业道德规范,计划和实施审计工作以对财务报表是否不存在重大错报获取合理保证。

审计工作涉及实施审计程序,以获取有关财务报表金额和披露的审计证据。选择的审计程序取决于注册会计师的判断,包括对由于舞弊或错误导致的财务报表重大错报风险的评估。在进行风险评估时,我们考虑与财务报表编制相关的内部控制,以设计恰当的审计程序,但目的并非对内部控制的有效性发表意见。审计工作还包括评价管理层选用会计政策的恰当性和做出会计估计的合理性,以及评价财务报表的总体列报。

我们相信,我们获取的审计证据是充分、适当的,为发表审计意见提供了基础。

三、导致否定意见的事项

如财务报表附注×所述,ABC 公司的长期股权投资未按企业会计准则的规定采用权益法核算。如果按权益法核算,ABC 公司的长期投资账面价值将减少××万元,净利润将减少××万元,从而导致 ABC 公司由盈利××万元变为亏损××万元。

四、审计意见

我们认为,由于受到前段所述事项的重大影响,ABC 公司财务报表没有按照企业会计准则和《××会计制度》的规定编制,未能在所有重大方面公允地反映 ABC 公司20××年12月31日的财务状况以及20××年度的经营成果和现金流量。

××会计师事务所(盖章)	中国注册会计师:(签名并盖章)
(地址)	中国注册会计师:(签名并盖章)
	20××年×月×日

案例 16-1

我国证券市场上第一份否定意见的审计报告

1992年9月11日,"重庆渝钛白粉有限公司"宣告成立,并于1992年10月11日以重庆渝钛白粉有限公司作为发起人,以社会募集方式设立了股票上市的重庆渝钛白粉股份有限公司(以下简称渝钛白)。

1998年4月29日,渝钛白公布1997年年度报告,其中在财务报告部分刊登了重庆会计师事务所于1998年3月8日出具的否定意见审计报告。审计报告的全文如下:

审计报告

重庆渝钛白粉股份有限公司全体股东:

我们接受委托,审计了贵公司1997年12月31日的资产负债表和1997年度的利润及利润分配表、财务状况变动表。这些会计报表由贵公司负责,我们的责任是对这些会计报表发表审计意见。我们的审计是依据中国注册会计师独立审计准则进行的。在审计过程中,我们结合贵公司的实际情况,实施了包括抽查会计记录等我们认为必要的审计程序。

1997年应计入财务费用的借款及应付债券利息8 064万元,贵公司将其资本化计入了钛白粉工程成本;欠付中国银行重庆市分行的美元借款利息89.8万美元(折合人民币743万元),贵公司未计提入账。两项共影响利润8 807万元。

我们认为,由于上述事项的重大影响,贵公司1997年12月31日资产负债表、1997年度利润及利润分配表、财务状况变动表未能公允地反映贵公司1997年12月31日的财务状况和1997年度的经营成果及资金变动情况。

此外,我们在审计过程中注意到:公司目前正面临沉重的债务负担和巨额的资产折旧压力,除非贵公司能尽快达到正常生产经营状况并能与有关债权人就债务重整达成协议,且市场形势在短期内发生有利于贵公司的重大变化,否则贵公司的财务状况和生产经营将陷入极为严峻的困境。

如果贵公司出现不能持续经营的情况,则应对其资产和负债重新加以评价、分类,并据以重新编制1997年度会计报表。

重庆会计师事务所(盖章)　　　　　　　　　　中国注册会计师:石义杰
　　中国重庆　　　　　　　　　　　　　　　　中国注册会计师:邓兴政
　　　　　　　　　　　　　　　　　　　　　　　　　　1998年3月8日

可喜的是,尽管重庆会计师事务所出具了否定意见审计报告,并与渝钛白公司的管理部门发生了严重的意见分歧,但最后股东大会还是通过方案,同意重庆会计师事务所的意见,并按此意见调整1997年度会计决算报表。将报表中的原资本化计入钛白粉工程成本的借款及应付债券利息8 064万元调整进入当期财务费用和将欠付中国银行重庆分行的美元借款利息89.8万美元(折合人民币743万元)调整计提入账,两项计亏损8 807万元。加上报表中原有亏损3 136万元,渝钛白公司经重庆会计师事务所确认的1997年度亏损额为11 943万元。至此,渝钛白事件以我国首份否定意见审计报告得到投资者的理解和支持而告结束。

渝钛白事件的发生,产生了中国证券市场中的第一份否定意见审计报告,可以看作是中国注册会计师成熟的标志。面对企业财务报表中出现的严重虚假错报问题,注册会计师勇敢地说了"不"字,改变了以往注册会计师软弱无力的社会形象,标志着注册会计师社会责任意识的加强和中国注册会计师行业已具有一定的独立性。注册会计师事务所只要坚持了原则,保证了审计质量,不仅不会丧失客户,而且还会随着声誉的鹊起,赢得更多的客户。

（五）无法表示意见审计报告的格式与措辞

当出具无法表示意见的审计报告时，应在意见段之前增加说明段用以说明导致发表无法表示意见的理由，同时还应删除注册会计师的责任段。

表 16-5　无法表示意见的审计报告

审计报告

ABC 股份有限公司全体股东：

我们审计了后附的 ABC 股份有限公司（以下简称 ABC 公司）财务报表，包括 20××年 12 月 31 日的资产负债表、20××年度的利润表、股东权益变动表和现金流量表以及财务报表附注。

一、管理层对财务报表的责任

按照企业会计准则和《××会计制度》的规定编制财务报表是 ABC 公司管理层的责任。这种责任包括：(1)设计、实施和维护与财务报表编制相关的内部控制，以使财务报表不存在由于舞弊或错误而导致的重大错报。(2)选择和运用恰当的会计政策。(3)做出合理的会计估计。

二、导致无法表示意见的事项

ABC 公司未对 20××年 12 月 31 日的存货进行盘点，金额为××万元，占期末资产总额的 40%。我们无法实施存货监盘，也无法实施替代审计程序，以对期末存货的数量和状况获取充分、适当的审计证据。

三、审计意见

由于上述审计范围受到限制可能产生的影响非常重大和广泛，我们无法对 ABC 公司财务报表发表意见。

　　　　××会计师事务所（盖章）　　　　　　　　中国注册会计师：（签名并盖章）
　　　　　　　　（地址）　　　　　　　　　　　中国注册会计师：（签名并盖章）
　　　　　　　　　　　　　　　　　　　　　　　　　　20××年×月×日

第四节　内部审计报告

一、内部审计报告的含义

内部审计报告，是指内部审计人员根据审计计划对被审计单位实施必要的审计程序后，就被审计单位经营活动和内部控制的适当性、合法性和有效性出具的书面文件。内部审计报告是管理层借以了解经营活动问题与漏洞等方面信息，并改进管理效率与效益的重要手段；内部审计报告是内部审计质量的综合反映，也是衡量内部审计工作质量的有效尺度；内部审计报告是内部审计机构衡量和考核其审计人员业绩的基本依据；内部审计报告可为国家审计人员和注册会计师的审计提供重要的参考资料。

二、内部审计报告的要素

内部审计报告的基本要素应当包括标题、收件人、正文、附件、签章和报告日期等。

（一）标题

内部审计报告的标题应当能够反映审计项目的性质，力求言简意赅并有利于归档和检索。标题中通常包括被审计单位的名称、审计事项(类别)、审计期间和审计报告字样。

(二)收件人

内部审计报告的收件人应当是与审计项目有管理和监督责任的机构或人员。收件人可能是被审计单位的适当管理层、董事会或其下设的审计委员会或者组织中的主要负责人、组织最高管理层、上级主管部门等。内部审计人员应当考虑组织的法人治理结构、管理方式的差异,根据具体情况确定适当的审计报告的收件人。

(三)正文

内部审计报告的正文是审计报告的核心内容,主要包括审计概况、审计依据、审计发现的问题、审计结论、审计意见和审计建议等内容。

(四)附件

内部审计报告的附件是对审计报告正文进行补充说明的文字和数字资料。附件应当包括针对审计过程、审计中发现问题所做出的具体说明、被审计单位的反馈意见等内容。例如,审计过程中相关问题的计算及分析程序;审计发现问题的详细说明;被审计单位及被审计责任人的反馈意见;记录审计人员修改意见、明确审计责任、体现审计报告版本的审计清单;需要提供解释和说明的其他内容等。

(五)签章

内部审计报告应当由主管的内部审计机构盖章,并由审计机构负责人、审计项目负责人以及其他经授权的人员签字。

(六)报告日期

内部审计报告的日期一般采用内部审计机构负责人批准送出日,但是在下列情形下则需要使用相关的日期:因采纳组织主管负责人的某些修改意见、内部审计人员在本机构负责人审批之后又发现被审计单位存在新的重大问题或者内部审计报告存在重大疏忽等。

(七)其他事项

内部审计报告应当声明内部审计是按照内部审计准则的规定实施的,若存在未遵循该准则的情形,应当做出解释和说明。内部审计报告中应当说明报告是针对被审计单位业务活动、内部控制和风险管理的适当性、合法性和有效性所做出的合理保证。

三、内部审计报告的主要内容

内部审计报告的主要内容包括审计概况、审计依据、审计发现、审计结论、审计意见和审计建议。

(一)审计概况

审计概况是对内部审计项目的总体情况的介绍和说明,一般应当包括审计目标、审计范围、审计内容及重点、审计方法、审计程序及审计时间等。

(二)审计依据

审计依据是实施内部审计所依据的相关法律法规、内部审计准则等规定,内部审计报告应当声明内部审计是按照内部审计准则的规定实施的,若存在未遵循该准则规定的情形,应当做出解释或说明。

（三）审计发现

审计发现是在对被审计单位的业务活动、内部控制和风险管理实施审计过程中所发现的主要问题的事实。内部审计报告应当对所发现的事实的具体情况、应遵照的标准、事实与标准的差异、已经或可能造成的影响以及产生原因做出说明。

（四）审计结论

审计结论是根据已查明的事实,对被审计单位业务活动、内部控制和风险管理所作的评价。内部审计人员提出的结论可以是对经营活动或内部控制的全面评价,也可以仅限于对部分经营活动和内部控制进行评价。如果必要,审计结论还应当包括对出色业绩的肯定。

（五）审计意见

审计意见是针对审计发现的主要问题提出的处理意见。审计意见的权威性取决于组织适当管理层对内部审计机构的授权。

（六）审计建议

审计建议是针对审计发现的主要问题,提出的改善业务活动、内部控制和风险管理的建议。例如,如果现有系统需要全部或局部改变,审计建议可以包括改进的方案设计、方案实施的要求、方案实施效果的预计以及未实施改进方案的后果分析等。

本章小结

本章阐述审计报告的概念和种类,说明国家审计报告的作用和内容以及国家审计报告的编审程序；阐述注册会计师审计报告的作用,说明注册会计师签发各种类型审计意见的条件和注册会计师审计报告的格式及措辞；阐述内部审计报告的作用和内容。

思考题

1. 什么是审计报告？审计报告包括哪些种类？
2. 简述国家审计报告的作用及国家审计报告的构成要素。
3. 国家审计报告的编审程序有哪些？
4. 简述注册会计师审计报告的作用及种类。
5. 注册会计师审计报告的结构和基本内容是如何加以规范的？
6. 说明注册会计师签发无保留意见审计报告应具备哪些基本条件。
7. 说明在哪些情形下,注册会计师应签发带强调事项段的无保留意见。
8. 分别说明注册会计师签发保留意见、否定意见、无法表示意见的条件。
9. 简述内部审计报告的作用、主要要素和内容。

练习题

一、单项选择题

1. 审计报告日应为(　　)。
   A. 审计人员已获取充分证据离开被审计单位现场的日期
   B. 审计人员编写完审计报告的日期
   C. 审计人员提交审计报告的日期
   D. 被审计单位管理层正式签署已审计会计报表的日期

2. 下列专业术语中,用于保留意见的是(　　)。
   A. 由于无法实施必要的审计程序　　B. 我们认为,上述财务报表……
   C. 除上述问题造成影响外　　D. 由于上述问题造成重大影响

3. 强调事项段是在(　　)之后增加的对重大事项予以强调的段落。
   A. 管理层对财务报表的责任段　　B. 注册会计师的责任段
   C. 引言段　　D. 意见段

4. 下列情况中,应对被审计单位的财务报表发表保留意见或无法表示意见的是(　　)。
   A. 被审计单位拒绝接受审计人员就重大事项提出的调整或披露建议
   B. 被审计单位管理层拒绝出具声明书
   C. 被审计单位拒绝就重大的期后事项进行调整或披露
   D. 被审计单位拒绝接受就内部控制中的严重缺陷所提出的改进建议

二、多项选择题

1. 应当在审计报告的意见段之后增加强调事项段的情形有(　　)。
   A. 存在可能导致对持续经营能力产生重大疑虑的事项或情况
   B. 存在可能对财务报表产生重大影响的或有事项
   C. 会计政策、会计估计发生变更且对财务报表产生重大影响
   D. 强调重大的关联方交易、重大的期后事项及重大的会计差错更正

2. 审计人员之所以出具保留意见的审计报告,是因为下列事项的存在及其影响(　　)。
   A. 审计范围受到限制　　B. 未调整事项
   C. 待定事项　　D. 不符合一贯性原则的事项

3. 管理层对财务报表的责任段包括(　　)。
   A. 选择和运用恰当的会计政策
   B. 设计、实施和维护与财务报表编制相关的内部控制,以使财务报表不存在由于舞弊或错误而导致的重大错报
   C. 做出合理的会计估计
   D. 获取充分适当的审计证据

4. 可能导致审计人员出具无法表示意见的事项包括(　　)。

A. 存在重大不确定事项
B. 管理层拒绝签署管理层声明书
C. 拒绝提供利润分配表
D. 有20%的存货未能实施监盘,占资产总额的5%

三、判断题

1. 无保留意见的审计报告意味着审计人员通过实施审计程序认为被审计单位的财务报表不存在错报。（　）

2. 在被审计单位变更了主要会计政策后,如果审计人员认为该变更是合理的,且被审计单位已按规定在财务报表附注中进行了披露,则可以考虑出具标准的无保留意见审计报告。（　）

3. 如果认为被审计单位财务报表存在未调整错报,则在确定审计意见类型时,财务报表认定层次的重要性水平是区分无保留意见与保留意见的参照标准,财务报表层次的重要性水平是区分保留意见与否定意见的参照标准。（　）

4. 如果被审计单位对营业收入的确认处理不符合会计制度规定,则既可能导致审计人员出具保留意见,又可能导致出具否定意见,但一般不会导致无法表示意见。（　）

5. 在注册会计师的责任段中应当说明的内容包括须对被审计单位内部控制的有效性发表意见。（　）

四、业务题

资料:ABC会计师事务所的注册会计师李某和王某对XYZ股份有限公司2010年度的财务报表进行审计。已知XYZ股份有限公司2010年度审计前的财务报表反映的资产总额为8 000万元,股东权益总额为2 400万元,利润总额为300万元。经审计,李某和王某发现该公司存在下列五个事项:

(1)2009年末和2010年末应收账款余额分别为1 200万元和1 800万元,公司的坏账核算方法一直采用备抵法,但公司将其坏账准备比例由2009年的5‰变更为2010年的3‰。

(2)2010年5月1日,公司为增加营运资金,按面值发行了2年期、面值共4 200万元、票面利率为年利率10%的企业债券。公司当日筹足了资金并按规定作了相应的会计处理(债券发行费用忽略不计),但当年未计提债券利息。

(3)2010年10月31日,公司清查盘点成品仓库,发现Y产品短缺40万元,公司据此作了借记"待处理财产损溢"科目40万元,贷记"产成品"科目40万元的会计处理。2011年1月,公司查清了短缺原因,其中属于一般经营损失部分为35万元,属于非常损失部分为5万元,但由于结账时间在前,因此公司未在2010年度财务报表中包含对这一事项相应的会计处理。

(4)2010年1月,公司购买价格为24万元的管理部门用轿车一部并入账,当月启用,但当月未计提折旧。公司采用平均年限法核算固定资产折旧。该类固定资产预计使用年限为5年,预计净残值率为5%。

(5)2011年1月10日,公司原材料仓库因火灾造成Z原材料毁损250万元,公司于当月按规定进行了相应的会计处理。

假定注册会计师所确定的财务报表层次的重要性水平为30万元,审计外勤工作结束日是2011年3月15日,并于2011年3月25日递交审计报告。

要求:

(1)若不考虑审计重要性水平因素,审计人员应分别针对审计过程中发现的上述事项提出何种处理建议?若需提出调整建议,请列示出审计调整分录(不考虑审计调整分录对税费、期末结转损益及利润分配的影响)。

(2)如果XYZ股份有限公司拒绝接受审计人员针对上述事项所提出的处理建议,指出审计人员应当出具何种意见类型的审计报告并简要说明理由。

(3)如果XYZ股份有限公司只存在上述第(4)和第(5)这两个事项,并且接受了审计人员针对第(5)个事项所提出的处理建议,但拒绝接受对第(4)个事项所提出的处理建议,则审计人员应当出具何种意见类型的审计报告?

(4)如果XYZ股份有限公司只存在上述第(3)、(4)、(5)这三个事项,并且接受了审计人员针对第(5)个事项提出的处理建议,但拒绝接受对第(3)和第(4)个事项所提出的处理建议,请代审计人员李某和王某编制一份审计报告。

第十七章

审计抽样

学习目的: 通过本章学习,掌握审计人员可以使用的用以选取测试项目的方法及其适用条件;熟悉审计抽样的含义以及现代审计推出并大量采用抽样方法的理论基础和现实依据;掌握抽样风险的概念和具体表现形式以及对审计结果的影响;熟悉非抽样风险的概念和具体表现形式;了解采用抽样方法的基本程序;熟悉统计抽样中样本规模的确定因素;熟悉随机原则的概念;掌握各种选样方法的具体操作;熟悉统计抽样法和判断抽样法的特点;熟悉属性抽样法和变量抽样法的具体技术及其具体运用。

引导案例:

斯特公司案

经营橡胶进口和销售的斯特公司由于营运资金缺乏,向厄特马斯公司提出一笔10万美元的贷款,并应其要求聘请道奇与尼文会计师事务所对其1923年的资产负债表进行审计。根据经审计后的资产负债表,斯特公司的总资产已超过250万美元,且有近100万元的净资产,厄特马斯公司即向斯特公司提供了16.50万元的贷款。1925年,斯特公司宣告破产,厄特马斯公司开始起诉道奇与尼文会计师事务所。

法庭调查时发现,事务所对斯特公司的审计工作是由西斯完成的,他对于公司提供的17张虚假销售发票所载的70.60万美元的销售收入未实施必要的审查,就确认了一笔销售收入和应收账款的会计记录,造成公司虚增巨额资产和收益。厄特马斯公司的律师指出事务所的审计人员应该很轻易地查出斯特公司会计报表中存在的这一重大错报。如果这一错报被纠正的话,将使斯特公司报告的净资产减少近70%,那么厄特马斯公司也就不可能贷给它如此大额的款项了。道奇与尼文会计师事务所的律师为此项疏忽辩护称,审计主要是"抽样测试",而不是对所有账目进行详细的检查。随后又辩解说,这17张假发票并未包含在被检查的200多张发票之内是不足为奇的。

法庭对此案的裁决指出:虽然通常审计是建立在以抽样为基础的原则之上的,但鉴于斯特公司记录的12月份大额销售收入性质可疑,会计师事务所有责任对其进行特别的审查。对于在日常商业过程中记入账簿的账户来说,用抽样和测试的方式来进行查账就已经足够了,但由于特殊情况所决定,道奇与尼文会计师事务所必须对12月份的应收账款和销售收入账户实施详细地审查。

第一节 审计抽样概述

与传统审计相比,现代审计的一个显著特征就是,在评价被审计单位内部控制和审计风险的基础上进行抽样审计。抽样审计的产生是审计方法的一大进步,它有力地推动了审计工作的开展,使审计人员能够从机械而繁重的事务性工作中解脱出来,使现代审计能够以更低的成本、更高的效率,并以前所未有的广度和深度展开。

一、选取测试项目的适当方法

在设计审计程序时,审计人员应当确定用以选取测试项目的适当方法,以获取充分、适当的审计证据,实现审计程序的目标。审计人员可以使用的方法包括选取全部项目、选取特定项目和审计抽样。审计人员可以根据具体情况,单独或综合使用选取测试项目的方法。

(一)选取全部项目

选取全部项目就是审计人员对总体中的全部项目进行检查,这种方法通常更适用于余额的实质性测试。当存在下列情形之一时,审计人员应当考虑选取全部项目进行测试:

1. 总体由少量的大额项目构成;
2. 存在特别风险且其他方法未提供充分、适当的审计证据;
3. 由于信息系统自动执行的计算或其他程序具有重复性,对全部项目进行检查符合成本效益原则。

(二)选取特定项目

根据对被审计单位的了解、评估的重大错报风险以及所测试总体的特征等,审计人员可以确定从总体中选取特定项目进行测试。审计人员选取的特定项目可能包括:

1. 大额或关键项目;
2. 超过某一金额的全部项目;
3. 被用于获取某些信息的项目;
4. 被用于测试控制活动的项目。

选取特定项目实施检查通常是获取审计证据的有效手段,但并不构成审计抽样。对按照这种方法所选取的项目实施审计程序的结果,不能推断至整个总体。当总体的剩余部分重大时,审计人员应当考虑是否需要针对该剩余部分获取充分、适当的审计证据。

(三)审计抽样

审计抽样是指审计人员从某一特定的审计对象(审计总体)中,按一定方式抽取一部分具有代表性的审查对象(样本)进行审查,并用样本的审查结果推断审计总体特征的审计方法。现代审计中大量采用抽样审计方法意味着审计人员没有可能也没有必要对被审计单位的所有经济业务、所有会计记录进行全面的详细审查,而只需恰到好处地检查部分经济业务和会计记录,就可以推断和估计全部审计对象的整体情况。

二、审计抽样的理论基础和现实依据

现代审计推出并大量采用抽样方法是有其深刻的理论基础和现实依据的。

(一)审计目的的变迁使审计抽样成为必然

审计自产生以来,由于其自身和外部诸多环境因素的影响和制约,导致了审计目的的不断变迁。传统审计认为,审计和会计是密不可分的,审计的目的是"查错防弊",因此必须以全部会计记录为审查对象,只有采用这种逐项全面的审查,才能确定审查对象的合法性、真实性和完整性,也才能最好地实现"查错防弊"的目的。然而,在审计目的从"查错防弊"向"对财务报表的公允性表达意见"转变之后,将全部会计记录作为审查对象进行详细审查已无任何必要。在此目的之下,只要求审计人员运用一定的审计方法收集充分、可靠的审计证据,以为表达审计意见提供合理保证,因此审计目的的这一变迁使审计抽样发展成为必然。

(二)审计对象的多元化和复杂性使审计抽样成为必需

随着社会生产力水平的提高,经济活动的发生日益频繁且日益复杂,股份制公司、跨国公司等新的经济形式的不断涌现导致经济责任关系日益呈现多元化、多层次和复杂化趋势,同时使得现代企业的规模也越来越大。在这样的情况下,如果仍然采用传统的详细审查方法,势必会耗费很长的时间和巨大的人力、物力和财力,这无论对于审计机构还是被审计单位都是难以承受的。因此,在现代审计要求时效性更强、效率性更高的情况下也必须实行既省时又省力的抽样审计。

(三)企业内部控制的完善为审计抽样创造了现实依据

传统审计阶段,企业规模较小,生产程序简单,经济业务数量有限,管理活动未能受到足够重视,根本无内部控制可言,此时发生错误和舞弊的可能性很大,频率也很高,且发生后不易被发现,往往需要通过审计予以查错防弊。随着现代企业管理理论和实务的发展,企业内部控制环境日益优化,内部控制日益完善,会计记录中出现差错与舞弊的可能性减少,即或发生了错误和舞弊也较易发现并及时纠正,企业内部形成了一种自我约束自我调节的机制,这不仅使得全面的详细审计成为多余,而且也为抽样审计方法的运用创造了较为合理的现实基础,使得审计人员可以在评审内部控制的基础上,有针对性地确定抽查的范围,合理地选取被审查的样本。对于内部控制较为完善的环节可以少抽取或不抽取样本进行审查,而对于内部控制不很完善的环节则必须多抽取样本,甚至全面详细地进行审查。内部控制的日益健全,使审计抽样更加趋于科学,也在很大程度上克服了判断抽样的诸多缺陷。

(四)概率和数理统计理论与技术的发展为审计抽样提供了理论和技术依据

概率和数理统计理论在审计抽样中的运用,促进了审计抽样从主观的、任意的判断抽样阶段向科学的、合理的统计抽样阶段的发展,正是这一理论和方法基础的引入才使得审计抽样真正成为一种十分有效的审计方法。它不仅使得抽样数量的确定、抽样方法的选择有了客观的基础,而且能够预先控制抽样误差,并对样本结果予以恰当的评价。

三、审计抽样的具体实施

(一)审计抽样的基本程序

在采用抽样方法实施审计的过程中一般应经过以下几个基本程序:

1. 确定被审查总体的范围

在实施抽样之前必须首先确定被审查总体的范围,即应在哪些项目中进行抽样。被审计总体的确定十分重要,因为它将直接关系到审计目的的实现和抽样结果的准确性,因此确定被审查总体时应注意以下几个方面:

(1)被审查总体与具体审计目的的相关性。确定被审查总体的范围必须与具体审计目的直接相关,这样从总体中抽取样本进行审查,再用审查结果推断总体特征的结论才能实现具体审计目的,否则将直接影响审计目的的实现。

(2)被审查总体中项目的同质性。被审查总体中的项目应具备相同或相类似的性质,如果完全不同质的项目存在在一个总体中将影响抽样结果的可靠性。

(3)被审查总体中项目的可辨性。被审查总体中的项目应具备明显的、共同的可辨识标志,以利于抽样方法的实施。例如这些项目是否有预先的编号,排列顺序如何都将影响某些抽样方法的实施。

(4)被审查总体中项目的充分性。被审查总体中必须达到一定的数量:一是为保证证据的充分性,二是为保证抽样的准确性。当总体中的项目很少时,就不能实施抽样。

2. 确定样本规模

从被审查总体中抽取样本的数量称为样本规模。在审计抽样中,样本规模过小就不能反映出总体的特征,而样本规模过大则会加大审计成本,失去抽样的意义。因此确定样本规模也十分重要。在判断抽样中,审计人员凭借经验来确定样本规模。在统计抽样中,样本规模的确定有以下四个决定因素:

(1)总体数量。总体数量对样本规模只有很小的影响,当总体规模达到5 000个抽样单位之后,对样本规模甚至没有任何影响;当总体规模超过无穷大时,样本规模将不受总体数量的影响。

(2)预期总体误差。预期总体误差是指总体的差错率,它对样本规模有重大和直接的影响,预期总体误差越高,所需要的样本规模就应越大。

(3)可容忍误差。在抽样审查中,由于是从总体中抽取一部分样本进行审查,而并非全部审查,因此从样本特征所推断的总体特征与实际的总体特征之间必然存在着抽样误差。可容忍误差就反映了审计人员可以接受的这一误差的最大值,它与样本规模成反比,可容忍误差越小,抽样规模就应越大,反之就越小。

(4)可信赖程度。可容忍误差说明了样本推断结论与总体实际情况间的差异,而可信赖程度则说明总体实际情况必定落在这一误差范围内的可能程度,即通过统计抽样所得出审计结论的可信赖程度。审计结论的可信赖程度与抽样规模成正比,要求可信赖程度越高,抽样规模就越大,反之则越小。

3. 选取样本项目

确定了总体范围和样本规模后,就应开始实施选样,即从总体中选取相当于样本规模数量的样本。选样方法有很多,按照是否运用随机原则可以分为统计抽样法和判断抽样法两类。所谓随机原则是指在选取样本时,总体项目选中与否完全是由概率因素决定,主观因素不起任何作用,因而每一个总体项目都有同等被选中的机会。一般来讲,样本项目的选取越遵循随机原则,其样本对总体的代表性就越高。

4. 审查样本项目

审计人员抽取了样本之后,要对每一个样本进行审查,从而获得样本的差错率,并将这一样本差错率与预期总体误差进行比较,以确定所使用的样本规模是否合适,如不合适应作适当调整。一般来讲,样本差错率与预期总体误差如果大致相同,则说明对总体中的错误估计恰当,预期的总体误差率较为正确,以此确定的样本规模是合适的;如果样本差错率小于预期总体误差,则说明对总体中的错误估计过分,预期总体误差率过大,以此确定的样本规模也过大,但也无缩小样本规模的必要;如果样本差错率大于预期总体误差,则说明对总体中的错误估计不足,预期的总体误差过小,以此确定的样本规模也过小,此时必须以样本差错率代替预期总体误差,重新确定样本规模,抽取和审查新增的样本项目,并重新获得样本差错率,再与预期总体误差比较,直至小于或等于它为止。经过上述的审查和比较过程后,审计人员应把最终的审查结果记录下来,作为推断总体特征,即总体差错率的依据。

5. 形成审计结论

审计抽样的最终目的不在于抽取和审查样本,而是希望通过审查样本,从样本特征推断总体特征,从而形成针对总体的审计结论。根据样本的审查结果,了解样本的差错率,以此去推断总体的差错率,并计算在预先确定的可靠程度之上,样本推断结果与实际情况之间的误差有多大,并将这一误差控制在审计人员可以接受的范围之内,从而获得切合实际的审计结论。因此,审计人员在根据样本审查结果直接推断总体错报的基础之上,再加上抽样误差和抽样风险之后,即可得出总体中存在错报的估计值。

继而审计人员根据上述得出的总体中的错报估计值与事先为该总体计划的重要性水平相对照,如果没有超出重要性水平,则可认定该总体中的错报数额是可以接受的。相反,总体的错报额就是不可以接受的。此时,审计人员可以采取以下几项措施:

(1)暂时不采取任何措施,等到其他项目的审计测试完成之后,综合考虑错报的累计数对各财务报表项目和财务报表整体的影响,再进而确定错报数额是否可以接受;

(2)在特定领域内扩大测试范围,如果审计人员对错报的分析表明造成大多数错报的原因相同,或者审计人员为谨慎起见希望寻求降低抽样风险的途径,此时审计人员就可以扩大计划的测试范围,而抽样误差和总体的可接受程度则需按照新的测试结果重新确定;

(3)要求被审计单位调整账户余额,通过将错误的账户余额进行调整之后,总体中已发现的错报水平会下降,此时需重新考虑抽样误差和错报的估计数额。

(二)审计抽样中样本的选取方法

在抽样审计中经常使用的选样方法有:

1. 随机数表选样法

随机数表选样法是利用随机数表选取样本项目的一种随机选样方法。随机数列也称乱数表,它是由随机生成的从 0 到 9 十个数字所组成的数表,每个数字在表中出现的次数

是大致相同的,它们出现在表上的顺序是随机的。表17-1就是五位随机数表的一部分。随机数表选样的步骤如下:

(1)对总体项目进行连续编号。编号的目的在于确定总体项目的标志并确定所使用的随机数的位数。一般情况下,编号可利用总体项目中原有的某些编号,如凭证号、支票号、发票号。在没有事先编号的情况下,审计人员需按一定的方法进行编号。如由40页、每页50行组成的应收账款明细表,可采用4位数字编号,前2位由01到40的整数组成,表示该记录在明细表中的页数,后2位数字由01到50的整数构成,表示该记录的行次。这样,编号0534表示第5页第34行的记录。所需使用的随机数的位数一般由总体项目数或编号位数决定。如前例中可采用4位随机数表,也可以使用5位随机数表的前4位数字或后4位数字。

(2)从随机数表中任选一行或任何一栏开始,按照一定的方向(上下左右均可)依次查找,符合总体项目编号要求的数字,即为选中的号码,与此号码相对应的总体项目即为样本项目,一直到选足所需的样本量为止。例如从前述应收账款明细表的2 000个记录中选择10个样本,总体编号规则如前所述,即前2位数字不能超过40,后2位数字不能超过50。如从表17-1第一行第一列开始使用前4位随机数,向右查找,则选中的样本为编号3204、0741、0903、0941、3815、2216、0141、3723、0550、3748的10个记录。

表17-1 随机数表

行	列									
	1	2	3	4	5	6	7	8	9	10
1	32044	69037	29655	92114	81034	40582	01584	77184	85762	46505
2	23821	96070	82592	81642	08971	07411	09037	81530	56195	98425
3	82383	94987	66441	28677	95961	78346	37916	09416	42438	48432
4	68310	21792	71635	86089	38157	95620	96718	79554	50209	17705
5	94856	76940	22165	01414	01413	37231	05509	37489	56459	52983
6	95000	61958	83430	98250	70030	05436	74814	45978	09277	13827
7	20764	64638	11359	32556	89822	02713	81293	52970	25080	33555
8	71401	17964	50940	95753	34905	93566	36318	79530	51105	26952
9	38464	75707	16750	61371	01523	69205	32122	03436	14489	02086
10	59442	59247	74955	82835	98378	83513	47870	20795	01352	89906

2.系统选样法

系统选样法又称等距选样法。使用系统选样法时,审计人员首先计算抽样间距,然后从第一个间距中选择一个随机起点,以随机起点作为开端,按照计算的抽样间距等距离地选取样本。抽样间距按下式计算:

$$抽样间距 = \frac{总体规模}{样本规模}$$

例如,从前述 2 000 个应收账款记录中选择 200 个记录进行测试,则抽样间距为 10,如从第 1 个间距中选择 1 个随机数 4 作为随机起点,则样本为编号 0104,0114,0124,…,4034,4044 的 200 个记录。

系统选样法具有简便易行的特点,但只有在总体的特征随机分布于总体中时,选择的样本才具有代表性。如果测试的特征在总体内的分布具有某种规律性,则选择的样本的代表性就可能较差,如应收账款明细表每页的记录均以账龄的长短按先后次序排列,则选中的 200 个样本可能多数是账龄相同的记录。

为克服系统选样法的这一缺点,可采用的办法有:一是增加随机起点的个数,二是在确定选样方法之前对总体特征的分布进行观察。如发现总体特征的分布呈随机分布,则采用系统选样法;否则,可考虑使用其他选样方法。

3. 分层选样法

分层选样法是按照一定标准将总体划分为若干层次或类型。然后再对各层次或各种类型的项目进行随机选样。严格来讲,分层选样法并非一种独立的样本选择方法,它必须结合随机数表法等方法使用。但使用该方法可以使审计人员将样本的选择与总体中的关键项目联系起来,并能针对不同的层次采用适当的审计技术。而且,由于分层选样法将相对同质的项目划为一类,可提高样本在其所在层次的代表性;在针对相同总体选择同样规模的样本时,分层选样比纯粹的随机选样产生的误差小,对于情况比较复杂,项目之间特征差异较大的总体的样本选择更具优越性。分层选样是国内外审计实践中广泛采用的一种方法。

例如,对应收账款进行测试时,依据各项记录的金额大小作为分层标准,然后针对不同层次采用不同的测试方法,如表 17-2 所示。

表 17-2 分层选样

层次	分层标准	测试规模(%)	选样方法
1	金额在 100 000 元以上	100	详查
2	金额在 50 000 元至 100 000 元以上	20	随机数表选样
3	金额在 50 000 元以上	1	系统选样

4. 货币单位选样法

货币单位选样法是以总体金额(元)作为样本单位进行选样的一种方法。在该方法下总体中的每个货币单位被选中的机会相同,所以总体中某一项目被选中的概率等于该项目的金额与总体金额的比率。项目金额越大,被选中的概率就越大。应用货币单位选样法的步骤如下:

(1)将负数金额从总体中删除;
(2)计算总体项目的累计金额表;
(3)根据所需的样本规模,按照随机数表法或系统选样法选取随机数字;
(4)找出选取的随机数在累计金额表中的位置,与此相对应的项目,即为样本项目。

例如,欲从 9 张销售发票组成的总体中选择 4 张进行测试,已知 9 张发票总计金额为

5 000元,总体项目单位的累计金额表如表17-3所示。

表17-3 总体项目累计金额表 单位:元

项目号	记录金额	累计金额
1	524	524
2	1 176	1 700
3	416	2 116
4	215	2 331
5	604	2 935
6	965	3 900
7	404	4 304
8	340	4 644
9	356	5 000

采用系统选样法计算的抽样间距 $=\dfrac{5\ 000}{4}=1\ 250$

在第一个间距内选择随机数500,则选出的4个样本数额为500、1 750、3 000、4 250,这4个数字分别包含在第1、3、6、7张销售发票的累计金额之内,选择样本即为这4张发票。

在货币单位选样法下,高金额项目被选中的机会较大。因此,它一般适用于总体中错误多为高估错误(如应收账款多记)并且其记录值不为零或负数的情形。因为存在低估错误的记录被选中的机会一般较小,记录值为零或负数的记录则完全没有被选中的机会,所以应用货币单位选样法难以发现这类错误。

5. 整群选样法

整群选样法是先将总体项目按某一标志分成若干群,然后使用随机数表选样或系统选样方法,按群选取样本项目的一种选样方法。整群选样与其他选样方法的差别主要在于,它不是一个个项目,而是成组成群地选取样本项目。

例如,将全年的现金支出凭单按星期划分为52个组,现从中选出5个星期进行审查。如果利用前面的随机数表,从第1行第1列的后2位数字开始,按照从左到右的顺序选样的话,那么被选中的星期数为44、37、14、34、5,即样本就应由第5、14、34、37、44个星期的现金支出凭单所组成。

整群选样法使用起来比较方便,但样本的代表性可能差些。一般在需要选取的样本项目较多,且样本特征呈均匀分布的情况下,使用这种方法比较适宜。

6. 判断选样法

审计人员可以按照自己对被审计对象的了解,根据自己的职业经验对容易出现错误的样本做出判断,并选择为样本进行审查。比如,审计人员发现由于出纳休假,此间的支票是由另一名员工开具的,审计人员可能认为由于该员工对开具支票的工作并不熟练,出现错误的可能性较大,由该员工开具的发票将更多地被选择为样本。

四、审计抽样风险及其控制

(一)审计抽样中的风险

在运用审计抽样的过程中,有两类风险因素可能导致样本的选择和测试,或者总体特征的推断出现偏差,进而可能导致错误的审计结论,它们是抽样风险和非抽样风险。

1.抽样风险

由于采用抽样审查方法,即并非对总体中100%的项目进行审查,而只是对抽取的样本进行审查,并从样本特征推断总体特征,由此得出的审计结论与总体实际情况间必然存在着差异。这一差异就是造成抽样风险的主要原因。抽样风险具体表现为以下几种:

(1)控制测试中的抽样风险。控制测试中的抽样风险主要有两种:一是过度信赖风险,二是信赖不足风险。过度信赖风险是指在对内部控制的执行情况进行测试时,通过样本的考察,得出信赖内部控制的结论,但总体的实际情况可能并不足以支持这一结论。即在审计人员选取的样本中,内部控制程序较之总体水平得到更好的执行,这样对样本考察的结果将导致审计人员对内部控制给予过度的信赖。信赖不足风险,指对内部控制的执行进行测试时,基于对样本的考察得出了不能信赖内部控制的结论,但总体的实际情况却是可以信赖的,即对内部控制应该信赖而未予信赖。

(2)实质性测试中的抽样风险。实质性测试中的抽样风险也有两种:一是误拒风险,二是误受风险。误拒风险是指在对财务报表项目或账户余额的正确性进行测试时,实际上某项余额正确,而审计人员通过考察样本却得出该余额不正确的结论,即将事实上正确的余额看成是错误的余额。误受风险是指实际上某项余额是错误的,而审计人员考察样本后却得出该项余额正确的结论,即将事实上错误的余额误作为正确的予以接受。

2.非抽样风险

非抽样风险是指由于采用抽样审查方法之外的其他原因所造成的风险。例如,审计程序设计不当、审计方法选择不合理、审计人员工作疏忽等原因,导致审计目标难以实现。非抽样风险一般难以量化,可以通过审计程序和审计方法的科学周密设计以及审计工作的适当监督指导将其消除或减少。

(二)对抽样风险的控制

1.对Ⅰ类抽样风险的控制

信赖不足风险和误拒风险都是将正确判断为错误的风险,我们称其为Ⅰ类风险或 α 风险。此类风险出现时,审计总体实际上是正确的,或者不存在重大实质性错误,但是审计人员根据从审计总体中随机抽取的样本项目审查的结果判断得出审计总体是错误的或者存在重大实质性错误的结论,从而拒绝了原本认为审计总体是正确的或者没有重大实质性错误而应予以接受的审计结论。此类风险主要与审计效率相关,它将直接导致测试范围扩大,样本容量增加,使审计效率下降。

对Ⅰ类风险最为有效的控制方法就是扩大审查的样本规模,因为增大样本容量,可以提高样本对审计总体特征的代表性,从而使抽样结果更为有效。这种方法不仅符合公认审计准则的要求,而且也为被审计单位所愿意接受,他们愿意审计人员充分地审核审计总体项目,以表明自己有关审计总体的报告是正确的。因此,在抽样审计中,通常是使用增大样本规模的方法来控制和降低审计人员可能承担的Ⅰ类抽样风险水平的。

2. 对Ⅱ类抽样风险的控制

与Ⅰ类风险相对应,过度信赖风险和误受风险都是将错误判断为正确的风险,我们称其为Ⅱ类风险或β风险。此类风险出现时,审计总体实际上是错误的,或者存在重大实质性错误,但是审计人员根据从审计总体中随机抽取的样本项目审查的结果判断得出审计总体是正确的或者没有重大实质性错误的结论,从而接受了实质上是错误的应予以拒绝的审计总体。此类风险主要与审计效果相关,它将直接导致错误的和不可靠的审计结论,使审计工作质量下降。

由于Ⅱ类风险直接影响审计质量,而且不易被审计人员较早地察觉,也就是说,对于一个错误的审计总体,审计人员依据样本审查结果接受了它,被审计单位往往不会提出异议,当在审计过程后期发现了潜在的Ⅱ类错误时,往往为时已晚,常常使审计人员十分被动。因此对Ⅱ类风险的控制更加重要,而控制Ⅱ类风险最为有效的方法就是改进抽样方法,因为所选用的抽样方法越科学,其对抽样过程的精度限度就越高,抽样结果的可靠性程度也越高,只有这样才能有效地将Ⅱ类风险控制在审计人员可以接受的范围之内,以保证审计工作的质量。

案例 17-1

如果你不准备信任它,就不要使用它

布鲁克斯会计师事务所在实施审计测试时总是尽可能使用随机抽样方法。他们认为,这种方法给予他们从客户会计资料中取得有代表性的样本的最好机会。在对赛申诺产品公司进行审计的过程中,他们从总体为1 800个项目的存货中随机选取了30个项目作为样本,以测试存货的单位成本和总成本。在对30个样本的审查结束后只发现了1个错误,但是很大的一个错误。在调查这项错误时,赛申诺产品公司财务总监告诉实施这一测试的审计师哈罗德·戴维斯这项错误是在正式的存货管理员休假期间发生的,确实只是一项"唯一"的错误。

哈罗德知道,公认审计准则要求根据随机样本中的错误金额推断整个总体的错误金额。假如这样做的话,这种推断就是用已发现的错误金额乘以60(1 800÷30)。而这样则会导致审计调整或扩大审计测试。哈罗德知道客户会对此感到不满,因为审计调整必然会减少本来就已经很"勉强"的净收益数字,同时扩大审计测试也会导致审计费用的提高。如果这项错误真的像客户所称是"唯一"的话,那么它就不会导致审计调整。

哈罗德决定从此项错报是"唯一"的这一情况发生概率的角度来考虑这种情况。他算出从1 800个项目的总体中选取样本量为30个项目的样本,其中只包含一个"唯一"错误的概率只有大约1/60。然后,他考虑把赌注押在接受客户关于错报的唯一性的声明上。如果他接受客户的声明,而不进行从样本特征推断总体的工作的话,他实际上是把自己的事业押在一个成功率只有六1/60的机会上。很快哈罗德就认识到职业准则的明智性,并决定实施从样本特征推断总体的工作。

第二节 统计抽样方法

统计抽样方法是概率论和数理统计方法与审计相结合的产物,它是按照随机原则进行样本的选取,使用数理统计方法确定样本规模并对总体进行推断的一种审计方法。其优点主要体现在以下几个方面:

1. 通过科学地确定样本规模,避免判断抽样法中样本过多或过少的现象;
2. 采用随机原则进行样本选择,减少了人为的偏见;
3. 审计人员能够将抽样风险数量化,并加以控制;
4. 运用概率统计理论对样本结果进行评价推断总体特征,所得出的审计结论具有科学的依据。

审计人员实施的审计测试一般分为控制测试和实质性测试。审计人员通过运用控制测试,对被审计单位的内部控制结构进行审查,以了解其内部控制的健全和完善程度,并以此作为确定实质性测试范围的依据。审计人员通过运用实质性测试,对被审计单位涉及数额或货币值的经济业务,以及财务报表的期末余额进行审查,以确定这些数额或余额是否正确,并以此作为形成审计结论和表达审计意见的依据。由于控制测试和实质性测试的性质、工作方法的不同,统计抽样方法在两种测试中的具体运用也不尽相同。但在运用抽样方法时,必须明确以下两点:一是只有被测试的控制程序留有书面证据时,才能运用抽样方法,否则审查总体不好确定,样本也无从选择;二是只有确定需要进行大规模的控制测试时,才能运用抽样方法。

一、统计抽样方法在控制测试中的运用——属性抽样法

(一)属性抽样法的基本原理

根据控制测试的特点,最适合使用的统计抽样方法是属性抽样法。属性抽样法是一种用来推断总体中具有某一特征的项目所占比率的统计抽样方法。这一比率也被称为发生率,常以百分比来表示。在审计实务中,审计人员常常对总体中的例外情况感兴趣,并将其发生率称为错误率。在控制测试中,审计人员要对内部控制是否健全,执行是否有效做出推断,其推断的依据正是所欲测试的总体中内部控制不健全或没有被有效执行的例外情况的发生率,也就是说审计人员只需做出总体错误率是多少、被审查对象能否接受的结论,而不必对总体错误的金额大小做出估计。属性抽样法正是满足了这一需求,将重点放在了对被审计对象总体的质量特征进行定性评价之上,因此比较适用于内部控制中凭证的处理、工资的计算、存货计价、折旧计算等业务的测试。

(二)属性抽样的基本方法

1. 固定样本量抽样

固定样本量抽样是广泛使用的属性抽样方法,常用于估计审计对象总体中某种误差发生的比例,通常用"多大比例"来衡量误差发生的频率。例如,用这种方法估计没有授权签字的付款凭单数,审计人员就可以得出这样的结论:"有95%的可信赖程度说明没有授

权签字的付款凭单数占总体的2%~6%。"固定样本量抽样的基本步骤如下：

(1)确定审计目标。假定审计人员准备审查被审计单位核准支付采购货款这一内部控制程序，他们就会关注该程序设计的有效性和执行的准确性。

(2)定义"误差"。在审查核对支付采购货款这一内部控制程序时，审计人员如果发现下列问题都应定义为"误差"：①付款凭单没有适当的授权签字；②付款凭单后附的单据不全，后附的单据应该包括请购单、订购单、验收报告、入库单、采购发票等；③付款凭单与后附的单据存在不一致的情况，或者后附的单据之间存在不一致的情况等。

(3)定义审计对象总体。在该项测试中，审计对象总体可以确定为连续编号的所有付款凭单，每张凭单就构成一个抽样单位。

(4)确定样本选取方法。因为凭单具有连续编号，所有审计人员决定采用随机选样方法。

(5)确定样本规模。在统计抽样中，样本规模的确定受三个指标的影响。假定预期总体误差率为1%、可容忍误差率为4%、可信赖程度为95%，因此，根据统计抽样样本量表（见表17-4）查出应选取的样本量为156个。同时，样本中的预期误差数为1，这就意味着如果在样本中发现两个或两个以上的误差，就说明抽样结果不能支持审计人员对内部控制的预期信赖程度。

表17-4　95%的可信赖程度下统计抽样的样本量表

预期总体误差(%)	可容忍误差率						
	2%	3%	4%	5%	6%	7%	8%
0.00	149(0)	99(0)	74(0)	59(0)	49(0)	42(0)	36(0)
0.25	236(1)	157(1)	117(1)	93(1)	78(1)	66(1)	58(1)
0.50	*	157(1)	117(1)	93(1)	78(1)	66(1)	58(1)
0.75	*	208(1)	117(1)	93(1)	78(1)	66(1)	58(1)
1.00	*	*	156(1)	93(1)	78(1)	66(1)	58(1)
1.25	*	*	156(1)	124(2)	78(1)	66(1)	58(1)
1.50	*	*	192(3)	124(2)	103(2)	88(2)	77(2)
1.75	*	*	227(4)	153(3)	103(2)	88(2)	77(2)
2.00	*	*	*	181(4)	127(3)	88(2)	77(2)
2.25	*	*	*	208(5)	127(3)	88(2)	77(2)
2.50	*	*	*	*	150(4)	109(3)	77(2)
2.75	*	*	*	*	173(5)	109(3)	95(3)
3.00	*	*	*	*	195(6)	129(4)	95(3)

(6)选取样本并进行审查。确定了样本量为156个之后，审计人员就可以根据随机数表在所有的付款凭单中选择156张凭单，并对这156张凭单执行审查，以发现是否存在上述所定义的误差。

(7)评价抽样结果。审计人员在对所有的样本进行审查之后,应将发现的误差进行汇总,并评价抽样结果。审计人员在评价抽样结果时,不仅需要考虑误差发生的次数,还需要考虑误差的性质。

如果审计人员在样本中没有发现误差或者发现的误差数为1个,且不存在由于欺诈、舞弊或超越内部控制而造成的误差,那么由于发现的误差数没有超过预期误差数,审计人员就可以得出总体误差率未超过4%的可信赖程度为95%的结论。

如果审计人员在样本中发现2个或更多的误差,且不存在由于欺诈、舞弊或超越内部控制而造成的误差,那么由于样本中的误差数已经超过预期误差数,审计人员就不能得出总体误差率未超过4%的可信赖程度为95%的结论。此时审计人员应该减少对这一内部控制的信赖程度,同时需要根据样本误差数调整预期误差数,并相应增加样本量直至代之以详细审计。比如样本中发现的误差数如果是3,根据统计抽样样本量表预期总体误差应调整为1.5%,样本量也应增加至192个。

如果审计人员在样本中发现由于欺诈、舞弊或超越内部控制而造成的误差,则不论其误差率是高还是低,均应认为是性质十分严重的误差。此时,审计人员需要评价其对财务报表的影响,采用更有效的审计程序进一步揭示这类误差,并采取适当的方式与被审计单位进行沟通。

2. 停—走抽样

停—走抽样是固定样本量抽样的一种特殊形式。采用固定样本量抽样时,如果预期总体误差大大高于实际误差,其结果将是选取了过多的样本,降低了审计工作效率。停—走抽样从预期总体误差为零开始,通过边抽样边评估来完成抽样审计工作,审计人员先抽取一定量的样本进行审查,如果结果可以接受就停止抽样得出结论,如果结果不能接受就扩大样本量继续审查直至得出结论。因此,审计人员采用停—走抽样方法就能够比采用固定抽样量抽样更加有效地提高审计效率、降低审计费用。

(1)确定可容忍误差和风险水平。比如,审计人员确定可容忍误差为5%,风险水平为5%。

(2)确定初始样本量。根据既定的可容忍误差和风险水平,通过查停—走抽样初始样本量表(见表17-5),得出初始样本量为60个。

表17-5 停—走抽样初始样本量表(预期总体误差率为0)

可容忍误差(%) \ 风险水平 样本量	10%	5%	2.5%
10	24	30	37
9	27	34	42
8	30	38	47
7	35	43	53
6	40	50	62

续表

可容忍误差(%) \ 风险水平	10%	5%	2.5%
5	48	60	74
4	60	75	93
3	80	100	124
2	120	150	185
1	240	300	270

(3)进行停—走抽样决策。审计人员先选取 60 个样本进行审查,如果在初始样本中没有发现误差,就可以停止抽样并得出在 95% 的可信赖程度下保证总体误差不超过 5% 的结论。如果在初始样本中发现了误差,审计人员就应该根据样本中发现的误差数和风险水平,查停—走抽样样本量扩展及总体误差评估表(见表 17-6)确定风险系数,根据风险系数计算总体误差,总体误差的计算公式是:

$$总体误差 = \frac{风险系数}{样本量}$$

表 17-6 停—走抽样样本量扩展及总体误差评估表

样本中发现的偏差数 \ 风险水平 风险系数	10%	5%	2.5%
0	2.3	3.0	3.7
1	3.9	4.8	5.6
2	5.3	6.3	7.3
3	6.7	7.8	8.8
4	8.0	9.2	10.3
5	9.3	10.6	11.7
6	10.6	11.9	13.1
7	11.8	13.2	14.5
8	13.0	14.5	15.8
9	14.3	16.0	17.1
10	15.4	17.0	18.4

之后,审计人员应将总体误差与原先确定的可容忍误差进行比较,如果总体误差超过可容忍误差,审计人员就应该扩大样本量继续抽样。需要增加的样本量应该按照下列公式进行计算:

$$需要增加的样本量 = \frac{风险系数}{可容忍误差} - 已经抽取的样本量$$

例如,如果审计人员在 60 个样本中发现 1 个误差,则查表得出此时的风险系数为 4.8,计算出的总体误差是 8%,超过可容忍误差 5%,所以需要增加的样本量为 36 个,即将样本量扩大到 96 个。在对新增的样本进行审查后,如果没有发现误差,审计人员就可以停止抽样并得出在 95% 的可信赖程度下保证总体误差不超过 5% 的结论。如果在新增加的样本中又发现了误差,审计人员则应重复上述的抽样过程,继续增加样本量,但增加的样本量不宜超过初始样本量的 3 倍。例如,审计人员在新增的 36 个样本中又发现了 1 个误差,则查表得出此时的风险系数应为 6.3,计算出的总体误差是 6.56%,超过可容忍误差 5%,所以需要增加的样本量为 30 个,即将样本量扩大到 126 个。由此可见,运用停—走抽样时,审计人员需要依据上述步骤根据每次对样本的审查结果在停止抽样或增加样本量继续抽样之间进行决策,这一决策过程可以通过表 17-7 的停—走抽样决策表予以体现。

表 17-7 停—走抽样决策表

步骤	累计样本量	如果累计误差等于以下数量就停止抽样	如果累计误差等于以下数量就增加样本量	如果累计误差等于以下数量就转到第 5 步
1	60	0	1~4	4
2	96	1	2~4	4
3	126	2	3~4	4
4	156	3	4	4
5	以样本误差作为预期总体误差采用固定样本量抽样			

3. 发现抽样

发现抽样是固定样本量抽样的另一种特殊形式,与固定样本量抽样的不同之处在于,发现抽样将预期总体误差率直接定为 0%,并根据可信赖程度和可容忍误差率一起确定样本量,在对选出的样本进行审查时,一旦发现一个误差就立即停止抽样,如果在样本中没有发现误差,则可以得出总体误差率可以接受的结论。发现抽样适合于查找重大舞弊或非法行为。比如,如果审计人员怀疑被审计单位存在依据虚假销售发票确认销售收入的情况,就必须在全部销售发票中发现虚构的销售发票。审计人员确定可信赖程度为 95%,可容忍误差率为 2%,然后将预期总体误差率直接定为 0%,根据统计抽样样本量表确定样本量为 149 个。审计人员在对选取的 149 张销售发票进行审查的过程中,如果没有发现任何的虚假发票,就可以得出总体误差率未超过 2% 的可信赖程度为 95% 的结论。相反,审计人员在对 149 个样本进行审查时,一旦发现一张虚假发票就应立即停止抽样,并对总体进行全面的检查。

二、统计抽样方法在实质性测试中的具体运用——变量抽样法

(一)变量抽样法的基本原理

根据实质性测试的特点,最适合使用的统计抽样方法是变量抽样法。变量抽样法是

一种能够对总体的数量余额做出估计的统计抽样方法,在实质性测试中,审查工作主要涉及数额、余额,即要对总体中的数额、余额是否存在错误,以及错误数额、余额的大小进行定量测试和分析评价,而变量抽样法是直接针对总体中的数额、余额实施抽样,并从样本审查结果推断总体结果,从而对总体进行定量估计,这就为对被审计对象总体数量特征的审查提供了简便而有效的方法。应用变量抽样法,可直接对涉及数额、余额的被审计项目的正确性进行测试,因此被广泛运用于实质性测试之中。

(二)变量抽样法的基本方法

审计抽样的实质是根据样本特征推断总体特征,那么无论样本特征还是总体特征都需要适当的指标予以描述,变量抽样的三种方法就是分别选择了单位均值、平均差额和比率作为描述样本特征的指标,并根据这些指标与总体的关系推断总体的金额。

1.单位均值法是通过样本实际值的单位平均值估计总体实际值的一种变量抽样方法。在该方法下,要确定样本中每个项目的审计值并计算样本的单位平均值,然后以样本的单位平均值乘以总体规模作为总体价值估计值,再按根据可信赖程度确定的区间对抽样结果做出评价。

2.差额估计法是通过样本实际值与账面值的差额来推断总体实际值与账面值的差额,进而对总体实际值做出评价的变量抽样方法。采用该方法时,需先计算样本项目实际值与账面值的平均差额,以此平均差额乘以总体规模作为总体差额的估计数,然后对总体价值做出估计并结合根据可信赖程度确定的区间对总体记录值做出评价。差额估计法的计算公式为:

$$平均差额 = \frac{样本实际值 - 样本账面值}{样本量}$$

$$估计的总体差额 = 平均差额 \times 总体项目个数$$

3.比率估计法是通过样本实际值与样本账面值的比率来推断总体实际值并对原记录值的正确性做出评价的变量抽样法。采用该方法时,需首先确定样本的实际值,然后计算样本实际值之和与样本账面值之和的比率,并以该比率乘以总体记录值作为总体实际值的估计,最后结合根据可信赖程度确定的区间来评价原记录值。比率估计法的计算公式为:

$$比率 = \frac{样本实际值之和}{样本账面值之和} \quad 估计的总体实际值 = 总体账面价值 \times 比率$$

(三)变量抽样法的基本步骤

1.确定审计目标

变量抽样法一般用于测试账户余额记录的正确性。现假定审计人员欲测试某被审计单位应收账款总账余额的正确性。该单位应收账款余额为 1 340 000 元(账面值),由 3 000 个顾客的账户余额合计构成。

2.确定总体和抽样单位

变量抽样法下的总体一般由构成某一账户余额的各单个记录组成,相应的,各单个记录则成为适当的抽样单位。本例中的总体是被审计单位应收账款明细账的 3 000 个余额记录,各明细账记录是抽样单位。

3. 确定样本规模

单位均值法下的样本规模可采用如下公式计算：

$$n' = \left(\frac{Ur \times S \times N}{P}\right)^2$$

$$n = \frac{n'}{1+\frac{n'}{N}}$$

n' 代表放回抽样时的样本规模；n 代表不放回抽样时的样本规模。所谓放回抽样是指样本被选取后又将其重新放回总体之中，还有被选取的机会。审计工作中，通常采用不放回抽样。

Ur 代表可信赖程度系数。可信赖程度对样本规模的影响是要求的可信赖程度越高，所需样本规模就越大。可信赖程度系数可从表 17-8 中查出。

表 17-8　可信赖程度系数表

可信赖程度（%）	可信赖程度系数
80	1.28
85	1.44
90	1.65
95	1.96
99	2.58

S 代表总体标准差。总体标准差是衡量总体中个别项目值在总体平均值周围的变异或离散程度的尺度，用下式计算：

$$总体标准差 = \sqrt{\frac{\sum_{i=1}^{n}(X_i - \overline{X})^2}{N}}$$

式中 X_i 表示第 i 个项目的数值，$\overline{X}$ 表示总体的平均值，N 表示总体规模。

总体中各项目之间差异越大，总体标准差越大；反之亦然。在单位均值估计法中，预计的总体标准差越大，则要求的样本规模越大。在实际工作中，通常可以在正式抽样之前预先选取 30～50 个较小的样本，并以这些样本的实际值为基础计算出这些样本的标准差，作为预计的总体标准差。

N 代表总体规模。总体规模越大，样本规模就越大。

P 代表计划的抽样误差（即可容忍误差减去预期总体误差）。可容忍误差是指审计人员认为抽样结果可以达到审计目的所愿意接受的审计总体的最大误差，可容忍误差受重要性判断的影响。可容忍误差与预期总体误差的差额称为计划的抽样误差。计划的抽样误差越大，所需的样本规模就越小。由此可知，其他条件不变的情况下，可容忍误差越大，所需的样本规模就越小；预期总体误差越大，则所需的样本规模也越大。

可见，采用单位均值法时，样本规模的大小受可信赖程度、总体标准差、总体规模、预期总体误差率、可容忍误差率等因素的影响。

假定审计人员通过预先选取30个样本计算出其预期总体标准差为100,可容忍误差确定为60 000元;根据以往经验,预计应收账款总账余额记录的误差,即预期总体误差为18 000元,则可知计划的抽样误差为42 000(60 000－18 000)。审计人员要求的可信赖程度为95%,从表17-8中可知相应的可信赖程度系数为1.96,则有

$$n' = (1.96 \times 100 \times 3\,000 \div 42\,000)^2 = 196,而$$

$$n = \frac{196}{1+\frac{196}{3\,000}} = 184$$

因此,所需的样本规模为184个。

4.选取样本并对样本进行测试

经测试,得出各样本的实际值(即经审计确定的正确数值)以及样本实际值的平均值和标准差。假定审计人员对样本进行测试后计算出样本实际值合计为81 328元,实际值的平均值为442元(81 328÷184)。样本实际值的标准差的计算结果假定为90元。

5.评价抽样结果

采用单位均值法时,对抽样结果的评价首先要根据样本平均值与总体规模得出总体的点估计值,然后再根据实际抽样误差得出总体的区间估计值。实际抽样误差和总体的区间估计值采用下式计算:

$$P_1 = Ur \times \frac{S_1}{\sqrt{n_1}} \times N \times \sqrt{1-\frac{n_1}{N}}$$
$$I = E \pm P_1$$
$$E = N \times \overline{V}$$

式中:P_1代表实际抽样误差;S_1代表样本的标准差;n_1代表样本规模;N代表总体规模;I代表总体的区间估计值;E代表总体的点估计值;V代表样本审计值的平均值。

在前例中,即通过抽样推断总体值应在1 288 197元至1 363 863元之间,本例中应收账款账面值为1 340 000元,处于总体区间估计值之内,说明账面记录值可以接受。如果账面记录值没有落在总体的区间估计值之内,则审计人员应分析原因,采取扩大样本量或要求被审计单位调整账面值并重新评价抽样结果等措施。

第三节　判断抽样法

一、判断抽样法的特点

统计抽样方法固然有其科学性的明显优势,但应用统计抽样方法,需要对审计人员进行必要的培训;选择样本时,需要对被审计资料进行重新组织,由此导致审计费用的增加。此外,统计抽样得出的审计结论也只是对总体特征的一种概率推断,仍然无法达到绝对的准确。而且抽样审计的早期发展也是从非统计抽样方法开始的,即判断抽样方法。它是

审计人员凭借自己的主观判断和经验进行选样和推断的一种抽样方法。其主要特点是使用方便、灵活,能够充分利用审计人员的实践经验和判断能力。

判断抽样审计是审计人员的主观专业判断与统计抽样技术有机结合的产物,它是在审计人员根据长期的审计工作经验,对审计对象各事项发生差错和舞弊可能性的大小进行判断的基础上,采用抽样技术进行审计的方法。显然,判断抽样正确与否主要取决于审计人员的判断,而判断的正确与否又取决于审计人员的审计经验和对被审计单位的了解程度。因而,第一,判断抽样不如随机抽样客观,不能与随机抽样一样保证样本的代表性从而正确推断出总体指标,也不能对差错进行计量和控制,风险性较大;第二,进行判断抽样审计需要相当丰富的审计实践经验和对被审计单位有相当的了解,不如随机抽样可广泛使用。

二、判断抽样法的具体运用

(一)判断抽样法在控制测试中的运用

案例 17-2

统计抽样,还是非统计抽样

鲍勃·雷克是负责形象公司审计的项目经理。该公司是一家特制品零售商,它所拥有的商店遍布美国中西部地区,公司的产品对高消费的妇女具有一定的吸引力。公司提供自己的信用卡,并具有比维萨卡和万事达卡更多的优越性。该公司的会计工作是集中进行的,各项业务数据通过联机方式获得,销售收入和应收账款文件保存在圣路易斯市的数据库中。

鲍勃·雷克所在的事务所鼓励审计师在实务中采用统计抽样,并提供了相应的培训计划,为每一个办事处培养一名统计协调人。事务所在圣路易斯市办事处的协调人是芭芭拉·恩尼斯。鲍勃认为销售业务和应收账款函证测试应利用统计抽样来进行,于是要求芭芭拉协助设计和监督此次测试中有关统计方面的工作。

芭芭拉制定了一份销售测试和函证手续的审计方案,其中包括了样本量的确定。她把方案留给鲍勃去实施,并说在测试完成之后她可以帮助评价结果。鲍勃预计销售测试将会比较迅速地完成,但是从芭芭拉提供这份方案开始,到函证手续全部完成,却至少需要2个月的时间。

销售业务的控制测试和交易的实质性测试表明样本中没有例外情况。鲍勃将这一情况报告给芭芭拉,她表示评价起来非常简单,测试的目标已经实现,无须再增加额外的工作。她还指出,计划的函证手续,包括样本量在内,也是恰当的。

几周之后,当所有的函证回函均已收到,替代手续均已完成时,鲍勃打电话给芭芭拉,叫她来进行统计抽样结果的评价。使他非常沮丧的是,芭芭拉已经离开了事务所。而且更糟的是,找不到一个受过统计培训的人来替代她的工作。当他就这一情况变化向负责该项目的业务合伙人请教时,得到的答复是,只要"把统计测试转换为非统计测试"就行了。鲍勃采用的转换方法是计算函证样本中的错报百分比,然后乘以总体的总金额。这样计算出来的金额尽管很大,但并未超过重要性水平,因此鲍勃认为函证测试的目标已经实现。

第二年,形象公司的收益大幅下滑,部分原因是大额应收账款的注销。该公司的股票市价迅速下跌,股东集体提起诉讼,鲍勃所在的事务所是被告之一。一名外部专家被请来复核审计工作底稿。该专家计算了鲍勃用非统计方法评价的函证样本结果中可能错报的置信区间。尽管被告可以辩称,估计与鲍勃的估计一致,并且不重要,但是区间上限却大大超过了任何合理的重要性水平。鲍勃的事务所最后以350万美元的代价了结了这起诉讼案。

由此可见,统计抽样方法和非统计抽样方法都是公认审计准则允许的抽样方法,但无论采用哪一种方法,都必须加以正确的运用。

在控制测试中使用判断抽样方法,其基本步骤和所需考虑因素与上述统计抽样方法基本相同,在具体运用时的不同之处主要有:一是确定样本规模的因素无须量化,审计人员可根据经验主观判断各因素的变化对样本规模的影响,如表17-9所示;二是样本选择方法可采用判断抽样法;三是从样本特征推断总体特征时可根据审计人员的经验和主观判断进行,因此无法将可信赖程度和可容忍误差量化,导致审计结论不够准确。

表17-9 样本规模影响因素

因　　素	对样本规模的影响
总体规模	正向
预期总体误差率	正向
可容忍误差率	反向
可信赖程度	正向

判断抽样方法在内部控制系统运行的控制测试中,特别是对差错和舞弊的审查中能起到很好的作用。在这类审计中,它并不需要正确推断出总体的情况,而只需知道某项控制是有还是没有,已设立的控制是有效还是无效。因此,凭借长期从事审计工作的经验,审计人员便能较快完成这项工作。

(二)判断抽样法在实质性测试中的运用

在实质性测试中使用判断抽样方法,其基本步骤和所需要考虑的因素与上述统计方法基本相同,在具体运用时的不同之处主要表现在确定样本规模、选择抽样方法和评价样本结果时可更多使用审计人员的主观判断,而不必运用严格的统计方法。比如,对于影响样本规模确定的因素不需量化,可根据经验主观判断各因素的变化对样本规模的影响,如表17-9所示。

需要指出的是,在审计实践中判断抽样方法往往与统计抽样方法有机结合起来一起使用,以适应具体情况,有效实现审计目标。比如,分层抽样法就是在判断的基础上,对重要事项采用详查的方法,对次重要事项采用较多样本的抽查,对非重要事项采用较少样本的抽查。又如,对会计凭证的抽查,根据审计人员的经验,年初和年末存在问题的可能性较大,故在抽样时,对1月、12月的会计凭证抽取较多的样本,对其余会计凭证抽取较少的样本。由此可见,职业判断并非判断抽样法所独有的特征,在统计抽样方法的运用中,也需要在适当的环节上凭经验做出判断。

本章小结

　　审计人员应当根据审计项目的具体情况确定应当使用的用以选取测试项目的方法,审计人员在审计过程中应当熟悉抽样风险和非抽样风险的具体表现形式及其对审计结果的影响,并掌握针对不同风险的控制措施。审计人员实施的抽样过程包括确定被审查总体的范围、抽样单元、样本规模、选样方法,审查样本项目,从样本特征推断总体特征,从而形成针对总体的审计结论。审计人员在确定样本规模时应当考虑四个决定性因素,即总体数量、预期总体误差、可容忍误差和可信赖程度。审计人员可以使用的选样方法包括随机数表法、系统选样法、分层选样法、货币单位选样法、整群选样法和判断选样法。统计抽样方法是概率论和数理统计方法与审计相结合的产物,它是按照随机原则进行样本的选取,使用数理统计方法确定样本规模并对总体进行推断的一种审计方法。根据控制测试的特点,最适合使用的统计抽样方法是属性抽样法。属性抽样法是一种用来推断总体中具有某一特征的项目所占比率的统计抽样方法。根据实质性测试的特点,最适合使用的统计抽样方法是变量抽样法。变量抽样法是一种能够对总体的数量余额做出估计的统计抽样方法。判断抽样方法是审计人员凭借自己的主观判断和经验进行选样和推断的一种抽样方法。

思考题

　　1.审计人员可以使用的用以选取测试项目的方法有哪些?各种方法的适用条件是什么?
　　2.审计抽样的含义是什么?现代审计推出并大量采用抽样方法是建立在哪些理论基础和现实依据之上的?
　　3.什么是抽样风险?抽样风险具体表现为哪几种形式,各自对审计结果有何影响?
　　4.什么是非抽样风险?非抽样风险的具体表现形式有哪些?
　　5.在采用抽样方法实施审计的过程中一般应经过哪些基本程序?
　　6.在统计抽样中,样本规模的确定取决于哪些基本因素?
　　7.什么是随机原则?它对样本的选取有何影响?
　　8.在审计抽样中经常采用的选样方法主要有哪些?
　　9.什么是统计抽样法?统计抽样有何优点?
　　10.什么是属性抽样法?它最适合在哪类审计测试中使用?属性抽样有哪几种基本方法?
　　11.什么是变量抽样法?它最适合在哪类审计测试中使用?变量抽样法有哪几种基本方法?
　　12.什么是判断抽样法?该方法具有什么样的特点?审计人员在具体运用时需要注意什么?

练习题

一、单项选择题

1. 在未对总体进行分层的情况下，审计人源不宜使用的抽样方法是（   ）。
   A. 均值估计抽样　　　　　　　　B. 比率估计抽样
   C. 差额估计抽样　　　　　　　　D. 概率比例规模抽样

2. 审计人员从总体规模为 1 000 个、账面价值为 300 000 元的存货项目中选取 200 个项目（账面价值为 50 000 元）进行检查，确定其审定金额为 50 500 元。如果采用比率估计抽样，注册会计师推断的存货总体错报为（   ）。
   A. 500 元　　　　B. 2 500 元　　　　C. 3 000 元　　　　D. 47 500 元

3. 下列有关概率比例规模抽样的表述中，正确的是（   ）。
   A. 抽样分布应当近似于正态分布
   B. 与低估的账户相比，高估的账户被抽取的可能性更小
   C. 每个账户被选中的机会相同
   D. 余额为零的账户没有被选中的机会

4. 适宜采用审计抽样的审计程序包括（   ）。
   A. 询问　　　　B. 细节测试　　　　C. 观察　　　　D. 分析程序

5. 如果审计人员确定某项控制测试的样本规模为 56，样本测试之后没有发现偏差，风险系数为 2.3，在可接受的信赖过度风险为 10%、可容忍偏差率为 7% 的情况下，审计人员不能得出的结论是（   ）。
   A. 总体可以接受
   B. 总体不可以接受
   C. 总体实际偏差率超过 4.1% 的风险为 10%
   D. 有 90% 的把握保证总体实际偏差率不超过 4.1%

6. 造成抽样风险的原因是（   ）。
   A. 审计工作的疏忽　　　　　　　B. 审计程序设计不当
   C. 测试总体中的部分项目　　　　D. 审计方法选择不合理

二、多项选择题

1. 审计人员在控制测试中确定样本规模时不需要考虑的影响因素包括（   ）。
   A. 可容忍偏差率　　　　　　　　B. 可接受的抽样风险
   C. 总体变异性　　　　　　　　　D. 可容忍错报

2. 下列情形不适宜采用审计抽样的包括（   ）。
   A. 实施风险评估程序
   B. 总体包含的交易或事项数量很少，但每笔交易或事项的金额却很大
   C. 涉及舞弊的情形
   D. 实施控制测试

3. 造成非抽样风险的原因包括（   ）。

A. 并非测试总体中的所有项目　　　　B. 审计程序设计不当
C. 审计方法选择不合理　　　　　　　D. 审计工作的疏忽

4. 审计人员在定义抽样总体时,应当确保总体具备的特征包括(　　)。
   A. 适当性　　　B. 完整性　　　C. 可辨性　　　D. 同质性

5. 下列属于审计人员控制测试中定义的误差包括(　　)。
   A. 没有授权签字或签字的人员在该领域没有权限
   B. 职责分离不充分
   C. 没有进行有效的独立复核
   D. 高估应收账款

6. 与样本规模呈正比的影响因素包括(　　)。
   A. 总体规模　　　B. 总体变异性　　　C. 可容忍误差　　　D. 预计总体误差

三、业务题

1. 资料:审计人员在审查庆华公司的产成品账户时,发现该公司今年共生产了 2 000 批产品,入账成本为 5 900 000 元。审计人员选取了 200 批产品作为样本,账面价值共计 600 000 元。经过审查后发现 200 批产品中共有 52 批入账成本存在错误。在将错误调整之后,样本的审定金额为 582 000 元。

   要求:
   (1) 分别运用下列抽样方法说明审计人员应如何核算本年度的各批产品的总成本:
   ① 单位均值估计法;
   ② 差额估计法;
   ③ 比率估计法。
   (2) 简要说明为什么在本例中单位均值估计法较比率估计法产生较高的总体价值估计。

2. 请帮助审计人员确定下列问题:
   (1) 审计人员采用系统选样法从 8 000 张凭证中选取 200 张作为样本,确定随机起点为凭证编号的第 35 号,则抽取的第 5 张凭证的编号应为第几号?
   (2) 审计人员欲从 2 000 张凭单中按系统选样法选出 25 张作为样本,确定的选样起点为第 326 张,则抽样间隔、所能选到的最小的凭单编号及最大的凭单编号分别是多少?

3. 资料:审计人员从被审计单位预先编号的销货发票中选取 10 张副本作为样本,凭单号码从 6587 至 8346。由于销货发票的编号是 4 位数,所以以随机数表所列数字的后 4 位数来与发票编号对应。从第 1002 项和第一栏为起点。选号路线为第一栏、第二栏、第三栏……第八栏,依次进行。

   要求:按以上要求选出的 10 个样本分别是哪些?
   (附部分随机数表):

项次	1	2	3	4	5	6	7	8
1000	37039	97547	64673	31546	99314	66854	97855	99965
1001	25145	84834	23009	51584	66754	77785	52357	25532
1002	98433	54725	18864	65866	76918	78825	58210	76835
1003	97965	68548	81545	82833	93545	85959	63282	61254
1004	78049	67830	14624	17563	25697	07734	48243	94318
1005	50203	25658	91478	08059	23308	48130	65047	77873
1006	40059	67825	18934	64998	49807	71126	77818	56893
1007	84350	67241	54031	34535	04093	35062	58163	14205

第十八章

舞弊的审计

学习目的： 通过本章的学习，掌握舞弊的含义和类型；熟悉舞弊存在的条件以及对于审计人员识别舞弊行为的意义；掌握舞弊风险因素的概念以及与对财务信息做出虚假报告和侵占资产相关的舞弊风险因素；掌握审计人员在考虑舞弊风险因素时应遵循的基本原则；正确理解审计人员对舞弊的审计责任以及职业怀疑态度的概念和保持职业怀疑态度的具体要求；熟悉审计人员获取用于识别舞弊导致的重大错报风险所需信息的渠道以及应对舞弊导致的重大错报风险的具体措施；了解审计人员就有关舞弊的事项与被审计单位管理层、治理层和监管机构应当进行的沟通。

引导案例：

帕玛拉特公司案

帕玛拉特公司是意大利的第八大企业，以食品生产享誉世界。2003年底，帕玛拉特申请破产保护，在意大利引起轩然大波，导致全世界又将目光投向上市公司的财务欺诈行为，并探究问题的根源。

帕玛拉特成立于1961年，是一家拥有40多年历史的家庭企业，主要生产和销售牛奶、酸奶酪、果汁、冰淇淋、蔬菜罐头、烘烤食品以及番茄制品等。它旗下的品牌很多，除Parmalat品牌外，还拥有其他著名的品牌，并拥有AC米兰俱乐部。帕玛拉特从意大利一个默默无闻的小镇起家，逐渐发展成为食品生产企业的跨国公司，在30多个国家建立了139家加工厂，雇员人数超过36 356名。其创始人为卡利斯托·坦齐，坦齐对帕玛拉特的管理一直延续到2003年12月。在公司出现危机后，其职务由重组专家恩里科·邦迪取代。

帕玛拉特在债券市场是一个重量级客户，过去一直对外负担巨额债务。由于公司声称拥有雄厚的现金储备，不良信用并未引起投资者及有关方面的重视。帕玛拉特危机的爆发是在2003年11月中旬。由于公司突然宣布无法偿还到期价值为1.5亿欧元的债券，从而引起了审计师和银行对其财务状况的警觉；而当宣称无法清偿在凯曼群岛大约5亿欧元的共同基金时，帕玛拉特的股票价格在几个星期内持续跌落，在12月份下跌了87%。同时，标准普尔将帕玛拉特的信用评级降低至最低一级D，这无疑是雪上加霜。2003年12月27日,帕玛拉特向帕尔马地方破产法院申请破产保护并得到批准。

帕玛拉特危机是其管理层进行财务欺诈导致的。在初步调查之后,意大利检查人员表示,在过去长达15年的时间里,帕玛拉特管理层通过伪造会计记录,以虚增资产的方法弥补了累计高达162亿美元的负债。欺诈的目的不外乎两个:一是隐瞒公司因长期扩张而导致的严重财务亏空,二是把资金从帕玛拉特(其中坦齐家庭占有51%的股份)转移到坦齐家族完全控股的其他公司。

帕玛拉特财务欺诈的手法包括以下四个方面:

1. 利用衍生金融工具和复杂的财务交易掩盖负债。帕玛拉特通过花旗集团、美林证券等投资银行进行操作,利用衍生金融工具和复杂的财务交易掩盖负债。在过去几年里,帕玛拉特一直利用这种手段粉饰资产负债表。例如,在1999年,帕玛拉特向花旗集团借款1.17亿欧元,但这笔借款由花旗集团的一家分公司Buconero(意大利语意思为"黑洞")以"投资"形式流向帕玛拉特,从而掩盖了负债。

2. 伪造文件虚报银行存款。帕玛拉特通过伪造文件,声称通过其凯曼群岛的分公司Bonlat将价值49亿美元的资金(大约占其资产的38%)存放在美洲银行账户。但美洲银行在2003年12月19日称,帕玛拉特集团设立的账户并不存在,而且提供的证明文件也是假的。

3. 利用关联方转移资金。帕玛拉特利用复杂的公司结构和众多的海外公司转移资金。据《华尔街日报》报道,帕玛拉特注册在荷属安德列斯群岛的两家公司,Curcastle和Zilpa是用来转移资金的工具。操作方法是,坦齐指使有关人员伪造虚假文件,以证明帕玛拉特对这两家公司负债,然后帕玛拉特将资金注入这两家公司,再由这两家公司将资金转移到坦齐家族控制的公司。到1998年,帕玛拉特对两家公司的虚假负债达到19亿美元。

4. 设立投资基金转移资金。帕玛拉特与注册凯曼群岛一家神秘的证券投资基金Epicurum的关系扑朔迷离。Epicurum基金成立于2002年,对外声称主要投资于休闲、旅游和食品业。在其成立两个月后,帕玛拉特就对它投资6.17亿美元,并承诺将继续投资1.54亿美元,成为Epicurum基金最大的投资者。同样,这笔投资也是通过Bonlat分公司流出的,且没有向投资者公告,甚至董事会的2名成员在接受采访时也称毫不知情。越来越多的证据显示,在坦齐的授意下,帕玛拉特的财务总监通纳和一名外聘律师兹尼建立了这个基金,目的是向坦齐的家庭企业转移资金。

就帕玛拉特事件而言,在这样长的时间内,高水平的和显然有能力的公司经理串通起来舞弊,这一事实表明,当公司董事会的部分高级管理人员对于诚实采取行动并非出于真正自愿时,成功实施有效的安全措施是困难的。

第一节 舞弊的含义与类型

一、舞弊的含义

舞弊显然是一个宽泛的法律概念,而在财务报表审计中舞弊是指被审计单位的管理层、治理层、员工或第三方使用欺骗手段获取不当或非法利益的故意行为。审计准则并不要求审计人员对舞弊是否已经发生做出法律意义上的判定，只要求审计人员关注导致财务报表发生重大错报的舞弊。

二、与财务报表审计相关的舞弊行为

与财务报表审计相关的舞弊行为包括两种类型：一是对财务信息做出虚假报告；二是侵占资产。

对财务信息做出虚假报告是指被审计单位管理层通过操纵利润误导财务报表使用者对被审计单位业绩或盈利能力的判断。比如被审计单位管理层利用高估收益和资产的方式使财务报表呈现较好的财务状况和经营成果，或者通过低估收益和资产的方式隐藏应纳税所得额以减少上缴的所得税。

侵占资产是指被审计单位的管理层或员工非法占用被审计单位的资产。虽然很多侵占资产的金额对于财务报表而言并不重要，但其所导致的资产损失必须引起被审计单位的重视。侵占资产的舞弊行为多发生在被审计单位的员工层中，但高层管理人员涉嫌的侵占资产舞弊也屡见不鲜。由于高层管理人员通常对公司资产具有较大的控制权，其所参与的侵占资产舞弊往往涉及更大的金额。

第二节 舞弊存在的条件与舞弊风险因素

一、舞弊存在的条件

舞弊是一种有意而为的行为，舞弊的发生就必然存在一定的条件，而了解和分析舞弊存在的条件对于审计人员识别具有一定隐蔽性的舞弊行为是十分重要的。舞弊的存在通常需要具备三个条件：一是动机或压力；二是机会；三是合理化态度。它们统称为舞弊三角。

（一）实施舞弊的动机或压力

理性的人必然知晓舞弊是违背法律或道德的行为，如果没有特殊的动机或压力，舞弊是不会发生的。比如，侵吞、挪用资产的动机可能是个人生活的入不敷出，或是为了满足对奢华物质生活的贪欲；对财务信息做出虚假报告，可能是因为管理层出于被审计单位外部或内部实现特定利润目标的压力，特别是当没有实现特定的财务目标将会对管理层产生重大不利后果，如影响管理层个人的经济利益或职务升迁时。

（二）实施舞弊的机会

只有舞弊的动机或压力尚不能导致舞弊的发生，舞弊者还必须具有实施舞弊行为的机会。比如，如果内部控制可以被处于关键管理职位或熟知内部控制的某个薄弱环节的人员所凌驾或规避，那么就存在着对财务信息做出虚假报告或挪用资产的机会。

（三）合理化态度

即便实施舞弊的前两个条件都已经具备也并不意味着舞弊必然会发生，舞弊者还需要为舞弊行为寻找貌似合理的借口,使舞弊行为看上去、听上去或在舞弊者内心感受上显得合理,以求得其内心的平衡或解脱。比如,当某人侵占资产时,其内心可能认为其所在的组织未能向其提供应有的待遇或补偿。这些貌似合理的借口,往往与舞弊者特定的性格特征和价值取向有关。

了解舞弊存在的条件,并进行层层递进的剖析为审计人员在审计实务工作中,识别与评估舞弊导致的财务报表重大错报风险,提供了多个思考维度和审查视角,更加有助于舞弊审计的实务操作。

二、舞弊风险因素

由于舞弊通常存在一定的隐蔽性,舞弊的审查会存在一定的困难。根据舞弊三角原理,审计人员在了解被审计单位及其环境时应当考虑所获取的信息是否表明存在舞弊风险因素,以为舞弊的发现和进一步的审查提供合理的依据。舞弊风险因素是审计人员在了解被审计单位及其环境时识别的、可能表明存在舞弊动机或压力、机会的事项或情况,以及被审计单位对可能存在的舞弊行为的合理化解释。舞弊风险因素的存在虽然并不一定表明发生了舞弊,但在舞弊发生时通常存在舞弊风险因素,因此舞弊风险因素的识别就为审计人员发现舞弊提供了便利的条件。虽然对财务信息做出虚假报告和侵占资产的舞弊行为存在的三个条件是相同的,但两类舞弊行为的舞弊风险因素却是不同的。

(一)对财务信息做出虚假报告的舞弊风险因素

1. 与动机或压力有关的舞弊风险因素

对财务信息做出虚假报告的动机或压力来源于管理层希望误导财务报表使用者对被审计单位业绩或盈利能力的判断。因为管理层需要履行受托资产保值增值的经管责任,而财务业绩,特别是盈利能力指标往往被视为受托经管责任履行情况的衡量指标,当这些指标的实际情况无法达到管理层的期望时,管理层就存在了对其进行虚假报告的动机或压力。与对财务信息做出虚假报告的动机或压力有关的舞弊风险因素有:

(1)迎合市场预期或特定监管要求。例如,迎合资本市场上财务分析师对公司业绩的预期,或者迎合监管机构所设定的作为特定行为先决条件的"门槛"指标。

(2)牟取以财务业绩为基础的私人报酬最大化。例如,在管理层的私人报酬与被审计单位的财务业绩直接挂钩的情况下,往往会导致管理层出于追求私人报酬最大化的动机而歪曲财务业绩数据和指标。

(3)偷逃或骗取税款。例如,被审计单位通过故意少记、漏记作为计税依据的业务收入、当期利润等财务信息,以达到少交或不交税金的目的;或者通过伪造业务和财务信息,达到骗取出口退税或不当享受税收优惠政策的目的。

(4)骗取外部资金。例如,被审计单位不符合相应条件或资质要求,但为了达到增资扩股、取得银行贷款或商业信用等融资目的,通过粉饰财务信息的方式,来掩盖事实真相,骗取投资者、债权人的资金。

(5)掩盖侵占资产的事实。例如,通过进行虚假的账务记录隐藏或掩盖盗用、贪污或挪用资产的事实。

在上述五项与对财务信息做出虚假报告的动机或压力有关的舞弊风险因素中,前四项可能会影响财务报表使用者对被审计单位业绩或盈利能力的判断。

2. 与机会有关的舞弊风险因素

被审计单位管理层对财务信息做出虚假报告的机会包括对会计记录或相关文件记录的操纵、伪造或篡改，对交易、事项或其他重要信息在财务报表中的不真实表达或故意遗漏，以及对会计政策和会计估计的故意误用。对财务信息做出虚假报告的行为往往是受到被审计单位管理层的授意和掌控的，因此管理层凌驾于内部控制之上，超越内部控制就为舞弊的发生提供了机会。与对财务信息做出虚假报告的动机或压力有关的舞弊风险因素有：

(1) 编制虚假的会计分录，特别是在临近会计期末时；
(2) 滥用或随意变更会计政策；
(3) 不恰当地调整会计估计所依据的假设及改变原先做出的判断；
(4) 故意漏记、提前确认或推迟确认报告期内发生的交易或事项；
(5) 隐瞒可能影响财务报表金额的事实；
(6) 构造复杂的交易以歪曲财务状况或经营成果；
(7) 篡改与重大或异常交易相关的会计记录和交易条款。

虽然这些舞弊手段的实施时间不一定具有固定的规律，但审计人员应当特别警惕会计期末，这时被审计单位管理层往往会集中突击实施各类财务信息虚假报告的行为。

3. 与合理化态度有关的舞弊风险因素

被审计单位管理层在实施对财务信息做出虚假报告的舞弊行为前会设想一些使这些舞弊行为合理化的态度、取向或道德价值，或者提出迫于环境和压力不得已而为之的理由。与对财务信息做出虚假报告的合理化态度有关的舞弊风险因素有：

(1) 对企业价值的不恰当理解、沟通和支持；
(2) 了解到的曾经违反法律法规的情况；
(3) 管理层的过度野心或不现实的预测。

(二) 侵占资产的舞弊风险因素

1. 与动机或压力有关的舞弊风险因素

侵占资产的舞弊行为更多的是与非法占用被审计单位资产的舞弊者个人的动机或压力有关，与侵占资产的动机或压力有关的舞弊风险因素有：

(1) 财务问题或还款压力是造成侵占资产舞弊行为的主要原因；
(2) 管理层与员工之间的矛盾与冲突，比如在解聘、晋升、报酬、补偿、奖励等方面存在的矛盾冲突严重到一定程度时，可能升级为员工通过侵占资产而进行的报复行为。

2. 与机会有关的舞弊风险因素

一般组织内部都会存在一些侵占资产的舞弊机会，特别是对于易于接触的现金、价值较高又便于携带的资产更是如此。如果组织内部不能对这些较为敏感的资产设置完善的内部控制，比如充分的职责分工、独立的复核、接触资产的授权以及相关资产管理人员的强制性休假制度等，侵占资产的舞弊机会将更加明显。与侵占资产的机会有关的舞弊风险因素有：

(1) 贪污收入款项。例如侵占收回的货款、将汇入已注销账户的收款转移至个人银行账户等。

(2)盗取货币资金、实物资产或无形资产。例如窃取存货自用或售卖、通过向公司竞争者泄露技术资料以获取回报等。

(3)使被审计单位对虚构的商品或劳务付款。例如向虚构的供应商支付款项、收受供应商提供的回扣并提高采购价格、虚构员工名单并支取工资。

(4)将被审计单位资产挪为私用。例如将公司资产作为个人贷款或关联方贷款的抵押。

(5)缺乏充分的职责分工。例如管理存货实物的员工又负责存货的账务记录。

前已述及,对财务信息做出虚假报告的动机可能是掩盖侵占资产的事实。实际上,侵占资产通常伴随着虚假或误导性的文件记录,其目的是隐瞒资产缺失或未经适当授权使用资产的事实。

3. 与合理化态度有关的舞弊风险因素

管理层对内部控制和道德行为的态度可能会为侵占资产的舞弊行为创造合理化的借口,与侵占资产的合理化态度有关的舞弊风险因素有:

(1)管理层缺乏对内部控制的重视,经常随意超越内部控制,对内部控制的缺陷也视而不见、听之任之;

(2)管理层本身就倡导或执行一些违反法律法规或道德规范的行为,比如欺骗顾客的行为,或者采取以高额奖励激励销售人员的政策等,都会使员工也认为侵占资产的行为是可以接受的。

第三节 被审计单位治理层、管理层和审计人员对舞弊的责任

一、被审计单位治理层、管理层防止或发现舞弊的责任

防止或发现舞弊是被审计单位治理层和管理层的责任,治理层有责任监督管理层建立和维护内部控制,管理层有责任在治理层的监督下建立良好的控制环境,维护有关内部控制的政策和程序。在防止或发现舞弊的责任方中,治理层发挥的是一种监督职责,即监督管理层建立和维护内部控制。治理层积极的监督将有助于保证管理层在树立诚信文化方面的受托责任。在行使治理职能时,治理层有责任考虑管理层凌驾于控制之上或对财务报告过程产生其他不当影响的可能性,例如管理层试图操纵利润以误导财务报表使用者对被审计单位财务业绩的理解。在防止或发现舞弊的责任方中,管理层发挥的是一种执行职责,即建立良好的控制环境,维护有关控制政策和程序,以实现经营有效性目标、财务报告可靠性目标和遵守法律法规目标。从财务报表及其审计的角度看,管理层的责任包括制定和维护与财务报告可靠性相关的控制,并对可能导致财务报表发生重大错报的风险实施管理。

二、审计人员在财务报表审计中考虑舞弊的责任

审计人员在财务报表审计中考虑舞弊的责任是按照审计准则的规定实施审计工作，获取财务报表在整体上不存在重大错报的合理保证，无论该错报是由于舞弊还是错误导致。

三、职业怀疑态度

由于舞弊行为的隐蔽性和可能对财务报表产生的重大影响，审计人员应当在整个审计过程中保持职业怀疑态度，考虑管理层凌驾于控制之上的可能性，并应当意识到可以有效发现错误的审计程序未必适用于发现舞弊导致的重大错报。因此，审计人员应当增强警惕意识，充分考虑由于舞弊导致财务报表发生重大错报的可能性，并谨慎地设计和实施更具针对性的审计程序。

（一）职业怀疑态度的含义

职业怀疑态度是指审计人员以合理质疑的思维方式评价所获取审计证据的有效性，并对相互矛盾的审计证据以及引起对文件记录或管理层和治理层提供的信息的可靠性产生怀疑的审计证据保持警觉。保持职业怀疑态度的审计人员既不能假设管理层是不诚信的，也不能假设管理层的诚信就毫无疑问。

（二）职业怀疑态度的要求

1. 职业怀疑态度要求审计人员在进行询问和实施其他审计程序时，不能因轻信管理层和治理层的诚信而满足于说服力不够的审计证据，也不应依赖以往审计中对管理层、治理层诚信形成的判断。审计人员应当结合审计过程中获取的其他证据，慎重考虑管理层和治理层对询问所作答复的合理性，以及提供的其他信息的合理性。同时，如果从不同来源获取的审计证据或获取的不同性质的审计证据不一致，可能表明某项审计证据不可靠，审计人员应考虑追加必要的审计程序。

2. 职业怀疑态度还要求审计人员不应将审计中发现的舞弊视为孤立发生的事项，应进行进一步的分析以确定在同一领域或相关领域是否存在同类的舞弊。同时，如果发现一些表明舞弊可能存在的异常情况，审计人员应当执行进一步的审计程序以确定舞弊是否确实存在。

3. 另外，在审计工作中审计人员不可避免地要接触大量的文件记录。在这些文件记录中，不排除有的文件记录是由管理层或其他人员出于不当目的而伪造或篡改的。虽然审计工作通常不涉及鉴定文件记录的真伪，审计人员也不是鉴定文件记录真伪的专家，而且可能无法发现文件记录中某些条款已发生变动，但是职业怀疑态度要求审计人员仍然应当在审计工作中考虑作为审计证据的信息的可靠性，并考虑与生成和维护这些信息相关的控制的有效性。如果审计人员在审计过程中识别出的情况使其认为文件记录可能是伪造的，或文件记录中的某些条款已发生变动，就应当做出进一步调查，包括直接向第三方询证，或考虑利用专家的工作以评价文件记录的真伪。

四、审计的固有限制

由于一系列固有限制的存在,审计人员即使按照执业准则的规定恰当地计划和实施审计工作,也不能对财务报表整体不存在重大错报获取绝对保证。导致固有限制的因素主要包括:(1)选择性测试方法的运用;(2)内部控制的固有局限性;(3)大多数审计证据是说服性而非结论性的;(4)为形成审计意见而实施的审计工作涉及大量判断;(5)某些特殊性质的交易和事项可能影响审计证据的说服力。

由于舞弊是精心策划和蓄意实施的,比如伪造证明或蓄意漏记交易,审计人员对舞弊导致的重大错报的识别难度很大。同时,由于管理层往往可以凌驾于为了防止舞弊而设计的控制程序之上,管理层舞弊导致的重大错报未被发现的风险也就会更大。因此,审计人员发现舞弊导致的重大错报的能力将受到多项舞弊特征的影响:

(一)舞弊者的狡诈程度

舞弊者越狡诈,实施的舞弊行为可能越隐蔽,审计人员也就越难以发现。

(二)串通舞弊的程度

串谋可能导致实际上虚假的审计证据在表面上看来却是具有说服力的,因此如果舞弊涉及串谋,舞弊导致的重大错报更难以发现。这种难度还随着串谋的广泛程度和精心程度的增加而加大,即牵涉面越广,或串谋越经过精心设计,舞弊导致的重大错报就越难以被发现。

(三)舞弊者在被审计单位的职位级别

舞弊者的职位级别越高,审计人员识别舞弊导致的重大错报所受到的阻力就越大,也就越难以发现舞弊导致的重大错报。

(四)舞弊者操纵会计记录的频率和范围

虽然操纵会计记录的频率和范围的确会影响审计人员对舞弊导致的重大错报的识别,但其影响可能不像前几项因素那么直接。例如,舞弊者频繁地操纵会计记录,一种可能是被审计人员发现的概率增大,但也有可能是舞弊者通过频繁实施舞弊,使其效果更具常态,也就更具隐蔽性和迷惑性。再如,被操纵的会计记录涉及的范围越广或程度越大,一种可能是被审计人员发现的概率增大,但也有可能是舞弊者通过对多项会计记录的共同操纵和相互"印证",使审计人员反而更难以察觉异常情况。又如,对涉及判断,如会计估计的项目,即使审计人员可能发现存在着实施舞弊的机会,也往往难以确定有关错报是出于故意还是无意,即无法判定财务信息被操纵的程度。

(五)舞弊者操纵的每笔金额的大小

如果舞弊者将大笔金额的舞弊目标分割为多笔较小金额的错报,并可能伴随频繁、均匀或无规律的舞弊行为特征,审计人员发现舞弊导致重大错报的可能性通常会有所降低。

由于审计存在固有限制,以及舞弊导致的重大错报进一步受到不同类型、不同特征的舞弊行为的影响,审计人员按照执业准则的规定所实施的审计程序并不能发现舞弊导致的所有重大错报。因此,如果在完成审计工作后发现舞弊导致的财务报表重大错报,特别是串通舞弊或伪造文件记录导致的重大错报,并不必然表明审计人员没有遵循执业准则。要判断审计人员是否按照执业准则的规定实施了审计工作,应当取决于其是否根据具体情况实施了审计程序,是否获取了充分、适当的审计证据,以及是否根据证据评价结果出具了恰当的审计报告。

第四节　识别和评估舞弊导致的重大错报风险

一、获取用于识别舞弊导致的重大错报风险所需的信息

审计人员在识别和评估舞弊导致的财务报表重大错报风险前,应当首先获取有助于其进行识别的各方面信息,并依据舞弊存在和发生的三个条件对所获取的信息进行进一步的分析,审计人员可以通过以下方式获取用于识别舞弊导致的重大错报风险所需的信息。

(一)项目组内部的讨论

在实施具体的审计之前,项目组应当讨论由于舞弊导致财务报表发生重大错报的可能性,项目组成员应从经验丰富的审计人员处分享更多的识别舞弊的经验,项目组的内部讨论还能实现集思广益的效果。项目组负责人应当参与并组织好项目组的内部讨论,如果需要专家参与工作,专家也应参与项目内部讨论。项目组负责人应当在讨论时强调在整个审计过程中对舞弊导致的重大错报风险保持警惕的重要性。在整个审计过程中,项目组成员应当持续交换可能影响舞弊导致的重大错报的风险评估及其应对程序的信息。项目组内部讨论的主要内容应该包括:

1. 由于舞弊导致财务报表重大错报的可能性,重大错报可能发生的领域及方式;
2. 在遇到哪些情形时需要考虑存在舞弊的可能性;
3. 已了解的可能产生舞弊动机或压力、提供舞弊机会、营造舞弊行为合理化环境的外部和内部因素;
4. 已注意到的对被审计单位舞弊的指控;
5. 已注意到的管理层或员工在行为或生活方式上出现的异常或无法解释的变化;
6. 管理层凌驾于控制之上的可能性;
7. 是否有迹象表明管理层操纵利润,以及采取的可能导致舞弊的操纵利润手段;
8. 管理层对接触现金或其他易被侵占资产的员工实施监督的情况;
9. 为应对舞弊导致财务报表重大错报可能性而选择的审计程序,以及各种审计程序的有效性;
10. 如何使拟实施审计程序的性质、时间和范围不易为被审计单位预见。

(二)询问被审计单位的管理层、治理层以及内部的其他相关人员

审计人员可以通过询问被审计单位的管理层、治理层以及内部的其他相关人员,以了解管理层针对舞弊风险设计的内部控制,以及治理层如何监督管理层对舞弊风险的识别和应对过程,通过向其他相关人员的询问还可以提供与他们进行适当交流的机会。

1. 询问管理层

在了解被审计单位及其环境时,审计人员应当就以下事项向管理层进行询问:(1)管

理层对舞弊导致的财务报表重大错报风险的评估;(2)管理层对舞弊风险的识别和应对过程;(3)管理层就其对舞弊风险的识别和应对过程与治理层沟通的情况;(4)管理层就其经营理念及道德观念与员工沟通的情况。

由于管理层有责任建立健全内部控制和编制财务报表,为了了解控制环境,审计人员应当向管理层了解其自身对舞弊导致的重大错报风险的评估及采取的控制手段和内部沟通情况。审计人员应当考虑管理层对舞弊风险及相应控制所作评估的性质、范围和频率,以便了解被审计单位的控制环境。不同的被审计单位的管理层对舞弊风险及相应控制所作评估的性质、范围和频率是不同的。例如,从评估的性质来看,某些被审计单位的管理层没有对舞弊风险做出任何评估,这可能意味着管理层未对内部控制予以充分的重视;从评估的范围来看,在某些被审计单位,管理层对舞弊风险的评估重点可能是员工舞弊或侵占资产的风险;从评估的频率来看,在某些被审计单位,管理层可能将对舞弊风险及相应控制所作的评估工作纳入日常监控当中,并结合以定期专门评估,而在另一些被审计单位,这种评估工作的开展可能并不十分频繁或正式。再比如,在业主直接经营的小型被审计单位中,参与经营管理的业主可能比大型被审计单位实施更有效的控制监督,并由此弥补不相容职责分离不足的缺陷;但也可能由于内部控制不正规,业主容易凌驾于内部控制之上。因此在识别小型被审计单位由于舞弊导致的重大错报风险时,审计人员应当考虑小型被审计单位的上述特征。

在评价管理层对询问做出的答复时,审计人员应当认识到管理层在被审计单位中通常具备更多的实施舞弊的机会。因此,审计人员应当保持职业怀疑态度,确定何时有必要通过其他信息对管理层的答复加以印证。如果管理层的答复与其他信息不一致,审计人员应当采取适当措施予以解决。

虽然审计人员通过询问管理层,可能获取关于员工舞弊导致的财务报表重大错报风险的有用信息,但这种询问难以获取关于管理层舞弊导致的重大错报风险的有用信息,因此在询问的对象方面,除了管理层和对财务报告负有责任的人员,审计人员还应当运用职业判断,确定拟实施询问的被审计单位内部其他人员以及询问内容,以便从不同于管理层和对财务报告负有责任的人员的角度获取信息。除了变化询问对象,审计人员还应考虑询问不同级别的人员。

2. 询问内部审计人员

如果被审计单位设有内部审计职能,包括内部审计机构或专门的内部审计人员,审计人员应当向内部审计人员询问,以获取相关信息。向内部审计人员询问的主要内容包括:(1)内部审计人员对被审计单位舞弊风险的认识;(2)内部审计人员在本期是否实施了用以发现舞弊的程序;(3)管理层对通过内部审计程序发现的舞弊是否采取了适当的应对措施;(4)内部审计人员是否了解任何舞弊事实、舞弊嫌疑或舞弊指控。舞弊事实是指已经实际发生的舞弊行为的有关情况;舞弊嫌疑是指怀疑可能会构成舞弊行为的有关情况;舞弊指控是指对舞弊行为的举报、投诉等方面的有关情况。

3. 询问内部其他人员

审计人员应当考虑向被审计单位内部的其他人员询问是否存在或可能存在舞弊。这些内部其他人员包括:(1)不直接参与财务报告过程的业务人员;(2)负责生成、处理或记录复杂、异常交易的人员及其监督人员;(3)负责法律事务的人员;(4)负责道德事务的人员;(5)负责处理舞弊指控的人员。这些人员出于各自的相应职责,可能从不同角度、不同侧面了解实际存在的或者可能存在的舞弊行为。

4. 询问治理层

被审计单位治理层的重要职责之一就是监督管理层对舞弊风险的识别和应对过程,因此,审计人员应当了解治理层如何监督管理层对舞弊风险的识别和应对过程,以及管理层为降低舞弊风险设计的内部控制。审计人员可以通过参加相关会议、阅读会议纪要或询问治理层等审计程序了解有关情况。

审计人员应当询问治理层,以确定其是否知悉任何舞弊事实、舞弊嫌疑或舞弊指控。由于治理层的重要职责在于监督管理层,因而其知悉舞弊事实、舞弊嫌疑以及收到舞弊指控的可能性较大,审计人员应当就这些内容执行询问程序,以便获取相关信息。治理层对审计人员询问的答复可作为管理层答复的佐证信息。如果治理层的答复与管理层的答复不一致,审计人员应当获取进一步的审计证据予以解决。

(三)对舞弊风险因素的考虑

在了解被审计单位及其环境时,审计人员应当考虑所获取的信息是否表明存在舞弊风险因素,对与两类舞弊行为相关的舞弊风险因素的分析就为审计人员考虑舞弊风险因素提供了参考,有助于其分别从不同类型舞弊行为的发生和存在条件识别与审查舞弊行为。审计人员在对舞弊风险因素进行考虑时应遵循以下基本原则:

1. 对舞弊风险因素的考虑应与具体审计业务相适合

上面列举的舞弊风险因素并非存在或适用于每一项具体的审计业务,审计人员应当运用职业判断,识别出与特定审计业务相关的舞弊风险因素。例如,在某些审计业务中,审计人员可能注意到被审计单位的主营业务利润率逐期下滑,或明显高于行业平均水平,那么该因素就适合在这些业务中作为一项相关的舞弊风险因素;而在另一些审计业务中,被审计单位的主营业务利润率各期都被操纵得非常平滑,审计人员就可能难以直接通过该指标判断被审计单位是否存在业绩舞弊,在这种情况下,主营业务利润率就不适合作为相关的舞弊风险因素。

2. 对特殊舞弊风险因素的考虑

上面列举的舞弊风险因素并没有穷尽所有的情况,审计人员应当注意某些被审计单位完全有可能存在一些特殊的舞弊风险因素,因此不能机械地按照常规标准草草了事,应本着职业怀疑的态度对本单位可能存在的特殊舞弊风险因素进行必要的考虑。

3. 对与合理化态度相关的舞弊风险因素的关注

在舞弊存在的条件和发生的因素中,审计人员通常会更难以观察到与舞弊行为的合理化态度相关的舞弊风险因素,因为此类因素更普遍地体现为舞弊者的态度和心理活动,但是审计人员仍然应该意识到此类舞弊风险因素的存在,并给予必要的关注。

4. 正确认识舞弊风险因素与舞弊的关系

审计人员应该正确认识舞弊风险因素与舞弊的关系,有的舞弊风险因素虽然存在或适用于被审计单位,却并不一定表明发生了舞弊或导致财务报表发生重大错报。这意味着审计人员不应过度依赖舞弊风险因素,要认识到这些因素毕竟只是帮助其提高审计效率和效果的审计线索,应该予以正确运用。

5.合理考虑各种舞弊风险因素的重要性程度

不同的舞弊风险因素的重要性程度,即是否意味着舞弊的存在以及导致财务报表重大错报的可能性是不同的,而且其重要性程度也会因被审计单位的规模、复杂程度、所有权特征、所处行业等诸多因素的不同存在较大差异。审计人员应当运用职业判断,考虑被审计单位的规模、复杂程度、所有权结构及所处行业等,以确定舞弊风险因素的相关性和重要程度。例如在大型被审计单位中,审计人员通常会比较关注那些用以约束管理层潜在不当行为的因素,比如治理层和内部审计部门的有效性、是否设置了正规的行为守则并得到有效的执行;而在小型被审计单位中,是否具有书面的行为守则就不那么重要了,同时管理层被个人掌控的现象可能也不像在大型被审计单位中那样被视为严重的治理缺陷。

(四)执行分析程序,考虑异常关系或偏离预期的关系

审计人员在了解被审计单位及其环境时运用分析程序将有助于识别异常的交易或事项,以及对财务报表和审计产生影响的金额、比率和趋势。分析程序的结果可能表明存在舞弊导致的重大错报风险,审计人员应当考虑可能表明存在舞弊导致的重大错报风险的异常关系或偏离预期的关系。

在实施分析程序时,审计人员应当预期可能存在的合理关系,并与被审计单位记录的金额、依据记录金额计算的比率或趋势相比较。如果发现异常关系或偏离预期的关系,例如出现显著高于同期同行业平均利润率,或者缺乏合理基础的大幅度扭亏或过快的利润增长等现象,审计人员应当在识别舞弊导致的重大错报风险时考虑这些比较结果。

(五)考虑有助于识别舞弊导致的重大错报风险的其他信息

审计人员应当考虑在了解被审计单位及其环境时所获取的其他信息,分析这些信息是否表明被审计单位存在舞弊导致的重大错报风险。其他信息可能来源于项目组内部的讨论、客户承接或续约过程中对被审计单位管理层正直程度的了解以及向被审计单位提供其他服务所获得的经验。从这些渠道获取的某些信息,可能表明被审计单位存在舞弊导致的重大错报风险,审计人员应当对其加以考虑。

二、评估舞弊导致的重大错报风险

在获取识别舞弊导致的重大错报风险的相关信息后,审计人员应当进一步评估在财务报表层次以及各类交易、账户余额、列报认定层次上的由于舞弊导致的重大错报风险。舞弊导致的重大错报风险属于特别风险,即需要审计人员特别考虑的重大错报风险的范畴,因此审计人员还应当遵循与特别风险相关的审计考虑和程序。针对这类风险,审计人员应当评价被审计单位相关控制的设计情况,并确定这些控制是否已经得到执行。

(一)评估舞弊导致的重大错报风险的考虑因素

审计人员在运用职业判断评估舞弊导致的重大错报风险时,应当考虑下列因素:

1.实施风险评估程序获取的信息,并考虑各类交易、账户余额、列报,以识别舞弊风险。

2.将识别的风险与认定层次可能发生错报的领域相联系。评估舞弊导致的重大错报

风险不仅要着眼于财务报表层次,而且要与认定层次相联系,以设计和实施进一步审计程序。

3. 识别的风险是否重大。识别的舞弊风险的重大程度,直接关系到审计人员对舞弊导致的重大错报风险的评估。

4. 识别的风险导致财务报表发生重大错报的可能性。

（二）了解相关的内部控制

审计人员应当了解管理层为防止或发现舞弊而设计、实施的内部控制,以便进一步了解舞弊风险因素及管理层对舞弊风险的态度。

（三）对收入确认方面舞弊风险的考虑

对财务信息做出虚假报告导致的重大错报通常源于多计收入,例如提前确认或虚增收入或少计收入,例如隐瞒收入,因此审计人员在对重大错报风险的评估过程中应当假定被审计单位在收入确认方面存在舞弊风险,并应当考虑哪些收入类别以及哪些与收入有关的交易或认定可能导致舞弊风险。

对收入确认方面舞弊风险的特殊考虑,并不意味着审计人员无端地得出被审计单位在收入确认方面,存在舞弊导致的重大错报的结论,而是要求审计人员在重大错报风险评估阶段,必须将收入确认领域设定为高风险领域,并引起其足够重视和采取相应措施。在重大错报的风险评估阶段,通常情况下审计人员可以根据其了解的情况和获取的信息有选择地确定哪些财务报表领域或认定属于高风险领域,也有可能确定某些财务报表领域或认定不属于高风险领域,从而可能就会相应减少应对措施。鉴于收入确认具有格外的重要性,执业准则没有在该领域留给审计人员在重大错报风险评估方面的选择权,而是要求审计人员在绝大多数情况下无条件地将收入确认评估为存在舞弊导致的重大错报风险,从而在应对程序方面对其的要求也就非常严格。同时,这项要求作为一项基本原则和关键审计程序,其目的并不在于排除舞弊导致重大错报的其他可能途径,如高估存货或低估费用,而在于指导审计人员高度重视收入项目的舞弊风险并强化相应的审计资源配置和审计风险防范效果。

三、记录识别和评估舞弊导致的重大错报风险的结果

审计人员在完成对舞弊导致的重大错报风险的识别和评估后,应当将其结果记录在审计工作底稿之中,记录应该包括以下主要内容:

1. 项目组成员就舞弊导致重大错报风险的讨论结果;
2. 获取用于识别舞弊导致的重大错报风险所需信息的审计程序;
3. 识别的重大舞弊风险,以及审计人员拟采取的应对措施;
4. 得出不存在不恰当的收入确认舞弊风险的原因;
5. 实施的针对管理层是否存在超越内部控制的舞弊风险的程序和结果;
6. 其他条件或分析程序结果表明需要追加额外审计程序和应对措施的情况,以及审计人员拟采取的行动;
7. 与管理层、审计委员会或其他权威机构就舞弊风险沟通的方式。

第五节 应对舞弊导致的重大错报风险

审计人员应当针对评估的舞弊导致的财务报表层次重大错报风险确定总体应对措施,并针对评估的舞弊导致的认定层次重大错报风险设计和实施进一步审计程序。舞弊导致的重大错报风险属于特别风险,审计人员应当专门针对该风险实施实质性程序。为应对评估的舞弊导致的重大错报风险,审计人员应当保持高度的职业怀疑态度,包括:(1)对有关重大交易的文件记录进行检查时,对文件记录的性质和范围的选择保持敏感,例如对管理层提供的重要记录所依赖的信息系统进行测试;(2)就管理层对重大事项做出的解释或声明,有意识地通过其他信息予以验证。

一、总体应对措施

针对评估的舞弊导致的财务报表层次重大错报风险,审计人员应当确定下列总体应对措施:

(一)考虑人员的适当分派和督导

人员的适当分派和督导是应对财务报表层次重大错报风险的有效措施,项目负责人应当根据舞弊导致的财务报表层次的重大错报风险的评估结果,分派具备相应知识和技能的人员,或利用专家,如法律专家、计算机专家、鉴定评估专家等的工作。在审计过程中,审计人员应当加强对项目组成员工作的监督和指导,一方面能有效控制审计工作的质量和效率,另一方面也是因审计人员对审计结果负责而产生的必然要求。

(二)考虑被审计单位采用的会计政策

审计人员应当考虑被审计单位管理层对重大会计政策,特别是涉及主观计量或复杂交易时会计政策的选择和运用,是否可能表明管理层通过操纵利润对财务信息做出虚假报告。例如,如果发现被审计单位管理层选用的会计政策过于激进,或者不恰当地采用或变更重大会计政策,审计人员就应当充分考虑这些事项背后的真正原因是不是管理层意图操纵利润,其结果会不会导致财务报表产生重大错报。

(三)避免某些进一步审计程序为被审计单位预见或事先了解

考虑到熟悉常规审计程序的被审计单位内部人员更有能力掩盖其对财务信息做出虚假报告的行为,审计人员在选择进一步审计程序的性质、时间和范围时,应当有意识地避免被这些人员预见或事先了解。

为了避免进一步审计程序为被审计单位预见或事先了解,审计人员应当考虑采取下列措施:(1)对通常由于风险程度较低而不会做出测试的账户余额实施实质性程序;(2)调整审计程序的实施时间,使之有别于预期的时间安排;(3)运用不同的抽样方法,以便考察结果的稳定性;(4)对处于不同地理位置的多个组成部分实施审计程序;(5)以不预先通知的方式实施审计程序。采取这些措施的目的在于最大限度地避免因进一步审计程序被预见或事先了解而导致的掩盖真相或毁灭证据等行为,从而保证拟执行的进一步审计程序的预期效果。

二、针对舞弊导致的认定层次的重大错报风险实施的审计程序

审计人员应对舞弊导致的认定层次的重大错报风险的基本思路,应是通过适当调整或改变拟实施审计程序的性质、时间和范围,增强审计程序的效果和审计证据的说服力。

(一)改变拟实施审计程序的性质

改变拟实施审计程序的性质主要是指调整拟实施审计程序的类别及组合,比如更加重视实地观察或检查某项资产以替代原先可能只准备针对该项资产的账面记录实施的程序,或更倚重计算机辅助审计技术收集某重要账户的大量相关数据进行分析。当然,审计人员也可在原先拟实施审计程序的基础上增设其他审计程序,以达到不同审计证据相互印证的目的。例如,审计人员通过之前的风险评估程序可能认为管理层面临着明显不切实际的销售业绩考核指标,从而评估营业收入可能存在高估舞弊导致的重大错报风险。此时审计人员除了可向交易对方函证欠款余额和销售协议条款中有关交易日期、交货条件和退货权之外,还可考虑向被审计单位内部的非财务人员询问有关的销售方式和销售协议等信息及其潜在的异常变化。

(二)改变实质性程序的时间

改变实质性程序的时间包括两层含义:一是为了更有效地应对舞弊导致的重大错报风险,审计人员通常需要考虑在期末或接近期末时对某类交易或账户余额实施实质性程序。因为在存在舞弊导致的重大错报风险的情况下,审计人员往往很难将本期较早时候实施的实质性程序的结果合理延伸至期末。二是调整拟获取审计证据对应的期间或时点,针对本期较早时间发生的交易事项或贯穿于整个期间的交易事项实施测试。例如,考虑到舞弊风险的存在,某类交易的舞弊行为不一定仅发生于期末,所以审计人员可能会决定针对本期较早时间发生的此类交易,甚至是贯穿于整个期间的此类交易进行实质性测试,而不仅仅是对期末发生的此类交易实施测试。

(三)改变审计程序的范围

改变审计程序的范围包括扩大样本规模,采用更详细的数据实施分析程序等。拟实施审计程序的范围应当能够反映审计人员评估的舞弊导致的重大错报风险水平。评估的舞弊风险越高,审计人员越有必要考虑扩大样本规模或从更细致的数据层次实施分析程序。利用适当的计算机辅助审计技术将有助于审计人员实现扩大审计程序范围的目的。

案例 18-1

法尔莫公司存货舞弊案

从孩提时代开始,米奇·莫纳斯就喜欢几乎所有的运动,尤其是篮球。但是因天资及身高所限,他没有机会到职业球队打球。然而,莫纳斯确实拥有一个所有顶级球员共有的特征,那就是他有一种无法抑制的求胜欲望。莫纳斯把他无穷的精力从球场上转移到他的董事长办公室里。他首先设法获得了位于俄亥俄州阳土敦市的一家药店,在随后的10年中他又收购了另外299家药店,从而组建了全国连锁的法尔莫公司。不幸的是,这一切辉煌都是建立在资产造假、未检查出来的存货高估和虚假利润的基础上

的,这些舞弊行为最终导致了莫纳斯及其公司的破产。同时也使为其提供审计服务的"五大"事务所损失了数百万美元。

自获得第一家药店开始,莫纳斯就梦想着把他的小店发展成一个庞大的药品帝国。其所实施的策略就是他所谓的"强力购买",即通过提供大比例折扣来销售商品。莫纳斯首先做的就是把实际上并不盈利且未经审计的药店报表拿来,用自己的笔为其加上并不存在的存货和利润。然后凭着自己空谈的天分及一套夸大了的报表,在一年之内骗得了足够的投资用以收购了8家药店,奠定了他的小型药品帝国的基础。这个帝国后来发展到了拥有300家连锁店的规模。一时间,莫纳斯成为金融领域的风云人物,他的公司则在阳土敦市赢得了令人崇拜的地位。

在一次偶然的机会导致这个精心设计的、至少引起5亿美元损失的财务舞弊事件浮出水面之时,莫纳斯和他的公司炮制虚假利润已达10年之久。这实在并非一件容易的事。当时法尔莫公司的财务总监认为因公司以低于成本出售商品而招致了严重的损失,但是莫纳斯认为通过"强力购买",公司完全可以发展得足够大以使得它能顺利地坚持它的销售方式。最终在莫纳斯的强大压力下,这位财务总监卷入了这起舞弊案件。在随后的数年之中,他和他的几位下属保持了两套账簿:一套用以应付审计人员的审计,另一套反映糟糕的现实。他们先将所有的损失归入一个所谓的"水桶账户",然后再将该账产的金额通过虚增存货的方式重新分配到公司的数百家成员药店中。他们仿造购货发票、制造增加存货并减少销售成本的虚假记账凭证、确认购货却不同时确认负债、多计或加倍计算存货的数量。

财务部门之所以可以隐瞒存货短缺,是因为审计人员只对300家药店中的4家进行存货监盘,而且他们会提前数月通知法尔莫公司他们将检查哪些药店。管理人员随之将那4家药店堆满实物存货,而把那些虚增的部分分配到其余的296家药店。如果不考虑其会计造假,法尔莫公司实际已濒临破产。在最近一次审计中,其现金已紧缺到供应商因其未能及时支付购货款而威胁取消对其供货的地步。

审计人员一直未能发现这起舞弊,他们为此付出了昂贵的代价。这项审计失败使会计师事务所在民事诉讼中损失了3亿美元。那位财务总监被判33个月的监禁,莫纳斯本人则被判入狱5年。为何审计人员一直未能发现法尔莫公司舞弊的迹象呢?或许,他们可能太信任他们的客户了,他们从报纸上阅读到关于它的文章,从电视中看到关于莫纳斯努力奋斗的报道,从而为这种欺骗性的宣传付出了代价;他们也可能是在错误的假设下执行审计,即认为他们的客户没有进行财务报表舞弊的动机,因为它正在大把大把地赚钱。回顾整个事件,只要任何人问一下这样一个基本的问题,即"一个以低于成本出售商品的公司怎能赚钱?",审计人员或许就能够发现这起舞弊事件。

此案件给我们敲响了警钟,存货审计是如此的重要,也是如此的复杂,使得存货舞弊并非仅凭简单的监盘就可查出。不过,如果审计人员能够弄清这些欺骗性操纵是如何进行的,对于发现这些舞弊将会大有帮助,这就意味着审计人员必须掌握识别存货舞弊的技术。

三、针对管理层凌驾于控制之上的风险实施的程序

管理层在被审计单位所处的职级和权力使其有机会凌驾于为防止舞弊而设计的控制程序之上，并可能直接或间接地操纵会计记录或提供虚假信息。管理层凌驾于内部控制之上的风险应属于特别风险，针对这类特别风险，审计人员应当实施以下方面的审计程序：

（一）针对日常会计核算过程中存在的凌驾风险实施的应对措施

管理层凌驾于控制之上导致的重大错报通常涉及对财务报告过程的操纵，这种操纵行为可能体现为在整个期间或接近期末的日常会计核算过程中记录不恰当或未经授权批准的会计分录，或在编制财务报表过程中做出不恰当的合并抵消或重分类分录。在针对日常会计核算存在的凌驾风险实施应对措施时，审计人员应当实施以下审计程序：(1)了解被审计单位的财务报告过程，并了解被审计单位对日常会计分录及财务报表编制过程中的调整分录的控制；(2)评价被审计单位对日常会计分录及财务报表编制过程中的调整分录的控制，并确定其是否得到执行；(3)询问被审计单位内部参与财务报告过程的人员，是否注意到在编制会计分录或调整分录时存在不恰当或异常活动；(4)确定测试的时间；(5)选择拟测试的会计分录或调整分录。

从测试的时间上考虑，很多财务舞弊事件确实集中发生在会计年度的期末，审计人员往往需要格外重视会计期末编制的会计分录或调整分录，并选取足够的样本量进行测试。但是也有很多财务舞弊者为了使其舞弊行为更加隐蔽，可能会致力于在整个会计期间分散制造错报。这意味着审计人员不能只注重对会计期末的会计分录实施测试，还应当意识到这种更加隐蔽的舞弊行为方式，因此需要考虑如何在整个会计期间设计测试方法。审计人员在选择拟测试的会计分录或调整分录并确定测试方法时应当考虑以下具体情况：(1)审计人员对舞弊导致的重大错报风险的评估，可能促使其选择某些类别的会计分录或调整分录进行测试。(2)如果审计人员已对与会计分录或调整分录相关控制的运行有效性进行了测试，且测试结果表明相关控制运行有效，那么针对会计分录或调整分录所需实施的实质性程序的范围就可以适当缩小。(3)被审计单位的财务报告过程以及所能获取的证据性质将会影响审计人员对审计程序和测试对象的确定。(4)虚假会计分录或调整分录往往会伴随一些异常的特征，例如这些分录把交易或事项记录到那些不相关的账户、不合常规的账户或是很少使用的账户中，由日常负责编制相关分录的人员以外的其他人员编制，在资产负债表日或资产负债表日后编制，同时又缺少或没有相应的交易、事项描述及解释，在编制财务报表过程中或临近编表时做出的缺少相应账簿记录的分录，即调表不调账的会计处理，或者分录金额以约整数，特别是大额约整数、如整千、整万等数字形式表示等。虽然具备这些特征的分录并不一定全都是虚假分录，但根据以往的经验证据，当出现这些特征时，往往意味着更高的编制虚假分录的风险，审计人员应予以格外关注。(5)虚假会计分录或调整分录有可能体现在某些具有独特特征的账户中，例如涉及复杂或异常交易的账户，涉及重大估计及需要定期做出相应调整的账户，涉及过去经常发生错报的账户，涉及未做出及时对账调节的账户和含有未调节差异的账户，以及涉及公司内部交易的账户，审计人员都需要予以关注。(6)在常规业务流程之外处理的会计分录和调

整分录受到的控制程度与常规业务流程下编制的分录受到的控制程度可能存在较大差异,也值得审计人员予以特别关注。

(二)针对会计估计存在的凌驾风险实施的应对措施

在编制财务报表过程中,管理层通常会通过故意做出不当的会计估计对财务信息进行虚假报告。在复核会计估计是否有失公允、从而可能产生舞弊导致的重大错报时,审计人员应当采取下列措施:(1)从财务报表整体上考虑管理层做出的某项会计估计是否反映出管理层的某种偏向,是否与审计人员所获取审计证据表明的最佳估计存在重大差异;(2)复核管理层在以前年度财务报表中做出的重大会计估计及其依据的假设,以便判断管理层是否存在某种偏向。由于平滑收益是管理层对财务信息做出虚假报告的主要动机之一,因此审计人员应当考虑管理层在做出会计估计时是否同时高估或低估所有准备,从而使收益在两个或多个会计期间内得以平滑,或达到某一特定收益水平。

(三)针对异常的重大交易存在的凌驾风险实施的应对措施

对于超出正常经营过程或基于对被审计单位及其环境的了解显得异常的重大交易,审计人员应当了解这些交易的商业理由的合理性,以判断是否表明被审计单位所从事的交易,可能是为了对财务信息做出虚假报告,或是为了隐瞒侵占资产的行为。

在了解这些交易的商业理由的合理性时,审计人员应当考虑下列事项:(1)交易的形式是否过于复杂,例如交易是否涉及集团内部多个实体,或涉及多个非关联第三方;(2)管理层是否已与治理层就此类交易的性质和会计处理进行过讨论并做出适当记录;(3)管理层是否更强调需要采用某种特定的会计处理方式,而不强调交易的经济实质;(4)对于涉及不纳入合并范围的关联方的交易是否已得到治理层的适当审核与批准;(5)交易是否涉及以往未识别的关联方,或不具备实质性交易基础,例如所从事业务与被审计单位完全不相干或独立财务能力,例如其资产规模或资金周转能力不可能完成与被审计单位的交易的第三方。

第六节 就有关舞弊的事项与管理层、治理层和监管机构的沟通

审计人员在对被审计单位由于舞弊导致的财务报表重大错报风险进行识别和评估,并采取了必要的应对措施之后,应当就有关舞弊的事项与被审计单位管理层、治理层和监管机构进行沟通。

一、获取管理层声明

考虑到舞弊的性质和审计人员在发现舞弊导致的财务报表重大错报的过程中可能遇到的困难,审计人员应当获取管理层就下列事项做出的书面声明:

1. 设计和执行内部控制以防止或发现舞弊是管理层的责任;
2. 已向审计人员披露了其对舞弊导致的财务报表重大错报风险的评估结果;
3. 已向审计人员披露了已知的涉及管理层、在内部控制中承担重要职责的员工以及

其舞弊行为可能对财务报表产生重大影响的其他人员的舞弊或舞弊嫌疑；

4.已向审计人员披露了从现任和前任员工、分析师、监管机构等方面获知的、影响财务报表的舞弊指控或舞弊嫌疑。

二、与管理层的沟通

如果发现舞弊或获取的信息表明可能存在舞弊，审计人员应当尽早将此类事项与适当层次的管理层沟通。审计人员应当运用职业判断确定拟沟通的适当层次的管理层，并考虑串通舞弊的可能性、舞弊嫌疑的性质和重大程度等因素的影响。通常情况下，拟沟通的管理层应当比涉嫌舞弊人员至少高出一个级别。如果注意到旨在防止或发现舞弊的内部控制在设计或执行方面存在重大缺陷，审计人员应当尽早告知适当层次的管理层。

三、与治理层的沟通

如果发现舞弊涉及管理层、在内部控制中承担重要职责的员工以及其舞弊行为可能对财务报表产生重大影响的其他人员，审计人员应当尽早将此类事项与治理层沟通。在审计工作的前期，审计人员应当就审计中可能发现的、不会导致财务报表重大错报的员工舞弊如何进行沟通与治理层达成共识。

如果注意到旨在防止或发现舞弊的内部控制在设计或执行方面存在重大缺陷，除尽早告知适当层次的管理层外，审计人员还应当尽早告知适当层次的治理层。如果识别出管理层未加控制或控制不当的舞弊导致的重大错报风险，或认为被审计单位的风险评估过程存在重大缺陷，审计人员应当就此类内部控制缺陷与治理层沟通。

审计人员应当考虑是否还存在其他需要与治理层讨论的有关舞弊的事项，主要包括：(1)审计人员对管理层实施的财务报表错报风险评估及相关控制评估的性质、范围和频率的疑虑；(2)管理层未能恰当应对已发现的内部控制重大缺陷的事实；(3)管理层未能恰当应对已发现的舞弊的事实；(4)审计人员对被审计单位控制环境的评价，包括对管理层胜任能力和诚信的疑虑；(5)审计人员注意到的可能表明管理层对财务信息做出虚假报告的行为；(6)审计人员对超出正常经营过程的交易的授权适当性的疑虑。

四、征询法律意见以及与监管机构的沟通

如果对管理层、治理层的诚信产生怀疑，或在审计过程中发现管理层和治理层的重大舞弊，审计人员应当考虑征询法律意见，以采取适当措施。审计人员应当根据法律法规的规定，确定是否向监管机构报告管理层和治理层的重大舞弊。如果法律法规规定审计人员有就管理层和治理层的重大舞弊进行报告的义务，审计人员应当按照法律法规进行报告。

本章小结

在财务报表审计中舞弊是指被审计单位的管理层、治理层、员工或第三方使用欺骗手段获取不当或非法利益的故意行为。与财务报表审计相关的舞弊行为包括两种类型：一

是对财务信息做出虚假报告;二是侵占资产。对财务信息做出虚假报告,是指被审计单位管理层通过操纵利润误导财务报表使用者对被审计单位业绩或盈利能力的判断。侵占资产是指被审计单位的管理层或员工非法占用被审计单位的资产。舞弊的发生必然存在一定的条件,而了解和分析舞弊存在的条件对于审计人员识别具有一定隐蔽性的舞弊行为是十分重要的。舞弊的存在通常需要具备三个条件:一是动机或压力;二是机会;三是合理化态度。它们统称为舞弊三角。审计人员在了解被审计单位及其环境时应当考虑所获取的信息是否表明存在舞弊风险因素,以为舞弊的发现和进一步的审查提供合理的依据。由于舞弊行为的隐蔽性和可能对财务报表产生的重大影响,审计人员应当在整个审计过程中保持职业怀疑态度,考虑管理层凌驾于控制之上的可能性,并应当意识到可以有效发现错误的审计程序未必适用于发现舞弊导致的重大错报。审计人员应当针对评估的舞弊导致的财务报表层次重大错报风险确定总体应对措施,并针对评估的舞弊导致的认定层次重大错报风险设计和实施进一步审计程序。

思考题

1. 在财务报表审计中舞弊的含义是什么?与财务报表审计相关的舞弊行为有哪些类型?分别举例予以说明。
2. 舞弊存在的条件有哪些?了解和分析舞弊存在的条件对于审计人员识别舞弊行为具有什么意义?
3. 什么是舞弊风险因素?与对财务信息做出虚假报告和侵占资产相关的舞弊风险因素有哪些?
4. 审计人员在考虑舞弊风险因素时应遵循哪些基本原则?
5. 如何理解审计人员对舞弊的审计责任?
6. 什么是职业怀疑态度?审计人员保持职业怀疑态度的具体要求有哪些?
7. 审计人员可以从哪些渠道获取用于识别舞弊导致的重大错报风险所需的信息?
8. 审计人员应对舞弊导致的重大错报风险的具体措施有哪些?
9. 审计人员就有关舞弊的事项应如何与被审计单位管理层、治理层和监管机构进行沟通?

练习题

一、单项选择题

1. 审计人员在审计被审计单位 2013 年财务报表时,发现被审计单位存在下列事项,其中可能属于舞弊的是(   )。
   A. 编制财务报表时处理数据产生了差异
   B. 材料明细账余额合计数与总账余额不符
   C. 被审计单位对并未收到货物的采购业务支付款项
   D. 应收账款明细账存在串户记录错误

2. 审计人员发现的下列问题中最可能不是舞弊的是(　　)。
   A. 偿还银行贷款后没有及时借记银行借款
   B. 赊购原材料验收入库后未登记应付账款
   C. 固定资产损毁后未做及时的财务处理
   D. 收回应收账款后未及时贷记应收账款

3. 下列针对舞弊导致重大错报风险实施的审计程序中不能增加不可预见性的是(　　)。
   A. 在事先不通知被审计单位的情况下,监盘其库存现金
   B. 运用不同的抽样方法抽取存货抽点样本
   C. 对所有的大额应收账款实施函证
   D. 向非财务人员询问销售和采购情况

4. 建立良好的控制环境,维护有关内部控制政策和程序的责任在于(　　)。
   A. 治理层　　　B. 管理层　　　C. 全体员工　　　D. 审计人员

二、多项选择题

1. 在识别和评估被审计单位因舞弊导致的财务报表重大错报风险时,下列做法正确的有(　　)。
   A. 考虑是否存在舞弊风险因素
   B. 考虑在实施分析程序时发现的异常关系或偏离预期的关系
   C. 考虑客户承接或续约过程中获取的信息
   D. 询问管理层针对舞弊风险设计的内部控制

2. 在对舞弊风险进行评估后,审计人员认为被审计单位管理层凌驾于内部控制之上的风险很高,对此,审计人员通常实施的审计程序有(　　)。
   A. 测试会计核算过程中做出的会计分录以及为编制财务报表做出的调整分录是否适当
   B. 复核会计估计是否合理
   C. 对于注意到的、超出正常经营过程或基于对被审计单位及其环境的了解显得异常的重大交易,了解其商业理由的合理性
   D. 对相关控制活动的运行有效性进行测试

3. 在对与虚假销售有关的舞弊风险进行评估后,审计人员决定增加审计程序的不可预见性。下列审计程序中,通常能够达到这一目的的有(　　)。
   A. 对账面金额较小的存货实施监盘程序
   B. 不预先通知存货监盘地点
   C. 对销货交易的具体条款进行函证
   D. 对大额应收账款进行函证

4. 在实施审计过程中,审计人员发现被审计单位财务经理张某贪污5万元。对该事项,审计人员应当采取的措施有(　　)。
   A. 重新评估舞弊导致的重大错报风险,并考虑重新评估的结果对审计程序的性质、时间和范围的影响

B. 直接向监管机构报告

C. 尽早向被审计单位治理层报告

D. 重新考虑此前获取的审计证据的可靠性

三、业务题

1. 资料：在进行审计计划的过程中，审计人员获取了以下信息：

(1)管理层对于如何减少报告的收益以降低应纳税所得额的方法十分感兴趣；

(2)资产和收入的确认是建立在包含主观判断和不确定性的重大估计的基础上的；

(3)公司在达到证券市场上市要求和债券契约条款方面存在一定困难；

(4)公司的经营业务分布在商业环境和文化背景截然不同的国家和地区；

(5)管理层多次试图利用重要性原则解释其所做出的不恰当会计处理；

(6)公司的经营业绩受到激烈的市场竞争和市场饱和的威胁。

要求：运用舞弊三角原理，将上述情况进行正确的分类。

2. 资料：在审计过程中，审计人员发现被审计单位会计记录和财务报表中存在的下列错报：

(1)销售发票的加总数出现错误，是计算机录入错误造成的；

(2)在结账日的前一天，一笔重要的销售收入被重复记录，该笔销售收入在两天前已经记录过了，调查后发现是因为负责记录销售收入的会计休假期间，其他会计已经完成了该笔销售收入的记录，该休假的会计在不知情的情况又进行了记录；

(3)处理现金收款的出纳在收到顾客支付的现金时据为己有；

(4)负责记录现金收入和应收账款的会计通过不记录该笔交易的方式贪污了顾客偿还的应收账款；

(5)由于发运单丢失，已经发给顾客的商品没有开具销售发票；

(6)商品已经发运给顾客，却没有编制发运单，由于销售发票是根据发运单开具的，因此也没有开具销售发票；

(7)财务报表的附注中没有披露一项重要的诉讼案件，如果败诉被审计单位需要进行巨额的赔偿，管理层解释说不希望让向被审计单位提供贷款的银行知道这个事件；

(8)被审计单位对于通过互联网进行的销售，在网上顾客确认订单时就记录了销售收入。

要求：

(1)审计人员发现的上述问题，哪些属于差错，哪些属于舞弊，属于舞弊的错报中哪些属于侵占资产，哪些属于对财务信息做出虚假报告？

(2)对于上述问题，哪些可以通过完善内部控制予以防范，应该建立哪项具体的控制措施？

(3)审计人员应该采取哪些审计程序以发现上述问题？

参考文献

1. 中国注册会计师协会：《中国注册会计师执业准则》，经济科学出版社2010年版。
2. 审计署：《中华人民共和国政府审计准则》，法律出版社2010年版。
3. 中国内部审计师协会：《中国内部审计准则》(2013年颁布)。
4. 财政部会计司：《企业会计准则》，经济科学出版社2006年版。
5. 中国注册会计师协会：《审计》，经济科学出版社2013年版。
6. 沈征：《审计理论》，上海人民出版社2013年版。
7. 石爱中等：《审计研究》，经济科学出版社2002年版。
8. 沈征：《注册会计师审计》，上海人民出版社2009年版。
9. 沈征：《审计(双语版)》，上海人民出版社2009年版。
10. 罗伯特·莫勒尔：《布林克现代内部审计学》，中国时代经济出版社2006年版。
11. 劳伦斯·索耶：《索耶内部审计学》，中国财政经济出版社2005年版。
12. 阿伦斯、洛布贝克：《审计学——一种整合方法》，中国人民大学出版社2013年版。
13. 莫茨、夏拉夫：《审计理论结构》，中国商业出版社1990年版。
14. 汤姆·李：《企业审计》，天津大学出版社1991年版。
15. 中国内部审计协会译：《国际内部审计专业实务框架》，西苑出版社2013年版。

图书在版编目(CIP)数据

审计学/沈征主编.—厦门:厦门大学出版社,2014.8
(会计与财务管理系列教材)
ISBN 978-7-5615-4975-9

Ⅰ.①审… Ⅱ.①沈… Ⅲ.①审计学-教材 Ⅳ.①F239.0

中国版本图书馆 CIP 数据核字(2014)第 038259 号

厦门大学出版社出版发行
(地址:厦门市软件园二期望海路 39 号 邮编:361008)
http://www.xmupress.com
xmup @ xmupress.com
泉州新春印刷有限公司印刷
2014 年 8 月第 1 版 2014 年 8 月第 1 次印刷
开本:787×1092 1/16 印张:20.5
字数:480 千字 印数:1~3 000 册
定价:38.00 元
本书如有印装质量问题请直接寄承印厂调换